Henri Troyat

Nikolaus II.

Der letzte Zar

Societäts-Verlag

Aus dem Fanzösischen übersetzt von Christiane Landgrebe
Titel des Originals: Nicolas II, Le dernier Tsar
© Flammarion, 1991

Die Deutsche Bibliothek – CIP-Einheitsaufnahme

Troyat, Henri:
Nikolaus II. : der letzte Zar / Henri Troyat. [Aus dem Franz.
übers. von Christiane Landgrebe]. – Frankfurt am Main :
Societäts-Verl., 1992
Einheitssacht.: Nicolas II < dt. >
ISBN 3-7973-0513-3

Alle Rechte vorbehalten · Societäts-Verlag
© 1992 Frankfurter Societäts-Druckerei GmbH
Abbildung Schutzumschlag: Valentin Serov: Portrait von
Nikolaus II.
Satz: Ebner Ulm
Druck und Verarbeitung: Spiegel, Ulm
Printed in Germany 1992
ISBN 3-7973-0513-3

INHALTSVERZEICHNIS

NICKY

Am 6. Mai 1868, gegen zwei Uhr morgens, werden die Einwohner von Sankt Petersburg durch gewaltige Kanonenschläge aus der Peter-Paul-Festung aufgeschreckt. Wer schläft, fährt hoch, und alle, die noch wach sind, unterbrechen ihre Gespräche. Jeder stürzt ans Fenster. Die Abstände zwischen den Schüssen sind groß genug, so daß man sie zählen kann. Eins, zwei, drei... dreißig... fünfzig... hunderteins, hundertzwei! Die kritische Zahl ist überschritten! Riesiges Freudengeschrei verbreitet sich von Haus zu Haus durch die ganze Stadt. Rußland hat soeben erfahren, daß die Gemahlin des Thronfolgers, Maria Fjodorowna, ihrem ersten Kind das Leben geschenkt hat und daß dieses Kind ein Sohn ist. In den Clubs, den Theatern, den Restaurants und besonders den Hotels werden Champagnerflaschen entkorkt, und in den Nachtlokalen fließt der Wodka in Strömen. Glück für die Zarenfamilie, Glück für ganz Rußland. Vom reichsten bis zum einfachsten freuen sich alle Untertanen Alexanders II. über das Ereignis, als wäre es ein persönlicher Erfolg. Die herrschende Dynastie ist für die kommenden Jahrhunderte gesichert. Dennoch weisen einige trübsinnige Gemüter darauf hin, daß die orthodoxe Kirche am 6. Mai Hiobs gedenkt, der am Ende seines Lebens elend auf einem Misthaufen lag, nachdem er Vermögen und Kinder verloren hatte. Ist es ein böses Omen, daß der jüngste Sproß der Romanows unter dem Zeichen des Unglücks geboren wurde?

Am folgenden Tag wird in allen Kirchen ein kaiserliches Manifest verlesen. »Wir sind gewiß«, heißt es in der Erklärung, »daß dieser neue Großfürst, wenn seine Zeit gekommen ist, sein Leben dem Glück des russischen Volkes widmen wird, wie seine Vorfahren und auch wir selbst es immer getan haben und auch weiterhin tun werden.«

Anläßlich der Taufe seines Enkels erläßt Zar Alexander II.

eine große Amnestie für alle Gefangenen, die politischen eingeschlossen. Das Kind erhält den Vornamen Nikolaus, zur Erinnerung an seinen Urgroßvater, den Zaren Nikolaus I. Schon
vom frühesten Alter an nennt seine Umgebung ihn Nicky.
Seine Mutter schenkt ihm ihre ganze Liebe. Sie wäscht ihn,
pflegt ihn, kleidet ihn selbst an und versäumt keine Gelegenheit, sich voller Entzücken über sein kleines Bett zu beugen.
Zwei Brüder, Georg und Michael, und zwei Schwestern, Xenia
und Olga, folgen bald und bevölkern gemeinsam mit Nicky die
Kinderstube.[1] Die Räume der Jungen bestehen aus einem Vorzimmer, einem Salon, einem Eßzimmer, einem Spiel- und einem
Schlafzimmer. Ein Badezimmer gibt es nicht. Wenn sie baden
wollen, gehen die Kinder nach oben zu ihrer Mutter in die
vierte Etage des Anitschkow-Palais. Wenn sie hier abends baden, wird gespritzt, geschrien und gelacht.

Nicky und sein jüngerer Bruder Georg werden bald der Ob-
hut der Witwe von Hauptmann Ollongren übergeben, die Lehrerin an einem Mädchengymnasium ist und sich umsichtig der
frühen Erziehung dieser Kinder widmet. Später wird General
Danilowitsch ihr Lehrer, ein verschlossener engstirniger Mann
und leidenschaftlicher Anhänger der Monarchie. Von ihm lernt
Nicky sich zu unterwerfen, Schleichwege zu benutzen und Abstand zu seiner Umgebung zu wahren. Nicky ist schelmisch und
bequem; er mag zwar Bücher, neue Hefte und gutgespitzte Blei-
stifte, hat aber kaum wirkliche Interessen. Er ist zerstreut.
Wenn er seine Mutter sieht, zerfließt er vor Zärtlichkeit, begegnet er seinem Vater, zittert er vor Furcht. Die Großfürstin Maria
Fjodorowna, geborene Dagmar von Dänemark, ist von großer
Liebenswürdigkeit, Anmut und Lebenslust. Sie mag schöne Toi-
letten, liebt Empfänge und Bälle. Ihr Ehemann, Großfürst Alexander, erweist sich bei jeder Gelegenheit als autoritär und hart.
Seine moralische Strenge zwingt seine Frau und die Kinder
nicht nur zum Gehorsam, sondern auch zur Heuchelei. Aus
Furcht vor übermäßigem Groll verbergen sie ihre Fehler vor
ihm. Er spricht mit ihnen nie über die Sorgen, die ihm die väter-
lichen Regierungskünste bereiten; denn liberale Anwandlun-
gen sind ihm schlicht ein Greuel. Die lautstarken Neuigkeiten
der Hauptstadt dringen in die gedämpfte Atmosphäre des

Anitschkow-Palais nicht vor. Seit Aufhebung der Leibeigenschaft durch Alexander II. am 19. Februar 1861, sieben Jahre vor der Geburt von Nikolaus, weht ein Wind der Erneuerung über Rußland. In der Presse, die endlich von der strengen Zensur befreit ist, fordern mutige Journalisten mehr Unabhängigkeit und Gerechtigkeit. Auf den Straßen, an den Universitäten und in den Salons werden hitzige politische Diskussionen geführt. Junge Studenten kleiden sich begeistert in die Gewänder der Muschiks und ziehen aufs Land, um endlich mit dem Volk zusammenzukommen, für dessen Bildung sie sich verantwortlich fühlen. Hinter den Rednern jedoch verbergen sich die Mörder. In geheimen Versammlungen haben die Terroristen den Zar zum Tod verurteilt. Trotz der weitreichenden Reformen bleibt er für sie ein Todfeind, denn er verkörpert die monarchistische Ordnung, und sie haben geschworen, Rußland von ihr zu befreien. Von den Revolutionären gehetzt, von einem Teil der öffentlichen Meinung im Stich gelassen, weil er als zu tolerant gilt, entschließt der Zar sich dennoch, ein Manifest zu verbreiten, das dem Reich eine Art Verfassung zuerkennt.

Für Nicky ist der Zar ein mythisches Wesen, dem er nur bei großen Anlässen begegnet. Als er am 1. März 1881 kurz vor seinem 13. Geburtstag vom Schlittschuhlaufen zurückkommt, zieht seine Mutter ihn in ein Zimmer des Winterpalais hinein, in dem sich eine Schar weinender Höflinge versammelt hat. Mit Schrecken sieht er eine menschliche Gestalt auf einem Bett liegen, blutüberströmt und entstellt, Schaum vor dem Mund. Es ist sein Großvater, der Zar. Er kann ihn kaum erkennen, so furchtbar verzerrt sind seine Züge, so zerfetzt seine Kleider. Ärzte machen sich bei dem Sterbenden zu schaffen. Die Frauen schluchzen. Nicky erfährt nur bruchstückhaft, daß der gute, liebe Zar von der Bombe eines Verbrechers zerrissen worden ist. Voller Schrecken geht er zu seinem zwei Jahre älteren Vetter Alexander Michailowitsch und preßt dessen Hand an sich. »Er war totenblaß in seinem blauen Matrosenhemd«, schreibt Alexander Michailowitsch in seinen Erinnerungen. »Seine Mutter hielt die Schlittschuhe in der Hand, die man ihm gerade abgenommen hatte... Das Auge des sterbenden Zaren war starr auf uns gerichtet und ohne jeden Ausdruck.«

9

Der Anblick des Herrschers, dessen Glieder verrenkt und gebrochen sind, prägt sich dem Gedächtnis des Knaben ein. Von nun an sind Revolutionäre und Mörder für ihn ein und dasselbe. In den folgenden Tagen, als die Trauerzeremonien am Katafalk stattfinden, weint er bitterlich. Aber er weiß noch nicht, daß er durch dieses tragische Ereignis zum Thronfolger, zur zweithöchsten Person im russischen Reich geworden ist.[2]

Sein Vater, der neue Zar Alexander III., macht von Anfang an die liberalen Vorstöße des Verstorbenen rückgängig. Er ist von großer, schwerer Gestalt, trägt einen Bart und flößt dem Volk Vertrauen ein, denn es sieht in ihm eine Art obersten Muschik. Es heißt, er könne wie Peter der Große ein Hufeisen mit der Hand verbiegen. Er ist von geringem und wenig flexiblem Verstand und mißtraut jeglichen politischen Spitzfindigkeiten. Allein Disziplin und Tradition können für ihn die Zukunft Rußlands garantieren.

Nach der Verhaftung und Hinrichtung der Vorsitzenden ihres Exekutivkomitees ist die Untergrundorganisation »Wille des Volkes«, welche die Macht herausforderte, vernichtet. Wie durch ein Wunder hören die Attentate auf. Alexander III. fürchtet jedoch eine Rückkehr der revolutionären Pest. Er weist jegliche Vorstellung von einer russischen Verfassung von sich und verkündet in einem Manifest vom 28. April 1881, daß er als absoluter Monarch regieren werde. »Wir werden die Geschicke unseres Reiches in Ruhe lenken und von nun an allein mit Gott über sie sprechen.« Das Rad wird zurückgedreht, von Reformen ist nicht mehr die Rede. Auf den Rat seines früheren Lehrers Pobedonoszew, des Prokurators des Heiligen Synod und fanatischen Befürworters der Autokratie, entläßt er sämtliche liberalen Mitarbeiter seines Vaters, allen voran den hervorragenden Loris-Melikow, den Vorkämpfer der »Diktatur des Herzens«, und seinen eigenen Onkel Großfürst Konstantin, der seiner Meinung nach für die übertriebene Duldung der Störenfriede im Land verantwortlich ist. Zur Sanierung des Regimes werden die Presse wieder geknechtet, die Studenten überwacht, der Einfluß der Kirche in den Schulen vergrößert, die Machtbefugnis der Provinzgouverneure erweitert. Die Dorfbewohner werden der Kontrolle der Distriktsvorsitzenden unterstellt, der *zi-*

jemski natschalnik, die aus dem kleineren Landadel hervorgehen. Die Polizei wird in Alarmbereitschaft versetzt und steckt ihre Nase überall hinein. Um im Rahmen des Möglichen die verschiedenen Völker zu einen, die im Zarenreich leben, fordert man Sektenangehörige, Muslime, Buddhisten und Animisten, die am Rand der russischen Gesellschaft leben, auf, zur Orthodoxie zu konvertieren; Mischehen mit Lutheranern und Katholiken werden durch Formalitäten erschwert; die Meinung wird verbreitet, die Juden seien für die revolutionären Umtriebe verantwortlich, weshalb die Bevölkerung mit Plünderungen und blutigen Massakern – den Pogromen – gegen sie vorgeht; den Juden wird verboten, sich außerhalb der Städte anzusiedeln und Land zu erwerben, Spirituosen zu verkaufen, denn, so heißt es, die Sittenlosigkeit ihrer Vorfahren stelle eine Gefahr für die geistig unbedarfte Bauernschaft dar; der Zugang zu den Universitäten wird ihnen durch einen Numerus clausus erschwert.

Diese eiserne Herrschaft nimmt die Bevölkerung ohne jeden Widerspruch hin, sie preist sogar die Weisheit der Regierung. Selbst wenn sie mit Unterdrückung verbunden ist, flößt Stärke mehr Vertrauen ein als wirre Großzügigkeit. Die kleinen Leute haben den Eindruck, daß endlich ein strenger und gerechter Familienvater über ihnen steht, der weiß, was er will, und seinen Weg kennt. Die Besitzbürger, die um ihre Privilegien gezittert hatten, freuen sich, daß mit dem neuen Zaren die Ordnung im Land endlich wiederhergestellt ist.

Nicky nimmt keinen Unterschied zwischen dem Klima von gestern und heute wahr. Was sich außerhalb des Schlosses abspielt, interessiert ihn nicht. Er teilt das Zimmer mit seinem Bruder Georg. Beide schlafen auf Eisenbetten mit hartem Kopfkissen und dünner Matratze. Sie sind gleichermaßen lieb und freundlich und streiten sich nie. Beide haben Tiere gern, deshalb wohnen bei ihnen Kanarienvögel und Papageien, um die sie sich selbst kümmern. Die Diener loben ihre Bescheidenheit und sehen mit Tränen der Rührung zu, wie sie ihre Teller selbst abräumen.

Nicky empfindet große Zuneigung für seinen Bruder Georg, dessen aufgeweckter Geist und Schlagfertigkeit im Schloß für

11

Heiterkeit sorgen. Nicky schreibt die Witze des Spaßmachers sorgfältig auf, liest sie für sich allein und lacht herzlich dabei. Er ist nicht eifersüchtig, daß ihm sein kleiner Bruder geistig überlegen ist, und gesteht sich ein, daß Georg der bessere Thronerbe wäre.

Im Winter laufen die jungen Großfürsten auf einer überfluteten und vereisten Wiese im Park des Anitschkow-Palais Schlittschuh. Sonntags erhalten sie Besuch von ihren Freunden, Mädchen und Jungen, zu denen auch die Fürsten Barjatinski und die Gräfinnen Woronzow gehören. Wenn diese lustige Gesellschaft bei Tisch sitzt, entsteht ein solcher Lärm, daß General Danilowitsch, der am oberen Tischende sitzt, die Stimme erheben muß, damit wieder Ruhe einkehrt. Einer der Erzieher schreibt:»Sie trieben vielerlei Scherze, von denen niemand verschont blieb. Sie warfen von einem Tischende zum anderen mit Brotkügelchen und zielten damit gegenseitig auf die Nase oder in den Mund. Wenn einer trank, stieß ihn der Nachbar mit dem Ellbogen... Die Mädchen waren ein wenig zurückhaltender, sie zeigten ein wissendes, hintergründiges Lächeln.«

Nicky speist zwei oder dreimal pro Woche bei seinen Eltern. Dann verhält er sich natürlich ganz anders. Er nimmt sich zusammen, schaut kaum auf, spricht wenig. Das Schlimmste ist, wenn man ihn nach dem Unterricht fragt. Er weiß kaum eine Antwort. Er ist ein gehorsamer Sohn, und deshalb weigert er sich nicht zu lernen, aber seine Trägheit irritiert die Lehrer. Diese haben die Anweisung erhalten, den Großfürsten nicht zu belasten, indem sie seinen Wissensstand prüfen. Sie tragen ihre Lektionen vor, kümmern sich aber nicht darum, ob er sie sich einbleut; Prüfungen gibt es nicht. Nicky mag den Engländer Charles Heath. Dieser kultivierte und sportliche Mann mit stark nationalistischen Neigungen bringt ihm die englische Sprache bei, die er bald fließend sprechen kann. Leidenschaftlich gern spielt er Tennis, rudert, reitet und boxt sogar. In den Fächern Französisch und Deutsch wird er von Monsieur Dupeyret und Herrn Thormeyer unterrichtet. Der berühmte Gustave Lanson hat fünf Monate lang versucht, seinen Schüler für französische Literatur zu interessieren. Um den Geist des jungen russischen Prinzen zu schmücken, hat er ihm Gedichte von

Lamartine und Victor Hugo vorgelegt. »Nie muß ich ihn tadeln, nie setzt er mir Widerstand entgegen… Diese Ausgeglichenheit, dieser spontane Gehorsam sind einfach erstaunlich.[4] Über die Lehrer aus dem Ausland herrschen der alte Pobedonoszew, ein entschiedener Gegner jeglicher Neuerungen, und der große Historiker Kljutschewski, dessen farbige Anekdoten Nicky manchmal aus seiner Schläfrigkeit wecken. »Während meines Unterrichts«, so erzählt Pobedonoszew Witte, der darüber in seinen »Erinnerungen« berichtet, »sehe ich nur eins: Er (Nicky) bohrt mit großer Hingabe in der Nase.«

Als der Großfürst seinen 16. Geburtstag feiert, wird er Oberst Leer und General Puserewski anvertraut, die ihn in die Kriegskunst einführen sollen. Der Schüler schreibt in sein Tagebuch, das er regelmäßig führt: »Über eine Stunde war ich bei Leer, er hat mich zu Tode gelangweilt.« Oder: »Puserewski war den ganzen Morgen bei mir. Er hat mich so mit Wissen erschlagen, daß ich fast eingeschlafen bin.«

Obwohl er kaum in der Lage ist, wesentliche Dinge zu beurteilen, darf Nikolaus, der mit 18 Jahren großjährig ist, zwei bis dreimal pro Woche an den Sitzungen des Reichsrats teilnehmen, zusammen mit den weißhaarigen Würdenträgern, die ihn mit großem Respekt behandeln, ihn jedoch nie nach seiner Meinung fragen. 1887 wird er, inzwischen 19 Jahre alt, Oberhaupt der Husarenschwadron Seiner Majestät und Bataillonskommandeur im Regiment Preobrajenski. Als Angehöriger dieser beiden Eliteeinheiten wird er erwachsen.

Die kaiserliche Garde stellt de facto eine Armee in der Armee dar, deren Moral unerschütterlich ist und die sich mit Leib und Seele der Monarchie verschrieben hat. Zu ihr gehören drei Infanteriedivisionen, eine Schützenbrigade, drei Kavalleriedivisionen und drei Artilleriebrigaden. Die Offiziere sind alle Angehörige des Adels. Der Dienst im Garderegiment kostet viel Geld, allein wegen der aufwendigen Uniformen (die berittenen Gardeoffiziere besitzen fünf verschiedene Uniformen) und wegen der sorgfältig ausgewählten Pferde. Die begüterten jungen Männer sind von Korpsgeist erfüllt. Die Ehre ihres Regiments gilt ihnen mehr als alle persönlichen Neigungen. In manchen Gardeeinheiten zahlen die Offiziere in eine Versicherungskasse ein, die dazu dient, die aus Unbedachtsamkeit entstandenen Schulden einiger Heißsporne zu decken. Denn bei den Haudegen gilt die Regel, daß man ein freizügiges Leben führen, aber nie bei seinen Dienstpflichten versagen darf. Selbst nach einer durchzechten Nacht würde ein Offizier sich seiner Ehre beraubt fühlen, wäre er nicht am nächsten Morgen als erster in der Kaserne oder auf dem Exerzierplatz. Zar, Vaterland, Wein, Frauen und Karriere sind die wichtigsten Lebensinhalte dieser treuen Diener des Throns. Karriere machen, woran ihnen sehr liegt, können sie in der Garde schneller als an der Front. Die Familien intrigieren bei Hofe mit allen Mitteln, um ihren Söhnen den Aufstieg von Sprosse zu Sprosse der Hierarchie zu erleichtern. Die Offiziere sind im allgemeinen schon durch ihre Herkunft an ihr Regiment gebunden. In den verschiedenen Korps werden Kandidaten bevorzugt, deren Vater, Großvater oder ein anderer enger Verwandter in gleicher Uniform gedient hat. Auch die Region, aus der man stammt, spielt eine Rolle. Die Angehörigen der Gardekavaliere sind meistens Russen, zu den berittenen Garden und Ulanen gehören zahlreiche Offiziere mit baltischen Namen. Die Soldaten der Garde werden sorgfältig ausgewählt: Blonde dienen zumeist im Regiment Semjonowski, große Hagere bei den Garderittern, kleine Brünette bei den Husaren, Männer mit Stupsnase im Regiment Pawlowski, im Gedenken an ihren Gründer, den Zaren Paul I., der ein recht konturloses Gesicht hatte.

Mit dem Eintritt in diese elegante und männliche Welt entdeckt Nikolaus endlich ein Leben nach seinem Geschmack. Die Ergebenheit seiner adeligen Kameraden verdankt er Jahrhunderten russischer Geschichte. Als Thronerbe könnte er ihnen herablassend begegnen. Aber durch natürliche Einfachheit findet er zu einer fröhlichen, soldatischen Gemeinschaft. Endlich ist er von den Zwängen der Etikette befreit, er raucht und scherzt mit den jungen Männern in Uniform, die ihm plötzlich gleichgestellt sind. Auch außerhalb der Dienstzeiten sucht er ihre Gemeinschaft, nimmt an ihren endlosen Abendessen teil, bei denen der Champagner fließt und die Soldatenlieder für ausgelassene Stimmung sorgen. Bei diesen feucht-fröhlichen Diners spricht man über Pferde, Spiel, Jagd und Frauen. Nikolaus hat noch keinerlei erotische Erfahrungen, lächelt jedoch hintergründig und amüsiert, während die anderen wild durcheinanderreden. In der Tat fühlt er sich auf seltsame Weise in dieser geschlossenen Gesellschaft wohl, dieser Art Olymp oberhalb der gewöhnlichen Sterblichen. Seine Offizierspflichten erfüllt er stets gewissenhaft. Er nimmt an sämtlichen Manövern teil, geht entsprechend den Anordnungen Wache und unterhält sich in vertrautem Ton mit Soldaten, die älter sind als er.

Wenn er seine alltäglichen Pflichten erledigt hat, ist er gut gelaunt und vergnügt sich – neben seinen soldatischen Freunden – auch mit seinen Verwandten und den früheren Spielkameraden. Das Leben des Großfürsten ist ein Wirbel von Festen. Nichtigkeiten ziehen ihn an und faszinieren ihn. Berichte über banale Ereignisse reihen sich in seinem Tagebuch wie Perlen im Rosenkranz: Tee mit seinen Tanten und Onkeln, Schlittschuhlaufen, Bälle, Theateraufführungen, Feste, von denen er so spät nach Hause kommt, daß ihm, wie er sagt »die Birne weh tut«. »Freitag, den 12. Januar 1890: Ich stand um halb elf auf. Ich bin sicher, daß ich eine Art Schlafkrankheit hatte, weil es unmöglich war, mich zu wecken… Wir waren mit den Woronzows Schlittschuh laufen. Nach dem Essen gingen wir ins Alexandra-Theater. Es wurde ›Die arme Verlobte‹ gegeben, zugunsten der Savina. Anschließend gingen wir zum Abendessen zu Petja[5]. Wir haben viel getrunken und uns prächtig amüsiert…«. »Samstag, 13. Januar: Wir haben uns ›Die Kugel‹ angesehen, ein französisches Stück. Ich habe viel gelacht und war guter Laune…«. »Donnerstag, 18. Januar: Ich hatte den ganzen Tag Schmerzen im Fuß, weil ich gestern gestürzt bin (beim Schlittschuhlaufen). Ich bin in Pantoffeln herumgelaufen. Zum Mittagessen kamen Tante Maria und Onkel Alfred[6] und die Woronzows. Ich konnte nicht Schlittschuhlaufen. Ich habe den anderen zugesehen und mich gelangweilt. Wir haben bei Woronzows Tee getrunken. Um sieben Uhr hat das Abendessen bei den Gardekavalieren angefangen. Es waren ungarische Sänger und Zigeuner dort. Ich bin um halb elf gegangen, in fröhlicher Stimmung.« »Freitag, 19. Januar: Ich bin gegen zehn aufgestanden. Der Verband wurde von meinem Fuß entfernt und ein Pflaster auf die Wunde gelegt. Nach dem Abendessen von gestern ging es mir sehr schlecht, mittags konnte ich kaum etwas essen. Ich habe geschlafen, statt spazierenzugehen. Ich habe bei Xenia[7] mit allen anderen Tee getrunken. Es war eine lustige Gesellschaft. Um acht haben wir bei Sandro zu Abend gegessen.[8] Es waren nur Regimentskameraden da. Der Mannschaftschor der Garde hat gesungen, und Gorbunow[9] hat bis Viertel nach zwölf Anekdoten erzählt...« »Samstag, 20. Januar: Ich habe mit Vergnügen an die Geschichten gedacht, die Gorbunow erzählt hat... Ich bin zu Sergei[10] gegangen, der die Windpocken hat. Wir haben die Eisfläche gefegt. Um halb acht gegessen. Wir sind ins Französische Theater gegangen. Es wurde ›La Révoltée‹ gespielt, aber durch Umstellungen und Kürzungen war die Aufführung ziemlich mißlungen...« »Dienstag 23. Januar: Heute kamen alle möglichen Leute zu Besuch; zum Mittagessen Onkel Alfred, N.S. Giers[11] und die Obolenskis[12]. Das Schlittschuhlaufen war sehr lustig. Endlich konnte ich meine Schlittschuhe wieder anziehen. Ich habe, so gut ich konnte, Eishockey gespielt. Wir haben mit den Woronzows und Olga Tee getrunken. Bei Xenia haben wir Streit gehabt. Um sieben haben wir bei den Obolenskis zu Abend gegessen. Wir haben bis drei Uhr nachts bei den Woronzows getanzt.« »Donnerstag 25. Januar: Die Woronzows sind zum Schlittschuhlaufen gekommen. Nach dem Tee sind wir in der Kutsche spazierengefahren. Ich habe mir ein Telefon legen lassen und mit Sergei gesprochen. Beim Mittagessen waren wir allein. Um neun Uhr hat ein Kinderball wie im Jahr 1887 stattgefunden. Ich habe mich sehr gefreut.«

Diese Flut von Nebensächlichkeiten füllt Seite um Seite, von Monat zu Monat. Der Autor könnte ein vierzehnjähriger Junge sein. Dabei ist er schon 22. Am 28. April notiert er triumphierend: »Heute habe ich endgültig und für immer den Unterricht bei Leer beendet.«

Offensichtlich hat der Thronerbe seinen »Unterricht beendet«, ist aber nicht wirklich gereift. Hinter seiner Freundlichkeit verbirgt sich eine grundlegende Gleichgültigkeit gegenüber allem, was nicht dem Vergnügen des Augenblicks dient. Er ist oberflächlich und zerstreut und will nichts tun, über nichts urteilen, sich wegen nichts Sorgen machen und möglichst über nichts nachdenken. Er hat einen so wenig gefestigten Charakter, daß seine Gesprächspartner manchmal den Eindruck gewinnen, er existiere gar nicht und sei nichts als ein liebenswertes Phantom. Auch körperlich ist der junge Mann schwächlich. Im Gegensatz zu seinen Vorfahren ist er nur mittelgroß und hat ein hübsches, aber ausdrucksloses Gesicht. Böse Zungen behaupten, der Anteil dänischen Bluts habe bei ihm leider die Körperkraft Peters des Großen zerstört. Graf Lamsdorf schreibt in diesem Jahr in sein Tagebuch:»Der Thronerbe ist nicht schöner geworden. Er geht derart in der Menge unter, daß es schwierig ist, ihn von anderen zu unterscheiden. Ein kleiner Husarenoffizier, nicht häßlich, aber unauffällig, unbedeutend.«

In Fragen der Sitte und Moral ist Alexander III. äußerst streng und fordert, daß seine Söhne von den Versuchungen des anderen Geschlechts ferngehalten werden. Nikolaus fällt es nicht schwer, ihm zu gehorchen. Er hat wenig Temperament, und wenn er um eine junge Frau wirbt, tut er dies mehr aus Vergnügen als aus dem Wunsch, sie zu erobern. Dennoch entschließt er sich auf Drängen einiger Kameraden, sich auf ein Fräulen Labunski einzulassen, eine junge Operettensängerin, die ihre Laufbahn als Animierdame bei dem bekannten Gastwirt Dussot begonnen hat. Diese nicht standesgemäße Liaison wird jedoch sehr schnell auf Befehl des Zaren durch den Polizeipräfekten von Sankt Petersburg beendet. Fräulein Labunski schluckt ihre Tränen herunter, man zwingt sie, ins Ausland zu gehen.

Nikolaus hat keine Zeit zu trauern. Schnell taucht eine Trösterin am Horizont auf, eine Tänzerin polnischer Herkunft mit Namen Mathilda Kschessinska. Sie ist jung, schlank, lebhaft, geistreich, attraktiv und hat die Aufmerksamkeit des Großfürsten während eines Empfanges erregt, bei dem auch Zar und Zarin anwesend waren. Sie war damals noch Schülerin der kaiserlichen Ballettschule. Nach der Aufführung wird die Truppe von Zar und Zarin zu einem Essen in den Speisesaal gebeten. Ihre Majestäten nehmen am Kopf der Tafel Platz. Nikolaus sitzt neben Mathilda Kschessinska. Sofort ist er von ihrer Ausstrahlung und ihrer Anmut bezaubert. Sie selbst ist wie geblendet. »Ich habe mich augenblicklich in den Zarewitsch verliebt«, schreibt sie in ihren »Erinnerungen«. »Noch heute sehe ich

17

seine wunderschönen Augen, seinen sanften, wohlwollenden Blick. Als er zu sprechen begonnen hatte, war er für mich nicht mehr nur der Zarewitsch, der Thronfolger. Es war wie ein Traum!... Der Zarewitsch blieb den ganzen Abend über in meiner Nähe. Als wir uns schließlich trennten, sahen wir einander nicht mehr so an wie im ersten Augenblick unserer Begegnung. In seiner Seele wie in meiner war ein Gefühl entstanden, das uns unwiderstehlich anzog.«

Einige Monate später begegnet Nikolaus ihr bei den großen Manövern im Feldlager von Krasnoje Selo in der Nähe von Sankt Petersburg. Er hält sich dort mit seinem Regiment auf. Zum Lager gehört ein kleines Theater, in dem die bekanntesten Künstler der Hauptstadt auftreten. Mathilda Kschessinska gehört dazu. Als Nikolaus sie auf der Bühne und hinterher in den Kulissen sieht, ist er endgültig verhext. Sie ist keine Frau, sie ist die Seele des Tanzes, ein Schwanenflaum, ein Mondstrahl. Am 17. Juli 1890 schreibt er in sein Tagebuch: »Kschessinska II. [sie hat eine ältere Schwester, die ebenfalls Tänzerin ist] gefällt mir wirklich.« Und am 30. Juli: »Am Fenster mit der kleinen Kschessinska geplaudert.«

Die Plauderei »am Fenster« geschieht in trauriger Stimmung. Der Großfürst soll am nächsten Tag zu einer großen Reise aufbrechen. Sein Vater hat es so beschlossen. Er will auf diese Weise wohl seinen Sohn von einem jungen Mädchen fernhalten, zu dem dieser zu große Zuneigung gefaßt zu haben scheint. Am Abend des 31. Juli 1890 beugt sich Nikolaus über sein Tagebuch und schreibt: »Gestern haben wir 125 Flaschen Champagner getrunken. Ich hatte Dienst in der Division. Um sechs Uhr war ich mit der Schwadron auf dem Manöverfeld. Unterrichtung der Kavallerie, simulierte Angriffe auf die Infanterie. Es war heiß. Wir haben in Krasnoje zu Mittag gegessen. Um fünf Uhr fand die Parade statt, es regnete heftig. Nach einer Mahlzeit bin ich zum letztenmal an dem lieben kleinen Theater von Krasnoje Selo vorbeigegangen. Ich habe der Kschessinska Adieu gesagt.«

Die ersten großen Reisen der Großfürsten führen normalerweise in die Hauptstädte Mitteleuropas. Diesmal aber wünscht Alexander III., den politischen Horizont seines Sohnes zu erweitern, und schickt ihn in den Fernen Osten. Anstatt ihm jedoch Leute mit auf den Weg zu geben, die ihn anleiten und unterrichten können, besonnene Leute mit soliden diplomatischen Fähigkeiten, schickt er Bruder Georg als Begleiter mit, der schon von der Tuberkulose gezeichnet ist und nicht bis zum Ende mitreisen kann, sowie einige Gardeoffiziere, deren Hauptinteresse darin liegt, das Leben zu genießen und die ausländischen Schönheiten zu verführen. Unter all den jungen Hohlköpfen interessiert sich allein Uchtomski, der spätere Historiograph des Unternehmens, ernsthaft für die Reise. In Athen schließt sich Georg, der älteste Sohn des Königs von Griechenland, der Reisegruppe an. Auch er liebt Frauen und Champagner über alles. »Ein junger Mann«, wie Witte in seinem »Memoiren« schreibt, »der sehr starke Neigungen zu einem Verhalten hat, das Großfürsten und Fürsten nicht als Beispiel dienen kann.« Die Organisation der Reise hat Fürst Barjatinski übernommen, ein alter, fast blinder General, der seine Aufgabe gewissenhaft und hingebungsvoll erledigt, dessen geistiger Horizont indessen eher beschränkt ist.

Am 23. Oktober 1890 bricht die kleine Schar auf, in der festen Absicht, sich zu amüsieren. Sie reisen durch exotische, prächtige Länder, aber Nikolaus bleibt angesichts dieser Schönheiten gleichgültig. In Ägypten erregen weder die Pyramiden, noch der Tempel von Luxor, noch der Memnonskoloß seine Aufmerksamkeit, dafür aber die Tänze der Almeen. »Nach dem Abendessen«, so schreibt er unter dem Datum des 17. November in sein Tagebuch, »sahen wir uns heimlich die Tänze der Almeen an. Diesmal war es besser: Sie haben sich entkleidet und machten allerlei witzige Spielchen mit Uchtomski.«

Natürlich wird er bei jedem Aufenthalt mit außerordentlichen Ehren empfangen, er lauscht Reden, die ihn ermüden, gibt Ministern, Generälen und Beamten die Hand. In Kairo bejubelt ihn die Menge, wirft ihm Rosen zu und ruft: »Es lebe Rußland!« Und Uchtomski schreibt in sein Tagebuch: »Sich sagen zu können, ich bin ein Russe, ist wie ein einziger Rausch.« In Indien begrüßt der Vizekönig, Marquis von Lansdowne, den Zarewitsch. Trotz des prachtvollen Empfangs durch die Briten schreibt Nikolaus: »Es ist unerträglich, wieder von Engländern umgeben zu sein und überall rote Uniformen zu sehen.«

In Saigon, wo die russische Reisegruppe am 16. März 1891 eintrifft[13], applaudiert die französische Kolonie dem Sohn eines Zaren, der mit der Tradition bricht und es wagt, sich dem republikanischen Frankreich zu nähern. Nikolaus fährt in einem Landauer, der von sechs weißen Mulis gezogen wird, durch einen Triumphbogen. Später nimmt er an einem Bankett teil, bei dem verschiedene Reden das Einvernehmen der beiden Länder zum Ausdruck bringen, dann defilieren die Kolonialtruppen vor ihm, und er applaudiert, als ein Fackelzug vorüberzieht. Er nimmt an Bällen teil, tanzt und plaudert mit den Französinnen und amüsiert sich wie ein Kind, dem man Kasperle vorspielt. »In Saigon«, so erklärt er der Regierung, »fühle ich mich wie zu Hause, und ich bedaure es außerordentlich, daß ich nicht länger hier bleiben kann.«

Die guten Nachrichten von der Reise, die das Kaiserpaar per Telegramm erhält, bestätigen Alexander in der Meinung, daß er recht hatte, seinen Sohne in die fernen Länder zu senden. Und plötzlich eine Katastrophe! Eine Depesche aus Japan, unterzeichnet von der Gattin des Mikado, teilt unter einer Flut von Entschuldigungen mit, daß der Zarewitsch bei einem Attentat am Kopf verletzt worden sei. Gleich darauf folgen die offiziellen Berichte, einer von Sschewitsch, dem Rußlandminister in Tokyo, einer von Barjatinski. Das Attentat ereignete sich in Otsu, als Nikolaus nach einem Empfang beim Gouverneur gerade nach Kyoto zurückkehren wollte. Der Zarewitsch und sein Gefolge waren in kleine offene Wagen gestiegen, die von Hand gezogen wurden. Das Tempo der Läufer war schnell und behende. Der Zug fuhr durch eine enge Gasse von zwei Reihen Polizisten, die im Abstand von acht Schritten nebeneinander standen. Der Attentäter, ein fanatischer Japaner namens Tsuda Santso, war unter ihnen. Als der Wagen, in dem Nikolaus saß, auf seiner Höhe anlangte, sprang er nach vorn und schlug mit seinem Säbel, den er mit beiden Händen festhielt, auf den Zarewitsch ein. Die Klinge drang bis zum Schädelknochen vor. Nach Aussage der Ärzte bestand keine Lebensgefahr. Der Gewalttäter wollte sich ein zweitesmal auf sein Opfer stürzen, wurde aber von Georg von Griechenland überwältigt und erhielt einen Säbelhieb von einem Polizisten. Er fiel in Ohnmacht. Als er daraus erwachte, sagte er mit einem haßerfüllten Grinsen: »Ich bin ein Samurai.« Blut floß aus seiner tiefen Wunde, Nikolaus aber zeigte keine Erregung. Er verbrachte eine ruhige Nacht, und als er erwachte, war er von sorgloser Heiterkeit. Der Mikado besuchte ihn persönlich an seinem Krankenbett. Der japanische Hof war außer sich.

Der Zarewitsch behält von dem Attentat eine Narbe in der Knochenhaut zurück, die später oft heftige Migränen verursacht. Er ist an seinem Körper und damit auch in seinem Hochmut getroffen worden. Der ungerechte Angriff entrüstet ihn, aber er läßt sich nichts anmerken. Eine tiefe Feindschaft gegen Japan, das Land, das ihn so schlecht empfangen hat, ergreift ihn. Um jedes neue Abenteuer in dieser Richtung zu vermeiden, befiehlt ihm sein Vater, die Reise abzubrechen und sich unmittelbar nach Wladiwostock zu begeben. Dort soll er den Beginn der Arbeiten an der Transsibirischen Eisenbahn mit seiner Gegenwart beehren. Auf dem Rückweg verneigt sich Nikolaus in Tomsk vor dem Grab des Staretz Fjodor Kusmitsch, in dem sich, wie manche behaupten, eigentlich die sterblichen Überreste Alexanders I. befinden.[14] Er glaubt nicht an dieses Märchen, aber das Gerede im Volk beunruhigt ihn ein wenig. Je mehr er sich Rußland nähert, desto mehr verdichten sich seine Reiseerinnerungen zu einem barocken Gemälde. Er behält nicht viel im Gedächtnis. Nach neun Monaten Abwesenheit möchte er endlich seine Offizierskameraden wiedersehen, die Lichter in den Salons und die schöne Mathilda Kschessinska, deren Erinnerung auf seiner Reise nicht verblaßt ist.

Kaum ist Nikolaus am 4. August 1891 in Sankt Petersburg angekommen, läßt er sich nach Krasnoje Selo fahren. Dort wohnt die Zarenfamilie den Sommer über. Was ihn drängt, ist jedoch nicht das Verlangen, seine Eltern wiederzusehen. Statt den Abend mit ihnen zu verbringen, begibt er sich ins Theater, um Mathilda Kschessinska im Ballet »Dornröschen« zu sehen. Besonders gefällt ihm Rotkäppchens Tanz, als es dem bösen Wolf begegnet. Der unschuldige und ängstliche Gesichtsausdruck des jungen Mädchens erfüllt ihn mit Freude.

Wieder in Sankt Petersburg, geht er dreist zu Mathilda Kschessinskas Wohnung und läßt sich mit dem Namen des Husaren Wolkow, seines Reisegefährten, melden. Seit einigen Tagen muß Mathilda das Bett hüten, da sie einen Furunkel auf einem Augenlid und einen weiteren am Bein hat. Sie muß eine Binde über dem Auge tragen und ist eigentlich nicht in der Lage, Besuch zu empfangen. Dennoch geht sie ins Wohnzimmer und trifft dort voller Erstaunen nicht auf den Husaren Wolkow, sondern auf den Thronfolger. Ein Ausbruch von Fröhlichkeit läßt sie am ganzen Körper erzittern. »Ich traute meinen Augen nicht – besser gesagt meinem Auge«, schreibt sie, »und diese unverhoffte Begegnung war für mich so begeisternd und so entzückend, daß ich sie nie mehr vergessen habe. Es war sein erster Besuch, und er dauerte nur kurz, aber wir waren allein und konnten uns ungezwungen unterhalten. Von einem solchen Tête-à-tête hatte ich lange geträumt!«

Am nächsten Tag erhält sie einen Brief von Nikolaus: »Ich hoffe, daß es Ihrem hübschen Auge und Ihrem hübschen Bein besser geht. Seit unserer Begegnung fühle ich mich wie benebelt. Ich versuche, so bald wie möglich wiederzukommen.«

Er kommt tatsächlich wieder, und Mathildas Eltern sind von seiner Beharrlichkeit ebenso geschmeichelt wie beunruhigt.

Sie wohnt bei ihnen und verbirgt ihre Zuneigung zum Zarewitsch nicht mehr vor ihnen. Nicky kommt fast jeden Abend, manchmal allein, manchmal in Begleitung anderer Großfürsten, seiner Vettern. Mathildas ältere Schwester schließt sich der Gruppe ebenfalls an. Sie singen, tanzen, verkleiden sich und trinken heimlich Champagner. Nikolaus schenkt seiner Freundin ein goldenes, saphir- und diamantbesetztes Armband. Er schickt ihr beim Pferderennen Blumen in ihre Loge. Er schenkt ihr sein Porträt mit der Aufschrift: »Guten Tag, Duschka[1]!« Die Romanze wird bald zum Gesprächsthema der vornehmen russischen Gesellschaft.

Auf Befehl des Zaren kommt eines Abends der Polizeipräfekt zu Mathilda, um die Anwesenden zu überprüfen. Der Journalist Suworin[2] schreibt in sein Tagebuch: »Der Thronfolger besucht die Kschessinska. Die Kschessinska wohnt bei ihren Eltern. Diese halten sich im Hintergrund und tun, als wüßten sie von nichts. Er geht in ihr Haus. Er mietet nicht einmal eine Wohnung für das Mädchen. Der Zarewitsch ärgert sich über seinen Vater, der ihn wie ein Kind behandelt, obwohl er schon 25 ist. Er ist wenig gesprächig und nicht besonders intelligent. Er trinkt Cognac und verbringt fünf oder sechs Stunden bei den Kschessinskis.« Die Generalin Bogdanowitsch[3] geht in ihren täglichen Aufzeichnungen noch weiter: »Der Kronprinz ist heftig verliebt in die neunzehnjährige Tänzerin Mathilda Kschessinska. Sie ist sehr nett, anmutig und lebhaft und sehr stolz auf ihre Verbindung zu dem Prinzen. Überall gibt sie damit an…« Und weiter schreibt sie: »Niemand wagt es, mit dem Zar über das Abenteuer des Kronprinzen zu sprechen… Bobrikow[4] sagt, es wäre höchste Zeit, den Thronfolger zu verheiraten, denn er treibt sein Abenteuer mit der Kschessinska wirklich zu weit. Seit sie die Gunst des Thronfolgers erlangt hat, ist die Ballerina hochmütig geworden.«

Mathilda hört nicht auf diese Gerüchte und sehnt sich danach, das elterliche Haus zu verlassen und endlich eine eigene Wohnung zu beziehen. Sie schreibt: »Mir war natürlich klar, daß man so etwas nicht tut, aber ich betete den Zarewitsch an und dachte nur an ihn und an mein Glück, auch wenn es nur von kurzer Dauer sein sollte.« Nach einer harten Aussprache mit ihrem Vater, der ihr erklärt, daß eine kleine Tänzerin bürgerlicher Herkunft nicht auf eine ehrenvolle Zukunft an der Seite des Thronfolgers hoffen kann, zieht sie mit ihrer älteren Schwester in ein Haus am Angliski-Prospekt Nr. 18, das früher Großfürst Konstantin Nikolajewitsch für die Tänzerin Kuznezowa hatte bauen lassen. Als Einzugsgeschenk erhält Mathilda von Nicky ein Wodka-Service aus acht goldenen, edelsteinbesetzten Bechern. Die Liaison wird bekannt. »Es heißt«, notiert Suworin in sein Tagebuch, »daß der Zarewitsch von seinem Vater die Erlaubnis erhalten hat, noch zwei Jahre lang Junggeselle zu bleiben. Er läßt sich einen Bart wachsen, was ihn allerdings nicht reifer macht.«

Mathilda Kschessinska fühlt sich auf dem Gipfel des Glücks. Zu ihren Erfolgen im Theater, in dem man ihr immer größere Rollen anvertraut, gesellt sich ihr privates Glück, das ihr noch wichtiger erscheint. Böse Zungen behaupten, daß sie durch ihre Liebesgeschichte erreichen will, eines Tages Zarin zu werden. In Wahrheit weiß sie, daß ihr Abenteuer bald zu Ende sein muß und begnügt sich damit, die letzten glücklichen Momente auszukosten. »Der Zarewitsch kam meistens zum Abendessen«, schreibt sie. »Ich wußte, zu welcher Zeit er ungefähr kam, stellte mich ans Fenster und lauschte dem regelmäßigen Galopp seines prächtigen Rennpferds, der auf der Straße widerhallte.«

Aber bald schon werden die Besuche von Nikolaus seltener. Am Hof und in der Stadt redet man immer öfter von der geplanten Verheiratung des Zarewitsch mit Prinzessin Alix von Hessen-Darmstadt. Als Mathilda ihn danach fragt, gesteht er ihr, daß die Staatspflichten ihn zwängen, sich zu vermählen, und daß von allen möglichen Verlobten, die man ihm vorgeschlagen hätte, Alix von Hessen die würdigste sei. Gleich darauf aber sagt er ihr, es sei noch nichts entschieden. Immer häufiger bleibt er fort. Er reist nach London, um an der Hochzeit seines Vetters, des Grafen von York und späteren Georgs V., teilzunehmen; danach begibt er sich nach Dänemark, wo er von August bis Oktober 1893 bleibt. Im Frühjahr des darauffolgenden Jahres reist er erneut ins Ausland. Auf diesen Reisen werden seine Gefühle beständiger und Alix' Aussichten größer, obwohl er Mathilda nicht ganz vergißt. Als er aus dem Fernen Osten zurückkehrt, schreibt er in sein Tagebuch: »Es ist mein Traum, Alix von Hessen zu heiraten. Ich liebe sie schon lange, aber seit sie 1889 sechs Wochen in Sankt Petersburg verbracht hat, ist meine Zuneigung tiefer und fester geworden. Ich habe lange gegen diese Gefühle angekämpft, habe versucht, mich selbst zu täuschen, und mir gesagt, ich könnte meinen schönsten Traum nicht verwirklichen... Ich bin fast überzeugt, daß unsere Zuneigung gegenseitig ist. Alles hängt vom Willen Gottes ab. Ich vertraue mich seinem Erbarmen an und erwarte in Ruhe, was kommen wird.«

Alix wurde am 6. Juni 1872 in Darmstadt geboren. Sie ist die Tochter des Großherzogs Ludwig IV. von Hessen, der aus einer der ältesten Familien Deutschlands stammt. Alix' Mutter ist die dritte Tochter Königin Viktorias und hat früher durch eine Art mystischer Verzückung von sich reden gemacht. Sie wurde von einer geistigen Passion für den deutschen Theologen David Friedrich Strauss ergriffen, der in seinem Buch »Das Leben Jesu« die These aufstellte, daß die Evangelien weitgehend aus Mythen bestehen und sich darin nichts historisch Nachweisbares über Jesus findet. Das körperliche Erbgut der Prinzessin ist noch beunruhigender. Ihr Großvater väterlicherseits, ihr Vater und ihre Brüder sind von schwacher Konstitution. Die Bluterkrankheit, die durch Frauen übertragen wird, aber nur bei Männern ausbricht, hängt wie ein Damoklesschwert über der Familie. Alexander II., Nikolaus' Großvater, hat eine Prinzessin von Hessen geheiratet, die Zarin Maria Alexandrowna, die ihm jedoch gesunde Kinder geschenkt hat. Großfürst Sergei, Nikolaus' Onkel, hat Elisabeth von Hessen, die ältere Schwester von Alix, geehelicht, und in ferner Vergangenheit hatte auch Paul I. seine erste Frau Wilhelmine (die unter dem Namen Natalia Alexejewna zur Orthodoxie konvertierte) aus diesem Haus gewählt. Warum soll man einer am russischen Hof seit langem üblichen Tradition nicht folgen?

Alix hat mit sechs Jahren ihre Mutter verloren und ist von ihrer Großmutter, Königin Viktoria, aufgezogen worden. Unter der strengen Führung der alten Königin hat sie sich britische Denkweisen und Gewohnheiten zugelegt. Sie hat Englisch und Französisch gelernt, beides spricht sie fließend, dazu beherrscht sie Gesang, Klavierspielen und Aquarellmalerei. 1884 reist sie mit zwölf Jahren zum erstenmal in Begleitung ihres Vaters nach Rußland, zur Hochzeit ihrer älteren Schwester, Großfürstin Elisabeth. Auf einem Ball bei Hofe begegnet sie ihrem damals sechzehnjährigen entfernten Vetter Nikolaus, und ihre kindliche Zuneigung bleibt dem Zar nicht verborgen. Als sie fünf Jahre später, im Januar 1889, wieder nach Sankt Petersburg kommt, ist Nikolaus von ihrer ängstlichen und zerbrechlichen Schönheit gerührt. Der zärtliche Blick ihres Begleiters beeindruckt sie tief. Vielleicht sieht sie sich schon als russische Zarin wie so viele deutsche Prinzessinnen? Katharina die Große hat ihnen den Weg zum Thron der Romanows geöffnet. Graf Lamsdorf hat in englischen Zeitungen Hinweise auf eine mögliche Heirat zwischen den beiden gelesen und fragt Alexander III. danach. »Ich denke nicht daran!« antwortet der Zar. Aber Lamsdorf läßt sich nicht so leicht abspeisen. Für ihn verdient der Flirt des Großfürsten größere Beachtung. Er schreibt in sein Tagebuch: »Die Prinzessin ist von gleicher Art wie ihre Schwester (Elisabeth), aber nicht so hübsch. Sie hat überall Sommersprossen, bis hoch zu den Augenbrauen. Ihrer Art zu gehen mangelt es an Anmut. Aber ihr Gesichtsausdruck ist intelligent und ihr Lächeln freundlich. Sie ist sehr britisch und spricht dauernd Englisch, besonders mit ihrer Schwester.« Lamsdorf findet Nikolaus in seiner Rolle als tölpelhafter Verehrer ziemlich unbedeutend. »Er ist nicht gereift und tanzt ohne Schwung. Die weiße, mit Fell abgesetzte Tunika der Paradeuniform der Gardehusaren steht ihm ausgezeichnet. Aber er sieht dermaßen unbedeutend aus, daß man ihn in der Menge kaum erkennen kann. Sein Gesicht ist fast ohne Ausdruck, sein Auftreten bescheiden, aber seinen Manieren mangelt es an Eleganz.«

Alexander III. und mehr noch Zarin Maria Fjodorowna sind von höflicher Ablehnung gegenüber der jungen Alix, in die ihr Sohn offensichtlich verliebt ist. Beide möchten nicht schon wieder eine deutsche Prinzessin in der Familie haben. Als Nikolaus zwei Jahre später gegenüber seiner Mutter den Wunsch äußert, zum Schloß Illinskoje in der Nähe von Moskau zu fahren, um dort Alix wiederzusehen, die bei ihrer Schwester zu Besuch weilt, erteilt sie ihm eine harsche Abfuhr. Er solle sich diese absurde Verbindung aus dem Kopf schlagen, denn man hätte andere Pläne für ihn. Seine Eltern wünschen eine französische Heirat. Daß Frankreich eine Republik ist, erschreckt sie nicht allzusehr. Um die französisch-russische Allianz zu besiegeln, könnte man den Zarewitsch Prinzessin Hélène von Orléans ehelichen lassen, die Tochter des Grafen von Paris. Nikolaus ist vor den Kopf gestoßen, und er schreibt am 29. Januar 1892 traurig in sein Tagebuch: »Während ich mit Mama sprach, brachte sie das Gespräch auf Hélène, die Tochter des Grafen von Paris, was mich in eine seltsame Stimmung versetzte. Zwei Wege scheinen vor mir zu liegen: Ich möchte in eine Richtung gehen, aber Mama möchte eindeutig, daß ich die andere wähle. Was wird geschehen?«

Alix ist unglücklich über die Abneigung, die ihr von seiten der Zarenfamilie entgegenschlägt, aber aufgeben will sie noch nicht. Um ihre Vorliebe für Rußland zum Audruck zu bringen, kauft sie auf dem Markt aus Birkenholz geschnitzte Puppen. Die Birke hat in Nickys Vaterland hohe symbolische Bedeutung. Nach England zurückgekehrt, beginnt sie Russisch zu lernen und führt lange theologische Diskussionen mit dem Geistlichen der russischen Botschaft. Königin Viktoria ist verärgert über die lange Wartezeit und schreibt ihrer anderen Enkelin, der Großfürstin Elisabeth, ob Alix nicht »die Aufmerksamkeit eines Mitglieds der russischen Dynastie« auf sich gezogen habe. Wenn es so wäre, würde sie Alix nicht im anglikanischen Glauben erziehen, sondern ihre Konversion zur Orthodoxie in die Wege leiten. Elisabeth richtet sich nach den Weisungen des Hofes und beantwortet den Brief nicht. Alix begreift, daß sie am Hof von Sankt Petersburg keine Chancen hat, will dies aber nicht wahrhaben. Jede andere Heirat erscheint ihr unwürdig. Eine Mauer von Einsamkeit und Stolz umgibt sie, und sie weist den Heiratsantrag eines nicht näher bekannten deutschen Fürsten zurück. Sie sucht Trost in frommen Büchern, läßt sich nach anglikanischem Ritus konfirmieren und verkündet, lieber werde sie eine alte Jungfer, als daß sie den protestantischen Glauben aufgäbe.

Nikolaus hat die Hoffnung, Alix zu heiraten, aufgegeben und fragt sich, welche Frau ihm der Wille seiner Eltern morgen aufzwingen wird. Der Plan einer Heirat mit Hélène, der Tochter des Grafen von Paris, wird verworfen, worauf er sehr erleichtert ist, denn diese Prinzessin gefällt ihm ganz und gar nicht. Politik und Verwaltung, in die man ihn einzuführen versucht, langweilen ihn nur. Als Witte[7] dem Zaren vorschlägt, den Zarewitsch zum Vorsitzenden des Komitees für den Bau der Transsibirischen Eisenbahn zu ernennen, ruft Alexander III. überrascht aus: »Wie bitte? Kennen Sie den Thronfolger vielleicht? Haben Sie je mit ihm ein ernstes Gespräch geführt? Er ist ein Kind, und seine Vorstellungen sind kindlicher Natur. Wie soll er den Vorsitz in solch einem Komitee führen?« »Aber, Sire, wenn Sie ihn nicht mit Staatsangelegenheiten vertraut machen, wird er es nie lernen!« sagt Witte seufzend. Nikolaus wird zum Vorsitzenden ernannt und ist betroffen darüber, wieviel Arbeit dies bedeutet.

Plötzlich wird der Zar krank. Eine Grippe zwingt den robusten Mann zur Bettruhe, und es droht die Gefahr einer Lungenentzündung. Aber seine kräftige Konstitution überwindet die Krankheit. Er faßt sie jedoch als Warnung auf und beschließt, seinen Sohn so schnell wie möglich zu verheiraten, um die Thronfolge zu sichern. Nikolaus gesteht, daß er noch immer in Alix verliebt ist. Daraufhin diskutiert der Zar nicht mehr lange und fordert ihn auf, um ihre Hand anzuhalten.

Hierzu muß Nikolaus nach Coburg in Bayern reisen, und er tut dies unter dem Vorwand, seinen Vater bei der Hochzeit des Großherzogs Ernst von Hessen, des Bruders von Alix, mit der zweiten Tochter des Herzogs von Edinburgh, eines Sohns der Königin Viktoria, zu vertreten. Voller Glück macht sich Nikolaus in Begleitung von zwei Onkeln und einem prächtigen Gefolge auf den Weg. Er nimmt einen Priester auf seine Reise mit, der Alix zur Orthodoxie bekehren, und eine Lehrerin, die ihr Russisch beibringen soll. In Coburg trifft er auf einen wahren Bienenschwarm, in dem sich hundert glanzvolle Hoheiten tummeln. Die alte Königin Viktoria ist schon dort, ihre gedrungene Gestalt macht die martialische des schnurrbärtigen Kaisers Wilhelm II. in Galauniform wett. Inmitten dieser goldverbrämten Welt befindet sich auch Alix, die sich jedoch abweisend zeigt. Sie ist wie eingesperrt in eine mehr oder weniger echte mystische Starre und weigert sich, zum orthodoxen Glauben überzutreten, was allerdings eine unabdingbare Voraussetzung für die Heirat mit dem Sohn des Zaren ist. Der russische Geistliche und Wilhelm II. kämpfen gemeinsam gegen die störrische Jungfrau. Der eine preist die Schönheit der orthodoxen Religion, der andere die Vorteile einer solchen Verbindung für Deutschland. Von soviel Argumenten in ihrer Haltung erschüttert, leistet sie nur noch Widerstand, um die Form zu wahren. Daraufhin geht Nikolaus selbst zum Angriff über.

Am 5. April 1894 schreibt er nach einem Gespräch mit Alix in sein Tagebuch: »O Herr, was für ein Tag! Nach dem Kaffee, gegen zehn Uhr, gingen wir zu Tante Ella in der Wohnung von Erni und Alix.[8] Sie (Alix) ist bei weitem schöner geworden, aber sie schien sehr traurig. Man ließ uns allein, und dann begannen wir ein Gespräch, das ich seit langem wünschte und doch fürchtete. Wir sprachen bis zwölf Uhr, jedoch ohne Erfolg. Sie weigert sich immer noch, die Konfession zu wechseln. Sie hat viel geweint, die Arme. Als wir uns trennten, war sie aber ruhiger.« Am nächsten Tag schreibt er: »Alix ist gekommen, und wir haben uns wieder unterhalten. Aber ich habe weniger auf der Frage von gestern beharrt. Es ist schon viel, daß sie bereit war, mich zu sehen und mit mir zu reden.« Zwei Tage später schließlich, am 8. April, ein Siegesschrei: »Ein herrlicher Tag, den ich mein Leben lang nicht vergesse! Ich habe mich mit meiner lieben, unvergleichlichen Alix verlobt... Wir haben uns ausgesprochen. O Herr, welche Last ist mir von der Seele genommen; welch schöne Nachricht für meinen lieben Vater, die liebe Mutter! Den ganzen Tag ging ich umher wie im Traum, ohne mir ganz bewußt zu sein, was geschah. Ich kann kaum glauben, daß ich eine Verlobte habe.« Am selben Abend schreibt er seiner Mutter, der Zarin: »Ich habe ihr Ihren Brief gegeben, danach hat sie aufgehört zu diskutieren... Die ganze Welt ist für mich anders geworden, die Natur, die Menschheit, mit einem Wort, alles scheint mir wert, geliebt zu werden.« Die unbedeutendsten Ereignisse versetzen Nikolaus jetzt in Begeisterung. »Um zehn Uhr kam meine wunderbare Alix, und wir gingen beide zur Königin (Viktoria) zum Kaffee. Es war ein kalter grauer Tag, aber meine Seele war hell und voller Freude« (9. April). »Alle

Russen haben meiner Verlobten Blumen gebracht« (10. April). »Alix hat sich mir gegenüber in den letzten Tagen so verändert, daß ich mich überglücklich fühle. Heute morgen hat sie zwei Sätze Russisch geschrieben, ohne Fehler zu machen« (11. April). »Ich war mit Alix und all ihren Schwestern beim hiesigen Photographen, und wir haben Aufnahmen in verschiedenen Posen machen lassen, getrennt und zusammen« (14. April). »Es ist so seltsam, mit ihr völlig ungezwungen überall hingehen zu können, so als ob nichts Überraschendes dabei wäre« (15. April). Am 20. April nehmen sie am Bahnhof Abschied, Alix kehrt nach England zurück. »Es ist wirklich nicht schön ohne sie«, schreibt Nikolaus. »Jetzt müssen wir sechs Wochen voneinander getrennt leben. Ich bin allein an alle bekannten und mir liebgewordenen Orte geirrt, habe ihre Lieblingsblumen gepflückt und sie ihr abends in einen Brief gesteckt.«

Am nächsten Tag fährt er nach Sankt Petersburg zurück. »Ich sitze im Abteil. Auch wenn ich traurig bin, daß sie nicht da ist, allein beim Gedanken an das, was geschehen ist, wird mein Herz fröhlich und richtet ein Dankesgebet an Gott... Wir haben in Könitz zu Mittag gegessen. An meinem Platz lag eine Photographie von Alix in einem Kranz von rosafarbenen Blumen. Was für eine rührende Aufmerksamkeit des Gastwirts!«

Als er wieder in Rußland ist, wartet auf Nikolaus, der noch immer ganz benommen ist vor Freude über sein neues Glück, eine unangenehme Pflicht: Er muß mit Mathilda Kschessinska brechen. Die junge Frau, die schon lange von ihrem Schicksal weiß, ergreift heftiger Zorn, als sie durch ein offizielles Kommuniqué von der Verlobung des Zarewitschs und Alix erfährt. »Dieses Ende war vorauszusehen, unvermeidlich. Ich habe damit gerechnet«, schreibt sie, »dennoch war mein Schmerz grenzenlos.« Die Generalin Bogdanowitsch, die sich gerne zum Echo des Petersburger Geredes macht, schreibt am 18. April in ihr Tagebuch: »Diese Kschessinska spielt die Rolle einer im Stich gelassenen Kranken und empfängt niemanden... Alle sind überzeugt, daß der Prinz gleich nach seiner Ankunft wieder zu seiner Mätresse läuft.« Hier irrt sie. Trotz seiner Schwächen ist Nikolaus treu. Er hat beschlossen, Alix zu heiraten, und kann sich nicht vorstellen, weiterhin seine Liebesbeziehung zu Mathilda aufrechtzuerhalten. Sein Abschiedsbrief ist voller Melancholie: »Was immer mir im Leben geschieht, die Tage, die ich mit dir verbrachte, bleiben für immer die strahlendsten Erinnerungen meiner Jugend«, schreibt er ihr. Als die großen Manöver stattfinden, sehen sich die beiden Liebenden zum letztenmal. Nikolaus und Mathilda begegnen einander mitten auf dem Land in der Nähe einer Scheune. »Ich fuhr im Wagen dorthin«, erzählt Mathilda, »und er kam zu Pferd aus dem Lager geritten. Wie immer, wenn man sich zuviel zu sagen hat, kann man vor Tränen kaum sprechen und findet nicht die richtigen Worte. Und was soll man schon sagen, wenn der letzte Augenblick gekommen ist, die Minuten des Abschieds, die so schrecklich und unausweichlich sind? Als der Zarewitsch fortritt, blieb ich bei der Scheune und sah ihm nach, bis er in der Ferne verschwand. Er sah sich immer wieder nach mir um… Mir war, als wäre mein Leben zu Ende, als hätte ich keine Freude mehr zu erwarten, als wäre mir nur noch Kummer, viel Kummer beschieden.«

Die Zukunft hält für Mathilda Kschessinska angemessenen Trost bereit: Sie wird Primaballerina des kaiserlichen Theaters in Sankt Petersburg, heiratet 1921 Großfürst Andrei Wladimirowitsch, den Vetter von Nikolaus, und erhält den Titel Fürstin Romanowski-Krassinska. Ihr Leben lang jedoch bewahrt sie die Erinnerung an ihre erste Liebe. »Der Zarewitsch hatte im besten Sinne Pflichtgefühl und Würde… Er war gut, einfach und charmant im Umgang mit anderen. Alle erlagen seinem Einfluß, so gefangen waren sie von der Sanftheit und der Schönheit seiner Augen…« Auch Nikolaus denkt noch oft an die Stunden, die er bei dieser lebhaften jungen Künstlerin verbracht hat.[9]

Die Trennung macht ihm jedoch nicht über die Maßen zu schaffen. Zu sehr ist er mit dem Gedanken an seine bevorstehende Hochzeit beschäftigt, um der Vergangenheit nachzutrauern. Er wünscht sich nur eins: bald seine Verlobte in England zu besuchen. Der Zar aber hat sich von seiner Krankheit noch nicht richtig erholt und gestattet seinem Sohn nicht, in so schwerer Zeit Rußland zu verlassen. Nikolaus ist darüber so unglücklich, daß General Tscherewin, ein persönlicher Freund des Monarchen und Chef der Palastpolizei, versucht, ihn zur Vernunft zu bringen. »Ich habe mit den Ärzten gesprochen, sie glauben nicht, daß der Zar ernsthaft krank ist.« »Vielleicht noch nicht«, antwortet der General, »aber stellen Sie sich vor, es passiert etwas, während Sie nicht da sind!« »Sie sind ein Pessimist!« ruft Nikolaus aus. »Ich habe Prinzessin Alix mein Wort gegeben, daß ich den Juni bei ihr in England verbringe; das kann ich nicht mehr ändern. Außerdem ist das Leben hier so trostlos, daß es mir guttut, für einige Zeit zu verreisen.«[10]

Trotz der Verschwörung seiner Umgebung erhält der Zarewitsch die Erlaubnis seines Vaters, zu seiner Verlobten zu fahren. Am 3. Juni 1894 sticht er auf der kaiserlichen Yacht »Polarstern« Richtung London in See. Das Meer ist ruhig und der Himmel blau; am 7. Juni schreibt Nikolaus in sein Tagebuch: »Wenn es Gott gefällt, sehe ich morgen meine liebe und unvergleichliche Alix wieder. Allein der Gedanke daran läßt mich verrückt werden vor Freude, und ich kann diesen glücklichen Augenblick kaum erwarten. Ich habe den Abend mit einigen Yachtoffizieren in ihrer Messe verbracht.«

Königin Viktoria hat veranlaßt, daß dem russischen Thronfolger alle ihm gebührende Ehre entgegengebracht wird, und so wird die »Polarstern«, als sie in London einläuft, mit einer Ehrensalve empfangen. Nikolaus läßt sich sogleich nach Walton an der Themse fahren, wo er Alix und Königin Viktoria trifft, die er inzwischen Granny[11] nennt. Als er seine Verlobte wiedersieht, erscheint sie ihm noch verführerischer als in seiner Erinnerung. »Ich habe dasselbe Glück erfahren wie in Coburg«, schreibt er am Abend auf. Er überreicht Alix das Verlobungsgeschenk, einen Ring mit einer rosafarbenen Perle, eine Perlenkette in der gleichen Farbe, eine Kette aus Gold, die ein riesiger Smaragd ziert, eine von Saphiren und Diamanten schimmernde Brosche und als Geschenk von Zar Alexander eine schwere Halskette aus Perlen von der Hand des Goldschmieds Fabergé. Angesichts dieses russischen Schatzes, der ihrer Enkelin bestimmt ist, sagt Königin Viktoria seufzend: »Werden Sie bloß nicht stolz, Alix!« Alexander III. hat mit all diesen Geschenken auch seinen offiziellen Hofbeichtvater nach England geschickt, Pater Janitschew. Er soll Alix die Grundlagen orthodoxen Glaubens beibringen. Sie hört ihm aufmerksam zu, aber sobald er ihr den Rücken kehrt, läuft sie schnell wieder zu ihrem Nikolaus.

Die beiden jungen Leute unternehmen gemeinsam lange, romantische Spaziergänge, folgen im Wagen der alten Monarchin, die in ihrem berühmten, von einem Pony gezogenen Kutschwagen sitzt, und fahren nach Windsor, auf die Schlösser von Frogmore und Osborne[12], sie galoppieren »wie Verrückte« über Land, unternehmen einen Ausflug nach London. »Es war amüsant und zugleich angenehm, mit Alix in dem Waggon zu sein«, notiert Nikolaus am 23. Juni. Und sie fügt dem russischen Text ein paar englische Wörter hinzu: »Many loving kisses.« Von nun an bereichert sie immer wieder mit Liebeserklärungen das Tagebuch ihres Verlobten, das in einer Sprache geschrieben ist, die sie noch nicht beherrscht. (»God bless you, my angel« – »For ever, for ever!«)[13] Sie schreibt aber auch Gebete auf, moralische Sentenzen und Gedichtverse. Als Nikolaus ihr seine Junggesellenvergangenheit beichtet, schreibt sie am 8. Juli folgende Sätze auf, mit denen sie ihm ihr Verständnis bekundet: »Worte sind zu arm, um meiner Liebe, meiner Bewunderung und meinem Respekt für Sie Ausdruck zu geben. Was geschehen ist, ist geschehen und kehrt nie wieder, so können wir ruhig nach rückwärts blicken. In dieser Welt unterliegen wir alle der Versuchung, und solange wir jung sind, können wir nicht dauernd gegen die Versuchung kämpfen und sie besiegen. Wenn wir aber immer zum Guten zurückkehren und den richtigen Weg finden, verzeiht Gott denen, die ihre Schuld erkennen... Gott schütze Sie, mein geliebter Nicky.«[14]

Diese verständnisvolle Predigt erfüllt Nikolaus mit Staunen und Dankbarkeit. Er hat keine Verlobte an seiner Seite, sondern eine Beichtmutter. Sie gibt sich nicht damit zufrieden, ihn mit ihrem sanften Lächeln und ihren tiefgründigen Blicken zu verzaubern, sondern ermutigt ihn, weist ihm den Weg, den er gehen soll, leitet ihn sanft und sicher, wonach er sich schon seit seiner frühen Jugend gesehnt hat.

Die Stunden in ihrer Nähe verrinnen so schnell, daß er am 11. Juli, dem Tag der Rückfahrt, das Gefühl hat, erst am Vorabend angekommen zu sein. »Jetzt erfolgt die Trennung nach mehr als einem Monat Leben in paradiesischer Freude«, schreibt er in sein Tagebuch. Während des Aufenthalts in England war er so gefangen von Alix, daß er nicht einmal Zeit gefunden hat,

Westminster Abbey und die National Gallery zu besuchen. Denen, die ihm dies zum Vorwurf machen, antwortet er in aller Offenheit, daß er sich »nicht für Bilder und noch weniger für Antiquitäten« interessiere.[15] Der Abschied der Verlobten am Pier ist deswegen besonders traurig, weil noch kein Datum für die Hochzeit festgesetzt worden ist. Nikolaus verspricht jedoch, auf seinen Vater einzuwirken, damit die Vorbereitungen beschleunigt werden.

Als er nach Rußland zurückkehrt ist und an der Hochzeit seiner Schwester Xenia mit seinem Vetter Sandro (dem Großfürsten Alexander Michailowitsch) teilnimmt, stellt er fest, daß sein Vater die Anstrengungen der Feierlichkeiten nur mit Mühe erträgt. Professor Sacharin, den man aus Moskau gerufen hat, beruhigt die Zarenfamilie und empfiehlt Alexander III., sich in einem trockenen Klima zu erholen. Der Zar legt indessen Wert darauf, an der traditionellen Jagd in Polen teilzunehmen. Hier verlassen ihn seine Kräfte. Man läßt Professor Leyden, einen Experten aus Berlin, kommen, der eine akute Nierenentzündung feststellt. Der Kranke muß schnellstens auf die Krim gebracht werden. Nikolaus ist tiefbetrübt, denn diese Reise hindert ihn daran, Alix wie beabsichtigt in Wolfsgarten zu treffen. »Ich war den ganzen Tag hin- und hergerissen zwischen meinem Pflichtgefühl, das mich veranlaßt, meine Eltern auf die Krim zu begleiten, und meinem leidenschaftlichen Verlangen, Alix in Wolfsgarten wiederzusehen«, schreibt er. »Aber mein erstes Gefühl hat gesiegt, und nachdem ich es Mama gesagt hatte, war ich innerlich ruhiger.«

Als die kaiserliche Familie nach einer langen Zug- und Schiffsreise in Liwadija am Schwarzen Meer ankommt, ist der Zar am Ende seiner Widerstandskraft. Fünf Ärzte halten sich am Krankenbett auf. Um sich zu zerstreuen, geht Nikolaus am Strand spazieren, reitet aus, spielt mit Sandro und Xenia auf der Schloßterrasse Kastanienwerfen. Da sich der Zustand Alexanders III. verschlimmert, lädt man schließlich Alix ein, zu ihrem Verlobten auf die Krim zu kommen. »Papa und Mama haben mir erlaubt, meine liebste Alix aus Darmstadt herkommen zu lassen«, schreibt Nikolaus am 5. Oktober. Ich war unendlich gerührt von ihrer Güte und ihrem Wunsch, sie zu sehen. Welche Freude, sie auf so unerwartete Weise wiederzusehen, obwohl die Freude durch die Umstände getrübt ist.«

Am 10. Oktober erreicht Alix mit dem Zug den Bahnhof von Simferopol. Nikolaus erwartet sie auf dem Bahnsteig, zugleich ernst und strahlend. Sie besteigen eine offene Kutsche und bitten den Kutscher, so schnell zu fahren wie möglich. In jedem tatarischen Dorf werden sie jedoch von Bauern aufgehalten, die sie bejubeln, ihnen Blumen zuwerfen und zur Begrüßung Brot und Salz überreichen. Sie brauchen vier Stunden, bis sie Liwadija erreichen, wo der Zar ihre Ankunft voll Ungeduld erwartet. Gegen den Rat seiner Ärzte hat Alexander sich erhoben und seine Paradeuniform angelegt, um seine zukünftige Schwiegertochter zu begrüßen. Sie findet ihn in einem Sessel, aufrecht sitzend, mit dem blauen Band des Andreas-Ordens über der Brust und einem bleichen Gesicht. Als sie vor ihm niederkniet, hat Alix das Gefühl, einen Toten zu ehren.

In den folgenden Tagen klagt Alix über Müdigkeit in den Beinen. Sie möchte nicht zu Fuß gehen, sondern lieber im Wagen ausfahren. Aber trotz ihrer körperlichen Schwäche übt sie großen Einfluß auf Nikolaus aus. Sie ist tief unzufrieden darüber, daß der Zarewitsch von seiner Umgebung, obwohl er der Thronfolger ist, wie eine Nebenfigur behandelt wird. Er wird in Liwadija in keiner Angelegenheit um Rat oder nach seiner Meinung gefragt. Alle Entscheidungen fallen hinter seinem Rücken. Es ist, als sei er nicht in der Lage, seinen Willen durchzusetzen. Nimmt er diese für ihn und sie erniedrigende Situation aus Freundlichkeit oder aus Bequemlichkeit hin?

Am 15. Oktober, fünf Tage nachdem sie ihre Koffer ausgepackt hat, nimmt sie Nikolaus' Tagebuch zur Hand und schreibt ihre persönlichen Eindrücke nieder: »Mein liebes Kind, bitten Sie Gott, daß er Sie stärkt und daran hindert, den Mut zu verlieren. Er wird Ihnen in Ihrem Schmerz beistehen. Ihr Sonnenschein betet für Sie und für den armen Kranken... Mein Liebster, ich liebe Sie so zärtlich und innig! Seien Sie stark und verlangen Sie, daß Doktor Leyden oder der andere Deutsche jeden Tag zu Ihnen kommt und Ihnen berichtet, wie es dem Kranken geht und was sie ihm verordnen, damit Sie immer der erste sind, der es weiß. So können Sie ihn überzeugen zu tun, was er tun muß. Und wenn der Arzt etwas braucht, lassen Sie ihn direkt kommen. Lassen Sie es nicht zu, daß andere sich vordrängen und Sie ausgrenzen. Sie sind der liebe Sohn Ihres Vaters, und man muß Ihnen alles sagen und Sie alles fragen. Zeigen Sie, daß Sie einen eigenen Willen haben und lassen Sie es nicht geschehen, daß die anderen vergessen, wer Sie sind. Mein Geliebter, verzeihen Sie!«[16]

Durch diese Worte getröstet und bestärkt, wartet Nikolaus gefaßt und ruhig auf den Tod seines Vaters. Jeden Tag besucht er den Sterbenden, befragt die Ärzte und den Priester und geht mit seiner geliebten Alix am Strand spazieren. Sie klagt immer noch über die Schwäche in den Beinen. Im Land werden die Nachrichten aus Liwadija mit wachsender Besorgnis aufgenommen. In den 13 Jahren seiner Herrschaft ist es Alexander gelungen, die revolutionären Tendenzen, die zu Lebzeiten seines Vaters deutlich zutage traten, gewaltsam zu unterdrücken, die finanzielle Lage durch ausländisches Kapital zu stabilisieren und der Nation die Vorteile eines dauerhaften Friedens zu gewähren. Wird sein Sohn, von dem außer den Leuten bei Hofe sonst kaum jemand weiß, die nötige Kraft besitzen, sein Werk fortzusetzen? Obwohl das Ende des Zaren bevorsteht, scheint Nikolaus noch nicht zu ermessen, welch ungeheure Verantwortung bald auf seinen Schultern lasten wird. In dieser schweren Zeit denkt er nicht an sein Volk, sondern an sich. Er ist so sehr mit seiner Liebe zu Alix beschäftigt, daß er darüber vergißt, wie immens die Landschaft russischer Politik ist. »Wir haben unten gespeist, um nicht durch Lärm zu stören. Ich bin in der Nähe des Hauses ein wenig mit Alix spazierengegangen. Nach dem Tee habe ich noch ein paar Akten gelesen« (18. Oktober). »Er ist jetzt plötzlich ganz schwach, alle sind durch den Garten geirrt. Ich bin mit Alix am Strand spazierengegangen« (19. Oktober). Am 20. Oktober schließlich tut Zar Alexander, nachdem er die Beichte abgelegt und die Kommunion erhalten hat, den letzten Atemzug. »Mir ist ganz schwindlig, es ist kaum zu glauben, so unwahrscheinlich ist die furchtbare Wahrheit«, schreibt Nikolaus. »Wir sind den ganzen Tag oben bei ihm geblieben. Sein Atem ging zunehmend schwerer. Man mußte ihm immer wieder Sauerstoff geben. Um halb drei empfing er die Letzte Ölung.

Dann begann er leicht zu zittern, und schnell nahte das Ende. Pater Johannes[17] blieb über eine Stunde an seinem Bett und hielt ihm den Kopf. Es war der Tod eines Heiligen. Herr, hilf uns in diesen schweren Tagen! Arme, liebe Mutter! Abends um halb neun haben wir im Schlafzimmer einen Sterbegottesdienst gefeiert. Ich war vom Kummer wie erschlagen. Meine liebe Alix hat wieder Schmerzen in den Beinen.«

Die Kanonen der Kriegsschiffe, die im Hafen von Jalta liegen, verabschieden mit Salutschüssen den verstorbenen Zaren, und auf dem Rasen vor dem Schloß wird ein Altar errichtet, auf dem der neue Herrscher, Nikolaus II., den Amtseid ablegen soll. Die Zarenfamilie, die hohen Würdenträger, aber auch die Diener des Hauses stellen sich im Halbkreis vor dem Priester auf, der in seinem goldenen Gewand die Zeremonie feiert. Während der Gebete ist Nikolaus gedanklich abwesend. Er denkt an eine andere Feier, die, so scheint ihm, noch wichtiger ist: seine bevorstehende Heirat mit Alix.

*

Am Tag nach dem Tod von Alexander III. wird die Konversion der künftigen Zarin in Angriff genommen. Sie wird den Namen Alexandra Fjodorowna tragen. In seinem Tagebuch schreibt Nikolaus aber weiterhin von seiner »lieben Alix«. »Selbst in unserem tiefen Kummer hat uns Gott eine sanfte und helle Freude geschenkt«, schreibt er. »Um zehn Uhr wurde meine liebe Alix dem orthodoxen Glauben geweiht. Sie hat die Responsorien und Gebete mit wunderbarer und klarer Stimme gelesen. Nach dem Mittagessen feierten wir einen Totengottesdienst und einen weiteren um neun Uhr abends. Mein lieber Papa hat einen sehr schönen Gesichtsausdruck. Er sieht aus, als lache er gleich los.«

Nikolaus und Alexandra wünschen, daß ihre Hochzeit wegen der Trauer im kleinen Schloß von Liwadija zelebriert wird, »solange Papa noch im Haus ist«, wie Nikolaus schreibt. Aber die Mitglieder der Zarenfamilie sind nicht einverstanden. Ihrer Meinung nach muß zuerst der Leichnam des verstorbenen Monarchen nach Sankt Petersburg überführt werden, und erst nach den Beerdigungsfeierlichkeiten kann die Hochzeit begangen werden. Nikolaus gibt vor der Unbeugsamkeit seiner Onkel nach. Mittlerweile ist der Leichnam einbalsamiert worden. »Ich kann mich nicht entschließen, in das Eckzimmer zu gehen, in dem der Leichnam meines lieben Papas liegt. Er hat sich seit der Balsamierung dermaßen verändert, daß es mir schwerfällt, den wunderbaren Eindruck, den ich am ersten Tag von ihm hatte, zu zerstören.«[18]

Der Sarg wird schließlich zum Zug gebracht, der durch ganz Rußland fahren muß, um die sterblichen Überreste Alexanders III. in die Hauptstadt zu überführen. Die Beerdigung findet am 7. November 1894 in der Kathedrale der Peter-Paul-Festung statt. Eine große Schar Höflinge und Abgesandte aller europäischen Länder nehmen daran teil. Neugierige Blicke mustern die künftige Herrscherin mit dem schwarzen Schleier. Man kann ihr tränenüberströmtes Gesicht kaum erkennen. Manche jedoch sagen, als sie die Braut sehen, die Trauer trägt, im Flüsterton, sie sei »ein Unglücksrabe«. Als die Trauergäste an dem geöffneten Sarg vorbeiziehen, um für immer Abschied zu nehmen, sind alle erschrocken, wie verwest der Leichnam bereits ist. »Man hat Alexander III. miserabel einbalsamiert«, schreibt die Generalin Bogdanowitsch in ihr Tagebuch, »man erkennt ihn gar nicht mehr: Sein Gesicht ist ganz blau und mit einer dichten Puderschicht bedeckt. Seine Hände sind so klein wie die eines Kindes. Der ganze Körper scheint geschrumpft.«

Als er aus der Kirche tritt, sieht Nikolaus zum erstenmal seit seiner Thronbesteigung die in Karree-Formation aufgestellten Truppen im Innenhof der Festung. Alle Fahnen verneigen sich vor ihm, während die Nationalhymne ertönt. Am Abend schreibt er in sein Tagebuch: »Es ist schwer, wenn man gezwungen ist, solche Dinge zu schreiben, aber manchmal habe ich den Eindruck, daß ich nur schlafe und wieder aufwachen werde und daß er dann unter uns sein wird. Als wir wieder im Anitschkow-Palais waren, habe ich oben mit Mama zu Mittag gegessen. Sie ist von wunderbarer Gefaßtheit und verliert nicht den Mut. Ich bin im Park spazierengegangen. Dann war ich bei meiner lieben Alix, und wir haben alle zusammen Tee getrunken.«

An den darauffolgenden Tagen sind die beiden jungen Leute

vor allem damit beschäftigt, Gardinen und Teppiche für die neuen Zimmer auszusuchen, um die Nikolaus seine Junggesellenwohnung erweitern will. »Heute war ein sehr ermüdender Tag. Wir haben um acht Uhr zu Abend gegessen und den Abend im Kabinett von Papa verbracht.« Die Frage, wann die Hochzeit stattfinden soll, ist immer noch nicht geklärt. Es heißt zunächst, sie solle erst nach Ablauf der Trauerzeit gefeiert werden, aber Nikolaus und Alexandra haben es so eilig, daß die Familie beschließt, sie am 14. November zu verheiraten, am Geburtstag der Kaiserinwitwe und eine Woche nach der Beerdigung Alexanders III. Selbstverständlich soll die Feier wegen der besonderen Umstände nicht von Volksvergnügungen begleitet werden. Am Morgen des 14. November legt Nikolaus die rote Uniform eines Husarenoberst an, deren Jacke an der Schulter mit Goldschnüren verziert ist. Alexandra trägt ein weißes, mit silbernen Blumen besticktes Seidenkleid und einen Mantel aus Goldbrokat, dessen Schleppe von fünf Kammerherren getragen wird. Auf ihrem Kopf strahlt das diamantverzierte kaiserliche Diadem. In diesem Aufzug ist sie von reiner und zarter Schönheit; sie ist groß, besitzt regelmäßige Gesichtszüge, eine feine, gerade Nase, träumerisch dreinblickende blaugraue Augen und dicke goldblonde Haare, die sich auf der Stirne kräuseln. Ihre Haltung drückt Anmut und Würde aus. Sie errötet allerdings sehr häufig wie ein Kind, das man bei einer Untat ertappt. Nikolaus ist ganz betört und nennt sie »Sunny«, Sonnenschein. Die Hochzeitsfeier findet in der Kapelle des Winterpalais statt. »Mir war ganz kalt vor Schüchternheit und Einsamkeit inmitten dieser ungewohnten Umgebung«, sagt Alexandra später zu ihrer Ehrendame Anna Wyrubowa. »Unsere Hochzeit kam mir wie all die Totenfeiern vor, an denen ich teilgenommen hatte – nur daß ich ein weißes Kleid trug.«[19]

Nach der Zeremonie fährt das Brautpaar in der Kutsche zur Kasaner Kathedrale, wo ein Te Deum gesungen wird. Die Menge, die am Wegrand steht, jubelt ihnen begeistert zu. Als sie ins Anitschkow-Palais zurückkehren, empfängt sie die Zarenwitwe nach altem Brauch mit Brot und Salz. Indiskreten Äußerungen von Dienern zufolge war die Nacht des jungen Paares ebenso erfolgreich wie der Tag. »Jetzt bin ich ein verheirateter

Mann«, schreibt Nikolaus am nächsten Tag voll Freude. »Mama hat uns besucht. Unsere Wohnungseinrichtung hat ihr gefallen.« Einige Tage später heißt es: »Ich segne jeden Augenblick des Tages, ich preise den Herrn und danke ihm aus tiefster Seele für alles Glück, das er mir geschenkt hat. Niemand kann sich größeres und besseres Glück auf Erden wünschen.«[20] Alexandra überbietet ihn noch: »Ich hätte nie geglaubt, daß es auf dieser Welt ein so großes Glück geben kann, ein solches Gefühl des Einsseins zwischen zwei Menschen. Ich liebe Dich, in diesen drei Worten ist mein ganzes Leben enthalten.«[21]

Die gegenseitige Freude wird für Nikolaus nur dadurch getrübt, daß er sich von Zeit zu Zeit um die Regierungsgeschäfte kümmern muß. Vortragende Minister, Besuche von Botschaftern, offizielle Empfänge, Lesen von Telegrammen aus dem Ausland, alles, was ihn von seiner Frau entfernt, erscheint ihm wie eine schwere Last. »Es geht einfach über unsere Kräfte, uns zu trennen«, schreibt er. Und weiter: »Es ist angenehm und kaum mit Worten auszudrücken, wie schön es ist, zu zweit zu sein, den ganzen Tag und die ganze Nacht niemanden zu sehen.«[22] Manche Leute bei Hofe sind gerührt von diesem Bild vollkommenen Eheglücks, andere fürchten bereits, daß Nikolaus II. nicht die Fähigkeiten besitzt, die notwendig sind, um über ein Reich von mehr als hundert Millionen Menschen zu herrschen.

Während der autoritären Herrschaft Alexanders III. war Rußland unbeweglich geworden, es war niedergedrückt, als läge ein schwerer Stahlblock auf ihm. Da man von Reformen nicht einmal träumen durfte, blieb keine andere Wahl, als von einem Tag auf den anderen zu leben, in Ruhe, Ordnung und Tradition. Selbst die monarchistische Generalin Bogdanowitsch beklagte diese erstickende Starre. »Er (Alexander) flößte Furcht ein, und als er starb, seufzten alle erleichtert auf«, schreibt sie am 26. November 1894 in ihr Tagebuch. »Sein Tod wurde ohne Anteilnahme aufgenommen, er hinterläßt keine Spuren. Nur die, welche ihr Amt behalten wollen, vermissen ihn.«

Nachdem Nikolaus den Thron bestiegen hat, beginnen die liberalen Ideen unter der Oberfläche zu gären. Dieser neue 26 Jahre alte Herrscher kann, so glaubt man, sich nicht damit zufriedengeben, in die Fußstapfen seines Vaters zu treten. Als junger Mensch, der Ideale hat, wird er, hofft man, großzügig die Erwartungen seines Volkes erfüllen. Mit seinem freundlichen Gesicht und seiner schlanken Gestalt entspricht er den Hoffnungen der jungen Generation. Aber die Umgebung von Nikolaus, die wohl weiß, daß er nicht von starkem Charakter ist, überlegt bereits, wer ihn bei seinen ersten Entscheidungen leiten kann. War es der Fehler Alexanders III., auf niemanden zu hören und alles selbst zu entscheiden, scheint es der Fehler seines Sohnes zu sein, die Fähigkeiten und Willenskraft, die ihm fehlen, bei anderen zu suchen. In einem Ausbruch von Ehrlichkeit sagt er zu seinem Jugendfreund und Vetter Großherzog Alexander Michailowitsch: »Was soll ich machen? Ich bin aufs Regieren nicht vorbereitet! Ich verstehe nichts von Staatsgeschäften. Ich weiß nicht einmal, wie man mit Ministern redet. Ich wollte nie Zar werden!«[1]

Großherzog Alexander Michailowitsch, den seine Freunde

Sandro nennen, spielt, intelligent, kultiviert und ehrgeizig, wie er ist, in der Nähe dieses Monarchen, der sich nur tastend vorwärtsbewegt und keinerlei Regierungsprogramm hat, von Anfang an die Rolle des wichtigsten Ratgebers. Neben ihm stehen die Onkel des Zaren: Onkel Michael, Großfürst Michael Nikolajewitsch, der jüngere Bruder Alexanders III. und Vorsitzende des Reichsrats; »Onkel Alexei«, Großherzog Alexei Alexandrowitsch, Bruder Alexanders III. und Flottenadmiral; »Onkel Sergei«, Großfürst Sergei Alexandrowitsch, ein weiterer Bruder Alexanders III. und Generalgouverneur von Moskau, verheiratet mit Elisabeth, der Schwester der Zarin; »Onkel Wladimir«, Großfürst Wladimir Alexandrowitsch, der älteste der Brüder Alexanders III.; »Onkel Konstantin«, Großfürst Konstantin Konstantinowitsch, Enkel Nikolaus' I. und »Onkel Nikolaus«, Großherzog Nikolaus Nikolajewitsch, ein weiterer Sohn Nikolaus' I., der gute Kenntnisse in der Armeeführung besitzt und darin dem jungen Monarchen überlegen ist. Alle Mitglieder dieser noblen Familie sind eifersüchtig aufeinander, haben von Kindheit an ein hohes Standesbewußtsein und halten die autokratische Herrschaft für die richtige Art der Machtausübung. »Nikolaus hat Angst, mit diesen furchtbaren Gestalten allein zu sein«, berichtet sein Schwager Alexander Michailowitsch. »Wenn Zeugen dabei sind, nehmen sie die Worte des Zaren an wie Befehle; wenn sich dann die Türen seines Arbeitszimmers schließen, stellen sie Forderungen aller Art, schlagen dabei sogar mit der Faust auf den Tisch. Onkel Nikolaus hält sich für einen begabten Kriegsherrn, Alexei behauptet, er sei der König der Meere; Sergei versucht, Moskau zu seinem Lehen zu machen, Wladimir spielt die Rolle des Beschützers der Schönen Künste. Jeder hat seine Favoriten unter den Generälen und Admiralen und auch bei den Tänzerinnen, die gerne in Paris gefeiert werden. Am Ende eines Tages ist der Kaiser völlig erschöpft.«

Außer seinen Onkeln und Vettern, deren Meinung Nikolaus sehr wichtig ist, ist auch noch seine Mutter da, die Zarenwitwe Maria Fjodorowna, die in seinen Augen heilig ist und deren Meinung er besondere Beachtung schenkt. Für diese siebenundvierzigjährige Frau ist die junge Alexandra Fjodorowna nichts als eine kleine, eben erst zur Orthodoxie übergetretene Deutsche, die nichts von russischen Sitten und Gebräuchen versteht. Nach dem Protokoll hat die Zarenwitwe Vorrang vor der herrschenden Zarin. Und Maria Fjodorowna läßt sie dies bei jeder Gelegenheit spüren. Sie geht bei offiziellen Veranstaltungen am Arm ihres Sohnes, ihr wird bei Tisch zuerst vorgelegt, sie fragt Nikolaus bei allen Problemen, die das Hofleben betreffen, um Rat. Alexandra unterwirft sich der Hofetikette, leidet aber darunter, daß sie sich ständig dieser überheblichen Person beugen muß. Sie sieht in ihrer Schwiegermutter eine Rivalin und ist entrüstet, daß diese Nikolaus streng oder gutmütig behandelt, als wäre er noch der unbedeutende Nicky.

Deshalb bemüht sich Alexandra mit leidenschaftlicher Energie, die Wertschätzung und das Vertrauen ihres Mannes zu gewinnen. Obwohl sie noch nicht die Zeit hatte, Russisch zu lernen und sich mit den Sitten ihres neuen Vaterlandes vertraut zu machen, ermutigt sie Nikolaus, nie zu vergessen, daß er der alleinige Herr seines Reiches ist. Einige Freunde und Berater ihres verstorbenen Schwiegervaters unterstützen sie in diesem Kampf. Eine ganze Familie, eine ganze Klientel tummelt sich hinter den schmalen Schultern des neuen Herrschers. Am letzten Tag des Jahres 1894 schreibt er in sein Tagebuch: »Es war furchtbar kalt, vierzehn Grad unter Null; danach war es wieder wärmer... Ich denke nicht gerne an die schrecklichen Neuerungen, die dieses Jahr mit sich gebracht hat. Aber ich setze meine Hoffnung auf Gott und blicke dem kommenden Jahr furchtlos ins Auge, weil das Schlimmste, das mir geschehen konnte und vor dem ich mich mein Leben lang gefürchtet habe, bereits eingetreten ist. Zur selben Zeit, in der Er mir diesen nicht wiedergutzumachenden Schmerz zugefügt hat, hat Gott mir ein Glück zuteil werden lassen, von dem ich nicht zu träumen wagte, er hat mir Alix geschenkt.«

Da im Inneren des Reiches und auch nach außen Frieden herrscht, sind die Liberalen der Meinung, daß der Augenblick gekommen sei, die Aufmerksamkeit des jungen Zaren auf eine stärker aufgeklärte Politik zu lenken. Die verschiedenen Semstwos, die örtlichen Versammlungen, schicken respektvolle Briefe an Seine Majestät und bitten um vernünftige Reformen und eine Verbesserung der materiellen und rechtlichen Lage der Bauern. Der Semstwo von Twer schreibt in seiner Antwort auf das Thronbesteigungsmanifest: »Wir hoffen, gnädiger Herrscher, daß den repräsentativen Gremien die Möglichkeit und das Recht eingeräumt werden, ihre eigene Meinung über die Probleme, die sie betreffen, zu äußern, damit nicht nur die Bedürfnisse und Ziele der Regierung, sondern auch die des gesamten russischen Volkes bis zur Höhe des Throns emporsteigen können.« Dieser schüchterne Vorschlag, der mit der feierlichen Versicherung einhergeht, daß man den Herrscher verehre und ihm ergeben sei, versetzt Nikolaus in Erstaunen. Soll er sich öffentlich empören, weil das Schreiben einen Angriff auf die Zarenwürde darstellt, oder es einfach ignorieren, um seine Mißbilligung über die sinnlose Agitation der Semstwos zum Ausdruck zu bringen? Da er unschlüssig ist, beruft er einen Familienrat ein, zu dem folgende Personen geladen werden: Großherzog Wladimir, Durnowo, der Innenminister, General Tscherewin, der Chef der Politischen Polizei, sowie Pobedonoszew, sein ehemaliger Erzieher und Oberhaupt des Heiligen Synod. Die Mehrzahl der Anwesenden bemüht sich, ihm klarzumachen, daß das Vorkommnis keinerlei politische Bedeutung habe und daß er, wenn er Volksvertreter aus allen Teilen Rußlands empfange, die ihm zur Thronbesteigung gratulieren, sich darauf beschränken solle, ihnen für ihre guten Wünsche zu danken. Es scheint, daß Nikolaus sich ihrer Meinung anschließt. Wenig später ist er allerdings vom Gegenteil überzeugt. Wer hat ihn umgestimmt? Nach einem Bericht Alexander Iswolskis, des dänischen Botschafters, hat Pobedonoszew Nikolaus zur Härte aufgefordert, aus Achtung vor dem Vermächtnis seines Vaters. Nach Pobedonoszews Darstellung geht der Meinungsumschwung auf den Einfluß der jungen Zarin zurück. »Sie weiß nichts über Rußland«, sagt er. »Aber sie bildet sich ein, alles zu wissen. Außerdem ist sie von der Idee besessen, daß der Zar nicht genügend auf seine Rechte pocht, daß er nicht alles erhält, was ihm zusteht. Sie ist autokratischer als Peter der Große und vielleicht ebenso grausam wie Iwan der Schreckliche. Ihr kleiner Verstand glaubt große Intelligenz zu beherbergen.«[2] Als Nikolaus am 17. Januar 1895 Abgeordnete des Adels, der Semstwos und der Städteversammlungen empfängt, ist sein Gesichtsausdruck von ungewohnter Strenge. Er hatte den Text seiner Rede im Futter seiner Mütze versteckt. Er wirft einen eiligen Blick darauf und sagt mit gereiztem Ton, beinahe schreiend: »Ich weiß, daß in letzter Zeit auf einigen Semstwo-Versammlungen Stimmen von Männern laut geworden sind, die unsinnige Träume von einer Mitwirkung der Semstwo-Vertreter bei der Lösung von Regierungsaufgaben nähren. Jeder soll wissen, daß ich, der ich alle meine Kräfte dem Wohl der Nation widme, ebenso fest und unerschütterlich am Prinzip der Autokratie festhalte wie mein unvergeßlicher Vater.« Nachdem er seine Ansprache beendet hat, fügt Nikolaus noch in trockenem Ton hinzu: »Ich sage dies, damit es jeder hört und begreift.« Die Delegierten tauschen bedauernde Blicke aus. Sie sind frohen Herzens hergekommen, um dem Zar zu gratulieren, und haben einen Eimer kalten Wassers ins Gesicht bekommen.

Bald wird die Rede des Zaren über die »unsinnigen Träume« der Semstwos in der gesamten russischen Gesellschaft bekannt. Selbst überzeugte Monarchisten wie die Generalin Bogdanowitsch finden sie ungeschickt. »Die Worte des Zaren ›unsinnige Träume‹ haben zu zahlreichen Kommentaren und großer Unzufriedenheit geführt«, schreibt sie am 20. Januar 1895 in ihr Tagebuch. »Man ist allgemein enttäuscht, und die wenigen Leute, die mit der Rede des Zaren einverstanden sind, bedauern diese Worte außerordentlich.« General Werder, der deutsche Botschafter, schreibt in einer Depesche vom 3. Februar 1895:[3] »Ganz Rußland kritisiert den Zaren. Zu Beginn seiner Regierung beweihräucherte man ihn und lobte seine Taten. Jetzt hat sich alles schlagartig geändert.«

So hat Nikolaus in einem unnötig scharfen Satz die Illusionen der russischen intellektuellen Elite zerstört. Aber er bedauert seine Worte nicht. Wie viele schwache Charaktere bäumt er sich manchmal auf, bleibt stur und trifft unüberlegt Entscheidungen, die ein selbstsicherer Mann revidiert oder auf später verschoben hätte. Seine Maßnahmen sind oft von Willkür bestimmt. Die Generalin Bogdanowitsch schreibt in ihrem Tagebuch: »Man erzählt, die junge Zarin habe eine Karikatur gezeichnet. Auf dem Thron sitzt ein kleiner Junge (ihr Mann) und fuchtelt mit Armen und Beinen in alle Richtungen. Neben ihm steht die Zarenmutter und mahnt ihn, nicht so launisch zu sein. Der Zar soll über diese Zeichnung sehr verärgert gewesen sein.« Die Reaktion des revolutionären Exekutivkomitees in Genf, das während der Regierung Alexanders III. eine abwartende Haltung eingenommen hatte, läßt diesmal in ganz Rußland einen offenen Brief an Nikolaus II. verteilen. Die Polizei beschlagnahmt Tausende von Exemplaren, aber eine viel größere Zahl kommt in Umlauf, und eines landet sogar auf dem Schreibtisch des Zaren. Der Brief spricht eine deutliche Sprache: »Bis heute waren Sie ein Unbekannter, aber seit gestern beeinflussen Sie maßgeblich die Situation Ihres Landes, in dem es keinen Platz für ›unsinnige Träume‹ gibt. Wir fragen uns, ob Sie begriffen haben oder sich darüber im klaren sind, was für eine Lage Sie durch ihre ›energischen Worte‹ herbeigeführt haben. Sie waren schlecht informiert über die Bestrebungen, gegen die Sie die Stimme zu erheben beschlossen haben. In keiner Versammlung, in keinem einzigen Semstwo ist ein einziges Wort gegen die Autokratie gefallen, die Ihnen so am Herzen liegt... Denker mit den fortschrittlichsten Ideen haben nur darum gebeten – oder besser gesagt demütigt darum gefleht –, daß eine engere Verbindung zwischen dem Monarchen und seinem Volk entsteht, daß die Semstwos freien Zugang zum Thron erhalten, daß sich niemand zwischen sie und ihn stellt, daß sie das Recht erhalten, frei in der Öffentlichkeit zu sprechen und daß man ihnen zusichert, daß das Gesetz über den Launen des Regierungsapparats steht... Ihre Rede hat erneut bewiesen, daß alles Verlangen der Nation, etwas anderes zu sein als Sklaven, die den Boden vor dem Thron küssen, und ihr Wunsch, ihre wichtigsten Bedürfnisse in der bescheidensten Form zu äußern, auf brutale Ablehnung gestoßen sind... Der 17. Januar hat die Aureole zerstört, mit der so viele Russen Ihr junges, unerfahrenes Haupt geschmückt hatten. Sie haben selbst Hand an Ihre Popularität gelegt und sie zunichte gemacht... Manche werden mit friedlichen, ruhigen Mitteln, aber doch energisch für die Freiheiten, die sie fordern, kämpfen. Andere sehen sich in ihrem Entschluß, gegen einen hassenswerten Zustand zu kämpfen, bis sie ihr Ziel erreicht haben, bestärkt, und sie werden dabei alle Mittel anwenden, die ihnen zur Verfügung stehen. Sie haben den Kampf begonnen; es wird nicht lange dauern, und Sie werden sich mitten im Getümmel befinden.«

Diese Mahnung macht kaum Eindruck auf Nikolaus. Sein Temperament und die mangelnde Bildung hindern ihn daran, die unvermeidlichen Folgen seiner Taten im voraus zu erkennen. Er lebt in Frieden mit seinem Gewissen und sagt sich oft, daß das Land ihm nichts vorwerfen könne, weil er schließlich ein Edelmann sei, der fleißig seine Akten bearbeite, seine Frau so liebe wie sie ihn und im Schloß ein vorbildliches Familienleben führe. Wenn einige Unzufriedene ihm immer noch seine Antwort an die Semstwos zum Vorwurf machen, dann wird dieses Mißverständnis, so glaubt er, bei den Krönungsfeiern ausgeräumt werden, die im Mai 1896 in Moskau stattfinden sollen. In der Zwischenzeit findet ein freudiges Ereignis statt: Am 3. November 1895 bringt Alexandra ohne Mühe ein Mädchen zur Welt, das den Namen Olga erhält. Nikolaus schreibt in sein Tagebuch: »Ein Tag, den ich nie vergessen werde. Ich habe so sehr gelitten! Um ein Uhr morgens spürte Alix die ersten Wehen und konnte nicht schlafen… Ich konnte sie nicht ansehen, ohne ihr Leid zu teilen. Gegen zwei ist meine liebe Mama aus Gatschina gekommen. Alle drei, sie, Ella[4] und ich, haben Alix keinen Moment mehr allein gelassen. Um neun Uhr hörte man Kindergeschrei, und da haben wir alle aufgeatmet! Gott hat uns eine Tochter geschenkt… Gott sei Dank, Alix hat die Geburt bestens überstanden und war am Abend schon wieder ganz munter. Ich habe später am Abend mit Mama gegessen, und als ich im Bett lag, schlief ich sofort ein.«

Mit Beginn der Wintersaison finden zum erstenmal seit dem Tod Alexanders III. Feste statt. Auf den Empfängen und Bällen, die im Schloß gegeben werden, begegnet Alexandra Fjodorowna, bisher nur einer geringen Zahl Privilegierter bekannt, zum erstenmal der unterwürfigen und intriganten Schar der Höflinge. Deren Urteil über die Zarin fällt hart aus. Ihrer Meinung nach ist sie weniger schön, als behauptet wird, und ihr stolzes und distanziertes Gebahren stößt die Leute mehr ab, als daß es sie anzieht. »Die neue Zarin ist unsympathisch«, schreibt die Generalin Bogdanowitsch. »Die Leute finden, sie hätte einen bösen und heimtückischen Blick.« Nikolaus kann mit seiner kleinen Gestalt, seinen sanften blauen Augen und seinem seidigen Schnurrbart kaum Eindruck auf Leute machen, die sich unter einem Zaren einen Mann von fast übermenschlicher geistiger und körperlicher Kraft vorstellen. Wird die Krönung in den Augen von Volk und Hof das Ansehen dieses bescheidenen, farblosen und gutwilligen Herrscher verbessern? In den Kanzleien und Werkstätten werden eilig die Vorbereitungen getroffen. Man behauptet, daß die Krönungsfeier von Alexander III. elf Millionen Rubel gekostet hat und die von Nikolaus das doppelte.[5]

Anfang Mai ist Moskau für die Feierlichkeiten vorbereitet. Wo der Festumzug vorbeiziehen soll, hat man Triumphbögen, Tribünen, Podeste und riesige Masten mit gelben goldbefransten Fahnen aufgestellt sowie Gipsbüsten von Zar und Zarin. Einige Matrosen der Kriegsmarine, angeblich die einzigen, die in großer Höhe Drahtseilakte vollführen können, bringen elektrische Birnen an den Türmen und Kuppeln des Kreml an, während Zimmerleute mit Äxten zweiköpfige Adler, Kronen und die Monogramme des Zarenpaars in weißes Holz schlagen.

Am 9. Mai zieht eine feierliche Prozession durch die Stadt. Eine ergriffene Volksmenge drängt sich am Straßenrand. Alle Glocken läuten einen prächtigen Willkommmensgruß. Kanonendonner ertönt. Scharen aufgeschreckter Vögel fliegen zum blauen mit zarten Wölkchen bedeckten Himmel empor. Die Kosaken Seiner Majestät in ihren roten Tuniken reiten vorbei, die Kosaken der Kaisergarde, die Lanze in der Faust, dann die Abgeordneten der Rußland unterworfenen Völker Asiens, die Vertreter des Adels, das Fußvolk, die federbuschgeschmückten Läufer, die farbigen Bediensteten der Kammer, die Musiker, die Karossen mit den Würdenträgern des Hofes, zwei Schwadronen Gardekavaliere und berittene Garden in Galauniform. Als der Zar auf seinem rotgezäumten Schimmel erscheint, erschüttert Freudengeheul die Luft. Er trägt Paradeuniform und schräg über der Brust das blaue Band des Sankt-

Andreas-Ordens. Als er die Ovationen der Menge hört, ist er gewiß, daß ihm niemand mehr vorwirft, die Semstwos brüskiert zu haben.

Hinter ihm reiten die Großfürsten, die ausländischen Fürsten und die Botschafter. Danach folgen in goldenen Kutschen die Zarenwitwe, die amtierende Zarin, die Großfürstinnen, die Fürstinnen... »Jedermann sah, daß der Zar sehr blaß und nachdenklich war«, schreibt Suworin in sein Tagebuch. »Besonders die Zarenwitwe wurde vom Volk herzlich begrüßt. Als der Zar, der vom Pferd gestiegen war, zu ihr ging, um ihr aus der Kutsche zu helfen, war sie dem Schluchzen nahe.«

Am 14. Mai 1896 empfängt Nikolaus in der Auferstehungskathedrale endlich die Krone aus der Hand des Metropoliten und Erzbischofs von Moskau, der verkündet: »Dieser sichtbare Schmuck ist das Symbol der unsichtbaren Krönung, die Dir als Oberhaupt des Volkes von ganz Rußland von unserem Herrn Jesus Christus, dem König der Ehre, mit seinem Segen verliehen wird, um Dich mit der souveränen und höchsten Macht über Dein Volk zu versehen.« Der Monarch kniet nieder, um den Schutz des Allerhöchsten über seine Herrschaft zu erflehen, und spricht die rituellen Worte: »Zum Zar und obersten Richter über Deine Menschen auserwählt, verneige ich mich vor dir, Herr, und bitte Dich mich in meinem wichtigen Amt durch Deine Weisheit zu lehren und zu leiten.« Einige boshafte Anwesende behaupteten, ihm sei die Krone zu groß gewesen und der Zar hätte sie festhalten müssen, damit sie nicht herunterfiel.[6] Andere behaupteten, daß der Staatsrat Nobokow, der vor der Zeremonie die Krone hielt, an Durchfall litt. »Seine Hose war ganz fleckig.«[7]

Nikolaus ist tief beeindruckt von der religiösen Feier, die ihn im Schein der Kerzen, dem Duft des Weihrauchs, dem Rauschen der Priestergewänder und der mächtigen Stimme des Chors sichtlich mit allen Zaren verbindet, die vor ihm in dieser Kathedrale diese Zeremonie erlebten. Gestern war er nur der weltliche Herr seines Reiches. Von nun an fühlt er sich von göttlicher Mission eingesetzt, die ihn über die gewöhnlichen Sterblichen stellt. Dennoch ändert er sich nicht. Immer noch bestimmen Bescheidenheit, Freundlichkeit und Zögern sein Wesen und binden ihn an die Erde. Wie soll er seine Sorglosigkeit, derer er sich bewußt ist, mit den Pflichten und der Pracht der Rolle, die ihm zugefallen ist, in Einklang bringen?

Vor der Kathedrale betritt das Herrscherpaar die rote Treppe und verneigt sich, alter Sitte gemäß, dreimal vor dem Volk, das jubelnd grüßt. Am Abend findet ein großes Diner mit siebentausend sorgfältig ausgewählten Gästen statt. Nikolaus und Alexandra sitzen auf einem mit einem goldenen Baldachin überdachten Podest. Hohe Würdenträger servieren ihnen auf goldenen Tellern. Während des Mahls tragen sie die schweren Kronen auf dem Haupt. Anschließend spazieren sie durch den Kreml und begrüßen ihre Gäste. Ihnen folgen zwölf Pagen, die die Schleppen ihrer Gewänder tragen.

Traditionsgemäß finden die Volksfeste anläßlich der Krönung auf den Chodynka-Wiesen am Rand von Moskau statt. Zu diesem Zweck hat man auf der freien Fläche 50 Holzhütten gebaut, die eine Art durchlässige Mauer bilden. Die Festteilnehmer ziehen daran vorüber und erhalten Wurst, Nüsse, Rosinen, Feigen und einen Emailbecher mit den Initialen des Herrscherpaars. Mit diesem Becher kann man sich an den zahllosen Getränkeständen, die innerhalb des Zauns aufgestellt sind, bedienen lassen. Zu den Attraktionen des Festes gehören auch Theateraufführungen und der Aufstieg von Mongolfieren.

Das Volk zieht in Vorfreude auf das kostenlose Vergnügen am 18. Mai bereits am Vorabend auf die Chodynka- Wiesen. Um Mitternacht sind bereits 200 000 Menschen dort. Um vier Uhr morgens sind es 400 000, die am Boden schlafen und sich vor den Bretterbuden oder um die Feuer herum niedergelassen haben. Protokollgemäß soll das Volk nicht vor zehn Uhr morgens in den Bereich vorgelassen werden, an dem die Theateraufführungen stattfinden. Seit Tagesanbruch aber fordert das Volk, daß die Tore geöffnet werden. Ein heftiges Gedränge entsteht. Das Terrain birgt jedoch Gefahren. Die nachlässigen Festorganisatoren haben versäumt, das Gelände, auf dem die Bretterbuden errichtet wurden, genügend zu sichern. Eine riesige Schlucht von acht Fuß Tiefe erstreckt sich in der Nähe der Buden über eine Länge von 90 Meter. Hier wird der Sand gewonnen, den man für den Straßenbau in Moskau benötigt. Um die Eingangstore zu erreichen, müssen die Leute in die Schlucht hinunter- und auf der anderen Seite wieder heraufsteigen. Hinter der Schlucht liegen zwei Brunnen, die 1891 für die französische Ausstellung gebohrt worden waren. Man hat sie mit einfachen Holzbrettern zugedeckt. Die Leute am Ausschank verlieren angesichts der laut rufenden, fordernden Menschenmasse die Nerven und werfen aufs Geratewohl Becher in die Menge hinein. Da bricht der Sturm los. Die Bretterbuden werden geplündert. Männer, Frauen und Kinder werden von hinten nach vorne gedrückt und stürzen vor Angst und Schrecken schreiend übereinander in die Schlucht. Die von hinten Nachdrängenden trampeln auf den Gestürzten herum. Ein unheilvolles Krachen, und die Bretter über den Brunnen geben nach. Verrenkte Körper stürzen in die Tiefe. In Panik stürmt die Menge auf die Bretterbuden los und zertrampelt alles, was im Weg liegt. Leichen, von allen Seiten gestützt, verharren stehend in der Menge und werden von der Flut der Entfesselten mitgerissen. Feuerwehrleuten und Soldaten, die aus Moskau zur Verstärkung geholt wurden, gelingt es endlich, einen Kordon zu bilden und die drei oder viertausend Opfer freizulegen. Die Toten werden wild übereinander auf Lastwagen geworfen. Aus den schlecht befestigten Planen hängen erstarrte Arme und Beine heraus. Aus einem der Brunnen werden vierzig völlig zermalmte Menschen gezogen. Den ganzen Tag über fahren Lastwagen hin und her und bringen Leichen und Verletzte zu Polizeistationen und Krankenhäusern.

Gegen Mittag befinden sich immer noch 300 000 Zuschauer auf dem Festgelände. Die Chodynka-Wiesen sind so weiträumig, daß viele von der Katastrophe nichts bemerkt haben. Sie essen, trinken und sehen den Gauklern zu, die ihre Kunststücke vorführen. Im Pavillon des Zaren treffen Großfürsten, Großfürstinnen, ausländische Fürsten und die Mitglieder des diplomatischen Korps ein. Um zwei Uhr nachmittags ertönen Kanonenschüsse, Chöre und Orchester führen das Finale von »Ein Leben für den Zaren« auf, und als das Herrscherpaar in einer leichten Kutsche herangefahren kommt, erheben sich Beifall und Jubel. Gleich darauf zeigen sich Nikolaus und seine Gemahlin an der Balustrade der Ehrentribüne. Als die Menge sie erblickt, applaudiert sie begeistert. »Wenn man an einem Tag zu Recht sagen konnte ›Caesar, die Todgeweihten grüßen dich‹, dann an jenem Tag, als sich der Zar auf dem Volksfest zeigte«, schreibt Suworin am 19. Mai in sein Tagebuch. »Auf dem Festplatz riefen die Leute ›Hurra!‹, sangen ›Gott schütze den Zaren‹, aber nur einige Meter weiter lagen Hunderte von unbeerdigten Leichen.«

Als Nikolaus von dem Unglück erfährt, will er zunächst das Fest beenden und sich in ein Kloster zurückziehen, um dort Frömmigkeits- und Bußübungen zu verrichten. Seine Familie rät ihm jedoch ab. Ein Monarch dürfe unter keinen Umständen ein Programm, das er sich vorgenommen habe, abändern, sagt man ihm. Er solle auch auf jeden Fall den Ball besuchen, der am Abend in der französischen Botschaft stattfindet. Die Zarenwitwe rät ihrem Sohn, sich auf dem Empfang der Montebellos[8] auf jeden Fall zu zeigen und nur eine halbe Stunde dort zu bleiben. Die Onkel des Zaren, die Großfürsten Wladimir Alexandrowitsch und Sergei Alexandrowitsch, erklären Nikolaus, es wäre ein Fehler, so früh zu gehen, ein Herrscher dürfe nicht »sentimental« sein. Er müsse die Gelegenheit wahrnehmen, um die »Allmacht seiner absoluten Herrschaft« zum Ausdruck zu bringen. In London seien bei ähnlichem Anlaß viertausend Menschen umgekommen, ohne daß die Hoffeierlichkeiten dadurch gestört worden wären.[9] »Soll man wegen eines so geringen Anlasses den Ball ausfallen lassen?« fragt Schipow, der Kommandant des Gardekavalierregiments.[10] Um sein Gewissen zu beruhigen, beschließt Nikolaus, jeder betroffenen Familie 1000 Rubel zu schenken und mit seiner Gemahlin auf dem Botschaftsball zu erscheinen.

Im Palais Scheremetjew, dem Sitz der französischen Botschaft, erwartet ihn ein prächtiger Empfang. Als die Herrscher den großen Saal betreten, stimmen Chorsänger in Nationaltracht die russische Hymne an. Dann beginnen die Tänze. Der Zar eröffnet den Ball mit der Marquise von Montebello, der Marquis von Montebello fordert die Zarin auf. Nach einigen Augenzeugen[11] ist den Gesichtern von Nikolaus und seiner Gemahlin die Anstrengung anzumerken, die es sie kostet, an diesem vergnüglichen Fest teilzunehmen, während Rußland

Trauer trägt. Andere erzählen, das Zarenpaar hätte »mit unge-
wöhnlichem Schwung« getanzt, »heiter und unberührt von der
Katastrophe, die sich ereignet hat«.[12] In Wahrheit kennt Nikolaus die Tragweite des Dramas auf den Chodynka-Wiesen, aber
nach den Ratschlägen seiner Onkel ist er der Meinung, daß
seine Pflicht als Herrscher es von ihm fordert, seinen Weg
hocherhobenen Hauptes und mit in die Zukunft gerichtetem
Blick fortzusetzen. Er zeigt im übrigen nie seine Gefühle – nicht
aus Gleichgültigkeit, sondern eher aus Schüchternheit und
Selbstbeherrschung. Zwingt ihn die britische Erziehung seiner
Jugendjahre zu einer so distanzierten Haltung? Es scheint immer, als schwebe er über den Ereignissen. Um sich Sicherheit
zu geben, sagt er sich, daß manche für Menschen unbegreifliche
Massenopfer nach göttlicher Logik notwendig sind.

Am nächsten Tag, dem 19. Mai empfängt Nikolaus, der sich
strikt an ein auf die Minute genau festgelegtes Programm hält,
432 Gäste zum Abendessen; am 20. nimmt er an einem Empfang
bei Großherzog Sergei Alexandrowitsch teil; am 21. begibt er
sich zum Adelsball; am 22. auf ein Fest des britischen Botschafters… An diesem Tag haben noch nicht einmal alle Opfer von
den Chodynka-Wiesen ihre letzte Ruhestätte gefunden. Als der
Zar im Wagen zu einem Abendessen bei Fürst Radolin, dem
deutschen Botschafter in Sankt Petersburg, fährt, hört er Leute
auf der Straße rufen: »Geh zur Beerdigung und nicht auf Feste!
Such die Schuldigen!« »Das Volk ist erzürnt über seinen Herrscher«, schreibt die Generalin Bogdanowitsch am 6. Juni 1896.
Vielleicht ergreift die Unzufriedenheit sogar den Adel.« Und
zwei Tage später: »Von der jungen Zarin heißt es, sie bringe Unglück. Katastrophen und Unglück begleiten ihren Weg.«

Nachdem der erste Schreck vorbei ist, müssen die Schuldigen zur Verantwortung gezogen werden: ein neues Problem für
Nikolaus. Die Organisation des Volksfestes war zwei Männern
übertragen worden: dem Hofmarschall Woronzow Daschkow
und Großfürt Sergei Alexandrowitsch, dem Generalgouverneur
von Moskau. Eine gründliche Untersuchung ergibt, daß die eigentlichen Schuldigen Großfürst Sergei und die ihm untergebenen Beamten sind. Die Großfürsten lehnen eine Anklage entrüstet ab, denn diese würde, da man mit einem Mitglied der

kaiserlichen Familie zu tun habe, das Prinzip der Monarchie in Mißkredit bringen. Die Großfürsten Wladimir Alexandrowitsch, Alexej Alexandrowitsch und Paul Alexandrowitsch, die Brüder von Sergei, drohen mit Rücktritt, wenn kein Schleier über die Angelgenheit gebreitet wird. Auf den massiven Protest der Familie hin hält Nikolaus Großfürst Sergei aus der Sache heraus. Man begnügt sich damit, einige Nebenfiguren zur Verantwortung zu ziehen. Aber für das Volk ist der einzig wirklich Schuldige Großfürst Sergei, der den Beinamen »Fürst der Chodynka-Wiesen« erhält. So ist es auf Plakaten zu lesen, die Unbekannte in den Straßen aufgehängt haben. Als die Polizei sie entfernt, werden sie sogleich durch neue ersetzt.

Für Nikolaus ist der Fall abgeschlossen. Nach seiner Krönung in Moskau will er für den Rest des Jahres 1896, wie es die Tradition vorschreibt, Antrittsbesuche bei den wichtigsten Fürstenhäusern Europas abstatten. Seine Gemahlin begleitet ihn, und sie besuchen nacheinander Kaiser Franz-Joseph und Kaiser Wilhelm II., den König von Dänemark und Königin Viktoria. An all diesen Höfen fühlt er sich zu Hause, unter Leuten seines Standes, in einer Atmosphäre von Höflichkeit, Zurückhaltung und Würde. Was aber ist mit Frankreich? Seit 1893 ist es mit Rußland verbündet, gleichwohl hat das Land eine republikanische Regierung. Wilhelm II. versucht, Nikolaus davon abzuhalten, sich bei den unverbesserlichen französischen Demokraten sehen zu lassen. Aber die Zarenwitwe macht ihrem Sohn klar, daß er nicht darauf verzichten kann, nach Paris zu fahren, ohne die politischen Ideen seines verstorbenen Vaters zu verraten. Fürst Lobanow-Rostowski, der Außenminister, der ebenfalls die Allianz zwischen Frankreich und Rußland unterstützt, treibt ihn in die gleiche Richtung. Obwohl dieser bemerkenswerte Staatsmann am 30. August 1896 stirbt, wird der Plan des Zaren, nach Frankreich zu reisen, nicht umgestoßen.

Am 5. Oktober 1896 landen Nikolaus II. und Alexandra Fjodorowna, die an Bord der kaiserlichen Yacht »Polarstern« gereist sind, in Cherbourg, wo sie der Präsident der Republik Felix Faure empfängt. Ihre einjährige Tochter Olga begleitet sie. Der Zar trägt die Uniform eines Kapitäns zur See, die Zarin trägt ein Reisekostüm aus beigefarbenem Stoff mit Spitzenkragen und einen mit rosafarbenen Rosen verzierten Hut. Nach einem Bankett, auf dem Begrüßungsreden gehalten werden, besteigen sie einen Sonderzug, der sie nach Paris bringt. Am Dienstag, dem 6. Oktober, fährt der Zug um zwei Uhr morgens im Bahnhof des Bois de Boulogne ein, der eilig für diese Gelegenheit errichtet worden ist. Über eine Million Pariser sind zu den Champs-Elysées geeilt, um die erhabenen Besucher vorbeifahren zu sehen. Eine geschickte Werbung präsentiert die Gäste als echte Freunde Frankreichs, die bereit seien, das Land bei all seinen Zielen zu unterstützen. Die Bürgersteige sind voll von aufgeregten Gaffern, die sich um die Masten drängen, an denen russische und französische Flaggen hängen. Fensterplätze kosten zehn Louis. Über den Köpfen der Menge sieht man Plakate mit der Aufschrift: »In Frankreich für fünf Tage, in unserem Herzen für immer.« Der Zug wird mit begeisterten Rufen begrüßt: »Es lebe Rußland! Es lebe Frankreich!« Schwadronen der republikanischen Garden, Kürassiere und Dragoner gehen voran, es folgen algerische Jäger, Spahis, Araberfürsten in ihren weiten weißen Burnussen. Hinter ihnen fährt ein sechsspänniger blumengeschmückter Landauer, in dem der Zar, die Zarin und der Präsident der Republik sitzen, vor ihnen der Vorreiter Monjarret. Diesmal trägt der Zar die dunkelgrüne Uniform eines Obersten des Regiments Preobajenski, geschmückt mit dem roten Band des Kreuzes der Ehrenlegion. Die Zarin trägt ein weißes Kleid, das mit goldenen Kleeblättern bestickt ist, eine Federboa, und einen schwarzen Samthut mit Federbusch. Der Präsident der Republik, im einfachen Anzug, trägt quer über der Brust das blaue Band des Andreas-Ordens. Je mehr sich der Zug der Place de la Concorde nähert, desto lebhafter und dichter wird die Menge, die nur mit Mühe durch eine Mauer von Zuaven, algerischen Schützen und Infanteriesoldaten zusammengehalten wird. Nikolaus und Alexandra, von ihrem Volk an demütige und disziplinierte Liebesbezeugungen gewöhnt, sind wie berauscht von der zügellosen Begeisterung der Franzosen. »Seit der siegreichen Rückkehr der Armee aus Italien nach Magenta und Solferino hat Paris kein solches Schauspiel, keine solchen Jubelstürme mehr gesehen«, schreibt Maurice Bompard. »Als sich im Hof der russischen Botschaft die Tür hinter dem Zaren und der Zarin schloß, fühlten sie sich ebenso erleichtert wie ein Seemann, der nach einem schweren Sturm auf hoher See sicher den Hafen erreicht hat.«[13]

In den nächsten Tagen folgt ein feierliches und für das junge Zarenpaar anstrengendes Ereignis auf das andere. In der Botschaft in der Rue de Grenelle findet ein kleines russisch-französisches Essen statt, danach ein Prunkessen, ebenfalls in der Botschaft, zu dem der Präsident der Republik einlädt. Es folgen ein Te Deum in der russischen Kirche, ein Empfang und ein Abendessen im Elysée, Reden, gegenseitige Glückwünsche, ein Feuerwerk, eine Galavorstellung in der Oper, ein Besuch in Notre-Dame, in der Münze, in der Sèvres-Manufaktur, im Rathaus, in der Sainte-Chapelle, im Pantheon, im Louvre-Museum, im Invalidendom, in dem Nikolaus still vor dem Napoleon-Grab meditiert, danach die Grundsteinlegung des Pont Alexandre III., bei der feierlich durch Mounet-Sully ein Gedicht von Heredia deklamiert wird:

Prächtiger Kaiser, Sohn Alexanders III.!
Frankreich heißt dich feierlich willkommen.
In der Sprache der Götter grüße ich dich.
Nur der Poet darf Könige mit du anreden.

Am 7. Oktober, abends in der Comédie-Française, rezitiert Mounet-Sully ein Gedicht von Claretie; ein Vers daraus gibt die Begeisterung des Volkes wieder: »Von Norden kommt unsere Hoffnung nun.«

Nikolaus geruht, Applaus zu spenden. In Erinnerung des Besuchs von Peter dem Großen in Paris im Jahr 1717 bringt er den Wunsch zum Ausdruck, an einer Sitzung der Académie française teilzunehmen. Hier liest ihm François Coppée ein eigenes Gedicht vor:

Ihre teure Gegenwart wird überall bejubelt
Von der beeindruckenden Stimme des Volks und der Armee.

Danach arbeiten die Mitglieder der Académie weiter an ihrem

Wörterbuch. Die Herren beschäftigen sich gerade mit dem Wort »animer«, beleben. Albert Sorel, Mitglied der Académie, berichtet: »Es wird widersprochen, erwidert, zitiert, schlagfertig geantwortet, in den Werken bekannter Autoren geblättert. Mit kurzen, leichten Sätzen, oft ironisch, treffend, schlagfertig: So arbeiten die akademischen Tennisspieler.«[14] Zar und Zarin sprechen zwar fließend Französisch, aber sie verstehen nicht alle Feinheiten dieses geistigen Turniers. Sie tun jedoch so, als interessiere es sie.

Am 8. Oktober besuchen sie Versailles. Sie gehen im Park spazieren, sehen die zauberhaften Wasserspiele, besichtigen das Schloß, nehmen an einem Festmahl teil, sehen die Aufführung einer mittelmäßigen Komödie, »Lolotte« von Meilhac und Halévy und hören wieder ein neues Werk in Versen, von Sully-Prudhomme diesmal, das den berühmten Gästen von Sarah Bernhardt vorgetragen wird. Der Schatten Ludwig XIV. spricht zu einer Nymphe in Versailles:

Unsterbliche Nymphe, hör mir zu und komm mir zu Hilfe!
Ein kaiserliches Paar, Hoffnung der kommenden Zeit,
Will meinen in Versailles verherrlichten Ruhm anschauen.

Ganz offensichtlich liebt das Frankreich Félix Faures die Dichtkunst. Nikolaus versinkt in einer Flut gedrechselter Poesie. Manche dieser Ehrbezeugungen sind in den Augen der Russen durch republikanisches Ungeschick beschmutzt. Als etwa die Galavorstellung in der Oper stattfindet, springt das Publikum, als das Kaiserpaar den Saal betritt, plötzlich auf und applaudiert mit aller Kraft. Daraufhin wendet sich Schischkin, Unterstaatssekretär im Außenministerium und Reisebegleiter des Zaren, an Bompard und sagt aufgebracht: »Halten die Franzosen unseren Kaiser für einen Schauspieler?« Entrüstet verläßt er den Saal.

Das Besuchsprogramm des russischen Kaiserpaars in Frankreich endet mit einer prachtvollen Militärrevue in Châlons. Nikolaus zeigt sich begeistert von den Truppen, die an der Ehrentribüne vorbeiziehen. Alle Anwesenden sind höchst erstaunt über die Verwandlung, die beim Anblick der Armee mit ihm vorgeht. Sein Gesicht, sonst immer in höflicher Gleichgültigkeit erstarrt, lebt plötzlich auf. »Der Zar ist nicht mehr derselbe«, schreibt Georges D'Esparbès. »Er plaudert, er lächelt... Die Zarin sagt nichts. Sie träumt. Eine kleine Falte verdüstert ihre schöne Stirn. Sie hat zu viele Soldaten gesehen, zu viele Soldaten, die alle gleich aussehen und das viel zu lange Zeit, sie scheint ein wenig müde.«[15]

In Wahrheit hat Alexandra Fjodorowna nur eine Abneigung gegen die Begeisterung des einfachen Volkes. Sie fürchtet sich vor den Franzosen. In dieser Stadt wurde schließlich 1867 auf Alexander II. geschossen, als er auf Einladung Napoleons III. auf Staatsbesuch weilte. Sie ist besessen von der Angst vor einem Attentat und zittert jedesmal, wenn sie ausgeht. Erst wenn sie in ihre Räume in der russischen Botschaft zurückgekehrt ist, atmet sie auf. Eines Abends alarmiert sie die Polizei, weil sie glaubt, Schüsse unter ihrem Fenster gehört zu haben. Der Kommissar trifft sie im Schlafrock an, eingehüllt in einen Schal, die Augen vor Entsetzen weit aufgerissen. [19]

Die Begegnung mit diesem Frankreich, das von heftiger Liebe zu Rußland beseelt ist, zeigt bei Nikolaus nicht die geringste Wirkung. Bescheiden, wie er ist, verachtet er die geschwollenen Reden, die man ihm zu Ehren hält; die Gespräche mit offiziellen Stellen langweilen ihn zutiefst. Er verkündet, daß er unverbrüchlich zur französisch-russischen Allianz stehe, empfindet aber keinerlei Nähe zu diesem wankelmütigen Volk, das so anders ist als das seine. Nur eines tröstet ihn: Sein ruhmreicher Besuch in Paris bestärkt sein persönliches Prestige bei allen anderen europäischen Mächten. Die laute Freude der Pariser nimmt mit der Dauer des Besuchs nicht ab. Die großen Boulevards sind festlich beleuchtet, die Rue Royale wird von rotsamtenen Fahnen geschmückt, die Läden wetteifern mit phantasievollen Ideen zur Dekoration ihrer Fenster. Auf der Fassade der Oper ist ein riesiger russischer Adler angebracht, der überall mit Gaslampen bestückt ist; er strahlt über den Platz, der schwarz von Menschen ist. Sänger feiern den »weißen Sultan« und sehen schon die Rückkehr Elsaß-Lothringens an Frankreich voraus. Vincent Hyspa dichtet folgenden Refrain:

Kamen nach Paris –
Wer weiß warum –
Zar Nikolaus,
Zarin Fjodora.

Das »Journal des débats« schlägt vor, alle französischen Mädchen, die im Jahr 1896 geboren sind, zu Ehren der kleinen
Großfürstin, die mit ihren Eltern nach Paris gekommen ist,
Olga zu nennen. Manche schlagen vor, man solle ein paar
Häuser vor der russischen Kirche in der Rue Daru abreißen
und durch Blumenbeete ersetzen. Auf den Bürgersteigen verkaufen Straßenhändler »französisch-russische« Stöcke aus
Schilf, die hohl und im Innern mit einer russisschen Fahne versehen sind, »Gedenktaschentücher« aus Seide mit den Bildern
des Herrscherpaars, »Zarinnenfächer«, »russische Socken«, die
als Geldbörsen dienen und mit den kaiserlichen Wappen verziert sind, »Allianzknoten«, zwei Hände die einander festhalten und die man nicht voneinander trennen kann... Je mehr
diese Freundschaftsbezeugungen zunehmen, desto mehr zieht
sich der Zar in eine mißtrauische Grämlichkeit zurück. Allzuviel ist ungesund. »Während seines Paris-Besuchs stand das
Zarenpaar unter ständigem Druck. Es fühlte sich fehl am
Platze, und zurück blieb ein Gefühl des Unwohlseins«, schreibt
Bompard nach einem Gespräch mit der Zarin.[17] Als Zar und
Zarin im Jahr 1901 wieder nach Frankreich reisen, weigern sie
sich, in Paris zu wohnen, und lassen sich in Compiègne nieder.
Hier sind sie frei von dem Druck der Menge, den anstrengen-
den Feiern und der Angst vor Attentaten. Im Augenblick aber
haben sie nur einen Wunsch. Nach Hause zu fahren nach
einem letzten, freundlichen Lächeln für ihre allzu aufdringli-
chen Gastgeber.

*

Als Nikolaus von seiner Europareise zurückkehrt und Sankt
Petersburg erreicht, fühlt er sich endlich in der Lage, sein Land
mit fester Hand zu regieren. Er hat seiner Mutter das Palais
Anitschkow überlassen und lebt jetzt im Winterpalais, am Ufer

der Newa, einem riesigen gelbbraunen, mit Ornamenten überladen und von einem roten Eisendach bedeckten Gebäude im Barockstil. In dieser strengen Residenz hat er mehr denn je das Gefühl, das Werk seiner Vorfahren fortzusetzen. 1897 empfängt er Kaiser Franz-Joseph und Wilhelm II., Ende August den französischen Staatspräsidenten Felix Faure, der an großen Feierlichkeiten in der Hauptstadt und in Peterhof teilnimmt. Bei dieser Gelegenheit verwendet der Zar zum erstenmal den Begriff »befreundete Nationen«, wobei er erläutert, daß seine Politik entschieden auf Frieden ausgerichtet sei. Auf seine Einladung hin findet in Den Haag vom 18. Mai bis zum 29. Juli 1899 eine Friedenskonferenz statt, wobei er das weitgesteckte Ziel verfolgt, in den nächsten fünf Jahren die Militärmacht der teilnehmenden Staaten zu begrenzen. Da Deutschland und England sich sehr zurückhaltend geben, tritt die Konferenz auf der Stelle und endet mit vagen Versprechungen und der Beteuerung guter Nachbarschaft. Im August desselben Jahres reist der französische Außenminister Delcassé nach Petersburg und führt geheime Verhandlungen mit seinem russischen Kollegen Muraujew. Die französisch-russische Freundschaft wird bekräftigt. Dabei hat Nikolaus das Gefühl, den postumen Willen seines Vaters zu erfüllen.

Es gibt noch einen weiteren Grund, stolz und zufrieden zu sein: Am 10. Juni 1897 hat Alexandra ein gesundes Mädchen zur Welt gebracht, Großfürstin Tatjana. Olga ist überglücklich, eine kleine Schwester zu haben, die für sie wie eine lebende Puppe ist. Zwei Jahre später, am 26. Juni 1899 wird eine dritte Tochter geboren, Großfürstin Maria. Nach einer weiteren Pause von zwei Jahren erblickt eine vierte Großfürstin das Licht der Welt, Anastasia. Immer noch kein Junge! Nikolaus schätzt sich glücklich wegen der vier dicht aufeinanderfolgenden Geburten, aber er bedauert, keinen männlichen Erben zu haben. Er gibt jedoch die Hoffnung nicht auf. Alexandra fleht mit solcher Inbrunst zu Gott, daß er sie sicher bald erhören wird. Bis dahin sind die vier Großfürstinnen das ganze Glück ihrer Eltern. Obwohl sie noch sehr jung sind, zeigen sie schon früh ihre Charakterzüge. Sie sind hübsch und ausgelassen, strotzen vor Gesundheit. Um ihretwillen, aber auch wegen seiner Frau und seines

Vaters, der ihn von dort oben beobachtet, möchte Nikolaus ein bespielhafter Herrscher sein.

Vor allem in der Innenpolitik möchte er die Linie seines Vorgängers weiterführen. Deswegen bleiben die wichtigsten Minister Alexanders III. im Amt. Zwei von ihnen sind Männer von Einfluß: Der Generalbevollmächtigte des Heiligen Synod, Konstantin Pobedonoszew, und Finanzminister Sergei Witte. Durch Konstantin Pobedonoszew, seinen früheren Erzieher, ist Nikolaus schon als kleiner Junge zu der Überzeugung gelangt, daß der Zar von göttlicher Unfehlbarkeit und seine Macht unteilbar ist. Dieser steife, integre und durch und durch patriotische Mann lehnt jegliches Zugeständnis ab, das eine Schwächung der Monarchie bedeuten könnte. Er hat erlebt, zu welchen Wirren es in Rußland kam, als die Reformen Alexanders II. umgesetzt wurden, und ist gegen die Versuchung, soziale Neuerungen einzuführen, gefeit. »Im Prinzip« hat er nichts gegen Freiheit, weigert sich jedoch, sie einem Land zu gewähren, das so wenig in der Lage ist, sie zu begreifen und weise mit ihr umzugehen. Nikolaus unterstüzt seine Meinung in aller Naivität. In sein Tagebuch schreibt er: »Wie immer kam Pobedonoszew zu mir, wie immer mit guten Ratschlägen und allen möglichen Warnungen.« Dabei ahnt er bereits, daß dieser »Großinquisitor«, wie manche ihn nennen, ein Mann des vergangenen Jahrhunderts ist, von verbissener Ablehung alles Neuen und unfähig, sich nur im geringsten der Zukunft zu öffnen.

Dabei muß sich Rußland entwickeln, wenn schon nicht politisch, dann wenigstens im Bereich der Wirtschaft. Immer mehr wendet sich Nikolaus Witte zu, der zwar ein treuer Diener des Zaren, jedoch moderneren Ideen gegenüber aufgeschlossen ist. Daß dieser Mann von seinem Vater entdeckt, gefördert und gestützt wurde, ist für den jungen Zaren eine Garantie seiner Fähigkeiten. In der bürokratischen Welt Sankt Petersburgs erscheint Witte wie ein furchterregender, aber hochbegabter Eindringling. Er ist Sohn eines bescheidenen Beamten deutschen Ursprungs und konnte sein Studium nur mit Hilfe von Stipendien beenden. Um sein Leben zu verdienen, ist er zunächst in die Direktion der Südwest-Eisenbahn eingetreten. Er fiel seinen Vorgesetzten auf, danach Alexander III., und wurde in der Folge zuerst Direktor der Staatseisenbahn, danach Verkehrs- und schließlich Finanzminister. Da er von der Pieke auf gedient hat, konnte er die verschiedensten Milieus in Rußland kennenlernen und besitzt eine profunde Kenntnis russischer Wirklichkeit, die seinen Kollegen aus der Oberschicht meistens fehlt.

Diese betrachten ihn als Emporkömmling und verzeihen ihm seinen schnellen Aufstieg nicht, ebensowenig wie seine Heirat mit einer geschiedenen Frau, die überdies noch Jüdin ist. Sein wildes bärtiges Gesicht, sein entschiedener Ton, sein Eifer in Diskussionen hallen in den höheren Sphären der Regierung wider. Er ist kein bequemer Beamter, kein verschlagener Höfling, sondern ein praktischer Mann, ein Mann von Einfluß, kurz, ein Mann des neuen Rußland. »Weder konservativ noch liberal, überraschte er immer wieder dadurch, daß er beide Richtungen in sich vereinte«, schreibt einer seiner Zeitgenossen, der bedeutende Politiker Basil Maklakow. »Er wußte, daß sein Land den Weg des europäischen Kapitalismus eingeschlagen hatte, dessen Erfolg auf freier Initiative einzelner beruht, die eine rechtliche Grundlage haben muß... Er zögerte nicht, politisch suspekte Personen zu seinen Mitarbeitern zu machen, wenn sie nur die entsprechenden Fähigkeiten besaßen.«[18]

Witte stellt den Nutzen einer Sache über jede Doktrin und setzt alles daran, sein Land aus seiner Lethargie zu reißen. Dank des Vertrauens, das der verstorbene Zar in ihn setzte, gewährt ihm Nikolaus eine gewisse Handlungsfreiheit im Bereich von Wirtschaft und Finanzen. Unter dem Vorwand, daß Schnapsbrenner und Weinhändler Mißbrauch treiben, setzt er nach und nach ein Staatsmonopol für den Verkauf von Alkohol im ganzen Land durch, was dem Staatsschatz gute Einnahmen bringt. Erfolgreich tätigt er Anleihen auf dem Pariser Markt. Da der Papiergeldkurs im Wert gesunken ist, nimmt er im Januar 1897 eine radikale Abwertung vor, beschließt die Konvertierbarkeit von Banknoten und legt den Wert eines Papierrubels auf zwei Drittel Goldrubel fest. Die Schaffung eines festen Standards zieht ausländisches Kapital an. Im Jahr 1890 sind sie auf zweihundert Millionen Rubel beziffert und klettern im Jahr 1900 auf neunhundert Millionen. Mit diesem Geld belebt Witte die stark geschwächte Produktion im Land und entwickelt neue Industriezweige. Viele Unternehmen werden von französischen und belgischen Gesellschaften gegründet. Die großen Textilfabriken in der Nähe von Moskau, Lodz und Warschau arbeiten unter voller Auslastung ihrer Kapazität. Die reich vorhandenen Bodenschätze in der Ukraine, im Ural und im Kaukasus werden intensiv abgebaut. Im Südwesten nimmt die Zuckerindustrie großen Aufschwung. Zölle schützen die russischen Produkte gegen die ausländische Konkurrenz. Witte ist bemüht, das Los der Bauern auf dem Land zu erleichtern, und gestattet der Staatsbank, Kreditkooperativen zu finanzieren, indem er die Innenzölle senkt und eine weitreichende Untersuchung über die »Bedürfnisse der Landwirtschaft« in Auftrag gibt. Um die Jugend für Technik zu interessieren, eröffnet er Berufsschulen in allen großen Städten. Zur selben Zeit erweitert er das russische Eisenbahnnetz, das zwischen 1895 und 1905 auf das Doppelte anwächst. Die Strecken werden teilweise von Privatgesellschaften gebaut und nach und nach vom Staat erworben. Die Teilstrecken der Transsibirischen Eisenbahn, die unter dem früheren Zar begonnen wurden, werden zügig fertiggestellt. Der schwierigste Streckenabschnitt ist jener, der um den Baikalsee herumführt und den Wald und die Sümpfe Sibiriens durchquert. Es müssen dreiunddreißig Tunnel gebaut werden. Jetzt ist Sankt Petersburg mit Wladiwostok durch ein Stahlband von 8731 Werst[19] verbunden, das durch Sibirien und die nördliche Mandschurei führt. Dieses riesige Bauwerk zieht zahlreiche Siedler in die fruchtbaren Ebenen jenseits des Ural. Ihre Abreise wird von der Emigrationsabteilung unterstützt. Um zu verhindern, daß diese große und reiche Gegend nicht nur zum Unterschlupf »schlimmer Elemente« im Land wird, schafft Nikolaus am 12. Juni 1900 die Verbannung nach Sibirien ab. Freie Bauern ziehen in das noch unkultivierte Land, und ihre Zahl wächst ständig. Im Januar 1897 ordnet Witte die erste russische Volkszählung an, und es wird eine Zahl von 126 Millionen Seelen ermittelt.

Unter diesen vielen Menschen bilden sich schnell große Unterschiede heraus. Der wundersame Aufschwung der Industrie bereichert das Bürgertum und einen Teil des Adels. Die Bauern jedoch, die von der Kapitalerhöhung ausgeschlossen sind, werden zunehmend ärmer. Die Gründung neuer Fabriken trägt ein riesiges unterbezahltes Arbeiterproletariat in die Städte. Sehr bald werden unter der Arbeiterschaft die ersten Forderungen nach Verbesserung ihrer Lage laut. Gegen Ende des 19. Jahrhunderts sind Streiks jedoch nicht nur verboten, sondern gelten als schwerer Gesetzesverstoß. Dennoch gibt es immer mehr Streiks, und sie greifen dermaßen um sich, daß die Regierung trotz des Protests der Unternehmer am 2. Juni 1897 ein Gesetz verkündet, das die Arbeitsbedingungen regelt. Ein Arbeitstag wird für Erwachsene auf elfeinhalb Stunden festgelegt, mit freien Sonn- und Feiertagen. Inspektoren werden eingesetzt, um zu überprüfen, ob diese Anordnung auch befolgt wird. Verstößt indessen ein Unternehmer dagegen, werden keine Sanktionen gegen ihn ausgesprochen.

Die vorsichtigen Erneuerungen, mit denen Witte in das Verhältnis zwischen Unternehmern und Arbeitern eingreift, werden von ängstlichen Gemütern als Ermunterung zum Aufruhr verstanden. Um so mehr als es unter der studentischen Jugend, nachdem sie sich unter der Herrschaft Alexanders III. ein wenig zurückgehalten hatte, wieder zu gären beginnt. Die Studenten gruppieren sich in den Provinzen in geheimen Zirkeln, deren gemeinsames Ziel der Kampf gegen die Alleinherrschaft des Zaren ist. Die Ideen dieser Opposition sind vage und theoretisch, aber ihr Wunsch, die Strukturen von früher zu zerstören, ist so groß, daß ihnen der kleinste Vorwand lieb ist, um zu protestieren. Sechs Monate nach der Katastrophe auf den Chodynka-Wiesen ziehen jeden Tag mehrere hundert von ihnen durch die Straßen Moskaus, um an den Tod der Opfer zaristischer Nachlässigkeit zu erinnern. Trotz mehrerer Verhaftungen geht die Protestbewegung auch auf andere Universitäten über. Im März 1897 demonstrieren die Petersburger Studenten anläßlich des Selbstmords der jungen Jüdin Maria Wetrow, die wegen subversiver Aktivitäten in der Peter-Paul-Festung gefangengehalten und offenbar von ihren Wärtern vergewaltigt wurde. Eine große Zahl aufgebrachter junger Männer versammelt sich vor der Kasan-Kathedrale, wo für die ewige Ruhe der armen Seele ein Requiem gelesen wird. »Es gibt bei uns viele leicht erregbare Elemente«, schreibt Suworin. Zwei Jahre später streiken dieselben Studenten wieder. Diesmal weigern sie sich, ihre Examina abzulegen, um gegen die Polizeiüberwachung zu protestieren, der sie ständig ausgesetzt sind. »Die Jugend legt große Aktivitäten an den Tag«, schreibt Suworin. »In Kiew hängen Listen mit den Namen aller Studenten aus, die nicht am Streik teilnehmen, damit sie vor allen als Abtrünnige gebrandmarkt werden. Manche Streikgegner haben anonyme Briefe erhalten.« Und weiter schreibt er: »Ich verstehe die Jugend. Ich bin mir darüber im klaren, daß sie zugrunde geht. Ich begreife, in welcher Zwangslage sie sich befindet.«

In Nikolaus' Umgebung spielen die Befürworter von Ruhe und Ordnung die Bedeutung der Demonstrationen herunter. Für sie sind es nur Strudel an der Oberfläche, ausgelöst von einigen Wirrköpfen, derer die Polizei mühelos habhaft werden wird. Pobedonoszew ruft die Erinnerung an Alexander III. wach, den energischen Zaren, und drängt bei seinem früheren Schüler auf ein hartes Vorgehen gegenüber dieser zügellosen Jugend. 1899 trennt sich Nikolaus von dem alten Grafen Deljanow, der seit 16 Jahren das Bildungsministerium leitete und am langen Zügel führte. Er ernennt an seiner Stelle den Rechtsprofessor Bogolepow, einen doktrinären und tatkräftigen Reaktionär. Unter seiner Ägide werden die Polizeikontrollen in den Universitäten verstärkt, den Unruhestiftern wird angedroht, daß sie als einfache Soldaten in die Armee eingezogen werden. Niemand kann es sich mehr leisten, eine Vorlesung zu versäumen. Inspektoren wachen über das Wohlverhalten der Hörer. Versammlungen werden von mit Nagajkas[20] bewaffneten Gendarmen und Polizisten auseinandergetrieben. Diese Brutalität, welche die jungen Leute bändigen soll, versetzt sie in rasende Wut. Am 14. Februar erscheint der Student Karpowitsch, der vor zwei Jahren von der Dorpater Universität vertrieben worden war, zu einem Petitionstermin mit einem Bittschreiben im Bildungsministerium. Er wird bei Minister Bogolepow vorgelassen und schießt mit dem Revolver auf ihn. Während Bogolepow, der am Hals verletzt wurde, mit dem Tod ringt[21], zieht in Petersburg vor der Kasan- Kathedrale eine Studentendemonstration auf. Die Kosaken gehen mit solcher Gewalt gegen die

Menge vor, daß Dutzende Verletzter auf dem Pflaster zurückbleiben. Die Polizei verhaftet 700 Personen. Der Schriftstellerverband protestiert gegen die Feindseligkeit der Staatsgewalt gegenüber der Jugend.

Die Bewegung hat schließlich ein solches Ausmaß erreicht, daß Nikolaus dem Bildungsministerium die Aufgabe entzieht, die Revolte von Studenten und sie unterstützenden Intellektuellen zu unterdrücken. Nun kümmert sich das Innenministerium darum. Der Zar wünscht sich einen Innenminister, der sowohl gebildet als auch durchsetzungsfähig ist, der Monarchie treu ergeben und doch in der Lage, liberale Träumer auf seine Seite zu bringen. Im Grunde sucht er eine Mischung zwischen Pobedonoszew und Witte. Kurz nach der Thronbesteigung hatte er den ehemaligen Amtsinhaber Iwan Durnowo durch Iwan Goremykin ersetzt. 1899 entläßt er Iwan Goremykin, der ihm modernem Denken gegenüber allzu aufgeschlossen scheint, und macht Dimitri Sipjagin zu seinem Nachfolger, dessen Ergebenheit gegenüber der Krone und natürlicher Charme ihm geeignet scheinen, die Geister bald zu beruhigen. Am 2. April 1902 jedoch wird Sipjagin von dem Terroristen Balmaschew erschossen, einem ehemaligen Studenten, der von der Universität Kiew verjagt worden war. Der junge Mann hat sich in Verkleidung eines Generalstabsoffiziers Eintritt in den Palast verschafft, in dem der Reichsrat tagt. »Heute wurde Sipjagin ermordet«, schreibt Suworin. »Er war nicht sehr intelligent und unfähig zu regieren. Man hatte ihm eine schwere Aufgabe anvertraut... Selbst für einen großen Geist ist es schwierig, eine absolute Monarchie zu leiten.« Zwei Tage später ernennt Nikolaus Plehwe zum Nachfolger Sipjagins. Alexei Kuropatkin[22] beschreibt den neuen Minister in seinem Tagebuch folgendermaßen: »Ein großer Mann für kleine Angelegenheiten; ein Mann, der für Regierungsgeschäfte zu dumm ist.« Balmaschew, der Mörder von Sipjagin, ist, wie die Untersuchungen ergeben, kein geisteskranker Einzelgänger, sondern Mitglied einer Vereinigung für den revolutionären Kampf, über deren Aufbau er die Aussage verweigert. Mit einemmal wird Nikolaus bewußt, daß er mit der studentischen Jugend keinen wilden, unerfahrenen Haufen vor sich hat, sondern eine geheime Kriegsmaschinerie, vielfach verzweigt, wirkungsvoll, vergleichbar mit der, welcher es gelang, seinen Großvater, Alexander II., den Zar der Befreiung, zu töten.

In sechs Jahren Regierungszeit hat Nikolaus an Sicherheit gewonnen und an Sympathie verloren. Alle, die ihm begegnen, blicken forschend auf sein sanftes, ebenmäßiges Gesicht und seine melancholischen blauen Augen und versuchen sich in die eigenwillige Persönlichkeit des Monarchen zu versetzen. Er bezaubert und beunruhigt seine Umgebung. Sein Charakter erscheint flüchtig wie Wasser, das durch die Finger rinnt, wenn man es auffangen will. Er läßt sich nicht festlegen. Seine Eleganz, Höflichkeit und Zurückhaltung werden von denselben Leuten gepriesen, die seiner Politik kritisch gegenüberstehen. Witte bezeichnet ihn in seinen Memoiren als »wohlerzogenen jungen Mann«, und der deutsche Kanzler von Bülow preist ihn: »Alles an ihm ist vornehm. Seine Manieren sind vollkommen. In den Salons von London, Wien, Paris, in Sankt Moritz oder Biarritz würde man ihn für einen jungen Edelmann halten, einen österreichischen Grafen oder einen englischen Herzog.«[1] Aber diese »britische« Ungezwungenheit verbirgt große Schüchternheit. Die Vertrauten von Nikolaus wissen, daß er sich, wenn er sich mit der rechten Hand den Schnurrbart glattstreicht, vor seinem Gesprächspartner schämt. »Der Charakter des Zaren ist ausgesprochen feminin«, schreibt Witte. »Man hat behauptet, die Natur hätte einen Fehler begangen, indem sie ihm männliche Merkmale aufzwang.«[2]

Als Kind bewunderte Nikolaus die Lebhaftigkeit und Redegewandtheit seines Bruders Georg und wäre ihm gerne ähnlich gewesen. Aber das ist unmöglich. Er fühlt sich stets gehemmt, er ist schwerfällig, es fehlt ihm an Mut. Wie schade, daß Georg nicht in seiner Nähe ist, um ihn zu unterstützen: 1894 zum Zarewitsch ernannt, mußte der junge Mann seine Laufbahn als Marineoffizier unterbrechen und starb 1899 mit 28 Jahren an Tuberkulose. Nikolaus kann sich nur schwer über dieses tragische Ende trösten.

Aber der neue Zar hat, so sagen Leute, die ihm nahestehen, nicht nur Fehler. Seine distanzierte und nichtssagende Freundlichkeit, seine androgyne Beweglichkeit hindern ihn keineswegs, in seiner Arbeit überdurchschnittliche geistige Fähigkeiten zu zeigen. »Vor einer großen Gesellschaft hat der Zar sicher noch eine etwas verlegene Haltung, aber in kleiner Runde und vor allem bei Zwiegesprächen redet er deutlich, mühelos und klug«, schreibt von Bülow. Der deutsche Botschafter Baron von Schön schreibt in seinen Erinnerungen: »Ich fand ihn immer, selbst wenn man ihn überraschend ansprach, bestens informiert über alle Vorgänge, bereit, offen darüber zu sprechen, und zwar mit großem politischen Verständnis... Er besaß eine schnelle Auffassungsgabe und gab schlagfertige Antworten. Sein freundliches Naturell, die ruhige und überlegte Art, mit der er schwierige Fragen prüfte, vereinfachten die Diskussion.« Iswolski, der seine Unterredungen mit dem Zar festgehalten hat, drückt sich noch deutlicher aus: »War Nikolaus II. von natürlicher Begabung und Intelligenz? Ich antworte ohne Zögern mit Ja. Es hat mich immer überrascht, mit welcher Leichtigkeit er jede Nuance der Argumente, die man ihm gegenüber vorbrachte, erfaßte, und mit welcher Klarheit er seine eigenen Gedanken zum Ausdruck brachte; er war immer für vernünftige Überlegungen und logische Schlußfolgerungen offen.« Nikolaus hat eine instinktive Intelligenz, so daß er schnell die kompliziertesten Darlegungen begreift, aber seine mangelnde Bildung erweist ihm einen schlechten Dienst, wenn er mit großen Geistern zu tun hat. Seine lückenhafte und sporadische Ausbildung hat ihn nicht darauf vorbereitet, solche Aufgaben zu meistern. Er kennt einzelne Elemente, kann sie aber nicht zusammenfügen. Er hält sich an Details fest wie ein Miniaturenmaler und kann keinen weiten Horizont überschauen. So sieht er die Folgen seiner Taten oft nicht voraus. »Der Zar«, so schreibt Witte, »leidet an einer seltsamen seelischen Kurzsichtigkeit... Er fürchtet sich erst, wenn das Gewitter ihn erwischt hat. Sobald die unmittelbare Gefahr vorbei ist, verschwindet seine Angst.« Außerdem ist Nikolaus von Vorurteilen befallen, die, anstatt sich bei der Ausübung der Macht zu zerstreuen, zu fixen Ideen werden. Das Vermächtnis seines Vaters ist nicht nur Liebe und

Achtung, er ist ihm auch ein Vorbild autokratischer Unnachgiebigkeit. So gut wie jede Erneuerung erscheint ihm als Sakrileg. Dabei liebt er sein Volk sehr, wünscht, daß es seinem ärmsten Muschik gut geht, träumt von einer glänzenden und friedlichen Zukunft für Rußland. Der Kampf zwischen der Verpflichtung, die Herrschaft zu bewahren, die ihm seine Ahnen vermacht haben, und dem Wunsch, das Schicksal der meisten seiner Untertanen zu verbessern, bereitet ihm Qualen. Er hat eine erhabene Auffassung von seiner Rolle und ist sich seiner Pflicht in hohem Maß bewußt, aber sein Wille schwankt zwischen dem Wunsch zu herrschen und dem, geliebt zu werden. So zeigt er sich unversöhnlich gegen alle, die sich auflehnen, ganz gleich, welcher Richtung sie angehören. Für sie kennt er keine Milde. Aber er hat Mitleid für alle, die auf den Chodynka-Wiesen verletzt wurden, und besucht sie nach dem Unglück im Krankenhaus.

Aber dieses Mitleid ist letztlich nur vordergründig. Seine eigentliche Liebe gilt ausschließlich seiner Familie. Wenn es um Frau und Kinder geht, ist er höchst empfindsam, die Sorgen anderer interessieren ihn nicht. Er liebt Rußland, aber auf abstrakte Weise, allgemein, distanziert. Konkret sind für ihn sein Heim, seine liebe Alix und die vier Mädchen, die sie ihm in sechs Jahren geschenkt hat. Geht es seiner Gattin nicht gut, ist das für ihn wichtiger als die schweren, schmerzhaften Erschütterungen, denen Rußland ausgesetzt ist. Eine gemeinsame Tasse Tee mit ihr ist ihm wichtiger als eine Unterredung mit einem Minister. Während sich in seinem Land gravierende Dinge wie Streiks, Studentendemonstrationen, Ermordung hoher Würdenträger ereignen, schreibt er in seinem Tagebuch nur über das Wetter, Fahrradausflüge, Kanufahrten, ein romantisches Tête-à tête mit seiner unvergleichlichen Alix. Ganz offensichtlich leidet Nikolaus, der von Herzen nichts lieber wäre als ein Privatier, darunter, der Öffentlichkeit preisgegeben zu sein. Er muß sich zwingen, sein harmonisches Zuhause zu verlassen und die schwere Bürde seines Amtes zu tragen. Sein eigentliches Leben spielt sich in der Nähe seiner Frau im gemütlichen Wohnzimmer ab und nicht in seinem Kabinett bei den Ministern, die ihm in gravitätischem Ton von den Problemen des Landes berichten. Sobald er seine daunenweiche Familienwelt verlassen hat, zeigt er sich passiv, zerstreut und wie durch eine Kältezone von Menschen und Ereignissen getrennt. Was auch geschieht, nie erhebt er die Stimme, nie wird er zornig. Liegt dies an der außerordentlicher Beherrschung seiner inneren Regungen oder einem völligen Mangel an Nerven? Mathilda Kschessinska schreibt in ihren Memoiren: »Er verstand es, sich zu beherrschen und nichts von dem, was in ihm vorging, sichtbar werden zu lassen, er bewahrte eine ruhige Sicherheit, auch in den schwersten Stunden.« Für die meisten Leute, die ihn kennengelernt haben, erklärt sich diese herablassende Teilnahmslosigkeit indessen nicht so sehr aus dem Willen des Zaren, sondern ist eher ein unbewußter Vorgang. Der britische Botschafter, Sir George Buchanan, schreibt in seinen Memoiren: »Er besaß Gaben, die bestens zu einem konstitutionellen Monarchen paßten – lebhafte Intelligenz, einen gebildeten Geist, Fleiß und Systematik bei der Arbeit, von seinem außerordentlichen persönlichen Charme gar nicht zu reden – aber Zar Nikolaus hatte von seinem Vater weder den festen Charakter noch die Fähigkeit zu schnellen Entscheidungen geerbt, welche für einen absoluten Monarchen unverzichtbar sind.« Dieselben Töne bei Baron von Schön: »Es mangelte ihm an Selbstvertrauen, er war von einer gewissen Bescheidenheit, die ihn zögern ließ. Entscheidungen schob er immer wieder auf... Meistens erlag er dem Druck desjenigen, der Gelegenheit hatte, als letzter mit ihm zu sprechen.«[3] Witte hebt hervor: »Der Charakter seiner Majestät war die Wurzel allen Unglücks. Ein Herrscher, dem man sich nicht anvertrauen kann, der heute Dingen zustimmt, die er morgen ablehnt, ist unfähig, das Staatsschiff sicher zu lenken. Sein Hauptfehler war sein bedauerlicher Mangel an Willenskraft. Zwar ist er ein guter Mensch und auch nicht dumm, aber dieser Mangel disqualifiziert ihn völlig, schließlich ist er Alleinherrscher, absoluter Monarch des russischen Volkes... Er war für die bedeutende historische Rolle, die das Schicksal ihm auferlegt hatte, nicht geboren.«[4] Mathilda Kschessinska sagt nichts anderes: »Mir war klar, daß der Zarewitsch (Nikolaus) nicht die zum Herrschen notwendigen Fähigkeiten besaß. Zwar fehlte es ihm nicht an Charakter und an Willen, aber er war nicht in der Lage, seinen Standpunkt wirklich durchzusetzen, und oft passierte es ihm, daß er anderen nachgab, selbst wenn seine erste Eingebung richtig gewesen war.«[5] General Tscherewin ist in seinem Urteil noch härter und ruft aus: »Er ist wie ein weicher Lappen, den man nicht einmal waschen kann!«[6]

In der Tat ist das Verhältnis zwischen Nikolaus und seinen Ministern von seinem unsteten Charakter geprägt. Von der Theorie seines Vaters gespeist, nach der in Rußland alles vom Zar ausgehen und wieder zu ihm gelangen muß, bietet er eine einzigartige Mischung von dynastischem Hochmut und jugendlicher Schüchternheit. Wenn er einen Minister ausgewählt hat, freut sich zunächst über die Ähnlichkeit ihrer beider Ansichten. Wenn dann aber der Minister nur ein wenig Persönlichkeit zeigt, wird der Zar mißtrauisch. Von Tag zu Tag wird der Graben zwischen ihm und seinem Mitarbeiter tiefer, weil dieser Ideen hat, Pläne entwickelt und begabt ist. Wie üblich verliert sich der Zar in Details, versäumt es, das Ganze im Auge zu behalten. Der Minister, den diese Beschäftigung mit Kleinigkeiten irritiert, versucht vergeblich, klare Antworten zu erhalten und handelt schließlich nach seinem Ermessen, was aber sogleich die Unzufriedenheit Seiner Majestät zur Folge hat. Nikolaus läßt sich seinen Zorn nicht anmerken, löst sich unmerklich von seinem hohen Würdenträger und denkt heimlich schon daran, ihn abzulösen. General Mossolow, Kabinettschef des Hofministers, analysiert das Verhalten des Zaren gegenüber seinen Beratern folgendermaßen: »Der Zar erfaßte den Sinn eines Berichts vollkommen, auch die versteckten Hinweise und Nuancen. Aber er widersprach seinem Gesprächspartner nie und nahm auch nicht deutlich genug Stellung, um den Widerstand des Ministers zu brechen. Der Minister, dem der Zar nichts entgegenhielt, glaubte, dieser beharre nicht auf dem eigenen Standpunkt, und ging voll Freude, daß er ihn überzeugt hatte, von dannen. Aber da irrte er sich: Zu Unrecht hielt er die Zurückhaltung des Zaren für Schwäche, denn die Ablösung des Ministers war bereits beschlossene Sache.«[7]

Da Nikolaus von Natur aus und durch seine Erziehung Streitgespräche und laute Stimmen ein Greuel sind, widerspricht er jemandem, der ihn überzeugen will, nie. Im Gegenteil, er pflichtet seiner Meinung bei, um ihn mit Höflichkeit zu entwaffnen. Oft denkt er in einem Moment, in dem er jemandem besonders herzlich zustimmt, schon daran, sich von ihm zu trennen. »Unfähig, mit offenen Karten zu spielen«, so sagt Witte, »sucht er immer nach Auswegen und unterirdischen Gängen.« Was ihn in seinen Entscheidungen bestimmt, ist sein mystischer Glaube an die Unfehlbarkeit des, wie die Tradition sagt, von Gott inspirierten Zaren. Während also seine Minister vor ihm logische Argumente ausbreiten, Zahlen vorlegen, sich auf einen Haushaltsplan und Verträge beziehen oder auf Beispiele aus anderen europäischen Nationen, sitzt er da, angewidert von soviel Banalität und fühlt sich allein den gefühlsmäßigen Regungen seiner Seele verpflichtet. Er glaubt an seine Bestimmung und die Zukunft Rußlands, das er als ein besonderes Land ansieht, das mit den Nachbarstaaten nicht zu vergleichen ist und dem die besondere Aufmerksamkeit des Allerhöchsten gilt. Dem vernunftbestimmten Denken seiner Berater setzt er seine heilige Eingebung entgegen. Er kann ihre Darlegungen nicht widerlegen, und so zieht er es vor, die zu opfern, welche ihn unbedingt überzeugen wollen. Er ist jedoch zu schüchtern und zu wohlerzogen, um sich mit ihnen offen auseinanderzusetzen, und so schickt er ihnen ohne Vorwarnung einen handgeschriebenen Entlassungsbrief. So geschieht es, daß ein Minister, der abends mit dem Eindruck nach Hause kommt, in seinem Gespräch mit dem Zaren bestimmte Punkte zur Sprache gebracht zu haben, am nächsten Tag erfährt, daß er in Ungnade gefallen ist. Witte, ein Zeuge solcher sanfter Hinrichtungen, schreibt voller Zorn: »Eine solche Perfidie, diese stumme Lüge, die Unfähigkeit ja oder nein zu sagen und dann auszuführen, was beschlossen wurde, ein ängstlicher Optimismus, der als Kunstgriff benutzt wird, um sich mit Mut zu wappnen, all das steht einem Herrscher wahrlich nicht gut zu Gesicht.«

Neben diesem ständigen Wechsel seiner Berater verfolgt Nikolaus eine von einfachen und starken Grundsätzen bestimmte Politik, die er zugleich mit der Krone geerbt hat. Der Zar ist unangreifbar, die russische Armee ist unbesiegbar, allein die orthodoxe Religion kann das Volk an den Thron binden. Unter diesen Umständen ist die größte Gefahr für Rußland die Revolte einer kleinen Zahl Intellektueller, die durch schlechte Bücher verführt worden sind. Für Nikolaus verbietet die Erinnerung seines Großvaters Alexander II., der von der Bombe eines Terroristen zerfetzt wurde, das geringste Zugeständnis an die Erneuerer. Seine Abscheu vor Unruhen auf der Straße schließt alles ein, was zum Umsturz führen oder daraus entstehen kann: eine Republik, eine konstitutionelle Monarchie, Wahlen, Aktivitäten von links, Flüstern und Hohngelächter der Intelligenzija[8]. Dieses modische Wort irritiert ihn in höchstem Maße. »Wie ich dieses Wort hasse!« ruft er im Beisein von Witte aus. »Am liebsten würde ich die Akademie zwingen, es aus dem russischen Wörterbuch zu streichen!« Selbst wenn sein Minister ihn auf die »öffentliche Meinung« anspricht, ist er verärgert. »Warum soll mich die öffentliche Meinung beunruhigen?« sagt er mehrfach zu ihm.

Die meisten der ihm Nahestehenden bestärken ihn in der Vorstellung, daß er als der Gesalbte des Herrn es nicht nötig habe, seine Untertanen zu fragen, was für sie gut ist. Großfürst Nikolaus Nikolajewitsch erklärt Witte. »Ich betrachte den Zaren nicht als einfachen Menschen. Er ist kein Mensch, er ist kein Gott, sondern etwas dazwischen.« Der neue Vertraute von Nikolaus, Fürst Wladimir Mestscherski, entwickelt diese ultramonarchistische Theorie in seiner Zeitung »Der Bürger«. Dieser Grandseigneur mit fragwürdigem Lebenswandel, den immer eine Schar effeminierter Jünglinge begleitet, macht Nikolaus durch seine Ergebenheit gegenüber der Krone von sich abhängig. Der Zar gibt selbst zu, die Gespräche, die er mit seinem Schmeichler führe, erleuchteten und stärkten ihn. »Ihr Erscheinen«, so schreibt er ihm, »hat das Vermächtnis (die von seinem Vater übernommenen Ideen) wiederaufleben lassen und verstärkt. Ich habe gespürt, daß ich vor meinen eigenen Augen größer wurde. ... Mit einem beachtlichen Instinkt ist es Ihnen gelungen, in meine Seele vorzudringen.«[9] Mestscherski hat keinen eigentlichen Posten am Hof inne, übt aber großen Einfluß auf die Entscheidungen des Zaren aus. Er mischt sich in die Abfassung offizieller Erklärungen ein, tut seine Meinung über die Wahl der Minister kund. Dennoch stammen Nikolaus' bedeutendste und und geheimste Inspirationen nicht von ihm.

Seine wahre Egeria ist und bleibt seine Frau, Zarin Alexandra Fjodorowna, die unvergleichliche Alix, immer bereit ihn zu lieben, zu beraten, zu unterstützen. Sie vertraut ihm blind. Ihre gegenseitige Liebe ist mit den Jahren immer größer geworden. Wenn er sie im trauten Kreise der Familie sieht, fühlt er sich sicher, entspannt sich, atmet auf, ganz als könne ihm nichts Schlimmes geschehen, solange er bei ihr ist.

Auch für die Zarin liegt das höchste Glück im Leben mit Mann und Kindern. Sie verabscheut die Welt noch mehr als der Zar. Auf den Hofempfängen nimmt Nikolaus die Leute durch seine bescheidene Art und seine unterhaltsamen Reden für sich ein, Alexandra ist ihren Empfindungen treu, hält auf Abstand und gibt sich zurückhaltend, denn sie fühlt sich unwohl in dieser Gesellschaft, der sie zutiefst mißtraut. »Ich fühle, daß niemand von all den Leuten in der Umgebung meines Mannes aufrichtig ist«, schreibt sie an ihre Jugendfreundin Gräfin Rantzau, Ehrendame der Prinzessin von Preußen. »Niemand erfüllt seine Pflicht um der Pflicht willen, sondern nur, um seinen persönlichen Vorteil zu suchen, um vorwärtszukommen. Ich leide und weine ganze Tage lang, weil ich genau spüre, daß alle die Jugend und mangelnde Erfahrung meines Mannes ausnutzen.«[10]

Als sie Nikolaus heiratete, wollte sie Rußland ehelichen, russischer werden als der Zar selbst. Trotz aller Bemühungen bleibt sie eine kleine ausländische Prinzessin, von Herkunft deutsch, von der Erziehung her englisch. Da sie die Sprache ihres Adoptivlandes erst spät gelernt hat, verwendet sie sie nie im vertrauten Gespräch, sondern nur gegenüber Priestern und Domestiken und das mit starkem Akzent. Während Nikolaus gerne Russisch mit seinen Kindern, seiner Mutter, seinen Ministern redet, spricht sie innerhalb der Familie Englisch, Deutsch, manchmal Französisch. Das hindert sie jedoch nicht daran, unumstößliche Meinungen über die Vergangenheit und Zukunft Rußlands zu äußern. Sie weiß nichts über die Sitten des Landes, die Mentalität des Volkes, die geistigen Strömungen in der Intelligenz und hat sich für ihr eigenes Vergnügen eine Art folkloristisches Rußland geschaffen, voller Farben und großer Gefühler, mit balalaikaspielenden Muschiks, Troikas, die über den Schnee gleiten, Menschenmengen, die sich vor Ikonen verneigen. Auf die strenge Etikette des Zarenhofs ist sie schlecht vorbereitet, mißtraut ihrer eigenen Spontaneität und gibt sich stets zurückhaltend. Im Familienleben bescheiden und schlicht, ist sie in der Öffentlichkeit steif und gezwungen. In ihrer Umgebung hält man ihre Verlegenheit für Hochmut. Ihre steife, gekünstelte Art entmutigt die wohlmeinendsten Leute. »Nie hört man ein freundliches Wort«, notiert Gräfin Kleinmichel. »Sie war eine eisige Statue, die Kälte um sich verbreitete.«[11] Und die Generalin Bogdanowitsch schreibt: »Die Zarin wird immer unpopulärer. Sie macht sich bei allen verhaßt.«[12] Alexandra ist sich dieser Feindseligkeit bewußt und dennoch unfähig, gegenüber Leuten, die sie verabscheut, freundlich zu sein. Das Mißverständnis wird dadurch noch bitterer für sie, daß ihre Schwiegermutter Maria Fjodorowna immer mehr Sympathien auf sich zieht. Die Witwe Alexanders III. ernennt die Ehrendamen und Zofen, leitet das Rote Kreuz, Bildungs- und Wohltätigkeitsvereine tragen ihren Namen, überall wird sie verehrt und nachgeahmt. Um in der Gesellschaft voranzukommen, sucht man ihre Unterstützung.

Daß man sie immer mehr ausschließt, könnte Alexandra dazu bewegen, sich von öffentlichen Angelegenheiten abzuwenden. Seltsamerweise jedoch wird ihr Begehren, eine wichtige Rolle zu spielen, desto größer, je weniger sie am Hof und in der Hauptstadt anerkannt wird. Auf ihr Drängen hin entläßt der Zar General Tscherewin, den Kommandanten der Palastgarde, dem sie seine allzu freien Reden und Trunksucht vorwirft. Sie erreicht, daß Graf Woronzow-Daschkow, der Hofminister, sein Amt verliert, weil er angeblich gegenüber dem Zaren einen Ton unerlaubter Freundschaftlichkeit anschlägt. Sie wünscht, von ihrem Mann stets über seine Absichten beim Wechsel hoher Regierungsbeamter und über die Entwicklung der russischen Politik in allen Bereichen unterrichtet zu werden. Als der Zar im Winter 1900 vorübergehend indisponiert ist, mischt sie sich offen in Staatsangelegenheiten ein. »Als der Zar krank war«, schreibt die Generalin Bogdanowitsch, »empfing die Zarin jede Woche Lamsdorf[13], um sich über außenpolitische Ereignisse informieren zu lassen. Sie hat Witte zu sich gerufen. Die anderen Minister ließ sie außen vor.«[14] Sir George Buchanan, der britische Botschafter in Sankt Petersburg, schreibt in seinen Memoiren: »Sie war schüchtern und reserviert, und es gelang ihr nicht, die Liebe ihrer Untertanen zu erringen, obwohl sie mit einer Herrscherseele geboren war. Von Anfang an verkannte sie die Lage und ermunterte ihren Mann, das Staatsschiff auf eine Route zu lenken, die voller Klippen war... Diese ehrenwerte Dame wollte den Interessen ihres Mannes helfen, konnte aber nur zu seinem Untergang beitragen. Der Zar war ängstlich und unentschlossen und dazu bestimmt, dem Einfluß eines stärkeren Willens als dem seinen zu unterliegen.«

Natürlich ist es für einen Mann von unentschlossenem Charakter schwierig, eine Frau mit Leib und Seele zu lieben und sich ihren Ansichten zu widersetzen. Alexandra gibt bei dem Zarenpaar den Ton an. Sie ist Mittelpunkt der Familie. Sie ist eine zärtliche Gattin, eine hingebungsvolle Mutter, leidet aber darunter, daß sie noch keinen Sohn zur Welt gebracht hat, den Thronerben, auf den das ganze Volk wartet. Sie kümmert sich in beispielhafter Weise um ihre Töchter, wacht über ihre Erziehung und ihre Moral. Sie selbst ist von absoluter Rechtschaffenheit und Redlichkeit. Sie haßt das Geschwätz in den Salons und verschwendet kein unnützes Wort. Ihren Sinn für Bescheidenheit hat sie mit Nikolaus gemein, beide führen ein einfaches und sparsames Leben. Bei öffentlichen Empfängen ist sie geschmückt wie ein Reliquienschrein, zu Hause jedoch trägt sie schlichte Kleider. Die Wandlungen der Mode hält sie für ihres Standes unwürdig. Sie ist eine ausgezeichnete Musikerin, singt gerne mit ihrer schönen Altstimme, sie aquarelliert und liest gerne am Kamin. Eine immer größere Rolle spielt für sie das Gebet. Nachdem sie sich zuerst heftig geweigert hatte zu konvertieren, hat sie sich mit dem wirren Eifer einer Neubekehrten dem neuen Glauben verschrieben. Genau wie sie sich ganz einem Rußland hingibt, das nicht das wahre Rußland ist, begeistert sie sich für eine orthodoxe Religion, die nicht die wahre orthodoxe Religion ist. Was sie an der russischen Kirche anzieht, sind nicht die Dogmen, sondern die Gottesdienste. Das byzantinische Dekor der Kirchen nimmt ihre Sinne ebenso gefangen wie die ernsten Gesänge der Chöre, das Einherschreiten der Priester in den reichbestickten liturgischen Gewändern, der schwere Duft des Weihrauchs. Ihre Mystik grenzt an Aberglauben. So gerät sie in eine Welt aus Gebeten, Ahnungen und Zeichen, die sie über die wirkliche Welt hinwegtröstet. Obskure Popen, zwielichtige Mönche, erleuchtete Pilger besuchen sie, und sie lauscht ihnen mit der Verehrung eines kleinen Mädchens. Sie ist von alten Ikonen umgeben, von denen jede, wie es heißt, heilende Wirkung besitzt. »Es ist leicht zu erkennen«, schreibt Witte in seinen Memoiren, »wie der Glaube einer solchen Frau, die in der morbiden Atmosphäre orientalischen Luxus lebt und umgeben ist von einer Legion von Schmeichlern, die sich ständig vor ihr verbeugen, auf fatale Weise sich einem ungenießbaren Mystizismus annähert und einem Fanatismus, den nicht die kleinste freundliche Sanftheit mildert.« Und er fügt hinzu: »Für einen deutschen Fürsten wäre sie ganz passend gewesen, und sie wäre selbst als russische Zarin ungefährlich, wenn es nicht – bedauerliches Zusammentreffen – dem Zaren gänzlich an Willenskraft gemangelt hätte. Man kann sich kaum vorstellen, wie groß der Einfluß war, den Alexandra auf ihren Mann ausübte... Das Schicksal von Millionen Menschen liegt heute in den Händen dieser Frau.«

Nikolaus bestärkt Alexandra nicht in ihrer übermäßigen Frömmigkeit, möchte sie indessen in ihrer Begeisterung auch nicht bremsen. Da sie bei ihrer eifrigen Betätigung Trost findet, warum soll er sie ermahnen, sich zu mäßigen? Er ist zwar tief gläubig, läßt sich aber nicht zu übertriebener Frömmigkeit hinreißen. Während sie den Verstand verliert, behält er einen klaren Kopf.

An einem politisch-religiösen Punkt sind sich die beiden Gatten jedoch einig, den Beziehungen zwischen Gott und der russischen Monarchie. Alexandra ist noch radikaler als Nikolaus und glaubt, daß Rußland und Monarchie so miteinander vermischt sind wie Wein und Wasser in einem Glas. Man kann sie nicht trennen, ohne das Land dem Verderben auszuliefern. Im Gegensatz zu manchen anderen europäischen Staaten, in denen die Macht des Herrschers mit einer Verfassung durch die Meinung des Volkes eingeschränkt wird, kann sich Rußland an keinerlei Einschränkung der kaiserlichen Macht gewöhnen. Wenn sie Nikolaus betrachtet, denkt Alexandra an Peter den

Großen, Iwan den Schrecklichen und bedauert es, daß ihr charmanter Ehemann nicht deren eisernen Willen besitzt. Sie ist außerdem überzeugt, daß sie zwar am Hof nicht gerne gesehen und nicht geliebt wird, daß das Volk sie jedoch anbetet. Steht nicht eine riesige Menge draußen und bejubelt sie, wenn sie sich ab und zu mit dem Zaren auf der Straße zeigt? Ihrer Großmutter Königin Viktoria, die sie aufgefordert hat, ihr monarchistisches Glaubensbekenntnis ein wenig zu mäßigen, schreibt sie: »Rußland ist nicht England. Hier muß man sich nicht besonders bemühen, die Liebe des Volkes zu gewinnen. Das russische Volk verehrt seine Zaren wie Götter, als Quelle all seiner Güter und Gaben. Die ›Gesellschaft‹ von Petersburg ist eine quantité négligeable. Die Meinung der Leute, die sie bilden, hat keinerlei Bedeutung, ebensowenig das Gerede, das zu ihrem Wesen gehört.«[15]

Der »Gesellschaft von Sankt Petersburg« wirft die äußerst puritanische Alexandra die Eitelkeit ihrer Feste und die Verderbtheit ihrer Sitten vor. Allein beim Anblick einer geschiedenen Frau packt sie Entsetzen, und spricht man in ihrer Gegenwart von Ehebruch, wird sie tiefrot und wechselt das Gesprächsthema. Selbst nach den Verwandten ihres Mannes schleudert sie wegen ihres mangelnden Betragens Blitze. Niemals verzeiht sie die morganatische Ehe des Onkels des Zaren, Großherzog Paul Alexandrowitschs, mit der geschiedenen Frau des Generals Pistohlkors, der späteren Prinzessin Paley, ebensowenig die morganatische Ehe des Vetters des Zaren, Großfürst Kyrill Wladimirowitschs, mit der geschiedenen Frau Ernst Ludwigs von Hessen[16], und auch nicht die morganatische Ehe von Nikolaus' Bruder, Großfürst Michael Alexandrowitsch, mit Natalia Scheremetew, der geschiedenen Frau eines Offiziers aus seinem Regiment… Jedesmal fordert die Zarin von ihrem Mann strenge Strafen gegen jene Großfürsten, die durch ihre unüberlegten Verbindungen ihre Stellung entehren und schlechte Beispiele geben.

Im übrigen mag sie niemanden in der hochmütigen und unruhigen Zarenfamilie, die nicht weniger als sechzig Mitglieder zählt. In ihrer Gegenwart hat sie ständig den Eindruck, daß man ihr gegenüber nicht aufmerksam genug ist, sie vernachlässigt, überheblich ist. Außerdem ist sie überzeugt davon, daß diese untätigen, böswilligen Leute Gerüchte über ihre Ehe verbreiten. Sie möchte ihren Mann dem Einfluß seiner Onkel und Vettern entziehen. Aber Nikolaus ist in dem engen Netz seiner Verwandtschaft gefangen und erfährt hier die Zuneigung und Freuden seiner Kindheit.

Das Leben dieser goldene Kaste kostet den Staat viel Geld. Alle Großfürsten (Söhne und Enkel des Zaren) erhalten vom Amt für Apanagen eine jährliche Rente von 280 000 Rubeln (mehr als sechshunderttausend Goldmark), eine prachtvolle Summe, die die Empfänger freilich für ungenügend halten. Die Prinzen von Geblüt (Urenkel des Zaren) müssen sich mit der einmaligen Zahlung von einer Million Rubel begnügen, die sie bei Erlangung der Großjährigkeit erhalten, sei es in Geld oder in Grundbesitz. Den Großfürstinnen wird dieselbe Summe als Mitgift bei ihrer Heirat zuteil. Die Mitglieder der Dynastie werden in zivilen und Strafangelegenheiten von keinem Gericht belangt. Sind sie in Streitigkeiten verwickelt, werden diese durch den Hofminister dem Zaren vorgelegt und immer zu ihren Gunsten entschieden.

Der Zar begnügt sich nicht mit der Verteilung all dieser Pensionen, sondern zahlt aus seiner Privatkasse den Unterhalt seiner Schlösser in Sankt Petersburg, Moskau, Zarskoje Selo, Peterhof, Gatschina, Liwadija, in denen etwa 15 000 Leute beschäftigt sind. Die kaiserlichen Yachten und Eisenbahnen sind ebenfalls sehr teuer. Außerdem hat Seine Majestät noch drei Theater in Sankt Petersburg zu bezahlen, zwei in Moskau, die Akademie der Schönen Künste und das kaiserliche Ballett mit 153 Tänzerinnen und 73 Tänzern. Zu diesen Subventionen, Vergütungen und Unterstützungen kommen noch die zahlreichen Geschenke hinzu, die Nikolaus traditionsgemäß an Festtagen den besten Dienern und sonstigen Stützen seines Throns überreichen muß.

Unter diesen nehmen die Großfürsten den ersten Rang ein. Das kaiserliche Wohlwollen schützt ihre Karriere von Anfang bis Ende. Die besten Posten in Marine und Armee bleiben ihnen durch Geburt vorbehalten. So kommen zu ihren hohen Bezügen noch die Pensionen hinzu. Dieses Geld geben sie großzügig aus, in Rußland und im Ausland. Sie sind die Vorreiter der kosmopolitischen Aristokratie, und man trifft sie in allen Hauptstädten Europas an. Frankreich ist ihr Vorzugsland. Großfürst Alexei Alexandrowitsch, Großadmiral der russischen Flotte, ist in Paris ebenso bekannt wie in Sankt Petersburg. Jedes Jahr fährt er nach Biarritz, wo er eine wunderschöne Villa besitzt. Großfürst Wladimir Alexandrowitsch, Kommandant der kaiserlichen Garde, wird in Paris »Großfürst Bonvivant« genannt. Er ist kein schlechterer Pariskenner als sein Bruder, ist Mitglied der vornehmsten Clubs. Großfürst Konstantin Konstantinowitsch, ein begabter Dichter, ist nach Meinung seiner Zeitgenossen ein »begeisterter Frankophiler und vollendeter Gentleman«. Andere Großfürsten, die das schillernde Pariser Leben anzieht, machen sich hier für eine Saison ein schönes Leben auf mondänen Empfängen, bei Theaterpremieren, Aufführungen im Kabarett, in Restaurants und bei Pferderennen. Die vielen Amüsiernächte haben die Pariser zu dem Ausdruck »Faire la tournée des grands-ducs« (»auf Großfürstentour gehen«) inspiriert. Zarin Alexandra, die ihre Frankreichreisen in schlechter Erinnerung hat, kann nicht begreifen, wie die Verwandten ihres Mannes von einer republikanischen und dekadenten Nation so sehr eingenommen sein können.

Diese Grandseigneurs sind stolz auf ihren Rang und im großen und ganzen gutmütige Menschen. Sie betrachten sich jedoch als über den Gesetzen stehend, die für einfache Sterbliche gemacht sind. Sie versuchen sich zu bereichern, obwohl sie über hohe Summen verfügen, und lassen sich allzu oft auf zwielichtige Unternehmungen ein. Obwohl ihre Handlungen als politisches Geheimnis gelten, erfährt die Öffentlichkeit doch von ihren unerlaubten Manövern. Großfürst Sergei Alexandrowitsch wird beschuldigt, zwei Millionen Rubel kassiert zu haben, um die Einführung eines Monopols für Spirituosen in Moskau zu verhindern, Großfürst Peter Nikolajewitsch wirft man vor, fünf Millionen für die Gründung der Gesellschaft Phoenix erhalten zu haben, Großfürst Sergei Michailowitsch soll finanziell an den Aufträgen beteiligt sein, die Rußland der Fabrik Schneider- Creusot erteilt hat. »Witte hat angeblich einschlägige Beweise«, schreibt Suworin in sein Tagebuch, »und auch der Zar scheint es zu wissen. Die Großfürsten nehmen ständig Geschenke in Empfang und versuchen sich mit allen Mitteln zu bereichern.«[17] General Suchomlinow, der spätere Kriegsminister, teilt diese Ansicht: »Der unverantwortliche Einfluß der Großfürsten, der auf eine lange historische Entwicklung zurückgeht, ist wie eine Krebskrankheit, die den ganzen Organismus des Staates auffrißt«, schreibt er in seinen Erinnerungen. Nikolaus hat einen zu ausgeprägten Familiensinn, um energisch gegen seine Onkel und Vettern vorzugehen. Auch die Anschuldigungen seiner lieben Alix können ihn nicht dazu bringen, sie wegen ihrer leichteren oder schwereren Fehler zu bestrafen. Als er ihrem Drängen nachgibt und den Großfürsten Paul Alexandrowitsch, Kyrill Wladimirowitsch und Michael Alexandrowitsch ihre Ehrenämter nimmt, weil sie geschiedene Frauen geheiratet haben, hat er nicht den Mut, sie lange vom Hof fernzuhalten. Nach ein paar Jahren sind sie wieder in Amt und Würden. Einziges Ergebnis dieser vorübergehenden Bestrafung: Der Haß der Ehefrauen der Geächteten gegen die Zarin, die Anstifterin ihrer Ungnade, wächst.

Die größte Ablehnung gegen Verwandte ihres Mannes bringt Alix der Großfürstin Maria Pawlowna (Tante Miechen), der Gattin Großfürst Wladimir Alexandrowitschs, entgegen.[18] Diese elegante, feinsinnige und ehrgeizige Frau nutzt die Zurückhaltung der Zarin und stiehlt ihr die Rolle der ersten Dame des Reiches. Die angesehensten Namen der russischen Gesellschaft drängen sich in ihrem Palais am Newa-Ufer und in ihrem Landhaus in Zarskoje Selo. Sie ist tonangebend in der Kleider- und Geistesmode. Auf dem Gebiet der Eitelkeit will und kann Alexandra nicht gegen sie kämpfen, sie verliert jedoch angesichts dieses Erfolgs in der großen Gesellschaft an Selbstwertgefühl. Aber sie hat noch einen weiteren Grund zur Klage: Maria Pawlowna ist Mutter dreier gesunder Söhne, Kyrill, Boris und Andrei, welche in der Erbfolge gleich hinter Großherzog Michael Alexandrowitsch, dem Bruder Nikolaus' II., und ihrem Vater, Großfürst Wladimir Alexandrowitsch, stehen. Da sie immer noch keinen Sohn hat, zittert Alexandra bei dem Gedanken, die Krone könnte an eine Seitenlinie der Romanows übergehen. Sie fühlt sich dafür verantwortlich. Ihr Leib scheint mit einem Fluch belegt zu sein. Sie vermehrt ihre Gebete, lebt in der Hoffnung, demnächst den männlichen Erben zur Welt zu bringen, auf den Rußland so sehnlich wartet. Sie hat sich in diesen besessenen Wunsch so versteift, daß sie keine Mutter eines Jungen mehr sehen kann, ohne sich heimlich gedemütigt zu fühlen. Bald ist ihr, als seien die männlichen Mitglieder der Familie von dem einzigen Ziel beseelt, beim Tod ihres Mannes den Thron zu erlangen. Ihre Gesundheit beginnt unter dieser fixen Idee zu leiden: Sie wird blaß, ist leicht außer Atem, ihre Brust krampft sich zusammen, sie hat Mühe zu sprechen, ihr Gesicht ist von roten Flecken bedeckt. Diese körperliche Schwäche und ihr zurückhaltendes Wesen lassen sie immer mehr nach häuslicher Abgeschiedenheit verlangen. Aber das Kaiserpaar muß aus Gründen der Etikette allen großen Festen vorsitzen, die in den ersten beiden Monaten des Jahres in Sankt Petersburg stattfinden.

Bei diesen Feiern zeigt sich der Hof in seiner ganzen Pracht. An der Spitze der strengen Hierarchie stehen die Minister des Hofes, dazu gehören 15 Würdenträger erster Klasse, etwa 150 der zweiten, 300 Kammerherren und ebensoviele Kammerjunker. Das weibliche Hofpersonal ist weniger wichtig und weniger hierarchisch gegliedert. Der große Hof, derjenige der Zarin also, besteht aus einer Oberhofdame, Ehrendamen und Ehrenfräuleins, die an Gala-Abenden weiße Satinkleider mit roten, goldbesticken Samtschleppen und auf dem Kopf den traditionellen Kokoschnik[19] tragen. Die Gäste, die von Boten des Kaiserhauses geladen werden, gelangen vor neun Uhr mit dem Schlitten zum Palais. Die Einladung Seiner Majestät entbindet die Erwählten von allen bisherigen Verpflichtungen und hebt sogar die Trauervorschriften auf. Der Verlust eines geliebten Menschen befreit die Leute nicht davon, beim Ball zu erscheinen. Auf den verschiedenen beschneiten Freitreppen bewegen sich in Pelz gehüllte Gestalten. Wenn sie ihre Herren zum Ziel gebracht haben, versammeln sich die Kutscher in den mit Kohlebecken beheizten Ziegelhäuschen auf dem Platz. Im marmorglänzenden Vestibül, das von Kristallüstern schimmert, werden die Umhänge abgelegt. Nun sieht man überall entblößte Schultern und Uniformen, die von Goldverzierungen und Orden überladen sind. Eine flüsternde, vielfarbig schillernde und parfümierte Menge geht durch die große Galerie, steigt die Ehrentreppe zwischen zwei Reihen von Gardekavalieren hinauf, reglosen Riesen in ihrem Panzer und ihrem geflügelten Helm, und verteilt sich dann in dem immensen Saal, der von elektrischen Leuchtern erhellt wird. Dreitausend Erwählte drängen sich in einem Dekor aus Säulen, Statuen, Palmen und Rosen. Alle Blicke sind auf die Türen gerichtet, durch welche die Zarenfamilie eintreten soll. An der Spitze der angesehendsten Leute stehen die alten Damen »mit Porträt«, so genannt, weil sie auf der Brust eine Miniatur ihrer Kaiserin im Brillantrahmen tragen. Sie überwachen mit strengen Blicken den Schwarm der Ehrenfräuleins, die an dem diamantenen Monogramm der Zarin zu erkennen sind, das auf einer Schleife aus blauem Band an ihrer linken Schulter befestigt ist. Um sie herum flattern die Offiziere der Eliteregimenter, die Gardekavaliere und die berittenen Garden in Paradeuniform, die Ulanen mit dem roten Brustharnisch, die Gardehusaren mit dem weißen, goldbesetzten Brustharnisch, die tscherkessischen Fürsten mit gegürtelter Tunika und dem Damaszener Dolch.

Um neun Uhr genau verstummen die Gespräche, beide Flügel des Hauptportals öffnen sich, eine laute Stimme kündigt »Ihre kaiserlichen Majestäten« an, und das Orchester spielt die Nationalhymne. Zar und Zarin schreiten langsam vorwärts, begleitet von ihrer Familie, jeder in dem Rang, der ihm entsprechend dem Verwandtschaftsgrad zukommt. Nikolaus trägt seine Paradeuniform, Alexandra ein Diadem und eine Perlenkette, die ihr bis zu den Knien reicht. Die Kleider der Großfürstinnen sind mit Rubinen, Smaragden und Saphiren bestickt. Das Herrscherpaar eröffnet den Ball mit einer Polonaise mit dem ältesten Herrn und der ältesten Dame des diplomatischen Korps. Danach werden Walzer und Mazurka getanzt. Die Großfürstinnen fordern ihre Tänzer selbst auf, denn niemand darf sich erlauben, ihnen seine Kavaliersdienste anzutragen. Um ein Uhr morgens wird der Ball unterbrochen und ein Souper gereicht. Der Zar nimmt nicht an dem Essen teil, sondern geht in Begleitung des Hofministers von Tisch zu Tisch und unterhält sich mit den Gästen. Danach tanzt die Jugend bis drei Uhr morgens den Kotillon. Das glanzvollste dieser Feste war ein Kostümball, der die Pracht des Kreml im 17. Jahrhundert hervorheben sollte. Die oberen Zehntausend der Hauptstadt waren monatelang mit den Vorbereitungen beschäftigt. Man ruinierte sich beim Kauf von Stoffen und Schmuck. Alle Näherinnen waren überlastet. Bei diesem großartigen Empfang erschien Nikolaus in der Rolle seines Vorfahren Alexei, des Vaters Peters des Großen, den man den »sehr friedlichen Zaren« nannte, bekleidet mit einer langen Tunika im byzantinischen Stil. Alexandra trug ein von Edelsteinen übersätes, schweres Kleid. Ihr Umhang aus goldenem Leinen war an der Brust mit einer rubinverzierten Fibel zusammengesteckt, dem schönsten Schmuckstück des Zarenschatzes. Mit dieser Verkleidung glaubten die Herrscher an die Vergangenheit Rußlands anknüpfen und gegenüber den Untertanen ihren Anspruch der Herrschaft legitimieren zu können.

*

Am Ende der Ballsaison verlassen Zar und Zarin, erleichtert, die Repräsentationspflichten hinter sich zu haben, den Winterpalast und ziehen sich in ihre Residenz in Zarskoje Selo zurück.[20] Während der großen Sommerhitze wandern sie nach Peterhof aus. Der Herbst empfängt sie in ihrem Schloß in Liwadija auf der Krim.

In Zarskoje Selo stehen zwei Hauptschlösser: das von Katharina (das Alte Palais), auf dem große Abendessen und Empfänge stattfinden, und das Alexander-Palais (Neues Palais), in dem der Zar mit den Seinen ein geregeltes patriarchalisches Leben führt. Nikolaus empfängt seine Besucher in einem gemütlichen Raum, in dem ein Porträt seines Vaters, Alexanders III., hängt. Er ist ein wenig penibel veranlagt und liebt es, Nippes aufzustellen. Die Gegenstände auf seinem Schreibtisch dürfen nicht verrückt werden. »Wenn der Zar für den Sommer nach Peterhof ging, wurde markiert, welcher Gegenstand an welcher Stelle gestanden hatte. So konnten sie bei seiner Rückkehr wieder in derselben Ordnung aufgestellt werden wie vor seiner Abreise«, berichtet Alexander Spiridowitsch, Chef der Abteilung für die persönliche Sicherheit Seiner Majestät.[21] Das Arbeitszimmer ist durch eine Tür mit einem Badezimmer verbunden, in dem sich ein Schwimmbecken befindet; gegenüber steht ein großes Sofa. In einer Ecke eine Ikone, auf einem Hocker ein Topf mit Milch. Der Zar trinkt gerne von Zeit zu Zeit einen Schluck davon. In einem anderen Raum spielt er Billard oder empfängt kleine Delegationen. Das Schlafzimmer Seiner Majestät ist groß, wird von drei Fenstern erhellt, die mit Cretonne-Vorhängen versehen sind. Das Doppelbett steht unter einem großen Baldachin aus Seide. In einer Nische hinter dem Bett hängen zahlreiche prächtige Ikonen, darunter die des hl. Nikolaus, des Schutzheiligen des Zaren. Diese Ikone hat genau die Größe des Zaren bei seiner Geburt. Eine Kerze brennt stets davor. Die baumwollbezogenen Möbel sind aus hellem Holz. An den Wänden hängen zahlreiche Familienfotos, in der oberen Reihe die Porträts von Alexandras Vater, Alexandra und Nikolaus. Ein einfacher Leuchter mit drei elektrischen Birnen hängt von der Decke herab. Das Zimmer grenzt an ein »lila Boudoir«, in dem die Zarin ihre engen Freunde empfängt.

Zwischen sieben und acht steht Nikolaus auf, betet, geht geräuschlos aus dem Zimmer, um seine Frau nicht zu wecken, schwimmt 20 Minuten in seinem Schwimmbad und frühstückt allein (Tee mit Milch, Brötchen und Zwieback) im Palisander-Salon, der zu den Privatgemächern gehört. Gleich danach begibt er sich in sein Arbeitszimmer, um verschiedene Berichte anzuhören. Zuerst erscheint Graf Paul Benckendorff[22], der Oberhofmarschall, um das Protokoll des Tages mitzuteilen. Ihm folgt der Schloßkommandant, der persönlich für die Sicherheit des Zaren verantwortlich ist und Probleme der Politik und der Polizei darlegt. Dem Schloßkommandanten folgen Minister und hohe Würdenträger, die aus Sankt Petersburg herbeordert wurden. Wenn die Audienzen beendet sind, geht der Zar mit seinen schottischen Hunden eine halbe Stunde lang im Park spazieren. Wenn er zurückkommt, kostet er von dem Essen seiner Eskorte: Schtschi oder Borschtsch, Kascha, Kwaß.[23] Die Gerichte (proba) werden ihm von einem Unteroffizier in einem geschlossenen Kochgeschirr gebracht.

Um ein Uhr wird das Mittagessen serviert. Es wird drei Tage

im voraus von den Köchen des Oberhofmarschalls zubereitet, dann der Zarin gebracht, die es für gut erklärt oder nach ihren Vorstellungen ändern läßt. Die Mahlzeit, an der normalerweise einige Vertraute des Zaren teilnehmen, besteht aus vier Gängen und Vorspeisen. Diese – es sind Kaviar, geräucherter Lachs, warme Pasteten – werden nach russischer Sitte auf einem besonderen Tisch serviert. Nikolaus bedient sich kaum davon. Er ißt niemals Kaviar, weil er einmal zuviel gegessen und eine schwere Magenverstimmug erlitten hatte. Ansonsten mag er die russische Küche, zum Beispiel Spanferkel mit Rettich und Kohlsuppe. Zur Vorspeise trinkt er ein Glas Wodka, zum Hauptgericht ein wenig Portwein. Er ißt nicht viel, er trinkt nicht viel und stochert auf seinem Teller herum. Das Mittagessen darf nicht länger als 50 Minuten dauern, und manche Speisen müssen, damit der Zeitplan eingehalten wird, aufgewärmt werden, zum Leidwesen des Küchenchefs Monsieur Cubat, dem das beste französische Restaurant der Hauptstadt gehört.

Nach dem Mittagessen arbeitet Nikolaus wieder bis halb vier Uhr, dann macht er einen Spaziergang im Park, zu Pferd oder zu Fuß, in Begleitung einiger Vertrauter. Im Gebüsch versteckte Polizisten in Zivil überwachen sie. Wenn er an ihnen vorbeikommt, amüsiert er sich über ihre Bemühungen, nicht gesehen zu werden.

Gegen fünf trinkt er mit der Zarin Tee. Wenn er sein Teeglas in dem goldenen Einsatz geleert hat, nimmt er den Stapel Umschläge, der neben seinem Gedeck liegt, zur Hand, öffnet sie und liest ein paar Depeschen durch. Dann vertieft er sich in die russischen Zeitungen, während sich seine Frau begierig auf die englischen stürzt. Sie hat Schmerzen in den Beinen und liegt auf einer Chaiselongue, zugedeckt von einem mit violettem Musselin gefütterten Spitzenschal. Ein gläserner Wandschirm schützt sie gegen Durchzug.

Um sechs Uhr zündet sich Nikolaus eine Zigarette an, kehrt in sein Arbeitszimmer zurück, blättert in den Akten verschiedener Ministerien und versucht, sich hinter den Zeile um Zeile auf Glanzpapier geschriebenen Texten das Gesicht seines Volkes vorzustellen. Aber wie sehr er sich bemüht: Diese Seiten von anonymer Hand, die frostigen Verwaltungsfloskeln, sind weit davon entfernt, ihn aufzuklären, und verdecken die russische Lebenswirklichkeit.

Um acht Uhr abends, nach einem Essen mit fünf Gängen, blättert er noch in einigen Akten, dann begibt er sich zur Zarin und verbringt den Rest des Abends in Gesprächen mit ihr oder lautem Vorlesen. Seine Baritonstimme klingt angenehm, seine Aussprache ist elegant und deutlich, er kennt alle Feinheiten der russischen Sprache. »Ihre Majestäten mögen gerne Bücher«, erzählt Spiridowitsch. »Einmal pro Woche legt der Bibliothekar Schtscheglow alle russischen Neuerscheinungen auf einem Tisch aus und auch ausländische... Man kann sagen, daß Ihre Majestäten alles gelesen haben, was an Wichtigem in der russischen Literatur erschienen ist. Sie sind darin bestens bewandert. Die ›Berichte eines Jägers‹ von Turgenjew und die Werke Leskows waren die Lieblingsbücher des Zaren.«

Wenn sie nicht mit ihrem Gatten zusammen ist, verbringt Alexandra ihre Zeit mit Stickereiarbeiten, Spaziergängen im Park in Begleitung ihrer Kinder und Gesprächen mit den wenigen Personen, die in ihre Nähe vorgelassen werden. Zu diesen Auserwählten gehört ihre Zofe Mademoiselle Zanotti, eine Jugendfreundin der Zarin, ihre Milchschwester, wie es heißt, die sie aus Deutschland mitgebracht hat, ihre Vorleserin Katharina Schneider, die ihr als Sekretärin dient und die Kinder in Russisch unterrichtet, und ihre Lieblingsehrenjungfrau, Fürstin Sonja Orbeljani. Diese junge Kaukasierin ist lebhaft, unbeschwert, voller Liebe zu ihrer Herrscherin. Bald wird sie von einer fortschreitenden Lähmung befallen, die sie an den Rollstuhl fesselt. Sie wird dadurch für die Zarin um so liebenswerter, die sie mit aller Pflege umgibt und sie im zweiten Stockwerk unterbringt, neben ihren Töchtern, ohne sich darum zu kümmern, daß es in den Augen mancher Leute als unmoralisch gilt, wenn gesunde Kinder mit einem kranken Menschen zusammenleben.

Diese Hingabe einer Krankenschwester bezeugt die Zarin in noch größerem Maß, als der Zar im Jahr 1902 an Typhus erkrankt. Sie setzt sich an sein Bett, pflegt ihn auf ihre Weise mit großer Geduld, verwehrt selbst den nächsten Verwandten den Zutritt zu ihrem Mann, selbst der Zarenmutter. »Nicky war ein

Engel«, schreibt Alexandra ihrer Schwester Elisabeth. »Ich habe mich geweigert, eine Krankenschwester einzustellen; wir haben es sehr gut allein geschafft. Morgens wusch Orchie (Mrs. Orchard, die englische Gouvernante) ihm Gesicht und Hände. Sie brachte mir mein Essen, und ich aß auf dem Sofa...« Glücklicherweise wird der Zar recht schnell gesund. Der Gesundheitszustand der Zarin jedoch bessert sich nicht. Sie wird immer nervöser und leidet an einer Herzmuskelschwäche und Beinödemen. Als aufmerksamer und besorgter Ehemann verbringt Nikolaus alle freie Zeit bei ihr und bemüht sich, ihr die Anstrengungen großer Empfänge zu ersparen. Im Sommer fährt er sie im Rollstuhl im Park spazieren. »Ich habe Alix durch den Park spazierengefahren«, schreibt er. Ich habe zwei Spatzen getötet und bin ein bißchen Kanu gefahren.« Abends, wenn er seine Korrespondenz beendet hat, schreibt der Zar Tagebuch. Oft läßt er es die Zarin lesen, die einige zärtliche Worte hinzufügt. Dann legt er sich in das Bett neben dem seiner Gattin unter dem großen Seidenbaldachin.

Von Mitternacht an nimmt eine Gruppe von Wächtern in der inneren Halle Aufstellung, die zu den Privatgemächern Ihrer Majestäten führt. An allen Türen stehen Wächter. Selbst der Park wird überwacht. Der kommandierende General im Schloß lebt in ständiger Furcht vor einem Attentat. Diese außerordentlichen Vorsichtsmaßnahmen beruhigen die Zarin keineswegs, sondern vergrößeren ihre Angst mit beginnender Dunkelheit.

Wenn die Herrscher im Zug verreisen wollen, wird ein eigenes Bataillon beauftragt, die Brücken, Weichen, Bahnhöfe und Tunnels zu kontrollieren. Entlang der gesamten Strecke sind Posten aufgestellt. Zwei Züge von gleichem Aussehen mit hellblau gestrichenen Wagen, die mit den kaiserlichen Adlern verziert sind, nehmen den Monarchen und sein Gefolge auf. Sie fahren hintereinander. Um die Terroristen zu täuschen, wird nie verraten, in welchem Ihre Majestäten sitzen. Der Zar versichert Spiridowitsch, daß »die wenigen Erfolge der Revolutionäre nicht ihrer Kraft, sondern der Schwäche der Behörden zu verdanken« seien. Die Zarin blickt mit mißtrauischem Auge auf die Sicherheitskräfte, die sie umgeben. »Sie war überzeugt, daß nur Gebete die Kraft besitzen, den Zaren zu schützen. Und sie

glaubte sich überall von Spionen umgeben«, schreibt Spiridowitsch weiter.

In den sieben Wagen des Zuges befinden sich das Arbeitszimmer Nikolaus II., zwei Schlafzimmer für Ihre Majestäten,
ihre Badezimmer, ein mahagonigetäfeltes Eßzimmer, ein
Wohnzimmer mit Klavier, ein Kinderzimmer, mit hellem Cre-
tonne bespannt, die Wohnungen des kaiserlichen Gefolges und
zahlreicher Diener und schließlich die Küchen. Da Zar und Zarin die Gewohnheit haben, den Honoratioren Geschenke zu
überreichen, wenn sie durch die Städte fahren, nimmt der Kanz-
leichef des Hofministers immer 32 Koffer mit, vollgestopft mit
Porträts der Herrscher, kostbaren Bechern mit ihren Initialen,
Zigarrenetuis, Medaillons und Uhren. Im ganzen ist das Leben
im Zug angenehm und vom Protokoll genau geplant. Ein kleines Schloß auf Rädern, das durch Rußland fährt.

Nur wenn die Zarenfamilie ans Meer fährt, ist die Atmosphäre etwas weniger gespannt. Die Offiziere der Yacht »Standart« spielen mit den Töchtern des Zaren und werden in sein
Eßzimmer gebeten, das mit einem Tisch aus hellem Ahorn und
mit blauen lederbezogenen Sesseln bestückt ist. Die Zarin geruht vor den Matrosen zu lächeln. Dennoch überfällt sie immer
wieder ohne sichtlichen Grund ihre gezwungene, steife Art.
»Was für eine seltsame Frau«, schreibt Spiridowitsch. »Kein
freundliches Wort. Mit verkniffenem Mund und starrem Blick
sitzt sie da. Ist das Schüchternheit oder Verachtung? Und wenn
Verachtung, aus welchem Grund?«

Die Leute, die Ihren Majestäten am meisten ergeben sind, leiden unter den wechselnden Launen der Zarin. Nikolaus möchte
immer schnell wieder mit ihr allein sein. Das Zarenpaar sucht
die Einsamkeit wie Erstickende die Luft. Sie haben für den
Großteil des Jahres ein zurückgezogenes, bescheidenes, selbst-
bezogenes Familienleben gewählt und entfernen sich so unmerklich immer mehr von ihren Untertanen.

Zu Beginn des Jahres 1902 veröffentlicht der Journalist und
Schriftsteller Amphitheatrow in seiner Zeitung »Rußland«
einen Artikel mit dem Titel »Die Herren Obmanow«.[24] Es ist
eine sarkastische Schilderung der Zarenfamilie, die weder Zar
noch Zarin noch Großfürsten verschont. Sensationslüstern rei-

ßen die Leser den Verkäufern die frischgedruckten Blätter aus der Hand. Die Sache wächst sich zum Skandal aus, Amphitheatrow wird nach Irkutsk verbannt, die Zeitung verboten. Die Generalin Bogdanowitsch schreibt am 27. Januar 1902: »Viele Leute, die zum Ball ins Winterpalais geladen waren, sagten, sie gingen zu den Obmanows. Das Blättchen von Amphitheatrow geht von Hand zu Hand. Man erkennt daran, wie die soziale Oberschicht gegenwärtig denkt.« Pobendonoszew ruft aus: »Das ist schlimmer als ein Revolverschuß!« Als Nikolaus den lästerlichen Text gelesen hat, seufzt er nur: »So etwas sagt man über uns!«.[25]

Als aufmerksamer Leser trauert Nikolaus um die meisten Schriftsteller, welche die Herrschaft seines Großvaters und Vaters beschrieben haben und vor seiner eigenen Thronbesteigung gestorben sind. Sein Lieblingsautor Leskow ist 1895 gestorben, Dostojewski 1881, Turgenjew 1883, der Dramaturg Ostrowski 1886, der bissige Saltykow-Schtschedrin 1889, Gontscharow, der Autor von »Oblomow«, 1891... Der einzige Überlebende dieser vielen Talente ist Leo Tolstoi. Aber der hat es aufgegeben, Romane zu schreiben und sich spät zum Prediger und Philosophen gewandelt. Nachwuchs scheint es kaum zu geben und wenn, ist er nur mittelmäßig. Da ist zwar noch Korolenko mit seinen vom Volk inspirierten Erzählungen, Tschechow mit seinen psychologischen Novellen, seinen differenzierten Theaterstücken und ein gewisser Gorki, dessen frecher Realismus die Leute der besseren Gesellschaft schockiert. Aber der Ruhm dieser drei Schriftsteller ist noch nicht gesichert. Im Bereich der Musik fehlen Nachfolger für Mussorkski, Borodin, Tschaikowski und Rubinstein, die 1881, 1887, 1893 und 1894 starben.

Seit Beginn des 20. Jahrhunderts wird die Intelligenzija von einer neuen ästhetische Bewegung ergriffen. Die jungen Schriftsteller wenden sich von den philanthropischen Reden und dem humanitären Grau in Grau ab, das für die Werke ihrer Vorgänger so charakteristisch war. Sie sind zwar aufgeschlossen für das Elend des Volkes, eines der Lieblingsthemen der achtziger Jahre, wollen aber in erster Linie verfeinerte Individualisten sein. Sie setzen sich für das »l'art-pour-l'art« ein, was für manche mystische Neigungen nicht ausschließt. Die Namen Baudelaire, Verlaine, Mallarmé und Verhaeren werden von den Vertretern dieser Schule, die auf formale Vollkommenheit so großen Wert legt, in den Himmel gehoben. Ganz gleich, um welche Inhalte es geht, Hauptsache, der Klang ist der richtige!

Die großen russischen Symbolisten Balmont, Brjussow, Sologub, Mereschkowski und Sinaida Hippius berauschen sich an feinsinnigen Harmonien. Was sie vereint, ist eine Art literarischer Impressionismus, dessen Theorien in der Zeitschrift »Die Welt der Kunst« dargelegt werden, die Diaghilew 1898 gegründet hat und die bis 1905 existieren wird.

Schon kündigt sich mit Alexander Blok, Andrei Bely und Wjatscheslaw Iwanow eine neue Generation an, die durch die Dichtung zum Geheimnis des Lebens vorzudringen sucht. Manche dieser Symbolisten der ersten Stunde widmen sich wie Mereschkowski Problemen der Religion und träumen von einer Erneuerung der Kirche. Hierbei nähern sie sich den Theorien des Philosophen Wladimir Solowjow, der die vorrangige Bedeutung spiritueller Werte gegenüber anderen betont.

Diese Bewegung breitet sich schnell in den Bereich der Schönen Künste aus. Als Gegenbewegung gegen den bäuerlichen Realismus und die Genre-Szenen ihrer Vorgänger lassen sich die jungen Maler (Walentin Serow, Elia Levitan) von den französischen Impressionisten inspirieren. Selbst alte Meister wie Repin und Surikow werden von der Neigung, ohne Hilfe des ordnenden Verstandes Empfindungen auf der Leinwand festzuhalten, erfaßt. In Moskau kaufen Mäzene die Meisterwerke der Impressionisten, die in Frankreich verachtet werden. Der schwerreiche Industrielle Mamontow finanziert eine Oper, deren Kulissen von Korowin, Wrubel und Wasnezow gemalt werden und in der ein neuer Sänger namens Schaljapin auftritt. Dank der Geldzuwendungen des Händlers Morosow kann Konstantin Stanislawski das Moskauer Kunsttheater gründen und die Auffassungen seiner Zeitgenossen durch eine Inszenierungsweise revolutionieren, bei der Einfachheit und »veristische« Strenge vorherrschen.

Seltsamerweise reagiert das Publikum auf die Eingenommenheit für die reine Kunst, die sich ganz von sozialen Sorgen befreit, mit steigender Angst um die Zukunft des Landes. Sie sind weit davon entfernt, die Sorgen um die Zukunft beiseite zu schieben, und der reine Ästhetizismus ermüdet sie. Die gesamte Intelligenzija achtet aufmerksam auf neue Strömungen in Kunst und Politik. Die Studenten empören sich über alles und jedes, die Semstwos überschreiten ihre Befugnisse und fordern die allgemeine Schulpflicht, die Abschaffung der Körperstrafe, mehr Gerechtigkeit und Freiheit. Die mutigsten Vertreter dieser Versammlungen gründen sogar eine geheime Zeitschrift im Ausland »La libération« (*Aswobojdenje*), die erst in Stuttgart, dann in Paris gedruckt wird und deren Redakteur Struve ein früherer Sozialist ist, der sich inzwischen zu gemäßigteren Ideen bekehrt hat. Dieses Blatt – in Rußland auf Umwegen unter die Leute gebracht – wird bald zum Brevier all jener, die eine Neuerung ohne große Auseinandersetzungen wollen. Eine Geheimgesellschaft, zu der Mitglieder von Semstwos, Studenten, Schriftsteller und Universitätsprofessoren gehören, wird 1903 in Rußland gegründet und nennt sich »Einheit für die Befreiung«. Das Prinzip des Klassenkampfes lehnen diesen Männer und Frauen ab und sehen das Heil nicht in der Abschaffung des Zarentums, sondern in einer weisen Beschränkung der Alleinherrschaft durch eine demokratische Verfassung. Aus dieser Vereinigung geht zwei Jahre später die Partei der konstitutionellen Demokraten hervor, die sich mit den Initialen K.D., oder »Kadetten« tituliert.

Die wahren Revolutionäre lachen über diese Opposition wohlerzogener Menschen. Sie mißtrauen Intellektuellen, die brüderlichen Utopien anhängen, und sind der Meinung, daß allein die Arbeiterklasse durch gewaltsames Eingreifen das verfluchte Regime beseitigen kann. Durchdrungen von den Theorien Karl Marx' sehen sie voraus, daß die Entwicklung des industriellen Kapitalismus automatisch in einer sozialen Explosion enden muß. Hierin unterscheiden sie sich von ihren Vorgängern, den Populisten, die der Bauernschaft die Rolle einer Befreiungsarmee zugedacht hatten. Es erscheint ihnen eindeutig, daß diese Rolle dem Industrieproletariat anvertraut werden muß. Der außergewöhnliche wirtschaftliche Aufschwung des Landes hat den Lebensstandard der Fabrikarbeiter nicht erhöht; zu Beginn des Jahrhunderts gibt es mehr als drei Millionen. Sie stammen vom Land und leben in Massen in den Außenbezirken der großen Städte. Die Fabriken sind von kasernenartigen Gebäuden umgeben, in denen sich das Arbeitspotential »stapelt«. Mehrere Familien hausen in einem winzigen

Zimmer (*kamorka*), und teilen ihre Wohnbereiche mit Vorhängen aus Lumpen ab. Die Betten berühren einander. Männer, Frauen und Kinder liegen zusammen darin, und so mischen sich Schlaf, Liebe, Krankheit, Streit und Versöhnung miteinander. Dabei werden die Mieter einer *kamorka* von den Leuten in den Wohnheimen noch beneidet. Hier stehen Betten aus Brettern Seite an Seite, ohne jeden Trennbalken. Da sich die Schläfer schichtweise abwechseln, sind die Lager weder Tag noch Nacht leer. Die Arbeiter – schlecht untergebracht, ernährt, geschützt und bezahlt – stellen eine hervorragende Klientel für die Verbreiter subversiver Ideen dar. Genau wie Karl Marx voraussah, wächst gleichzeitig mit dem materiellen Wohlstand eines Landes im Schatten das Prinzip, das diesen zerstören wird. Je weiter Rußland auf den Weg des Fortschritts vorrückt, desto mehr Arbeiter benötigt es; je mehr Arbeiter es benötigt, desto größer wird die Zahl der Unzufriedenen.

Das Bauerntum, 80 Prozent der Bevölkerung, beklagt sich über steigende Armut, eine Folge schlechter Bodenverteilung. Von 130 Millionen Deßjatinen[1] Land in den Kommunen befinden sich 101 Millionen in Privatbesitz, der größte Teil in der Hand von Adligen. Dieses Mißverhältnis zwischen den Ländereien der Herren und denen der Dorfbewohner, das die Muschiks lange hingenommen haben, erscheint ihnen immer unerträglicher. Nach Jahrhunderten des Unwissens und der Unterwerfung erliegen sie, ohne es zu wissen, dem Einfluß der Arbeiterforderungen. Die Regierungen von Poltawa und Charkow werden von Bauernaufständen erschüttert. Bauernhöfe werden geplündert, die Wohnungen der Adligen verbrannt. Die Erhebungen werden mit Härte niedergeschlagen. Die Ordnung wird wiederhergestellt, ohne daß sich die Geister beruhigen. In einer Rede an die Ältesten der Dorfkommunen in Kursk spricht der Zar von den Unruhen in Poltawa und Charkow und kündigt an, daß »die Schuldigen die verdiente Strafe erhalten und die Regierung verhindern wird, daß es erneut zu solcher Unordnung kommt«. In väterlichem Ton erinnert er seine Zuhörer daran, daß »man nicht reicher wird, indem man den Besitz seines Nächsten raubt, sondern durch ehrliche Arbeit«. Diese beschwichtigenden Worte überzeugen niemanden.

An den Fabriktoren hat die Propaganda ihr Hauptbetätigungsfeld gefunden. Ende 1895 macht sich ein kleiner Anwalt, Wladimir Iljitsch Uljanow, daran, die verschiedenen marxistischen Richtungen zu einer Bewegung zu einen, der »Union des Kampfes für die Befreiung der Arbeiterklasse«. Hierbei setzt er eine Tradition seiner Familie fort, denn sein Bruder Alexander wurde 1887 mit zwanzig Jahren wegen einer Verschwörung gegen Zar Alexander III. hingerichtet. Später wird sich Wladimir Iljitsch Uljanow Lenin nennen. Er wird mit einigen Dutzend seiner Anhänger von der Polizei verhaftet und verbringt ein Jahr im Gefängnis, bevor er für drei Jahre nach Sibirien verbannt wird.

Die Jagd auf Revolutionsführer beseitigt die steigende Unzufriedenheit in der Bevölkerung keineswegs. 1896 treten 30 000 Arbeiter, die in 22 Baumwollfabriken beschäftigt sind, in Sankt Petersburg in den Streik. Ihrem Beispiel folgend, schließen sich in manchen Städten Mittelrußlands Arbeiter in Protestbewegungen zusammen, in der Ukraine, im Kaukasus, in Polen. Die jüdischen Arbeiter gründen eine Geheimgesellschaft, den »Bund«. Im März 1898 wird in Minsk die Sozialdemokratische Partei Rußlands gegründet mit einem Zentralkomitee, das aus drei Mitgliedern besteht. Zehn Tage nach ihrer ersten Versammlung wird sie durch eine Reihe von Festnahmen zerrissen. Lenin ist aus dem Exil zurückgekehrt und reist ins Ausland, wo er die Zeitung »Iskra« (Funken) herausbringt, die sich entschlossen für den revolutionären Kampf einsetzt. Der zweite Kongreß der sozialdemokratischen Partei der im Juli-August 1903 in Brüssel und London stattfindet, bekräftigt die harte Linie. Sofort spaltet sich die Organisation: Die Mehrheit, *bolschinstwo*, folgt Lenin; ihre Mitglieder nennen sich später Bolschewiken. Die Minderheit, *menschinstwo*, die späteren Menschewiken, werden von Martow und Axelrod angeführt.

Während sich jedoch die Marxisten der sozialdemokratischen Partei in Richtungskämpfen befehden, wird die alte populistische Partei neubelebt, aus der die Terroristen der siebziger und achtziger Jahre hervorgegangen waren. Sie beginnt, eine geheime Zeitung zu veröffentlichen: »Das revolutionäre Rußland«. Trotz der Durchsuchungen und Verhaftungen entstehen zahlreiche geheime Gruppierungen in ganz Rußland, die den Theorien folgen, die Gewalt fordern. Während sich die Sozialdemokraten nur mit der Arbeiterklasse beschäftigen und als Kampfmittel Streiks und Massendemonstrationen vorschlagen, interessieren sich die revolutionären Sozialisten für die Bauernschaft, fordern Land für die Arbeiter und sprechen sich für den Kampf von einzelnen gegen die Regierung aus, gemäß altem terroristischem Brauch.

Ärzte, Anwälte, Landwirte und kleine Beamte, Journalisten, Gymnasial- und Grundschullehrer und Studenten fühlen sich von diesen radikalen Vorstellungen angezogen und werden Mitglieder der Bewegung. Die eifrigsten von ihnen treten in eine »Kampforganisation« ein. Dieses Bataillon des Schreckens, als Geheimgesellschaft konzipiert, bereitet die Herstellung von Bomben und Attentate vor. Die Begeisterung, die an den Universitäten herrscht, veranlaßt die Regierung, die Härte der Unterdrückung zu verdoppeln. Die Studentenversammlungen werden von Kosaken mit Peitschen und Säbelhieben zerstreut. Durch diese Brutalität wird die Revolte einer auf Umsturz bedachten Jugend nur aufgeheizt. Nach der Ermordung Bogolepows versucht der neue Unterrichtsminister General Wannowski vergeblich, die mittellosen Studenten zu besänftigen, indem er für sie ein Internatssystem einrichtet. Die neue Parole der jungen Generation heißt von nun an: »Wir brauchen nicht Reformen, sondern die Reform.« Jeder Intellektuelle, der sich selbst achtet, muß gegen die Regierung eingestellt sein und schlechte Kleider tragen. »Es ziehen neue Zeiten herauf«, schreibt Suworin am 29. Mai 1901 in sein Tagebuch. »Man spürt sie schon. Die Mitglieder der Regierung sind besorgt. Sie wissen nicht einmal, was zu tun ist: sich hinlegen oder aufstehen. Werden diese Wirren lange anhalten?« Tatsächlich spricht die Regierung angesichts der Unzufriedenheit der Bevölkerung nicht mit einer Stimme. Auf der einen Seite steht die liberale, tolerante Politik, die Witte verkörpert, auf der anderen Seite die reaktionäre Politik, für welche die verschiedenen Innenminister eintreten, die einer nach dem anderen erklären, daß die bestehenden Institutionen unantastbar seien und polizeiliche Maßnahmen ergriffen werden müßten. Dieser politische Bruch gibt der Opposition Auftrieb. Die Studentendemonstrationen nehmen immer stärker zu. »Heute«, so schreibt Suworin am 3. März 1902, »fand auf dem Newski- Prospekt eine Demonstration statt. Die Gendarmen gaben ihren Pferden die Sporen und jagten die Menschen mit ihren Säbeln. In der Menge sah man rote Fahnen mit weißen Buchstaben.« Einen Monat später wird Innenminister Sipjagin ermordet.

Mit Plehwe, seinem Nachfolger, siegt wieder einmal die Reaktion. Anstatt sich der öffentlichen Meinung anzunähern, hat Nikolaus beschlossen, sie zu bekämpfen. Dabei hat es nicht an klugem Rat gefehlt. Die wichtigste Warnung erhielt er von Leo Tolstoi, der vor einigen Monaten über Großherzog Nikolaus Michailowitsch einen leidenschaftlichen Brief an den Zaren gesandt hat. »Die Autokratie«, so schreibt Tolstoi, »ist eine überkommene Regierungsform, die den Bedürfnissen eines Stammes in Mittelafrika, der von aller Welt isoliert lebt, genügen mag, aber nicht den Bedürfnissen des russischen Volkes, das sich die Weltkultur immer mehr zu eigen macht. Deshalb kann diese Herrschaftsform ebenso wie die Orthodoxie, die mit ihr verbunden ist, nur mit Mitteln der Gewalt aufrechterhalten werden, anders ausgedrückt, so, wie es heute durch die Verstärkung der Ochrana[2] geschieht, durch Verbannung, durch Hinrichtungen, religiöse Verfolgung, Bücher- und Zeitungsverbot, und im allgemeinen durch alle Arten von schlimmen und brutalen Maßnahmen... Sie hätten diese Taten nicht ausführen können, wenn Sie nicht auf den unbedachten Rat Ihrer Mitarbeiter hin das unmögliche Ziel verfolgt hätten, das Leben des russischen Volkes nicht nur anzuhalten, sondern es zu einem früheren, völlig überholten Zustand zurückzuführen.«

Als Nikolaus diese Zeilen liest, ist er in keinster Weise verstört. Er bewundert in Leo Tolstoi den Schriftsteller, aber als Denker schätzt er ihn nicht im Geringsten. Er steckt ihn in dieselbe Schublade wie die erregten jungen Gemüter der Intelligenzija. Im übrigen wurde der Autor von »Krieg und Frieden« ein Jahr zuvor exkommuniziert. Der Heilige Synod hat nicht ohne Grund seine Blitze gegen ihn geschleudert.[3] In Wahrheit hat sich diese Maßnahme letzten Endes gegen ihre Urheber gewandt. Nach seiner Verfluchung durch die Kirche ist die Zahl

der Anhänger Tolstois beträchtlich gestiegen. »Wir haben zwei
Zaren«, schreib Suworin, Nikolaus II. und Leo Tolstoi. Welcher
von beiden ist der stärkere? Nikolaus ist ohnmächtig gegen
Tolstoi, er kann den Thron des Schriftstellers nicht erschüttern.
Tolstoi aber erschüttert zweifellos den Thron von Nikolaus II.
und seiner Familie. Man verflucht Tolstoi, der Heilige Synod
hat ihn verurteilt. Die Antworten des Schriftstellers in Briefen
und ausländischen Zeitungen werden einer immer größeren
Öffentlichkeit bekannt. Wenn einer versucht, Tolstoi etwas an-
zuhaben, wird die ganze Welt schreien, und unsere Regierung
wird den Schwanz einziehen.«

Selbstverständlich wird der Brief Tolstois an den Zaren nie
beantwortet. Nikolaus behauptet, er liebe sein Volk genau so
sehr, wenn nicht mehr als der »große Schriftsteller des russischen Landes».[4] Er ist sich des Elends der kleinen Leute bewußt, er ist bereit, es durch einige großzügige Ukas' im Rahmen
des möglichen zu lindern. Aber man soll ihn nicht darum bitten,
eine Parzelle der von seinen Vorfahren geerbten Macht abzugeben! Der neue Innenminister teilt diese monolithische Auffassung von der Alleinherrschaft. Er ist ein Bürokrat aus der
Schule Pobedonoszews, verlangt sich große Anstrengungen zur
Erfüllung seiner Pflicht ab, ist kühn und unnachgiebig und ein
Fachmann des gegenrevolutionären Kampfes. Er hat sein
Handwerk als Chef des Polizeidepartements während der
Herrschaft Alexanders III. gelernt. Er ist in monarchistischen
Vorstellungen erstarrt und weigert sich einzugestehen, daß die
Gesellschaft sich im Lauf der Zeit weiterentwickeln kann. Er
fürchtet den unterschwelligen Einfluß der Liberalen noch mehr
als die Gewalt der Revolutionäre. Als er sein Amt antritt, koor-
diniert er die Aktivitäten verschiedener ihm unterstellter Or-
gane und ermutigt seine Spione, unter falschem Namen in die
verschiedenen geheimen Gruppierungen einzutreten. Sein
wichtister Agent ist ein gewisser Ewno Asew, der ein flaches
Gesicht und wulstige Lippen hat und dem es gelungen ist, sich
in die Kampforganisation der revolutionären Sozialisten einzu-
schleusen, die nur aus wenigen Mitgliedern besteht. Er ist eifrig
und skrupellos und spielt auf zwei Klavieren. Einmal hilft er seinen Genossen, ein Attentat vorzubereiten, dann informiert er

die Polizei über eine bevorstehende Aktion, worauf einige Mithelfer verhaftet werden. Plehwe glaubt, er hätte in ihm einen geschickten Provokateur gefunden, der ihm hilft, das ganze Netz zu zerreißen. Er ermutigt den Chef der Moskauer Geheimpolizei, der Arbeitervereinigungen gegründet hat, die auf Kosten der Regierung über Lesesäle verfügen. Hiermit will Subatow, der Initiator, die Arbeiter von politischen Problemen ablenken, indem er einige ihrer beruflichen Forderungen unterstützt, allerdings die harmlosesten. Daraufhin beschweren sich die Fabrikbesitzer bei Witte, daß die Arbeiter von der Polizei aufgefordert würden, immer mehr soziale Forderungen zu stellen. Plehwe entläßt Subatow, gibt aber seine Bespitzelungsmethode nicht auf, die sogenannte »*zubatovschtschina*«. Er glaubt, die Arbeiterbewegung im Griff zu haben, tatsächlich aber gibt er ihr eine rechtliche Grundlage und stärkt sie.

Auf der anderen Seite will der neue Innenminister sich nicht mit der Rolle des Ordnungshüters begnügen. Er verfolgt konsequent die Russifizierungspolitik Alexanders III. und möchte die nationalen Minderheiten, Finnen, Armenier und Juden, reglementieren. In Finnland unterstützt er den Gouverneur General Bobrikow, der dieses Land nicht als Staat für sich betrachtet, in dem der Zar nur Großfürst ist, sondern als eine normale Provinz des Reiches. Trotz einer starken örtlichen Opposition wird die finnische Armee mit der russischen verschmolzen, das Russische wird zur Amts- und Unterrichtssprache, und im April 1903 wird die besondere Verfassung Finnlands außer Kraft gesetzt.

Die Russifizierungsmaßnahmen werden bis in den Kaukasus ausgedehnt. 1897 sind die armenischen Schulen im gesamten Gebiet geschlossen worden. 1903 spricht sich Plehwe, der vom Zar unterstützt wird, für die Konfiszierung der armenischen Kirchengüter aus. Das armenische Volk, das sich in seinen religiösen Gefühlen verletzt sieht, greift zu den Waffen und stellt sich den russischen Truppen entgegen, die den Aufstand schließlich niederschlagen.

Besonders hart geht Plehwe gegen die Juden vor. Er hofft, das Volk von seinen revolutionären Ideen lösen zu können, wenn er nationalistische Haßgefühle anheizt. Kurz, der Antisemitismus soll den erregten Gemütern als Ventil dienen. Am 8.

April 1903, dem Osterfest, bricht in Kischinjow ein Pogrom aus. 72 Stunden lang macht sich die Welt der Gauner im Zustand der Trunkenheit über jüdische Geschäfte und Häuser her, bringt Männer, Frauen und Kinder um. Die Soldaten und Polizisten der Stadt kreuzen die Arme über der Brust und schauen weg. Der Presse wird untersagt, über das Pogrom zu berichten. Die Londoner »Times« veröffentlicht jedoch das Telegramm, in dem Plehwe dem Gouverneur von Bessarabien befiehlt, »nicht zu allzu strengen Mitteln zu greifen, insbesondere keine Waffen zu gebrauchen und lieber mit überzeugenden Methoden vorzugehen, damit nicht der Haß der Bevölkerung gegen die Regierung geschürt wird«. Am 29. August findet ein weiteres Pogrom in Gomel statt, das von der Armee offen unterstützt wird. Der Gouverneur von Mohilew erklärt den Juden: »Das ist eure Schuld, weil ihr eure Kinder falsch erzieht!« Plehwe wird noch deutlicher: »Hört mit der Revolution auf, und ich beende die Pogrome!«[5] Die jüdische Gemeinschaft, die bisher eher ängstlich war, ist weit davon entfernt, sich durch diese Reden einschüchtern zu lassen, und sammelt neue Kraft. Entschlossen, ihre religiösen Traditionen zu bewahren, nähert sie sich den Revolutionären an.

In allen Bereichen führt die Politik brutaler Unterdrückung, die Plehwe betreibt, zu einem Anwachsen von Haß und neuen Forderungen. Er glaubt, das Volk zu besänftigen, treibt es aber zu schlimmsten Exzessen. Im März 1903 wird Militär gegen die Arbeiter von Slatoust eingesetzt. Die Bilanz: 45 Tote und 83 Verletzte. Und so antworten die Revolutionäre: Der Präfekt von Ufa, Bogdanowitsch, wird ermordet. Wenig später Bobrikow, der Generalgouverneur von Finnland, und zwar durch einen jungen Senatsbeamten namens Schaumann. Nikolaus schreibt in sein Tagebuch: »3. Juni. Donnerstag. Ich habe die schmerzliche Nachricht erhalten, daß im Senatsgebäude auf Bobrikow geschossen wurde und er schwer verletzt ist. Wir haben zum erstenmal auf dem Balkon zu Abend gegessen.« Am nächsten Tag: »Ich habe heute zu meinem großen Kummer erfahren, daß Bobrikow heute nacht um ein Uhr sanft verstorben ist. Ein riesiger Verlust, schwer zu ersetzen. Heute ist es warm, ich habe Alix im Kahn spazierengefahren. Onkel Wladimir hat bei uns

Tee getrunken. Ich bin Fahrrad gefahren und habe zwei Raben getötet... Wir haben auf dem Balkon zu Abend gegessen, aber es war kühl.«

Diese blutigen Ereignisse bestärken Plehwe nur in seinem Vorhaben, das Land von dem »revolutionären Pack« zu befreien«. Als er von den Reden einiger Semstwo-Delegierter erfährt, die für einen friedlichen Weg zu einer konstitutionellen Monarchie eintreten, läßt er 19 Adelsmarschälle, die schuldig sind, an den Versammlungen teilgenommen zu haben, mit »kaiserlichem Tadel« belegen. Er löst Fürst Peter Dolgorukow von seinem Posten als Vorsitzender der ständigen Delegation eines Bezirkssemstwos ab, weigert sich, der Wiederwahl des Kämmerers Dimitri Schipows zum Vorsitzenden des Moskauer Semstwos zuzustimmen, droht, andere Würdenträger mit fortschrittlicheren Ideen aus den Ämtern zu jagen. Sogleich verrät der liberale Teil des Adels seine Vergangenheit und nähert sich der Opposition an.

Maurice Bompard sagt Plehwe, als dieser ihn in Audienz empfängt, frei heraus: »Gibt es in den verschiedenen Abteilungen des Innenministeriums niemanden, der eingesetzt werden könnte, um den Zar seinen Untertanen näher zu bringen? Jeden Tag gibt es weniger Übereinstimmung zwischen Seiner Majestät und dem Volk; dies könnte eines Tages von Nachteil sein, nämlich dann, wenn es zu inneren oder äußeren Schwierigkeiten kommt.« Unbeirrt und mit Nachdruck antwortet Plehwe: »Ich bin zum Innenminister ernannt worden, weil ich als unnachgiebig bekannt bin. Wenn ich mit meinen Strafen nur im geringsten zögerte, würde ich meiner Aufgabe nicht mehr gerecht.« Wenig später, als ihm der Diplomat entgegenhält, daß die Regierung angesichts des Widerstands des Volkes gezwungen sei, noch härter vorzugehen, ruft er aus: »Ich weiß das sehr genau, ich kann sogar sagen, besser als Sie. Aber was wollen Sie? Ich habe angefangen, jetzt muß ich weitermachen.« Nach einem Augenblick des Nachdenkens fügt er hinzu: »Ich habe mich auf den Kochtopf gesetzt. Ich werde mit ihm explodieren.«[6] Gefangen in der Spirale immer härterer Bestrafungen, hofft er auf einen Krieg, der den Forderungen des Volkes ein Ende setzt. »Um die Revolution aufzuhalten, brauchen wir einen kleinen, siegreichen Krieg«, äußert er gegenüber General Kuropatkin.

DER RUSSISCH-JAPANISCHE KRIEG

Immer darauf bedacht, nicht von den Ansichten seiner Vorfahren abzuweichen, möchte auch Nikolaus als »Sammler russischer Erde« in die Geschichte eingehen. Eine Herrschaft, die diesen Namen verdient, so glaubt er, muß sich durch eine Vergrößerung ihres Territoriums auszeichnen. Im übrigen versuchen alle zivilisierten Länder, sich entlegene Kolonien zu verschaffen, die ihnen als mögliche Märkte, Rohstoffquellen und Reserve an Soldaten im Kriegsfall dienen. So hat der Zar zwei Gesichter: Das eine ist friedlich gesinnt und nach Europa gerichtet, das andere ist auf Eroberung aus und blickt auf den Fernen Osten. Einerseits bemüht er sich, die französisch-russische Allianz im Balkan zu festigen und beruft 1899 die Konferenz von Den Haag ein, die zwar nicht zur gewünschten Abrüstung führt, aber Grundsätze einer internationalen Gesetzgebung festlegt, die für alle kriegführenden Parteien verbindlich sind, außerdem die Genfer Konvention auf Seeoperationen ausdehnt und die Schaffung eines dauernden Schiedsgerichts vorschlägt. Andererseits träumt er seit seiner Thronbesteigung davon, weiter nach Nordasien vorzudringen. Die Reise, die ihn in seiner Jugend durch die sibirische Steppe bis nach Japan führte, erscheint ihm vorausschauend gewesen zu sein. Hat sein Vater nicht, als er ihn dorthin schickte, den Weg vorgezeichnet, den er gehen muß, um Weltruhm zu erlangen? Sein Vetter, der deutsche Kaiser, ermutigt ihn in diesem Vorhaben. Die beiden Kaiser verbindet Freundschaft, sie duzen einander und schreiben sich regelmäßig. Willy (Wilhelm II.) bedauert es, daß sein lieber Nicky sich in die »Pariser Königsmörder« vernarrt hat, beschwört ihn, gegen die »gemeinsamen Feinde im Innern, anarchistische Republikaner und Nihilisten« zu kämpfen, und versichert ihm, daß der russische Zar eine hohe Mission zu erfüllen habe, nämlich »das Kreuz und die alte christliche Kultur in Europa gegen die Invasion der Mongolen und des Buddhismus zu verteidigen«.[1] Um diese Weisung zu bekräftigen, schickt der Kaiser dem Zaren eine Zeichnung: »Die gelbe Gefahr«, nach seinen Anweisungen von einem »Zeichner höchsten Ranges angefertigt«. »Man sieht dort«, so schreibt er, »den Erzengel Michael, der vom Himmel steigt, um die europäischen Mächte einzuladen, sich zur Verteidigung des Kreuzes gegen den Buddhismus, das Heidentum und die Barbarei zusammenzuschließen.« Als Ausgleich für diesen asiatischen Kreuzzug verspricht Wilhelm II. dem Zaren, ihn gegen mögliche Angriffe aus Europa zu schützen und ihm zu helfen, »die Frage möglicher territorialer Annektionen zugunsten von Rußland zu lösen«. Er drückt ebenfalls die Hoffnung aus, daß der Zar zustimmt, daß »Deutschland sich irgendwo einen Hafen zulegen kann, da, wo es nicht stört«.

Der Nachdruck, mit dem Wilhelm II. vorgeht, ermutigt Nikolaus, zugleich aber irritiert er ihn. Er ist von einfachem Temperament und verträgt das Pathos seines Vetters ebensowenig wie dessen Mangel an Taktgefühl und Überheblichkeit. Physisch und moralisch stehen die beiden Herrscher in geradezu komischem Gegensatz zueinander. Während Nikolaus mit seinem sanften, ebenmäßigen Gesicht und seinen träumerischen blauen Augen ein schüchterner, zurückhaltender Charakter ist, der Grenzen seiner Intelligenz durchaus bewußt, ist der deutsche Kaiser stolz auf seinen wachsgezwirbelten Schnurrbart und seinen stählernen Blick, ein Maulheld, der mit seinem Wissen und seiner Stärke in allen Bereichen prahlt. Trotz seiner natürlichen Bescheidenheit ist Nikolaus der Meinung, daß er sich als russischer Zar nicht vom deutschen Kaiser belehren lassen muß. Er schreibt in sein Tagebuch: »Ich habe den Adjutanten Moltke getroffen, der mir einen Brief und eine Radierung des lästigen Herrn Wilhelm überbrachte.« Und, einige Tage später: »Nach dem Tee habe ich gelesen und begonnen, eine Antwort an Wilhelm zu formulieren. Eine unerträgliche Beschäftigung, wenn man so viele wichtigere Dinge zu erledigen hat.«[2]

Nach dem Tod des Fürsten Lobanow hat der Zar Graf Murawjew zum Außenminister ernannt, einen Diplomaten, der weder die Fähigkeiten noch die Autorität seines Vorgängers besitzt. Anstatt seinen Herrscher vor den Gefahren eines fernen Abenteuers zu warnen, reizt Murawjew seine Eroberungslust. Im Dezember 1897 läßt der Kaiser unter dem Vorwand, ein Missionar sei ermordet worden, seine Truppen in der Bucht von Kiaotscheou landen. Diese kühne Tat bewegt den Zaren dazu, seinerseits auf sein Ziel loszugehen. Eine Abteilung des russischen Pazifikgeschwaders wirft vor Port Arthur den Anker. Am 5. März 1898 unterschreibt die chinesische Kaiserin unter Druck eines Ultimatums eine Konvention, nach der Rußland das Recht erhält, Port Arthur und Ta-Lieng-Wan zu besetzen und Charbin und Port Arthur durch eine Eisenbahnlinie zu verbinden, die über Mukden und Liao-Yang führt. Trotz der Proteste Großbritanniens und Japans erklärt Murawjew, daß die nordchinesischen Provinzen Mandschurei, Tschili und Chinesisch Turkestan zum politischen Einflußbereich Rußlands gehören und daß in Zukunft keinerlei fremde Einmischung toleriert werden könne.

Zu der Zeit, als Rußland in den Süden der Mandschurei eindringt, versucht es, seinen Führungsanspruch auf Korea auszudehnen, ein Land, das zwar theoretisch unabhängig ist, jedoch unter japanischer Oberhoheit steht. Beunruhigt über die Folgen, die ein russischer Vorstoß in diese Richtung haben könnte, bemüht sich Witte, den Zaren dazu zu bringen, Murawjew, der an Herzversagen gestorben ist, durch einen Kandidaten seiner Wahl, Graf Lamsdorf, zu ersetzen. Lamsdorf, ein fähiger und abwägender Mann, empfiehlt Mäßigung in einer derart heiklen Angelegenheit.

Der Zar hört jedoch noch auf andere Berater, die eine energischere Sprache sprechen. Sie vertreten die »militärische Seite« und behaupten, Japan sei eine »quantité négligeable«, und Rußland habe einen moralischen Anspruch auf diesen Teil des Kontinents. In Wahrheit werden sie von merkantilen Interessen geleitet. Da Großfürst Alexander Michailowitsch sie unterstützt, werden sie zu jeder Tageszeit zum Zaren vorgelassen. Eines der Mitglieder der Clique, ein sehr umtriebiger Geschäftsmann namens Wonlarljarski, schlägt die Gründung einer Gesellschaft zum Abbau der Bodenschätze Koreas vor, das große Vorkommen an Eisen, Steinkohle, Holz und Gold besitzt. Er hat die Absicht, bei der koreanischen Regierung mit allen Mitteln eine Konzession zu erhalten und durch Ausweitung der industriellen Ausbeutung der Region die Annektion des ganzen Landes durch Rußland in die Wege zu leiten. Der Zar unterstützt den Plan, und die Gesellschaft entlockt Korea die Verfügung über einige Wälder. Ein ehemaliger Oberst der Gardekavaliere, Besobrasow, hat sich an die Spitze der Unternehmung gesetzt und bereits am linken Ufer des Yalou, im japanischen Einflußbereich, eine Mühle bauen lassen, was zu Protesten der Regierung in Tokyo führt.

Zu eben dieser Zeit bricht der Boxer-Aufstand aus, der in China ein Blutbad anrichtet und alle europäischen Gesandtschaften in Gefahr bringt. Dies ist die Gelegenheit für die russische Armee, die Mandschurei militärisch zu besetzen und auf Peking zu marschieren, zusammen mit Truppen anderer Mächte. Als der Aufstand beendet ist, läßt Rußland seine Truppen in der Mandschurei, unter dem Vorwand, die Sicherheit der im Bau befindlichen Eisenbahnlinie könne nur so gewährleistet werden. Diese unnachgiebige Haltung läßt Japan näher an England und die Vereinigten Staaten rücken. Paris zögert, den Zaren bei seiner Eroberung in Asien zu unterstützen. Frankreich erreicht durch mehrfache hartnäckige Interventionen, daß Nikolaus China verspricht, in drei Etappen aus der Mandschurei abzuziehen, von denen jede sechs Monate dauert. Obwohl Nikolaus diesem Zeitplan schriftlich zugestimmt hat, hebt er unerwartet die Abzugsmaßnahmen auf. Japan zeigt sich entgegenkommend und erklärt sich bereit, den russischen Anspruch auf die Mandschurei hinzunehmen, wenn es dafür auf jeden Einfluß in Korea verzichtet. Dieses Arrangement befriedigt die Gruppe der Höflinge um Besobrasow jedoch keineswegs. Trotz Unterzeichnung einer anglo-japanischen Allianz erneuern sie ihre Forderungen nach Nutzung der Wälder von Yalou. Der Zar läßt sich überreden und stimmt zu. Witte muß Besobrasow einen Kredit von zwei Millionen Rubeln bei der russisch-chinesischen Bank zur Verfügung stellen, damit dieser beginnen kann, die Bäume zu fällen.

Plehwe jubiliert: Seiner Meinung nach stecken die russischen Revolutionäre mit Japan unter einer Decke. Die Japaner zu vernichten, trüge dazu bei, sich der Revolutionäre zu entledigen. Die mächtigsten Leute am Hof haben ein Interesse an der politisch-ökonomischen Unternehmung. Witte ist entrüstet und erklärt die Konzessionsnehmer zu Abenteurern schlimmster Sorte. Er ist mehr und mehr isoliert. Ein neuer japanischer Vorstoß, der darauf abzielt, daß bestimmte Rechte Japans in Korea und Rußlands in der Mandschurei von beiden Seiten anerkannt werden, wird in Sankt Petersburg mit Kälte aufgenommen. Es kommt zu Verhandlungen, die Admiral Alexeiew leitet, der gerade im Fernen Osten zum Vizekönig ernannt worden ist. Der neue Vizekönig zeigt Milde gegenüber Besobrasow, der eine Art zweiter Außenminister wird. Admiral Alexeiews Hochmut ist grenzenlos. Er träumt davon, die Sache auszufechten. Er genießt das volle Vertrauen des Zaren, der im übrigen von Wilhelm II. unterstützt wird. »Jeder Unparteiische muß anerkennen, daß Korea russisch sein muß und wird.« Er nennt Nikolaus gerne »Kaiser des Pazifik« und beansprucht für sich selbst den Titel »Kaiser des Atlantik«. Nikolaus ist wie berauscht und kann den Warnungen Wittes, der schlimme Folgen für die Wirtschaft des Landes befürchtet, falls es zum Krieg kommt, keinen Glauben schenken. Bald zeigt sich der ganze Hof feindselig gegenüber dem Finanzminister. Jeder Tag entfernt den Zaren mehr von seinem allzu weitblickenden Diener. Dieser könnte sich nachgiebiger zeigen, um die Gunst des Zaren wiederzugewinnen. Aber er ist aufrichtig und kann seine Gefühle nicht verbergen. »Die Natur Wittes und die des Zaren stießen sich gegenseitig physisch ab«, schreibt Iswolski. Witte selbst räumt in seinen Memoiren ein: »Mein Verhalten, meine Art zu reden mußten einem höfischen Menschen wie ihm mißfallen und schockierend auf ihn wirken.«

Als die Krise mit seinem Minister auf dem Höhepunkt steht, reist Nikolaus in Begleitung der beiden Zarinnen und mehrerer Großfürsten in den kleinen Ort Sarow an der Oberwolga, wo die Feiern zu Ehren Seraphins stattfinden, eines Ortsheiligen, den Alexandra besonders verehrt. Der Hof nimmt an einer vierstündigen Zeremonie teil. In den Tagen darauf empfängt Nikolaus Delegationen von Adel und Kirche. Die reizende Prinzessin Orbeljani, die Ehrenjungfrau, die seit Jahren gelähmt ist, wird zu einem Becken mit wundertätigem Wasser geführt und hineingetaucht, während Lieder und Gebete gesungen werden. Der Zar und sein Gefolge begeben sich zu Fuß dorthin, vorbei an einer begeisterten Menge, die auf 50 000 geschätzt wird. Das Gedränge ist so stark, daß die Adjutanten Nikolaus auf ihre Schultern heben müssen. Von diesem Aussichtspunkt aus blickt der Zar auf die Menge, überzeugt, daß ihm ganz Rußland huldigt. Von Kirche und Volk gesegnet, kehrt er mit dem Gefühl nach Sankt Petersburg zurück, daß Gott ihn selbst bei seinen abenteurlichsten Entscheidungen leitet. Er beordert Witte nach Peterhof und redet eine Stunde lang mit ihm. Er gibt seine Zustimmung zu verschiedenen Projekten und teilt ihm ganz plötzlich mit, daß er beschlossen habe, den Posten des Finanzministers dem Direktor der Staatsbank, Pleske, anzuvertrauen, einem integren Beamten, dem es jedoch an Weitblick mangelt. Als Gegenleistung bietet er dem Mann, den er gerade verstoßen hat, die Präsidentschaft des Ministerkomitees an, einen Ehrenposten ohne jegliche Verantwortung. Witte, dem alle Macht entzogen ist, beugt sich. Plehwe und Besobrasow haben ihren Hauptgegner zur Strecke gebracht.

Die Verhandlungen mit Japan ziehen sich hin. Es werden Noten ausgetauscht, man streitet sich um Spitzfindigkeiten. Nikolaus ist sich keiner Gefahr bewußt und blickt verächtlich auf das kleine Japan, das sich aufregt und belfert und das riesige Rußland zum Gegner hat. Wie könnte diese »Makaken«-Nation, so sagt er selber, es wagen, die unbesiegbaren Armee des Zaren anzugreifen? Der Krieg findet nur statt, wenn er, Nikolaus beschließt, ihn zu beginnen. Und er hat keine Eile. Er fährt zu seinem Schwager von Hessen-Darmstadt, besucht Wilhelm II. in Potsdam, vergnügt sich in Polen auf der Jagd und eröffnet, als er im Januar 1904 wieder in Sankt Petersburg ist, die Festsaison mit einem großen Ball im Winterpalais. Festliche Soupers, Theaterbesuche und Empfänge lösen einander ab, und Nikolaus genießt sie in vollen Zügen. Inzwischen bemüht sich Lamsdorf verzweifelt, den Frieden zu retten. Am 15. Januar 1904 erreicht er es, daß ein Rat hoher Würdenträger die letzten Vorschläge Japans grundsätzlich akzeptiert. Das Dokument muß jedoch noch vom Zar genehmigt werden, und dieser zögert mit der Bestätigung. Vergeblich bittet der japanische Botschafter um ein dringendes Gespräch. Seine Majestät sei zu beschäftigt, erhält er zur Antwort. Inzwischen konzentrieren sich russische Truppen entlang dem Yalu. Am Abend des 24. Januar schreibt Nikolaus lakonisch in sein Tagebuch, daß Japan die diplomatischen Gespräche abgebrochen und seinen Botschafter zurückgerufen habe. Noch ein Einschüchterungsmanöver, so meint er. Seiner Meinung nach bedeutet dies keineswegs, daß ein Krieg droht. Zwei Tage später jedoch erfährt er, als er von der Oper nach Hause kommt, daß japanische Torpedos die russische Flotte in Port Arthur beschossen und sieben große Einheiten außer Gefecht gesetzt haben.[3] In dieser Nacht tanzten die Offiziere des russischen Generalstabs auf dem Gouverneursball. Die Mannschaften schliefen, mit Ausnahme der Quartierwache, die völlig überrascht wurde. Am Tag nach dem Desaster schreibt Nikolaus in sein Tagebuch: »27. Januar. Dienstag. Heute morgen brachte eine neues Telegramm die Nachricht, daß Port Arthur von 15 japanischen Schiffen angegriffen wurde... Die Verluste sind unerheblich. Um vier Uhr fand der Umzug (des Hofes) statt, der durch bevölkerte Straßen zur Kathedrale führte. Auf dem Rückweg riefen die Leute so laut hurra, daß man fast taub wurde. Von überall erfährt man, daß Demonstrationen stattfinden, in denen das Volk seine einstimmige Begeisterung bezeugt und seinen Zorn auf die Unverschämtheit der Japaner bekundet. Mama ist zum Tee geblieben.«

Am 30. Januar sammelt sich vor dem Mittagessen eine riesige Studentenmenge vor dem Winterpalais, schwenkt die Nationalfahne und singt Hymnen. Der Zar, die Zarin und ihre Kinder zeigen sich am Fenster. Im Namen Seiner Majestät dankt der Kommandant des Schlosses den jungen Leuten für ihre patriotische Gesinnung. »Ich finde, daß solche Demonstrationen nicht wünschenswert sind. Sie sind sogar gefährlich«, schreibt die Generalin Bogdanowitsch. »Heutzutage äußern die Studenten patriotische Gefühle, morgen das Gegenteil.«

Die meisten Gebildeten sind entrüstet über den Verrat der Japaner, die überraschend Port Arthur bombardiert haben, und so träumt man von sofortiger, blutiger Rache. Die Gardeoffiziere bitten, an die Front geschickt zu werden, als wäre dies eine besondere Gunst. Zivilisten engagieren sich im Roten Kreuz. Von Wetteifer gepackt, spenden reiche Händler beträchtliche Summen, um die militärischen Bemühungen der Regierung zu unterstützen. Von den Zeitungen schlecht informiert, ist man allgemein davon überzeugt, daß Rußland ein schnelles und einfaches Unternehmen nach Art der Kolonialkriege auf sich nimmt. Nur einige Mißmutige weisen darauf hin, daß die Japaner eine moderne Armee besitzen, die gut ausgerüstet und gut organisiert ist, ganz nah am Schauplatz der Kämpfe liegt, während die Russen ihre Streitkräfte über 8000 Kilometer von ihrer Basis über eine einzige und nur mangelhaft bewachte Bahnlinie transportieren müssen.

Zum Lager der Skeptiker sind alle nationalen Minderheiten zu rechnen, die Plehwe verfolgt, sowie alle Revolutionäre und Liberalen. Sie machen den Zar und seine Berater für ein unnützes und teures militärisches Abenteuer verantwortlich, das nur unternommen wird, um den Ehrgeiz einiger Verrückter und einiger suspekter Finanziers zu befriedigen. Manche der heftigsten Gegner des Regimes hoffen sogar insgeheim auf eine russische Niederlage, welche die Herrschaft ins Wanken bringen würde. Das einfache Volk auf dem Land versteht nicht so recht, warum man es aus den Häusern zerrt, von zu Hause fort in die weitentlegene Mandschurei schickt und gegen diese Japaner kämpfen läßt, von denen es noch nie gehört hat.

Trotz der Beschädigung der Kriegsschiffe in Port Arthur ist Nikolaus überzeugt, daß der Sieg leicht sein wird. »Unser Zar«, schreibt der Kriegsminister an Kuropatkin, »hat die grandiosesten Pläne im Kopf: Er will die Mandschurei erobern und hinterher Korea Rußland einverleiben. Er träumt davon, sich Tibet zu unterwerfen... Er glaubt, daß wir, die Minister, persönliche Gründe haben, ihn an der Verwirklichung seiner Träume zu hindern und ihn ständig desillusionieren; er glaubt, er hätte recht und wisse besser als wir, was dem Ruhm und Wohlergehen Rußlands nützt. Deshalb hat der Zar den Eindruck, daß jemand vom Schlage Besobrasows, wenn er von Einheit redet, seine Absichten besser begreift als wir Minister.« Plehwe ist selbstverständlich anderer Ansicht. »Rußland«, so sagt er, »ist mit Bajonetten erbaut worden, nicht durch Diplomatie.«

Unter dem Druck seiner Umgebung gibt Nikolaus Kuropatkin den Oberbefehl über die Armee und unterstellt ihn damit
Admiral Alexeiew. So entsteht eine Zweiteilung des Komman-
dos, die bei der Durchführung der Operationen nur schaden
kann. Der Zar hat in der ersten Zeit die Mobilisierung verschiedener Militärdistrikte angeordnet, reist durch das Land, nimmt
vor Abreise der Truppen die Parade ab und verteilt den Soldaten auf Anraten der Zarin Ikonen, welche die Männer auf
Knien empfangen. Angesichts dieser Flut von heiligen Bildern
macht unter den Offizieren ein respektloser Witz die Runde:
»Der Feind wird uns mit Geschossen überschwemmen, und wir
bewerfen ihn mit Ikonen.«

Die Japaner, die durch den Angriff auf die russische Flotte
die Oberherrschaft über das Meer erlangt haben, landen in Korea, besetzen des ganze Land und lassen sich in der Hauptstadt
Seoul nieder. Admiral Makarow, ein bedeutender Heerführer,
kommt auf dem Kreuzer »Petropawlowsk« ums Leben, der von
einem feindlichen Geschoß getroffen wurde. Die meisten Offiziere und beinahe 700 Matrosen sterben. Unter dem Dutzend
Männern, die von Rettungsmannschaften lebend aus dem Meer
geborgen werden, befindet sich ein Vetter des Zaren, Großherzog Kyrill Wladimirowitsch. Der Verlust der »Petropawlowsk«
wird als ein nationaler Trauerfall empfunden. Nikolaus schreibt
in sein Tagebuch: »Eine schlimme Nachricht von unausspre ch-
licher Traurigkeit.« In den Salons von Sankt Petersburg macht
indessen ein Witz über Großfürst Kyrill die Runde, der, so heißt
es, nur deshalb nicht ertrunken ist, weil er »im Aquarium erzo-
gen wurde« (einem bekannten Nachtlokal). Trotz der schlechten Nachrichten von der Front geht das mondäne Leben mit un-
vermindertem Gepränge weiter. Nur daß die Galas jetzt
»Wohltätigkeitsgalas« heißen, die Bälle zu »Bällen mit Tombola
zugunsten der Verwundeten« werden und einige hochgestellte
Damen, dem Beispiel der Zarin folgend, Nähstuben eröffnen, in
denen sie mit ihren Freundinnen die Ausrüstung der Rekruten
verbessern.

Am 18. April 1904 überquert die erste kaiserliche Armee Japans den Yalu und zwingt die Russen, ihre Stellungen vor Tu-
rentchen aufzugeben. Einige Tage später landen die Japaner

auf der Halbinsel Liaotung und belagern Port Arthur. So wird die Garnison in der Stadt, die aus zwei Infanteriedivisionen besteht, vom Rest der russischen Armee der »Mandschurei-Armee«, abgeschnitten, die sich auf Befehl Kuropatkins immer noch etwa 200 Kilometer vom Schlachtfeld entfernt sammelt. Der Nachschub trifft nur langsam ein, drei Konvois werden innerhalb von 48 Stunden mit der Transsibirischen Eisenbahn transportiert. Während Kuropatkin darauf wartet, genügend Truppen zur Verfügung zu haben, um Port Arthur zu befreien, versucht er, den Vormarsch des Feindes durch eine Reihe unbedeutender Kämpfe aufzuhalten, in Wafangou, in Dashiqiao, in Haicheng...

Diese blutigen Streitigkeiten demoralisieren die russischen Soldaten, die zunehmend darunter leiden, so weit von zu Hause kämpfen zu müssen, für eine Sache, deren Bedeutung sie nicht verstehen. Vergeblich läßt Kuropatkin immer mehr Gottesdienste veranstalten und Ikonen und heilige Banner zeigen. Vergeblich wiederholt er: »Geduld und wieder Geduld.« Der Anfangselan ist verloren. Die Russen ziehen sich zurück.

Zu Hause wird die Unzufriedenheit der Massen durch die Schicksalsschläge, die das Land erleidet, geschürt. »Rußland kann keinen Krieg führen, außer wenn der Feind ins Herz des Landes vordringt.« Und die Revolutionäre werden von Tag zu Tag kühner. Am 15. Juli 1904 wird Minister Plehwe, der im Wagen zum Bahnhof fährt, um dem Kaiser seinen wöchentlichen Bericht zu erstatten, von einer Bombe des Terroristen Sasonow zerfetzt. »Hesse[4] hat mir gerade die Nachricht von der Ermordung Plehwes überbracht«, schreibt Nikolaus in sein Tagebuch. »Der Tod trat sofort ein. Außer ihm wurden der Kutscher getötet und sieben Menschen verletzt... Ich verliere in dem tapferen Plehwe einen Freund und einen unersetzlichen Innenminister. Der Herr straft uns hart in seinem Zorn. In so wenig Zeit zwei so ergebene und nützliche Diener zu verlieren (Sipjagin und Plehwe)! Dies ist sein heiliger Wille!« Um Kutschen während der richterlichen Untersuchungen vom Ort des Attentats fernzuhalten, hat man oberhalb des von der Bombe in die Straße gerissenen Lochs eine Laterne aufgestellt. Als sie an diesem Signal vorbeifahren, grinsen die Kutscher, die Gaffer sind belustigt. Maurice Bompard, der im Lager von Krasnoje Selo zum Abendessen eingeladen ist, schreibt: »Das Treffen war lebhaft, sehr angenehm, es gab interessante Gespräche. Es wurde von tausend gesellschaftlichen Ereignissen gesprochen, aber mit keinem Wort wurde das vor zwei Tagen verübte Attentat erwähnt... Die Gräfin Kleinmichel, die auch zugegen war und abends mit uns nach Petersburg zurückfuhr, konnte ihre Empörung über die Unnatürlichkeit, mit der dieses bedeutsame Ereignis einfach verschwiegen worden war, nicht verbergen. ›Und warum geschah das?‹ sagte sie. ›Weil Plehwe ein einfacher Beamter war, ein Angestellter, dessen Schicksal es nicht verdiente, die Aufmerksamkeit der feinen Gesellschaft zu erregen. Wolle Gott sie und uns vor der Strafe verschonen, die ihr Hochmut verdient!« Witte rief zornig aus: »Warum werden Artikel über Plehwe geschrieben und nicht über seinen Kutscher?«[5]

Einige Tage später, am 30. Juli 1904, ist die Trauer für Nikolaus zu Ende. Ein freudiges Ereignis findet statt: Zarin Alexandra Fjodorowna bringt den männlichen Erben zur Welt, auf den das Land seit zehn Jahren wartet. Der Neugeborene erhält den Vornamen Alexei. »Dies ist für uns ein großer, unvergeßlicher Tag, an dem Gottes Wille deutlich zu Ausdruck gekommen ist«, schreibt Nikolaus. Die Taufe des Kindes findet im Beisein des Hofes statt, die Männer im Festgewand, die Frauen in Kleidern mit gold- und silberbestickten Schleppen, reich mit Schmuck behängt. An der Spitze der Prozession trägt die große Herrin auf einem Kissen den schmächtigen Zarewitsch, die Hoffnung ganz Rußlands. Schon in der Wiege wird er zum Hetman der Kosakenregimenter ernannt. In den Salons herrscht obligate Fröhlichkeit. Um diese Tage des Jubels nicht zu verdüstern, wird den Zeitungen befohlen, schlechte Nachrichten von der Front zu verschweigen. Suworin ist entrüstet: »Die Japaner haben bei der Insel Sachalin die ›Nowik‹ versenkt. Das war unser bester Kreuzer. Wegen der ›Freude‹ über die Taufe wird von diesem Ereignis nicht berichtet. Unglücke, die an den Namenstagen unserer Zaren oder an ihren Geburtstagen geschehen, werden als nichtexistent betrachtet. Wer in den Schlössern und auf den Gütern die Krone trägt, ist gut dran... Was macht ihm das Unglück Rußlands schon aus!« Als er abends von einer Gesellschaft zurückkommt, schreibt er in sein Tagebuch: »Ein Gespräch über den Thronfolger, der gerade geboren ist. Man freut sich über dieses Ereignis. Plötzlich sagt laut ein Herr: ›Wie seltsam doch die Russen sind! Worüber freuen sie sich? Daß sie noch einen Floh mehr haben und dazu noch einen bissigen?‹ Alle Anwesenden sind verblüfft über diese Worte und schweigen. Es ist schon erstaunlich, mit welcher Offenheit man heutzutage redet!«

In der Zarenfamilie wird die Freude über die Geburt durch eine schreckliche Sorge getrübt: In den ersten Tagen erweist sich, daß das Kind bluterkrank ist. Die Hofärzte haben Ihre Majestäten über diese seltsame Krankheit unterrichtet, bei der ein vererbter Mangel an Blutgerinnung vorliegt. Sie wird von den Frauen übertragen und befällt bis auf wenige Ausnahmen nur männliche Kinder. Ein wirksames Heilmittel dagegen gibt es nicht. Man könne jedoch immer darauf hoffen, so sagen einige erfahrene Ärzte, daß sie sich bessert. Die Zarin ist verzweifelt und fühlt sich verantwortlich für den Fluch, der auf ihrem Sohn liegt. Sie ist doppelt zärtlich und besorgt. Großfürstin Maria, die Cousine des Zaren, schreibt: »Die Eltern wurden gleich über die Krankheit ihres Sohnes unterrichtet, und niemand kann ermessen, welchen Schmerz diese furchtbare Gewißheit bei ihnen auslöste.«[6]

*

Weit von diesem Familiendrama entfernt setzt sich das Kriegsdrama Rußlands mit unabänderlicher Gleichmäßigkeit fort. Am 28. Juli wird der Rest der russischen Flotte bei dem Versuch, von Port Arthur nach Wladiwostok zu fliehen, von japanischen Einheiten aufgebracht und nach schweren Verlusten gezwungen, in den Hafen zurückzukehren. Ihr Oberbefehlshaber, Admiral Witheft, kommt ums Leben. Das Geschwader aus Wladiwostok, das ihm entgegenkam, ist auf die Formationen Admiral Kamimuras gestoßen, die ihm eine schwere Niederlage beigebracht haben. Im ganzen werden elf russische Schiffe, Panzerkreuzer, Schnellkreuzer und Zerstörer außer Gefecht gesetzt. Das asiatische Meer wird nun allein vom Gegner kontrolliert.

Die Landtruppen versuchen nicht mehr, Port Arthur zu befreien, sondern ziehen sich langsam nach Norden zurück.

Während dieses unglücklichen Mandschurei-Feldzugs stehen die verschiedenen russischen Generalstäbe in ständiger Rivalität zueinander. Die höher Gradierten leben in einem Komfort, der für die einfachen Soldaten eine Provokation darstellt. Jeder Offizier hat im Durchschnitt drei Ordonnanzen. Die Chefs der Armeekorps besitzen alle einen Sonderzug. Der von Admiral Alexeiew, dem Vize-König des Fernen Ostens, ist ein riesiger Wagenzug mit Restaurant, Schlafwagen und Liegewagen. Hier wohnt er mit seinen zahlreichen Mitarbeitern. Dieser Luxuszug fährt nur selten und niemals nachts. Da der Admiral nicht durch Lokomotivenpfiffe und Rangiermanöver auf Bahnhöfen in seinem Schlaf gestört zu werden wünscht, wird sämtlicher Verkehr auf der Linie angehalten. Züge, welche Truppen, Munition und Lebensmittel transportieren, bleiben vor den Signalen stehen, bis er erwacht. »Alexeiew, ein böser Geist Rußlands«, schreibt Suworin am 16. Juli 1904. Als Admiral Alexeiew entlassen und durch Kuropatkin ersetzt wird, fordert auch dieser für sich einen Sonderzug.

Am 17. August 1904 findet am Ufer des Liao-Yang eine große und blutige Schlacht statt, bei der die Russen zurückgeschlagen werden. Die Truppenstärke ist in etwa gleich. Als die Frontalangriffe scheitern, ziehen die Japaner unter General Kuroki um Kuropatkins linken Flügel und zwingen die Russen, ihre Stellungen aufzugeben und sich nach Mukden zurückzuziehen. »Schlimme und unerwartete Neugikeit«, schreibt Nikolaus in sein Tagebuch. Er läßt sich deswegen jedoch nicht entmutigen und erklärt, er sei entschlossen, den Krieg fortzusetzen »bis zu dem Tag, an dem der letzte Japaner aus der Mandschurei verjagt ist«. Er folgt einem unsinnigen Vorschlag des deutschen Kaisers, ruft seine Minister zu sich und beschließt, die Ostsee-Flotte in den Fernen Osten zu senden, die Admiral Roschdestwenski befehligt. Dieser waghalsige Plan erschreckt die Berater des Zaren: Sie weisen ihn vorsichtig darauf hin, daß das neue Geschwader, das aus sehr verschiedenen Schiffen, ungleicher Typen mit unterschiedlichen Geschwindigkeiten besteht, Transporte mit Lebensmitteln und Kohle erforderlich macht und, da es sich nicht in neutralen Häfen versorgen kann, um ganz Europa, Afrika und einen Teil Asiens herumfahren muß, bis es seinen Bestimmungsort erreicht. Der Zar jedoch beharrt auf seiner Meinung. Er hofft immer mehr auf Gott, der »Rußland nicht im Stich lassen kann«. Er ist von einer Art mystischem Fatalismus befallen und ist sich der menschlichen Verantwortung seiner Politik nicht bewußt oder will es nicht sein. Nachdem er an einem Gedenkgottesdienst für seinen Vater teilgenommen hat, schreibt er in sein Tagebuch: »Zehn Jahre sind schon vergangen, oder eher verflogen seit dem Tag seines grausamen Endes. Und wie schwer, wie kompliziert alles geworden ist! Aber Gott ist gnädig. Nach den Heimsuchungen, die Er gewollt hat, werden ruhigere Tage kommen.« Witte hat Seine Majestät vergeblich gebeten, die Ostsee-Flotte nicht in eine Auseinandersetzung mit den Japanern zu schicken, und schreibt im Ton bitterer Ironie: »Aufgrund seines angeborenen Optimismus hoffte der Zar, Roschdestwenski sei in der Lage, das Kriegsblatt zu wenden. Hatte Seraphin von Sarow (kürzlich vom Zaren zum Heiligen erklärt) ihm nicht vorhergesagt, daß der Friede in Tokyo geschlossen wird? So konnten nur Juden und Intellektuelle vom Gegenteil überzeugt sein.«

Um wieder Ruhe ins Land einkehren zu lassen, das durch die Kriegsnachrichten in gefährliche Unruhe versetzt worden war, glaubt Nikolaus, es sei am besten, die brutalen Methoden Plehwes in ihr Gegenteil zu verkehren. Vielleicht ist es unter den gegebenen Voraussetzungen viel geschickter, die Opposition zu streicheln? Er ändert die Taktik und vertraut den Posten des Innenministers einem gemäßigten Mann an, Fürst Swjatopolk-Mirski, der früher Sipjagins Adjutant war, dann aber nach der Ernennung Plehwes, mit dessen Ideen er nicht einverstanden war, zurücktrat. Gleich bei seiner erster Audienz beim Zaren erklärt Swjatopolk-Mirski ihm, daß er die Absicht habe, die Regierung mit der Gesellschaft zu versöhnen, indem er den legitimen Forderungen der gemäßigten Kreise und der nationalen Minderheiten nachgeben werde. Durch die schlechten Erfahrungen mit Plehwe klüger geworden, akzeptiert Nikolaus das Prinzip freundschaftlichen Herrschertums. Er hofft, durch einige kluge Zugeständnisse das wichtigste Dogma der Alleinherrschaft zu retten. Das Wohlwollen des neuen Ministers gibt der Opposition neuen Mut, anstatt sie einzuschläfern. Swjatopolk-Mirski entläßt mehrere Mitarbeiter von Plehwe, mildert die Zensur, erläßt eine Amnestie für zahlreiche politische Gefangene – vergeblich. Die Intellektuellen und Semstwos suchen nicht mehr nach einem annehmbaren Kompromiß mit der Macht, sondern wollen auf der ganzen Linie siegen. Im August 1904 kommen die Semstows überein, einen Kongreß abzuhalten, auf dem eine Petition an den Zaren verfaßt werden soll. Am 17. September beschließt der »Bund der Befreiung«, zu dem die fortschrittlichsten Kräfte der Bewegung gehören, im Herbst eine Kampagne in den großen Städten Rußlands durchzuführen, um die Forderungen des Kongresses der Semstwos zu unterstützen. Dieser Kongreß findet vom 6. bis zum 8. November in Petersburg in Form von privaten Versammlungen statt und führt zu einer Resolution von acht Artikeln, ein Brevier russischen Liberalismus': Unverletzbarkeit der Wohnung, Freiheit des einzelnen, Gewissensfreiheit, Redefreiheit, Pressefreiheit, Versammlungsfreiheit, Gleichheit vor dem Gesetz, Erweiterung der Semstwos... Daneben werden auf öffentlichen Versammlungen, welche der »Bund der Befreiung« organisiert, die gleichen Ideen nur in radikalerer Form entwickelt. Im Dezember 1904 einigen sich die Vertreter des »Bundes der Befreiung« in Paris mit den revolutionären Sozialisten und den finnischen, polnischen, georgischen und armenischen Extremisten auf ein gemeinsames Programm. Jede der Gruppen behält ihre eigenen Kampfmethoden bei, alle verfolgen jedoch dasselbe Ziel: Abschaffung der Autokratie, Einsetzung einer demokratischen Regierung, die auf dem allgemeinen Wahlrecht beruht und dem Recht auf Selbstbestimmung für die verschiedenen Nationalitäten Rußlands.

Swjatopolk-Mirski, der sich zu Anfang einbildete, »die Atmosphäre abkühlen« zu können, beginnt zu begreifen, daß er zu spät gekommen ist, um die Katastrophe zu verhindern. Vor allem deshalb, weil die Ereignisse der Außenpolitik nicht dazu beitragen, die Gemüter zu beruhigen. Durch Roschdestwenskis Geschwader, das im Oktober 1904 die Anker gelichtet hat, ereignet sich an der Doggerbank nahe der britischen Küste ein schwerer Zwischenfall. Der Admiral läßt auf einen Hinweis seiner Spionageabwehr im Dunkeln das Feuer auf unschuldige englische Fischerboote eröffnen, die er für japanische Torpedoboote gehalten hat. Zwei Männer werden getötet und ein Schiff versenkt. Diese unüberlegte Handlung provoziert den Zorn der Briten. Anstatt sich zu entschuldigen, versteift der Zar sich. Er nimmt die »unverschämte Haltung Englands« nicht hin. In seinem Tagebuch erklärt er die Engländer zu »schändlichen Feinden«. Man erwartet bereits, daß England auf seiten Japans in den Krieg eintritt. Dank der Bemühungen Lamsdorfs, der freundschaftlichen Intervention Frankreichs und der friedfertigen Haltung Edwards VII. jedoch wird der Konflikt von einer Schiedskommission beigelegt, die in Paris zusammentritt.

Nachdem sich die Emotionen gelegt haben, legen die Delegierten der Semstwos Swjatopolk-Mirski die Petition vor, die sie während ihrer Versammlungen verfaßt haben. Elf Adelsmarschälle bekräftigen diese Forderungen, indem sie in einem Memorandum erklären, daß das Prinzip der Autokratie, das Jahrhunderte Geschichte besiegelt hätten, nur aufrechterhalten werden könne, wenn gewählte Vertreter des Landes an der Gesetzgebung mitwirkten. Die Generalin Bogdanowitsch schreibt aus diesem Anlaß folgende bösartige Anekdote in ihr Tagebuch: »Man fragt: Was bedeutet der Lärm? Was wollen diese Leute? Die Antwort: Sie wollen eine Verfassung, wollen die Monarchie beschränken. Und woher so plötzlich dieses Verlangen? Haben wir nicht seit zehn Jahren schon einen eingeschränkten Monarchen?« Alexei Suworin drückt in ernsterem Ton dieselbe Angst aus: »Die absolute Macht ist schon seit langem zur Fiktion geworden. Der Zar steht unter dem Joch der Bürokratie und der Beherrschung durch andere Leute. Er kann sich ihrem Einfluß nicht entziehen... Die schmeichlerischen Höflinge legen mehr Wert auf die Gunst des Zaren als auf die Interessen des Landes... Herr Kaiser, werden Sie ein einfacher Bestandteil unseres Landes, stellen Sie sich die Frage, was sie an unserer Stelle tun würden, wenn man willkürlich über Sie bestimmen könnte wie über einen Gegenstand!... Es wird versichert, daß Swjatopolk-Mirski ein nobler und tapferer Mann sei. Gerade deshalb wird er es zu nichts bringen.«[7]

Die Studenten fordern ein Ende des Krieges und die Einberufung einer verfassunggebenden Versammlung. Großfürst Alexei Alexandrowitsch, Bruder Zar Alexanders III. und Großadmiral, wird auf der Straße von Passanten angehalten, die brüllen: »Gib uns unsere Flotte wieder!« In Moskau pfeifen Zuschauer während eines Konzerts von Sobinow[8] die Nationalhymne aus, und von der Galerie fallen revolutionäre Flugblätter herab.

Anfang Dezember empfängt Nikolaus Fürst Peter Trubezkoi, den Adelsmarschall von Moskau, der ihm versichert, ein tiefer Graben liege zwischen dem Herrscher und seinem Volk, und ihn bittet, das Memorandum der elf Adelsmarschälle zu berücksichtigen. Nikolaus ruft verärgert aus: »Ein einfacher Muschik würde nichts von einer Verfassung verstehen außer, daß durch sie dem Zaren die Hände gebunden werden. Und Sie, meine Herren, können sich zu den Folgen gratulieren!« Nach diesem Gespräch schreibt Trubezkoi an Swjatopolk-Mirski: »Rußland ist jetzt in eine Zeit der Revolution und Anarchie eingetreten... Wenn der Kaiser wenigstens loyale Kräfte um sich sammelte und ihnen die Möglichkeit gäbe zu sagen, was ihnen am Herzen liegt, dann könnte Rußland von all den blutigen Schrecken verschont werden, die ihm drohen.«[9]

Inzwischen hat Swjatopolk-Mirski gemäß seinem Versprechen dem Zaren die Resolution in sechs Punkten vorgelegt, welche die Semstwos verfaßt haben, und ihm vorgeschlagen, Delegierte der Provinzverbände in den Reichsrat zu berufen. Dies sei, so sagt er, nur ein erster Schritt, der »in zehn oder zwanzig Jahren« zu einer Verfassung führen könnte. Auf seinen Wunsch hin ist Nikolaus bereit, einen Rat von Ministern und hohen Würdenträgern einzuberufen. Von Anfang an stößt sich der bescheidene Vorschlag Swjatopolk-Mirskis, gewählte Mitglieder in den Reichsrat aufzunehmen, am Widerspruch des alten Pobedonoszew, genannt »der Schwachsinnige«, welcher behauptet, die Religion verbiete es dem Zaren, die Fundamente seiner Macht zu verändern. Finanzminister Kokowzow und Justizminister Murawjew kritisieren den Plan aus finanzieller und juristischer Sicht. Witte hingegen versichert, daß eine Fortführung der reaktionären Politik zum Zusammenbruch führe, da das Regime von allen Klassen der Gesellschaft abgelehnt werde.

Am 8. Dezember findet eine zweite Konferenz statt, an der drei Onkel des Zaren teilnehmen, die Großfürsten Wladimir Alexandrowitsch, Alexei Alexandrowitsch und Sergei Alexandrowitsch. Nikolaus scheint zur Meinung seines Innenministers zu tendieren und gibt Anweisung, einen Ukas vorzubereiten, der den ursprünglichen Forderungen entspricht, mit Ausnahme einiger kleiner Veränderungen. In den drei darauffolgenden Tagen jedoch berät er sich mit dem größten Reaktionär in seiner Verwandtschaft, Großfürst Sergei Alexandrowitsch, der ihn vor zu großer Nachgiebigkeit angesichts der Forderung der Liberalen warnt. Am 11. Dezember, als Witte sich ins Schloß begibt, um den endgültigen Text des Dekrets vorzulegen, trifft er den Zaren in Begleitung des schrecklichen »Onkel Sergei« an. Mit größter Liebenswürdigkeit sagt Nikolaus zu seinem Minister: »Ich bin mit diesem Ukas einverstanden, zögere jedoch bei einem Punkt.« Dieser »Punkt« betrifft die Notwendigkeit, gewählte Vertreter in den Reichsrat aufzunehmen. Witte wird um seine Meinung gebeten und sagt nur leise: »Wenn Eure Majestät aufrichtig und unwiderruflich zu dem Schluß gekommen sind, daß es unmöglich sei, gegen das Rad der Weltgeschichte anzugehen, muß dieser Punkt des Ukas aufrechterhalten werden. Wenn Eure Majestät jedoch die Bedeutung dieses Punktes genau erwogen haben und zu der Meinung gelangt sind, daß er einen ersten Schritt zu einer konstitutionellen Monarchie bedeutet, und Sie glauben, daß diese Herrschaftsform unzulässig sei, und Sie sie nie zulassen können, dann wäre es klüger, den fraglichen Punkt zu streichen.« Bei diesen Worten wirft Nikolaus seinem Onkel einen zufriedenen, fast erleichterten Blick zu und erklärt: »Ja, ich werde nie zustimmen, daß eine repräsentative Regierungsform eingeführt wird, weil ich glaube, sie ist schädlich für das Volk, das Gott mir anvertraut hat. Ich werde also Ihrem Rat folgen und diesen Punkt streichen.«

So wird der wichtigste Bestandteil des Ukas bezüglich des »Plans zur Verbesserung der Regierungsordnung« beseitigt. Die Akte, die am nächsten Tag, dem 12. Dezember 1904, veröffentlicht wird, handelt nur von Erleichterungen für religiöse

Sekten und Provinzschulen. Das Schriftstück hebt sogar hervor, daß allein der Zar das Recht habe, »für das Wohl des Staates zu sorgen, den Gott ihm anvertraut habe«, und daß Seine Majestät entschlossen sei, »die grundlegenden Gesetze des Reiches unangetastet« zu lassen. Der »Regierungsbote« veröffentlicht einen Artikel des Zaren, in dem er dem Semstwo von Tschernigow zum Vorwurf macht, sich um öffentliche Angelegenheiten zu kümmern. »Ich halte die Tat des Vorsitzenden des Semstwo von Tschernigow für unangemessen und gewagt. Sich um Probleme der Staatsführung zu kümmern, gehört nicht in die Zuständigkeit der Semstwo-Versammlungen; die Grenzen ihrer Aktivitäten und Rechte sind gesetzlich festgelegt.« Suworin schreibt: »Die Äußerungen des Zaren haben einen peinlichen Eindruck hinterlassen. Ich mußte an seinen Ausspruch von den ›unsinnigen Träumen‹ denken. Witte, den ich heute sah, versicherte, er hätte sich der Veröffentlichung dieser Mitteilung widersetzt.«

Die Reaktion läßt nicht lange auf sich warten. Der Semstwo von Moskau pariert die von Nikolaus formulierte Verurteilung und erklärt sich solidarisch mit dem Semstwo von Tschernigow. Dann schickt der Adel von Twer ein Telegramm, in dem er die Protestversammlungen gutheißt. An den Universtäten wird es unruhig. In Moskau treten die Studenten in den Streik, besetzen die Redaktionen von Zeitungen, die Versammlungsräume der Semstwos und der Stadtverwaltung, sie schlagen die Fensterscheiben im Haus des Gouverneurs ein. Demonstranten ziehen durch die Straßen und tragen rote Fahnen mit Aufschriften, die das Ende des Krieges fordern. Sie werden von Gendarmen mit Säbelhieben auseinandergetrieben. In Sankt Petersburg, Moskau und allen großen Provinzstädten halten Intellektuelle Veranstaltungen ab, auf denen es heiß hergeht. Auf einem, zu dem in Moskau sechshundert Personen zusammengekommen sind, rufen alle Anwesenden im Chor: »Nieder mit der Autokratie!« Die Generalin Bogdanowitsch schreibt in ihr Tagebuch: »Es ist, als gäbe es den Zaren gar nicht.«

In dieses Klima des Fiebers und der Unordnung dringt die Nachricht von der Kapitulation in Port Arthur wie ein Donnerschlag. Seit sie eingeschlossen war, hatte die Garnison zu wenig

Lebensmittel und Munition. Trotz ihrer zahlenmäßigen Unterlegenheit haben die Russen mit Eifer die wiederholten Überfälle der Japaner abgewehrt. Nach dem Tod General Kondratenkos, des Mannes, der mutig für die Verteidigung eintrat, hatte General Stoessel das Kommando übernommen. Sogleich wurde er zum Nationalhelden erhoben. Als er aber erkannte, daß die Lage hoffnungslos war, kapitulierte er am 20. Dezember 1904 mit seinen 35 000 Mann, die völlig erschöpft waren. An diesem Tag befindet sich der Zar auf Inspektionsreise in der Gegend von Bobruisk. Er notiert in sein Tagebuch: »21. Dezember, Dienstag. Ich habe in der Nacht die furchtbare Nachricht erhalten, daß Stoessel Port Arthur den Japanern ausgeliefert hat, wegen großer Verluste und Krankheit in der Garnison und wegen Munitionmangels. Ein bitteres, schmerzliches Ereignis. Man konnte es voraussehen, wollte aber hoffen, daß die Armee die Festung hielt. Die Verteidiger sind allesamt Helden. Sie haben mehr getan, als man erwarten konnte. Es ist Gottes Wille.« Und zehn Tage später: »Es friert immer mehr, und wir hatten einen Schneesturm. Nach dem Mittagessen sind wir in die Sophienkathedrale gegangen, wo eine Messe zum Gedenken der in Port Arthur gefallenen und vermißten Soldaten gelesen wurde. Um vier Uhr haben wir das Lazarett nebenan besucht. Ich habe gelesen. Wir haben bei Mama zu Abend gegessen.«

In den Zeitungen mehren sich die Berichte über Tote. Im Volk, das von Zorn und Demütigung gepeinigt wird, erheben sich immer zahlreichere Stimmen gegen die unfähigen Generäle, gegen die Großfürsten und durch sie auch gegen den Zaren. Selbst die hohen Gesellschaftskreise kritisieren Nikolaus' Resignation angesichts des Unglücks, das Rußland getroffen hat. »Die Nachricht von der Kapitulation Port Arthurs hat die Patrioten schmerzlich getroffen«, schreibt die Generalin Bogdanowitsch am 25. Dezember 1904. »Nur der Zar hat sie gleichgültig aufgenommen und nicht die kleinste Traurigkeit gezeigt. Kriegsminister Sacharow begann sogleich (auf einer Veranstaltung) Anekdoten zu erzählen, von denen er eine unerschöpfliche Menge kennt, und das Lachen nahm kein Ende mehr, Sacharow konnte den Zar zerstreuen. Ist das nicht traurig und unwürdig?« Zwei Tage später schreibt sie: »Sturmer[10] hat gerade erklärt, der Zar sei krank. Seine Krankheit ist nichts anderes als mangelnder Wille. Er kann nicht kämpfen, gibt jedermann nach, und der Geschickteste gewinnt.«

Der Verlust von Port Arthur entscheidet nicht über das Kriegslos. Die tödlichen Kämpfe in der Ferne für eine absurde Sache werden fortgesetzt, Roschdestwenskis Geschwader bahnt sich langsam seinen Weg durch die Ozeane, und Nikolaus betet, daß Gott endlich zeigen möge, daß er Rußland bevorzugt.

Am Abend des 1. Januar 1905, einem Samstag, beugt sich Nikolaus über sein Tagebuch und schreibt sorgfältig auf: »Möge der Herr das kommende Jahr segnen, schenke Er Rußland ein siegreiches Ende des Krieges, einen dauerhaften Sieg und ein sanftes, sorgenfreies Leben... Ich habe einen kleinen Spaziergang gemacht. Ich habe Telegramme beantwortet. Wir haben zu Abend gegessen und den Abend zu zweit verbracht. Wir sind sehr glücklich, daß wir den Winter über in unserem lieben Zarskoje Selo bleiben.«

In Klausur in seiner Lieblingsresidenz, führt der Zar ein geregeltes, angenehmes Leben; er fährt zu den Offiziersversammlungen der verschiedenen in der Nähe stationierten Regimenter, empfängt Minister aus der Hauptstadt, geht spazieren oder fährt im Wagen umher und widmet die meiste Zeit den Freuden des Familienlebens.

Ab und zu erscheint er für kurze Zeit in Sankt Petersburg, um seinen Amtspflichten zu genügen. So nimmt er am 6. Januar an der traditionellen Segnung des Newa-Wassers teil. Üblicherweise wird während der Zeremonie eine Salve von der Peter-Paul-Festung am anderen Flußufer abgeschossen. Eine der Kanonen jedoch wurde mit einer Kartätschenladung versehen. Eine Kugel verletzt einen Polizisten. Andere zerbrechen einige Fensterscheiben im Winterpalais. Der Zar, der sich in einem Pavillon am Newa-Kai aufhält, bleibt unversehrt. Er zuckt nicht mit der Wimper. In seiner Umgebung spricht man von einem Attentat, aber die Untersuchung ergibt, daß es sich nur um eine Fahrlässigkeit handelt. Man habe, so heißt es, am Vorabend während der Manöver vergessen, die Kanone zu entladen. Am selben Abend noch fährt der Zar nach Zarskoje Selo zurück, entschlossen, dort so lange zu bleiben wie möglich, weit weg von allen protokollarischen Zwängen.

Dabei wäre seine Anwesenheit in Sankt Petersburg dringend notwendig gewesen. Am Tag nach dem Fall von Port Arthur beginnt es in den Arbeitervororten zu brodeln. Seit dem 3. Januar werden die Stahlwerke von Putilow bestreikt. Vier Tage später wird in 382 anderen Fabriken die Arbeit niedergelegt. Am 8. Januar beträgt die Zahl der Streikenden 150 000. Sie fordern einen Acht-Stunden-Tag und eine Verbesserung der hygienischen Bedingungen. Flugblätter, welche die Bolschewiken-Sektion der Sozialdemokraten verfaßt hat, fordern die Arbeiter auf, politische und gewerkschaftliche Freiheiten zu verlangen sowie die Errichtung einer demokratischen Regierung in Rußland. Inmitten dieser wirren Agitation verbreitet ein Pope namens Georg Gapon die Idee, man solle einen friedlichen Marsch auf das Winterpalais veranstalten, um dem Zaren die Beschwerden seiner niedrigsten Untertanen zu unterbreiten. Der zweiunddreißigjährige Priester aus der Ukraine ist der Polizei wohlbekannt. Er dient als *Agent provocateur* und soll das Programm Subatows realisieren helfen, das die Interessen der Industriellen vertritt und überlebt hat, obwohl sein Autor inzwischen in Ungnade gefallen ist. Unter dem Vorwand, für sozialen Fortschritt zu kämpfen, soll er die Arbeiter in harmlosen Organisationen zusammenfassen, in denen ihr subversiver Eifer leicht zu kontrollieren ist. Um dies zu erreichen, hat Gapon die mächtige »Vereinigung der russischen Fabrikarbeiter Petersburgs« gegründet, der bereits 25 000 Arbeiter angehören. Er fasziniert sie durch seine mitreißenden Reden und das prophetische Leuchten in seinen Augen. Welches Ziel aber verfolgt er, als er sie am Sonntag den 9. Januar zu einer großen Demonstration aufruft? Hofft er tatsächlich, die politischen Machthaber durch das Schauspiel einer willfährigen und disziplinierten Menge zu besänftigen? Oder rechnet er mit einer brutalen Reaktion der offiziellen Stellen, um den Zaren für immer in den Augen der Nation verächtlich zu machen? Oder, was wahrscheinlicher ist, operiert er im Auftrag der Polizei, um eine Verhaftung der Anführer und die Vernichtung der Organisation, deren Anführer er angeblich ist, in die Wege zu leiten? Es ist möglich, daß all diese Motive dieses eitlen, wirrköpfigen, exaltierten Mannes gemeinsam zu dem Wunsch nach einer befreienden Explosion geführt haben. Als von Wahnvorstellungen besessener Demagoge sieht er sich schon als eine Art Mittler zwischen dem Zaren und seinem Volk. Am 8. Januar sendet er eine Nachricht an Nikolaus, in der er von seinem Vorhaben berichtet. »Morgen um halb drei Uhr werden wir uns vor dem Winterpalais zeigen, um Dir die Wünsche der gesamten Nation vorzutragen: Sofortige Einberufung einer verfassunggebenden Versammlung, Verantwortlichkeit der Minister gegenüber dem Volk, Amnestie und Abschaffung aller indirekten Steuern. Schwöre uns, unsere Forderungen zu erfüllen, sonst sind wir bereit, vor Deinem Palais zu sterben. Wenn Du zögerst und Du Dich nicht dem Volk zeigst, wenn Du unschuldiges Blut fließen läßt, zerreißt Du die moralische Bindung zwischen ihm und Dir.«

Nikolaus, der in Zarskoje Selo weilt, denkt keinen Augenblick daran, den Bitten dieses Erleuchteten nachzugeben, und weigert sich, nach Sankt Petersburg zu fahren. Die Zarin rät ihm sogar, seine Unnachgiebigkeit gegenüber einem Volk, das es wagt, dem Thron Erklärungen abzuverlangen, noch zu verstärken. Der Polizeipräfekt General Foullon versichert: »Der Pope wird das alles schon in Ordnung bringen.« Und tatsächlich, als Gapon am Abend des 8. Januar die sozialistischen Delegierten empfängt, verlangt er von ihnen, während des Zuges keine roten Fahnen zu tragen, um den pazifistischen Charakter nicht zu zerstören.

Swjatopolk-Mirski, der neue Innenminister, hat zwar keine beunruhigenden Nachrichten erhalten, fürchtet jedoch den Ausbruch von Gewalt. In Abwesenheit des Zaren tritt eilig der Ministerrat zusammen, und jemand schlägt vor, daß ein Mitglied der Familie die Petition Gapons anstelle Seiner Majestät entgegennehmen soll. Dieser Vorschlag wird als unrealistisch abgetan, und die Regierung optiert für hartes Vorgehen. Auf Anweisung Swjatopolk-Mirskis werden in der Nacht Truppen zusammengezogen, um den Demonstranten den Weg zu versperren. Bald gleicht die ganze Stadt einem befestigten Lager. Durch sämtliche Straßen ziehen Reiter, Infanteristen, Militärsanitätswagen, Feldküchen. Hier und da sieht man sich Soldaten an Kohleöfen wärmen, Gewehr bei Fuß. Kundschafter unterrichten Gapon von diesen besorgniserregenden Vorbereitungen. Er kümmert sich nicht darum. Der Hexenmeister ist entschlossen, alles auf eine Karte zu setzen.

Im Morgengrauen des 9. Januar 1905 versammeln sich die Arbeiter in den Räumen der Vereinigung, wo ihnen Redner den endlosen Text der Petition vorlesen. »Herrscher, wir, die Arbeiter, unsere Kinder, unsere Frauen, unsere kranken Alten, unsere Eltern, wir kommen zu dir, um Gerechtigkeit und Schutz zu fordern. Unsere Geduld ist am Ende...« Von Minute zu Minute wird die Menge größer. Außer den Arbeitern im Sonntagsstaat sieht man jetzt auch Intellektuelle mit Zwicker, in der Kälte schlotternde Studenten, Bürger im Pelz. Im Ganzen 10 000 Menschen. Gapon mit dem dunklen, wallenden Bart und den fanatisch leuchtenden Augen befiehlt, in den benachbarten Kirchen Banner und Ikonen zu holen und das Porträt des Zaren von der Wand des Versammlungsraumes herunterzunehmen. Zwei Männer, die das Bild des Kaisers in seinem schweren Goldrahmen tragen, bilden den Anfang des Zuges. Dann setzt sich die Masse raunend in Richtung Winterpalais in Bewegung. Die Kälte ist trocken, und die Sonne scheint. Der Schnee knirscht unter den Füßen. Am Narwa-Tor wird die Menge von Militär aufgehalten. Ein Offizier fordert sie auf, sich zu zerstreuen. Niemand gehorcht, die Reihen schließen sich fester. Männer, Frauen, Kinder werden zur Seite geschoben, geschlagen und fallen unter den Pferdehufen zu Boden. Schreie erheben sich aus der Menge: »Was wollen die? Es ist eine Schande! Wir sind keine Japaner! Weg mit euch, ihr Mandschurei-Flüchtlinge!« Die Schwadron reitet durch den Zug hindurch und wieder zurück auf die andere Seite. Die Infanteristen rücken zur Seite, um die Reiter durchzulassen, dann bilden sie wieder eine Reihe und schultern die Gewehre. Da die Arbeiter sich wieder gesammelt haben und weiter vorwärtsrücken, ertönt ein Signalhorn. Gleich darauf zerreißt eine Salve die Luft. Die Menge bricht auseinander. Die Fahnen- und Ikonenträger gestikulieren und stürzen, im Gehen getroffen, zu Boden. Hunderte von Toten liegen im Schnee. Gapon ist verschwunden. Seine Akolythen haben ihn in eine Gasse gezerrt, ihm Bart und Haare abgeschnitten, seine Soutane mit Arbeiterkleidern vertauscht und verhelfen ihm zur Flucht ins Ausland. Die Polizei schützt ihn, und man begegnet ihm wieder in Paris, wo er dank seines Geheimagentengehalts ein schönes Leben führt. Ende 1905 kehrt er nach Sankt Petersburg zurück und bietet der Regierung an, ihr den Schlachtplan der Terroristen zu verkaufen. Diese enttarnen den Verräter, und im Mai des folgenden Jahres wird er von den Sozialrevolutionären gehängt. Die Polizei findet seine geschwärzte Leiche an einem Fensterkreuz einer verlassenen Hütte in Finnland.

Am 4. Januar schreibt die Generalin Bogdanowitsch in ihr Tagebuch: »Es heißt, der Priester Gapon, der Organisator der ›Arbeiterverbände‹, sei eine zwiespältige Figur.« Am Abend des 9. Januar, der bereits »roter Sonntag « genannt wird, schreibt sie: »Was für eine schreckliche Lage! Auf der einen Seite die Armee, auf der anderen die Arbeiter, wie zwei feindliche Lager.« Und tatsächlich entsteht durch das Massaker an der wehrlosen Menge, dem »zweiten Chodynka«[1], ein tiefer Graben zwischen Nikolaus und seinem Volk. Man spricht von Tausenden Opfern. Wie kann der Zar sich noch als »Väterchen« darstellen, als Beschützer der Armen? Der jahrhundertealte Zauber, der die Dynastie der Romanows mit der Masse des Volkes verband, ist unwiderruflich gebrochen. Im Ausland ruft die Nachricht von diesem sinnlosen Gemetzel die Entrüstung aller liberalen Kreise hervor. In England beschimpft der arbeiterfreundliche Abgeordnete Ramsay MacDonald den Zaren als »Verbrecher gegen das Menschenrecht« und als »blutbesudelte Kreatur«. Selbst Großfürst Paul Alexandrowitsch, der in Paris weilt, erklärt Maurice Paléologue: »Warum hat mein Neffe bloß nicht die Abordnung der Streikenden empfangen? Ihre Haltung hatte nichts Aufständisches. Den ganzen Tag habe ich zu Gott gebetet, daß kein Tropfen Blut vergossen wird, dabei ist das Blut in Strömen geflossen. Dies ist ebenso unverzeihlich wie nicht wiedergutzumachen.«[2]

Nikolaus ist sich, wie gewöhnlich, der Bedeutung des Ereignisses nicht bewußt. Er ist nicht nach Sankt Petersburg gefahren, weil ihm der Geheimdienst nach dem Zwischenfall bei der Segnung des Newa-Wassers vor drei Tagen empfohlen hat, doppelt vorsichtig zu sein. Außerdem war er der Meinung, ein Zar, der sich durch den Aufruf einer Arbeiterorganisation stören lasse, demütige sich. Zwar hätte er einen Minister oder den Polizeipräfekten beauftragen können, an seiner Stelle die Arbeiterpetition entgegenzunehmen, aber er selbst hat daran nicht gedacht, und niemand in seiner Umgebung hat es ihm vorgeschlagen. Er hält sich bei bestem Wissen und Gewissen für nicht verantwortlich für den Tumult, den seine Feinde »Gemetzel« nennen und den er als eine Auseinandersetzung zwischen den Ordnungskräften und den Meuterern betrachtet. Noch am Abend schreibt er in sein Tagebuch: »Schwieriger Tag. In Sankt Petersburg kam es zu großer Unordnung, weil Arbeiter zum Winterpalais gehen wollten. Die Truppen mußten in einigen Stadtvierteln schießen. Es gab viele Tote und Verwundete. Herr, wie schwer und schmerzlich das alles ist! Mama kam rechtzeitig zum Gottesdienst aus der Stadt. Wir haben im Kreis der Familie gespeist. Ich bin mit Michail spazierengegangen.[3] Mama ist die Nacht über bei uns geblieben.«

Am nächsten Tag, dem 10. Januar, beschließt er, General Trepow, der bislang einfacher Polizeipräfekt von Moskau gewesen ist, den eigens für ihn geschaffenen Posten eines Generalgouverneurs von Sankt Petersburg anzuvertrauen, um die Ordnung wiederherzustellen. »Es ist wirklich traurig, daß ein so wenig intelligenter und grober Mensch wie Trepow nach Sankt Petersburg beordert worden ist«, schreibt die Generalin Bogdanowitsch. Und sie fügt lakonisch hinzu: »Man muß gerechterweise sagen: Er ist sehr hart, und man vermutet, daß er bald getötet wird.« Trepow ist ein rauher, energischer und leidenschaftlich der Krone ergebener Offizier. Er empfiehlt dem Zaren, eine Arbeiterdelegation aus Sankt Petersburg zu empfangen. Diese Arbeiter, 34 an der Zahl, läßt er unter den ungefährlichsten Leuten in den Fabriken auswählen und belehrt sie, wie sie sich gegenüber Seiner Majestät zu verhalten haben. Am 19. Januar bringt er sie nach Zarskoje Selo. Nikolaus emfängt sie mit einer Rede, die zugleich streng und wohlwollend sein soll. »Ihr habt euch von Verrätern und Vaterlandsfeinden betrügen lassen. Sie haben euch dazu mißbraucht, mir eine Petition vorzulegen, und euch dadurch zur Revolte gegen mich und meine Regierung aufgehetzt. Die Streiks und die Versammlungen der Kohlearbeiter stacheln nur die untätige Menge zu Ausschreitungen an, welche die Regierung schon immer gezwungen haben, auf die Macht der Armee zurückzugreifen. Hierbei kommt es tragischerweise zu unschuldigen Opfern. Ich weiß, daß das Leben eines Arbeiters nicht einfach ist. Es gibt viel zu tun, um es zu erleichtern und zu ordnen. Aber ihr müßt Geduld haben. Ihr wißt genau, daß man gegenüber seinem Direktor gerecht sein muß und die Situation unserer Industrie nicht aus dem Auge verlieren darf. Wenn ihr aber als revoltierender Haufen zu mir kommt, um eure Bedürfnisse vorzutragen, dann ist dies eine kriminelle Tat... Ich glaube an die Ehrlichkeit der Gefühle der Arbeiter und ihre unerschütterliche Loyalität mir gegenüber. Deshalb vergebe ich euch eure Schuld.«

Nach dieser Ermahnung stellt Nikolaus den Arbeitern einige Fragen und läßt ihnen Tee und Butterbrote reichen. Als die Delegierten nach Sankt Petersburg zurückkehren, werden manche von ihren Kameraden aus der Hauptstadt belästigt. Trepow ist dennoch von dem Resultat begeistert. Die Zarin beklagt nicht die Toten und Verletzten des 9. Januar, sondern ihren Mann. Sie schreibt ihrer Schwester, der Prinzessin von Battenberg: »Der arme Nikolaus trägt ein schweres Kreuz, zumal er niemanden hat, auf den er ganz zählen kann oder der ihm eine wirkliche Hilfe ist... Er gibt sich soviel Mühe und arbeitet mit großer Ausdauer, aber uns fehlt das, was man »große Männer« nennt... Ich bitte Gott auf Knien, daß er mir die Weisheit gibt, einen solchen Mann zu finden, aber es gelingt mir nicht, es ist zum Verzweifeln! Der eine ist zu schwach, der andere zu liberal, der dritte zu engstirnig und so weiter... Die Situation ist ernst, und jetzt, wo wir mitten im Krieg sind, ist es ein furchtbarer Mangel an Patriotismus, revolutionäre Ideen zum Ausbruch kommen zu lassen. Die armen Arbeiter wurden irregeführt und mußten dafür leiden, und wie üblich haben sich die Anführer hinter ihnen versteckt. Glaubt nicht allen Schreckensnachrichten, die ausländische Zeitungen verbreiten. Sonst stehen euch von ihrer widerlichen Übertreibung die Haare zu Berge. Leider mußten die Truppen schießen. Die Menge war mehrfach ermahnt worden, sich zurückzuziehen; sie wußte, daß Nicky nicht in der Stadt war (weil wir den Winter hier verbringen) und die Truppen gezwungen waren zu schießen. Aber niemand wollte hören, und so kam es zum Blutvergießen... Sankt Petersburg ist eine verkommene Stadt, es enthält kein Atom Rußland mehr. Das russische Volk ist seinem Herrscher treu und aufrichtig ergeben, und die Revolutionäre mißbrauchen den Namen des Zaren, um die Leute gegen die Eigentümer aufzuhetzen etc., obwohl ich nicht weiß wie. Ich wünschte, ich wäre intelligent und dadurch eine richtige Hilfe. Ich liebe mein neues Land; es ist so jung, so kräftig und enthält soviel Gutes; es ist nur völlig aus dem Gleichgewicht geraten und wie ein Kind. Armer Nicky, er führt ein trauriges, mühseliges Leben. Wenn sein Vater mehr Leute gekannt hätte, wenn er sie in seiner Nähe hätte behalten können, hätten wir jetzt genügend Auswahl, um die wichtigen Posten zu besetzen; gegenwärtig gibt es nur Greise oder ganz Junge, niemand, mit dem man etwas anfangen kann. Die Onkel taugen nichts!«

Alexandra glaubt sich mehr und mehr dazu berufen, Einfluß auf die Entscheidungen ihres Mannes zu nehmen. Sie will mit aller Kraft an die Existenz eines ehrwürdigen und stillen Rußland glauben, das allem Schein zum Trotz treu am Zaren festhält. Aber nach der Rede von Nikolaus vor den »lieben Arbeitern« weiten sich die Streiks von Petersburg auf alle großen Industriezentren des Landes aus, vor allem in den Grenzregionen. Die Polizei ist völlig überlastet. Terrorattentate sind schon fast eine Alltäglichkeit. Selbst die Intellektuellen geben ihre pazifistische Haltung auf und verurteilen Gewalt nicht mehr. Sie haben die Unfähigkeit der Regierung satt. Der »Rote Sonntag« hat an einem Tag alle Regimegegner zusammengeführt, von den Extremisten bis zu den Gemäßigten. Ende Januar unterzeichnen sechzehn Mitglieder der Akademie der Wissenschaften und über dreihundert Universitätsprofessoren ein Manifest, das mit den Worten schließt: »Die Freiheit der Wissenschaft ist unvereinbar mit dem gegenwärtigen russischen Gesellschaftssystem.« Die Anwälte beschließen die Gründung einer Berufsorganisation, die allen revolutionären Gruppierungen nahesteht, um die Leute mit der Idee einer Verfassung vertraut zu machen. Ihrem Beispiel folgend, werden bald andere Berufsorganisationen gegründet, in denen sich die Mitarbeiter der Eisenbahn, die Ingenieure, die Schriftsteller zusammenschließen... Alle diese Gruppierungen bilden zusammen den »Verband der Verbände«. Trotz der Tyrannei der Zensur ergehen sich die Zeitungen aller Richtungen in heftiger Kritik. Selbst das konservative Blatt »Rußland« von Alexis Suworin d.J. schreibt, daß »die Interessen des Staates eine Veränderung der Institutionen erfordern«.

In Moskau wird am 4. Februar 1905 Großherzog Sergei Alexandrowitsch, der gerade sein Amt als Generalgouverneur abgegeben hat, um nur noch als Kommandant des Militärdistrikts tätig zu sein, beim Verlassen seines Palais im Kreml in Moskau von einer Bombe getötet. Der Mörder ist ein Sozialrevolutionär mit Namen Kaljajew, ein äußerst eigensinniger Hitzkopf. Seine Hingabe für die Sache geht bis zu dem besessenen Wunsch, sich zu opfern. Beim ersten Versuch, einige Tage zuvor, hat er die Bombe nicht geworfen, weil im Wagen des Großfürsten auch seine Frau und zwei Kinder, seine Nichte und sein Neffe, saßen. Kaljalew, der nach dem Attentat verhaftet wird, brüllt auf offener Straße: »Nieder mit dem Zaren! Nieder mit der Regierung! Es lebe die Partei der Sozialrevolutionäre!« Am selben Abend schreibt Nikolaus in sein Tagebuch: »In Moskau ist ein furchtbares Verbrechen geschehen: Onkel Sergei wurde nahe beim Nikolski-Tor von einer Bombe getötet; der Kutscher wurde tödlich getroffen. Die unglückliche Ella[4], der Herr segne sie und komme ihr zur Hilfe!«

Gleich darauf veröffentlicht das Zentralkomitee der Sozialrevolutionären Partei einen Aufruf mit dem Titel »Der 4. Februar«. Darin wird dem Großfürsten die Verantwortung für die Toten von den Chodynka-Wiesen zuerkannt, seine Unterdrückungspolitik, sein ausschweifender Lebenswandel und seine Verantwortung für den Ausbruch des Krieges in Japan und die Schießerei vom 4. Januar auf die Arbeiter in Sankt Petersburg werden verurteilt. »Der 4. Februar«, so heißt es in dem Flugblatt, »ist ein Keulenschlag gegen die Hofcamarilla, die mit Intrigen hinter den Kulissen die ganze Politik des Landes lenken und den kräftigen Aufschwung der Freiheit in Blut ertränken will. Die Stunde der Abrechnung ist gekommen. Wir stützen uns auf die Arbeiterschaft, die sich ihrer Rechte bewußt ist, und legen die Waffen erst nieder, wenn die Gerechtigkeit gesiegt hat.«

Einige Tage nach dem Attentat besucht die Witwe Großfürst Sergeis, Großfürstin Elisabeth, Kaljajew im Gefängnis. Eine Anwandlung von mystischer Nächstenliebe treibt sie dazu, nach dem Grund seiner Tat zu fragen. Sie ist bereit, ihn zu verstehen und ihm zu verzeihen. Sie geht in ihrer Großzügigkeit so weit, daß sie das Leben des Mannes retten will, der ihren Mann aus politischer Überzeugung getötet hat. Aber Kaljajew betet ihr immer wieder seinen revolutionären Katechismus vor und weigert sich, sein Gnadengesuch zu unterschreiben. Er wird gehängt.

In Zarskoje Selo ist man bestürzt. Durch ihren Angriff auf Großfürst Sergei Alexandrowitsch haben die Terroristen die Zarenfamilie ins Herz getroffen. In Nikolaus' Umgebung rufen die einen nach Strafen, so die Zarin, die anderen, wie Witte, nach weisen Zugeständnissen. Der schwache Swjatopolk-Mirski verliert sein Amt, und auf Empfehlung Trepows ernennt der Zar Bulygin zum Innenminister, den früheren zivilen Adjutanten des Generalgouverneurs von Moskau. Er ist ein ausgewogener und gewissenhafter Mann, und entsprechend den Direktiven des Ukas vom 12. Dezember 1904 verfaßt er den Text für einen kaiserlichen Erlaß, der die Teilnahme einiger Delegierter des Landes an der Beratung von Gesetzen gestattet. Mit Hilfe von zwei Vertrauten (Fürst Schirinski, den sie von einer Wallfahrt nach Sarow kennt, und Fürst Putjatin, einen Schloßbeamten), verfaßt die Zarin ein Manifest, das alle Menschen guten Willens aufruft, die »aufständischen Elemente zu bekämpfen, die es in ihrer Unverschämtheit wagen, die Grundlagen des Reiches anzugreifen, die durch Gesetz und Kirche geheiligt sind, und eine neue Art, das Land zu regieren, einführen wollen, die mit der russischen Tradition unvereinbar ist«.

Der Tag, an dem der Erlaß veröffentlicht werden soll, ist der 18. Februar. Am Vorabend, dem 17., unterzeichnet Nikolaus unter dem Einfluß seiner Frau und Pobedonoszews ein Manifest, das unverblümt reaktionäres Denken verrät. Er hat seine Minister darüber nicht informiert. Erst im Zug nach Zarskoje Selo erfahren sie aus der Zeitung von den letzten Entscheidungen des Zaren. Sie waren zusammengerufen worden, um den liberalen Plan Bulygins weiterzuführen, und sehen sich plötzlich vor vollendeten Tatsachen. Sie sind überrascht, empört und haben den Eindruck, von der Familie des Zaren hereingelegt worden zu sein. »Der Kaiser kam in die Sitzung, als sei nichts geschehen«, schreibt Witte in seinen Erinnerungen. »Es ist wahrscheinlich, daß er im tiefsten Herzen eine listige Freude empfand, denn er verwirrte seine Berater immer gerne durch Überraschungen.« In dieser Atmosphäre falschen Einvernehmens verliest Bulygin seine Vorlage für einen Erlaß, der eine Mitarbeit von Volksvertretern bei der Gesetzgebung vorsieht und dem am Morgen von der Presse veröffentlichten Manifest widerspricht. Zur Mittagszeit trennt man sich, und als die Konferenz fortgesetzt wird, erklären die Minister, daß sie dem Erlaß, den Bulygin vorschlägt, in dieser Form zustimmen. Angesichts dieser Einmütigkeit kann der Zar nicht anders, als selbst zuzustimmen. Bevor er die Sitzung aufhebt, unterzeichnet er außerdem den Text eines Ukas, den die Minister vorbereitet haben und in dem der Senat aufgefordert wird, sich mit der Änderung der Regierungsform zu befassen. So veröffentlichen die Zeitungen am nächsten Tag drei offizielle Dokumente, die einander in allen Punkten widersprechen. Die entsetzen Leser fragen sich, ob der Zar sich nun nach vorn oder nach rückwärts bewegen will. In den Augen der einfachen Bürger scheint es, als sage die Regierung einmal Hü und einmal Hott.

Wenn wenigstens die Nachrichten von der Front die Gemüter beruhigten! Aber in der Mandschurei erleben die Russen nichts als Rückschläge. Am 27. Februar 1905 besetzen die Japaner Mukden, nachdem sie der Garnison einen Verlust von 90 000 Mann zugefügt haben, ein Viertel aller Truppen in der Gegend. Kuropatkin, der Nachfolger Alexeiews als leitender General, fürchtet, von der Mehrheit der Truppen abgeschnitten zu werden, und zieht sich nach Norden zurück. Daraufhin tauscht er auf Befehl des Zaren sein Amt mit General Linewitsch von der ersten Armee. Diese Änderung hat keinerlei Einfluß auf den Ausgang der Kämpfe. Drei Monate später ereignet sich ein neues Unglück: Das Geschwader von Roschdestwenski konzentriert sich nach einer unendlichen Reise, auf der es von deutschen Schiffen mit Nachschub versorgt worden ist, vor der Küste von Annam und versucht, Wladiwostok zu erreichen. Der Admiral beschließt, die Durchfahrt durch die Meerenge von Tsushima zu beschleunigen. Aber seine Schiffe sind mit Kohle überladen, ungenügend gepanzert und bewaffnet, zu langsam und der feindlichen Flotte weit unterlegen. Am 14. und 15. Mai 1905 werden sie in einer ungleichen Schlacht von der japanischen Artillerie zerstört. Einigen wenigen Einheiten gelingt es, zu fliehen und Wladiwostok zu erreichen. Roschedestwenski ist verwundet und wird gefangengenommen. »Ich fühle mich traurig und trostlos«, schreibt Nikolaus am 18. Mai. »Wir haben auf dem Balkon zu Abend gegessen.« Am 19. Mai schreibt er: »Die furchtbaren Neuigkeiten über den Verlust beinahe des gesamten Geschwaders in einem zweitägigen Kampf sind bestätigt worden... Es war ein wunderschöner Tag, was meinen Kummer noch größer machte.« Am nächsten Tag ist von dem Unglück nicht mehr die Rede. »Es war sehr warm. Morgens haben wir in der Ferne Donner gehört.. Ich bin spazierengegangen und Kahn gefahren.«

Ist diese Knappheit der Formulierung ein Zeichen von Kälte? Mit Sicherheit nicht. Aber eine bestimmte Vorstellung von Höflichkeit verbietet es Nikolaus, seine Gefühle deutlicher zu zeigen. Er würde glauben, seiner Rolle nicht gerecht zu werden, wenn er allzu offen spräche. Selbst wenn er Tagebuch schreibt, mißtraut er großen Phrasen und legt ebensoviel Gewicht auf die kleinen Ereignisse seines Privatlebens wie auf die Erschütterungen, die sein Land heimsuchen. General Mossolow erzählt, daß der Kaiser an dem Tag, an dem er von Fredericks[5] das Telegramm erhielt, das von der Flottenniederlage von Tsuschima berichtete, Offiziere zum Tee einlud und mit ihnen über alles sprach, nur nicht über den Krieg im Fernen Osten. »Wir waren von dieser Gleichgültigkeit wie betäubt«, schreibt Mossolow. »Aber als der Zar gegangen war, berichtete Fredericks von dem Gespräch, das er kurz zuvor mit ihm unter vier Augen geführt hatte. Der Zar war verzweifelt. Er war wie vernichtet von dem Verlust seiner Flotte, die er sehr liebte, und von dem Tod einer so großen Zahl Offiziere.«[6]

In der Öffentlichkeit führt die Verwirrung zum Aufstand. »Unsere Freunde haben keine Hoffnung mehr«, schreibt die Generalin Bogdanowitsch. »Alle rechnen mit einer Katastrophe: dem Fall der Monarchie oder einer liberalen Verfassung, vielleicht sogar mit einer Republik.« In den Kreisen der Extremisten hingegen wird jede Niederlage der Russen freudig begrüßt. Vor Maurice Bompard, dem französischen Botschafter, ruft ein russischer Journalist aus: »Sie wurden geschlagen und zwar richtig. Aber das ist noch nicht genug. Die Japaner müssen ihnen neue Niederlagen dieser Art zufügen, damit wir endlich befreit werden!«[7] Die Frage, die sich jetzt der Regierung stellt, ist von tragischer Einfachheit: Soll man trotz der wiederholten Niederlagen die Landkämpfe in der Mandschurei fortsetzen? Der neue Generalissimus Linewitsch und sein Vorgänger Kuropatkin glauben weiterhin daran, daß ein Sieg der Russen möglich ist, da ständig neuer Nachschub an die Front gelangt. Nikolaus, der ein wenig vorsichtiger ist, meint, man solle noch einige Zeit weiterkämpfen, um die Japaner zu bedrängen und sie so dazu zu bringen, einen ehrenhaften Frieden vorzuschlagen. Witte, unterstützt von der öffentlichen Meinung, schlägt ein sofortiges Ende der Feindseligkeiten und den Beginn von Verhandlungen auf neutralem Boden vor.

Am 25. Mai schreibt Nikolaus in sein Tagebuch: »Wir haben M. Meyer, den Botschafter der Vereinigten Staaten, empfangen, der uns eine Nachricht von Roosevelt überbrachte. Ich bin im Boot spazierengefahren.« Die Botschaft Theodore Roosevelts enthält ein Vermittlungsangebot. Nikolaus setzt nur wenig Hoffnung auf den Erfolg eines solchen Unternehmens. Die Japaner, trunken von ihrem Erfolg, werden, so glaubt er, das Unmögliche fordern. Dennoch läßt er am Abend eine Konferenz einberufen, welche die Möglichkeiten einer Entscheidung prüfen soll. Schließlich spricht er sich gegen die Meinung der Militärs für den Beginn von Gesprächen aus, die, selbst wenn sie nicht zum Erfolg führen, es immerhin ermöglichen herauszufinden, was die Japaner wollen. Aber die russischen Diplomaten, welche die Delegation leiten sollen, verweigern sich einer nach dem anderen, mit den verschiedensten Begründungen. In Wahrheit fürchten sie alle, von dieser undankbaren Aufgabe zu sehr eingespannt zu sein und unabhängig von ihrem Ausgang an öffentlichem Ansehen zu verlieren. Nikolaus entscheidet sich angesichts dieser Weigerung unwillig für einen

Mann, den er nicht mag und der ihm immer geraten hat, im Fernen Osten maßvoll vorzugehen: Witte, den Präsidenten des Ministerrats. Dieser nimmt aus Patriotismus an. Es wird vereinbart, daß die Bevollmächtigten sich in Portsmouth, New Hampshire in den Vereinigten Staaten treffen. Bevor Witte das Schiff in die Neue Welt besteigt, umreißt der Zar ihm die Grenzen seines Auftrags. Witte berichtet: »Seine Majestät dankte mir und sagte, es sei ihr aufrichtiger Wunsch, daß die Gespräche zum Frieden führen. Sie fügte allerdings hinzu, daß sie nicht bereit sei, auch nur eine Kopeke Entschädigung zu zahlen, noch eine Handbreit russischen Territoriums abzugeben.«[8]

Nachdem er seine Haltung gegenüber den japanischen Forderungen deutlich gemacht hat, fragt sich Nikolaus, wie er die russischen Forderungen eindämmen kann. Neben den Sozialrevolutionären, die sich des Terrorismus einzelner bedienen, verstärken die marxistisch ausgerichteten Sozialdemokraten ihre Propaganda bei den Arbeitermassen, der Marine und der Armee. Eine neue Streikwelle lähmt das Land. In Lodz schießt das Militär auf Demonstranten und tötet zwölf Menschen. Dies führt zu einem Aufstand von solchem Ausmaß, daß die Streitkräfte erneut eingreifen müssen. Diesmal sieht die Bilanz noch schlimmer aus: 150 Tote und 200 Verletzte. In Polen brechen Unruhen derselben Art aus, ebenso im Baltikum und im Kaukasus... In Odessa wird der Generalstreik ausgerufen. Am 14. Juni läuft der Panzerkreuzer »Potemkin« im Hafen der Stadt ein, am Mast die rote Fahne. Die Besatzung hat sich geweigert, verdorbenes Fleisch zu essen, und der Kommandant und sein Stellvertreter haben Anweisung gegeben, die Meuterer zu erschießen. Da das Kommando nur zögernd gehorcht, erschießt der zweite Offizier einen der Matrosen. Es folgt ein blutiger Aufstand, die Offiziere werden umgebracht. Gleich danach hat die Besatzung Kontakt mit den Revolutionären der Stadt aufgenommen, und es ist zu Kämpfen zwischen Demonstranten und Soldaten gekommen. Die Sozialdemokraten schlagen den Soldaten vor, Odessa einzunehmen und unter dem Schutz der Kanonen der »Potemkin« die Stadt zum Zentrum des Widerstands gegen die Zarenherrschaft zu machen. Aber die Meuterer können sich nicht zur Landung entschließen. An Land gehen die Kämpfe weiter. Die Straßen sind mit Toten und Verletzten gepflastert. Das Schiff eröffnet das Feuer auf die Stadt. Schließlich nimmt die örtliche Regierung die Lage in die Hand. Die Aufständischen des Panzerkreuzers »Potemkin« erhalten keine Nahrungsmittel und verlassen den Hafen. Im rumänischen Hafen Konstanza werden sie entwaffnet und gefangengenommen.

Als Nikolaus von diesen Ereignissen hört, schreibt er in sein Tagebuch: »Ruhiger und warmer Tag. Alix und ich haben viele Leute auf dem Bauernhof empfangen, und wir sind eine Stunde zu spät zum Mittagessen gekommen. Onkel Alexei[9] wartete mit den Kindern im Garten auf uns. Ich habe eine lange Spazierfahrt im Boot gemacht. Tante Olga[10] ist zum Tee gekommen. Ich habe im Meer gebadet. Nach dem Abendessen sind wir spazierengegangen. Ich habe aus Odessa die verblüffende Nachricht über die Besatzung der ›Potemkin‹ erhalten. Sie lief kürzlich dort ein, die Besatzung meuterte, brachte die Offiziere um und bemächtigte sich des Schiffes, wobei sie drohte, die Stadt zu verwüsten. Es ist unglaublich!« Einige Tage später: »Auch auf der ›Prouth‹ gab es Unruhen, die beendet wurden, als der Transport nach Sewastopol gelangte. Hoffentlich ist man auf den anderen Schiffen Herr der Lage geblieben! Man muß die Anführer streng und die Rebellen grausam bestrafen. Nach dem Mittagessen bin ich spazierengegangen und habe vor dem Tee im Meer gebadet. – Abends habe ich Abaza empfangen.[11] Dann sind wir in der Kutsche spazierengefahren. Es war warm.«

Die öffentliche Meinung wird von der schwankenden Haltung der Regierung zunehmend irritiert. Der Nationalkongreß der Semstwos, der am 24. Mai in Moskau zusammentritt, hat eine Adresse erarbeitet, die seine Delegierten dem Zaren überreichen wollen. Nach langem Zögern ist Nikolaus bereit, sie zu empfangen. Das Dokument, das sie ihm überbringen, unterstreicht, daß in Rußland »Bürgerkrieg« herrsche, beklagt, daß »das Versprechen, die Volksvertreter einzuberufen nicht gehalten« wurde, bittet den Zaren, ohne Aufschub eine von allen Untertanen gewählte Versammlung zuzulassen, und endet mit den Worten: Zögern Sie nicht, Sire. In dieser schlimmen Stunde nationaler Heimsuchungen ist Ihre Verantwortung vor Gott und Rußland groß.«

Die Delegation leitet Fürst Sergei Trubezkoi, Universitäts-professor in Moskau. Die Rede, die er vor dem Zaren hält, ist im Ton zurückhaltender als die Adresse. »Wir wissen, Sire, daß Sie im Augenblick mehr leiden als wir alle. Wir wären froh gewesen, Ihnen tröstende Worte sagen zu können, wenn wir uns aber nun auf ungewöhnliche Art an Sie richten, dann nur deshalb, weil wir uns der allgemeinen Gefahr bewußt sind und uns unser Pflichtgefühl dazu treibt. Wir sind verpflichtet, Ihnen zu sagen, daß der einzige Ausweg aus unserem Leid in der Berufung von gewählten Volksvertretern liegt... Der russische Zar ist nicht der Zar des Adels, noch der der Bauern, noch der der Händler; er ist der Zar ganz Rußlands.« Nikolaus antwortet mit einer vorbereiteten Ansprache in versöhnlichen Worten. »Zerstreuen Sie Ihre Zweifel«, sagt er. »Mein herrscherlicher Wille, Vertreter des Volkes zu berufen, ist unerschütterlich... Ich glaube fest daran, daß Rußland gestärkt aus der Prüfung hervorgehen wird, die ihm auferlegt ist. Wie in der Vergangenheit müssen Rußland und der Zar wieder eine Einheit werden, eine Einheit, zwischen mir und den Delegierten des Landes, eine Einheit, welche die Grundlage einer Ordnung bildet, die auf rein russischen Prinzipien beruht. Ich hoffe, daß Sie bei dieser Aufgabe mitwirken.«

Nach den Worten Sergei Trubezkois scheint der Zar an diesem Tag unruhig »wie ein Student, der sein Examen ablegt«. Aber ist er wirklich so betroffen, wie seine Gesprächspartner glauben? Während er scheinbar ihre Ansichten angenommen hat, denkt er darüber nach, sie zu umgehen. Am 21. Juni 1905 schreibt er in sein Tagebuch: »Ich habe auf dem Bauernhof Senator Naryschkin empfangen, zusammen mit dem Grafen Bobrinski, Kirejew, Paul Scheremetew und einigen Bauern, die mir eine Erklärung der Union des russischen Volkes überbrachten, die ein Gegengewicht zu jener der Delegierten der Semstwos und der Städte bilden sollen.« Erneut hofft er, daß die Reaktion der »gesunden Elemente« der Nation es ihm erlaubt, die Forderungen der Erneuerer zurückzuweisen. Am 19. Juli versammeln sich Minister und hohe Würdenträger, um die vom Zar vorgesehene Zusammensetzung der Vertreter des Landes zu studieren, und sie erkennen, daß er das Bauerntum bevorzugen will, das als die Klasse gilt, die am loyalsten zum Reich steht. So wird ein System indirekter Wahlen mit einer Aufteilung der Wähler in drei Kollegien angenommen: die Bauern, die 43 Prozent des Wahlkollegiums ausmachen, die Grundbesitzer mit 34 Prozent; die Bewohner der Städte mit 23 Prozent. So ignoriert das kaiserliche Manifest vom 6. August 1905, das dem Land die Schaffung einer »beratenden Duma« ankündigt, welche den Haushalt prüfen soll, die Massen der Arbeiter und gibt den Vertetern der Bauern am meisten Raum. Außerdem untersagt es unter Androhung von Strafe, öffentlich politische Fragen zu diskutieren.

Diese ängstlichen Vorschläge befriedigen niemanden. Den Liberalen nehmen sie jede Hoffnung auf eine Verständigung mit der Regierung und treiben sie endgültig in den Widerstand. Die Presse berichtet hemmungslos, subversive Flugblätter regnen auf die Straßen herab, immer größere Volksmengen versammeln sich an den verschiedensten Orten, die Semstwos tagen ununterbrochen.

Weit entfernt von diesem kochenden Kessel bemüht sich Witte, das Prestige Rußlands zu retten. Mit bewundernswerter Ausdauer und Geschicklichkeit gelingt es ihm, die Achtung Theodore Roosevelts zu gewinnen, der zuerst zu Japan hält. Er bezaubert die amerikanischen Journalisten und nimmt Kontakt zu den wichtigen New Yorker Bankiers auf. Während der schwierigen Verhandlungen im Badeort Portsmouth erreicht er es, daß die Japaner ihre härtesten Forderungen aufgeben. So wird über Kriegsentschädigungen nicht mehr gesprochen. Am 23. August 1905 erkennt Rußland in einem Vertrag das Protektorat Japans über Korea an, gibt Port Arthur, Dalny und den südlichen Teil der Insel Sachalin auf, verzichtet auf die Halbinsel Liaotung. Dies sind geringe Zugeständnisse, die weder das Land als ganzes noch seine Würde antasten. Rußland kommt dank Witte recht gut aus der Sache heraus. In Sankt Petersburg jedoch sind die Leute über den Frieden von Portsmouth entrüstet. Die Kriegshetzer sind der Meinung, daß er zu früh unterzeichnet worden sei und daß die russische Armee auf Dauer den Feind besiegt hätte. Die Pazifisten finden, daß er zu spät geschlossen worden sei und auf diese Weise Millionen Menschenleben für ein anachronistisches, hassenswertes imperialistisches Ideal geopfert wurden. Bei Nikolaus mischen sich Erleichterung und Scham. Sehr bald gewinnt er den Eindruck, betrogen worden zu sein. Seine Frau unterstützt ihn in seinem Mißmut. Am Hof bildet sich eine »Revanche-Partei«, die sich um Großfürst Nikolaus Nikolajewitsch schart. Am 17. August 1905 schreibt der Zar in sein Tagebuch: »Heute nacht kam das Telegramm, in dem Witte mitteilte, daß die Gespräche beendet seien. Ich war den ganzen Tag über von dieser Nachricht wie vor den Kopf gestoßen.« Am 18. August heißt es: »Erst heute konnte ich mich mit der Idee vertraut machen, daß Frieden geschlossen wird; wahrscheinlich ist es gut so, weil es so sein muß. Ich habe auch einige Glückwunschtelegramme erhalten.« Am 25. August schließlich schreibt er: »Um halb drei haben wir im Schloß anläßlich des Friedens einem Te Deum beigewohnt. Ich muß zugeben, daß niemand freudiger Stimmung war.« Großfürst Konstantin Konstantinowitsch, der Vetter des Zaren, schreibt am 22. August in sein Heft: »Als er Witte nach Amerika schickte, war der Zar sicher, daß unsere Bedingungen als inakzeptabel gelten würden; er räumte die Möglichkeit, daß Frieden geschlossen würde, nicht ein... Unsere Truppen waren stärker geworden, das Glück hätte uns wieder hold sein können... Jetzt sind er und seine Frau vollkommen ratlos.«

Trotz seiner Enttäuschung erweist sich der Zar dankbar gegenüber Witte, als dieser aus Amerika zurückkehrt. »Sie haben mit der Festigkeit und Würde gehandelt, die einem Vertreter Rußlands zukommt«, schreibt er ihm in einem offiziellen Brief. »Da ich die politische Geschicklichkeit und Erfahrung, die Sie bewiesen haben, hoch schätze, ernenne ich Sie hiermit zum Grafen des Russischen Reichs als Belohnung für die hohen und großen Dienste, die Sie dem Land erwiesen haben.«

Der neue Graf, tief bewegt, in den Adelsstand erhoben zu sein, glaubt, er habe das volle Vertrauen seines Herrschers erlangt. Deshalb ist er erstaunt, als er von seinem Kollegen Außenminister Lamsdorf erfährt, daß Nikolaus am 11. Juli 1905[13] bei einem Treffen mit Wilhelm II., der in Björkö vor Anker liegt, auf dem kaiserlichen Schiff einen geheimen Freundschaftsvertrag mit Deutschland unterzeichnet hat. Ursprünglich war geplant, daß sich Frankreich, Rußland und Deutschland zusammentun, um die britische Hegemonie aufzuhalten, im Kriegsfall und solange der Krieg andauert. Ein solcher Plan konnte in Nikolaus' Augen nur nach Zustimmung der Franzosen in Kraft treten. Der Kaiser unterbreitet dem Zaren in Björkö einen neuen Plan, nach dem nicht mehr die Rede davon ist, Frankreich zu konsultieren, sondern davon, Frankreich den Vorschlag zu machen, sich im nachhinein den beiden Unterzeichnern anzuschließen. Dieses Dokument steht in krassem Gegensatz zu dem französisch-russischen Vertrag, den Alexander III. geschlossen hat. Nikolaus ist von den warmherzigen Worten Wilhelms II., der ihm in der traurigen Japan-Affäre der einzige Freund zu sein scheint, tief bewegt und läßt sich überreden. Wilhelm II. ist glücklich, daß er seinen Vetter so einfach übers Ohr hauen konnte und schreibt ihm, es handele sich dabei um eine »Wende in der europäischen Politik« und dieses Datum »schlage eine neue Seite der Weltgeschichte auf«.

Als Nikolaus wieder in Rußland ist, wird ihm bald klar, daß er aus Unfähigkeit und Leichtsinn gesündigt hat. Kaum hat er Lamsdorf das Dokument vorgelegt, als dieser, beleidigt darüber, daß man ihn aus den Verhandlungen ausgeschlossen hat, sich über diesen diplomatischen Fauxpas hellauf empört. Er berichtet: »Ich habe seiner Majestät nicht verborgen, daß man sie zu einer unerhörten Sache gezwungen habe und daß die Verpflichtungen von Björkö denen, die sein Vater mit Frankreich vereinbart hätte, eindeutig entgegenstünden.« Witte überbietet ihn noch an Unzufriedenheit. »Diese entehrende Handlung gegenüber Frankreich muß rückgängig gemacht werden, koste es, was es wolle«, sagt er. Der Zar erfährt die Verachtung seiner Minister wie ein Kind, das eine Dummheit begangen hat. Er nimmt es Wilhelm II. übel, daß er ihn derart lächerlich gemacht hat. In Zukunft will er seinem Vetter nicht mehr trauen, zumal der russische Botschafter in Paris, Nelidow, Erkundungen eingezogen und erfahren hat, daß die französische Regierung es ablehnt, sich mit Deutschland in einem Bund, der sich gegen England richtet, zusammenzuschließen. Trotz der begeisterten und fast zärtlichen Briefe des deutschen Kaisers versucht Nikolaus, aus dem Wespennest herauszukommen. Lamsdorf wird mit Vorbereitungen beauftragt, den unglückseligen Vertrag auf

Eis zu legen. Immer herbere Noten wechseln die Grenzen. Rußland betont, daß die französisch-russische Allianz Vorrang vor
der deutsch-russischen habe und auch weiterhin haben werde.
Deutschland antwortet, daß »was unterzeichnet ist, unterzeichnet ist«. Die Beziehungen zwischen den beiden Ländern kühlen
ab. Bald jedoch kann Lamsdorf Witte beruhigen: »Seien Sie un-
besorgt, der Vertrag von Björkö existiert nicht mehr.«

Während die Kanzleien sich bemühen, diesen internationalen Zwist auszuräumen, beginnen die Unruhen in Rußland nach
einer kurzen Pause erneut. Um die umtriebige Jugend versöhn-
lich zu stimmen, gewährt Trepow am 27. August allen höheren
Schulen eine großzügige Autonomie. Die Folgen lassen nicht
lange auf sich warten. Gleich nach Ferienende werden die Un-
terrichtsräume für politische Versammlungen genutzt. Auf den
Bänken der Schulklassen sitzen in bunter Mischung Studenten,
Arbeiter, Beamte, Journalisten, Offiziere, Damen der höheren
Gesellschaft. Zahlreiche spontane Redner sprechen zu dieser
ungewöhnlichen Zuhörerschaft. Die Reden werden immer feu-
riger, die Vorschläge immer revolutionärer. Die Moskauer
Schriftsetzer treten in Streik. Sie fordern, daß Punkte und Kom-
mata bei der Lohnabrechnung wie volle Buchstaben bewertet
werden. Die Schriftsetzer von Petersburg folgen ihrem Beispiel.
Die Folge ist, daß es keine Zeitungen mehr gibt. Die Bäcker und
Kutscher schließen sich der Bewegung an. In den verwaisten
Fabriken stehen die Maschinen still. In den wie ausgestorben
wirkenden Städten ziehen Demonstranten umher, die rote Fahnen schwingen und die »Internationale« singen. Das Wasser
wird abgestellt, und wie durch ein Wunder fließt es später wieder. Der Strom fällt aus. Die Straßen sind ohne Licht. Das Telefon verstummt, dann funktioniert es wieder für ein paar Stunden. Die Eisenbahnangestellten treiben die Unordnung auf die
Spitze, denn auch sie legen Anfang Oktober die Arbeit nieder,
wodurch das Wirtschaftsleben des Landes endgültig gelähmt
ist. Vergeblich versucht die Regierung sie zu ködern, indem sie
ihnen eine Verbesserung ihrer materiellen Bedingungen verspricht. Aber sie fordern die Einberufung einer verfassunggebenden Versammlung, öffentliche Freiheiten, Selbstbestim-
mungsrecht für nationale Minderheiten. Der Streik weitet sich

aus. Überall entstehen Aktionskomitees, Räte, Sowjets[14] aus Vertretern der Arbeiter. Der wichtigste diese Sowjets ist der von Sankt Petersburg, der am 13. Oktober zum erstenmal zusammentritt. Es handelt sich nicht um ein Beratungsgremium, sondern um eine Kampfgruppe, die das Regime stürzen will. Mitte Oktober befinden sich im Reich mehr als eine Million Menschen im Streik. Alle Einrichtungen sind betroffen. Angesichts der Größe der Bewegung scheint ein Gegenschlag der Regierung aussichtslos. Die Garnisonen sind schwach und unsicher, die aktive Armee ist noch nicht aus der Mandschurei zurückgekehrt. Trepow ist außer sich und lebt ohne genauen Plan von einem Tag zum anderen. Am 12. Oktober schreibt der Zar: »Der Eisenbahnerstreik, der im Raum Moskau begonnen hatte, hat Sankt Petersburg erreicht. Heute hat die Baltikum-Linie die Arbeit niedergelegt. Manuchin[15] und die Leute, die zur Audienz kamen, hatten Mühe, Peterhof zu erreichen. Damit wir mit Petersburg Nachrichten austauschen können, müssen die ›Dosorny‹ und die ›Raswjetschik‹[16] zweimal am Tag hin- und herfahren. Schöne Zeiten!«

Eine Woche später schreibt er seiner Mutter, der Zarenwitwe, einen langen Brief, in dem er ihr die Situation des Landes darlegt: »In Moskau traten verschiedene Kongresse zusammen, die Durnowo[17] gestattet hatte. Aus welchem Grund, weiß ich nicht. Dort haben sie den Eisenbahnerstreik vorbereitet, der in der Umgebung von Moskau begann und sogleich auf ganz Rußland übergriff. Sankt Petersburg wurden von den Provinzen im Inneren abgeschnitten. Seit einer Woche funktioniert die Baltikum-Linie nicht mehr. Der einzige Verbindungsweg zur Stadt ist das Meer. Wie angenehm das zu dieser Jahreszeit ist! Nach der Eisenbahn hat sich der Streik auf Fabriken und Manufakturen ausgedehnt, schließlich auf die Stadtverwaltungen und die Abteilung für Eisenbahnen im Verkehrsministerium. Stell dir vor, welche Schande!... Gott weiß, was sich in den Universitäten abgespielt hat. Jeder konnte hinein, es wurden alle Arten von Scheußlichkeiten vorgebracht, und man hat es geduldet... Wenn man die Telegramme der Agenturen las, wurde einem ganz schwindlig, immer nur Nachrichten über Streiks in den Schulen, bei den Apothekern etc. Ermordungen von Polizisten, Kosaken und Soldaten, überall Unordnung, Aufstand, Meuterei. Und die Herren Minister versammelten sich wie naßgewordene Hühner, und anstatt zu handeln, diskutierten sie über eine Zusammenlegung aller Ministerien.«

Man ist einhellig der Meinung, daß nur ein Mann in der Lage ist, das Fieber, das Rußland schüttelt, zu senken: der, welcher das Unheil vorhergesagt hat und dem es gelungen ist, den immerhin recht ehrenwerten Frieden von Portsmouth zu schließen. Unwillig entschließt sich Nikolaus, sich noch einmal an diesen eifrigen Diener zu wenden, dessen Ideen und dessen Art ihm das Blut in den Adern gefrieren lassen. Am 9. Oktober wird Witte in Peterhof in Audienz empfangen und erklärt dem Zar, daß man zwischen zwei Möglichkeiten wählen müsse: entweder eine Diktatur einrichten, die den Aufstand erstickt, oder wichtige bürgerliche Freiheiten gewähren und die von der Mehrheit gewünschte verfassunggebende Versammlung einberufen. Er versichert, daß die erste Lösung wenig Aussichten auf Erfolg habe, die zweite jedoch Rußland aus einem blutigen Chaos retten könne. Nikolaus ist von seiner Zuversicht beeindruckt, verlangt aber einige Tage Bedenkzeit. Ohne Wittes Wissen konsultiert er die Zarin, Pobedonoszew, Graf Pahlen, den ehemaligen Justizminister General Richter, Staatssekretär Budberg und andere. Er hofft, daß der Clan der Konservativen ihn überzeugen kann. Einen Moment denkt er daran, eine Militärdiktatur unter der Führung Großfürst Nikolaus Nikolajewitschs einzuführen. Aber mit jeder Stunde, die mit weiteren Streiks, Gewalttaten und öffentlichen Äußerungen vergeht, neigt sich die Waagschale auf eine Verfassung zu. »Während dieser schrecklichen Tage«, schreibt Nikolaus in dem erwähnten Brief an seine Mutter, »sah ich Witte ständig. Unsere Gespräche begannen am Morgen und endeten abends, bei Einbruch der Nacht. Es galt, zwischen zwei Lösungen zu wählen: einen energischen Soldaten zu ernennen und den Aufstand mit größter Gewalt zu ersticken; danach hätte es eine Ruhepause gegeben, aber einige Monate später hätte man erneut Gewalt anwenden müssen; dies hätte Ströme von Blut gekostet und hätte nur zur Wiederholung der jetzigen Situation geführt... Die andere Lösung – Zuerkennung der Bürgerrechte, die das

Volk verlangt: Redefreiheit, Pressefreiheit, Versammlungsfreiheit, Unverletzlichkeit der Person, die Verpflichtung, alle Gesetzesvorhaben durch die Reichsduma beschließen zu lassen – letzten Endes bedeutet all dies eine Verfassung. Witte hat die letzte Lösung energisch vertreten und unterstrichen, daß sie zwar gefährlich, aber gegenwärtig die einzig mögliche wäre. Fast alle Leute, mit denen ich über diese Frage sprach, reagierten wie Witte und waren der Meinung, es gäbe keinen anderen Ausweg... Überall in Rußland wurde dies geschrieben, in Reden gefordert. Um mich herum hörte ich eine große Zahl von Leuten dasselbe sagen; ich konnte mich auf niemanden außer den ehrenwerten Trepow stützen; es gab keinen anderen Ausweg, als das in die Wege zu leiten, was alle forderten. Mein einziger Trost ist die Hoffnung, daß dies der Wille Gottes ist, daß diese schwierige Entscheidung Rußland aus der unhaltbaren Situation erlöst, in der es sich seit fast einem Jahr befindet... Die Welt ist völlig verrückt geworden... Ich versichere Dir, daß uns die Zeit hier nicht wie Tage, sondern wie Jahre erschien, so viele Qualen, Zweifel und Kämpfe haben wir durchgemacht... Möge Gott Rußland retten und beruhigen!«

Inzwischen treibt die Krise ihrem Höhepunkt zu. Ausländische Zeitungen schreiben, in Rußland sei die Revolution ausgebrochen. Die Mitglieder der deutschen Kolonie reisen eilig in ihre Heimat, und Wilhelm II. hält zwei Zerstörer bereit, die jederzeit nach Peterhof fahren und die russische Zarenfamilie aufnehmen können.

Am 15. Oktober legt Witte dem Zar bei einer Besprechung den Entwurf für ein Manifest vor, das die wichtigsten Verfassungsreformen ankündigt. Nikolaus ist bereit nachzugeben, zögert aber noch. Er steht da, schwankend, am Rand des Abgrunds. Die eisige Kälte der Zukunft erschreckt ihn und zieht ihn zugleich an. Er trifft keine Entscheidung. Aber zwei Tage später, am 17. Oktober, wird Witte erneut nach Peterhof gerufen. Diesmal scheint der Zar einen Entschluß gefaßt zu haben. Sein Onkel, Großfürst Nikolaus Nikolajewitsch, den er zum Diktator machen wollte, kommt gerade von einer Jagdpartie nach Hause. Der Eisenbahnerstreik flößt ihm solche Angst ein, daß er erklärt, er werde sich eine Kugel in den Kopf schießen, wenn der Zar nicht bereit sei, Wittes Manifest zu unterzeichnen. Seine energischen Worte beseitigen Nikolaus' letzte Zweifel. Während er seinen Namenszug unter das Dokument setzt, hat er das Gefühl, Jahrhunderte russischer Geschichte zu opfern, seine Vorfahren zu verraten und vielleicht sogar die Zukunft der Dynastie preiszugeben. Er nimmt es Witte übel, ihn überredet zu haben.

Das kaiserliche Manifest appelliert an die Vernunft der Nation. »Die Unruhen und Umtriebe in den Hauptstädten und zahlreichen Regionen unseres Reiches erfüllen mein Herz mit einem großen, schweren Kummer. Das Wohlergehen des russischen Herrschers ist untrennbar mit dem seiner Untertanen verbunden, und ihr Kummer ist auch der seine. Die entstandenen Unruhen können unter den Massen großes Unheil anrichten und für die Einheit und Unversehrtheit des russischen Staats zur Bedrohung werden... Ich habe den zuständigen Stellen Anweisung gegeben, die notwendigen Maßnahmen zu ergreifen, um die Demonstrationen, Prügeleien und Gewalttaten zu beenden, um das friedfertige Volk zu beschützen, das in Ruhe seine Pflicht erfüllen will, die ihm auferlegt ist. Wir halten es für notwendig,... 1. der Bevölkerung eine solide bürgerliche Freiheit zu gewähren, die auf der Freiheit des einzelnen, der Freiheit des Gewissens, der Freiheit der Versammlung beruht. 2. das unerschütterliche Prinzip einzuführen, daß kein Gesetz in Kraft treten kann, ohne daß die Reichsduma zustimmt, und den gewählten Vertretern des Landes die Möglichkeit zu geben, dabei mitzuwirken, die Handlungen der Regierung einer gesetzlichen Kontrolle zu unterziehen. 3. die Klassen, die bisher kein Wahlrecht besaßen, an den Wahlen zur Duma teilnehmen zu lassen...«

Am selben Abend schreibt Nikolaus erschöpft und verzweifelt in sein Tagebuch: »Ich habe um fünf Uhr das Manifest unterzeichnet. Nach einem solchen Tag ist mein Kopf schwer und meine Gedanken trübe, Herr, komm uns zu Hilfe, versöhne Rußland!«

Am nächsten Tag, dem 18. Oktober 1905 ist er wieder zuversichtlich: »Heute fühle ich mich besser, denn die Entscheidung ist getroffen und die Sache abgeschlossen. Der Morgen war sonnig und fröhlich, ein gutes Omen. Wir sind zu zweit spazie-rengegangen.«

Die Generalin Bogdanowitsch ist weniger optimistisch als der Zar und schreibt unter demselben Datum: »Die Verfassung wurde verkündet. Witte wurde zum Premierminister und zum Innenminster ernannt. Das Volk läuft mit roten Fahnen durch die Straßen. Heute nacht rechnet man mit schweren Unruhen. Die Schießerei hat schon begonnen!«

Die Veröffentlichung des Manifests vom 17. Oktober 1905 wird von der Mehrheit des Landes mit Begeisterung aufgenommen. Die Leute umarmen sich auf der Straße, einige Fahnen erscheinen in den Fenstern, einige in Nationalfarben, andere rot. Zwischen den Anhängern der Reformen macht sich indes schnell ein tiefer Graben breit. Jeder hat eigene Vorstellungen von der politischen Zukunft Rußlands. Die gemäßigsten wären schon mit einer beratenden Versammlung zufrieden; andere fordern ein echtes Parlament; die Sozialisten träumen von einer demokratischen Republik und sehen nur ein Mittel, um dies zu erreichen: den bewaffneten Aufstand. Angesichts dieser Divergenzen im Lager der »Linken« beginnen die energischsten Verteter des Adels, ihre Privilegien zu verteidigen. Sie nutzen dabei die nationalistischen und antisemitischen Neigungen eines Teils der Bevölkerung und beteiligen sich am Aufbau einer offen monarchistischen Vereinigung, der »Union des russischen Volkes«, deren Mitglieder aus der städtischen und ländlichen Mittelschicht stammen. Es sind kleine Händler, Handwerker, Hausmeister, Mitglieder des niederen Klerus... Je mehr sich die reaktionären Kräfte formieren, desto zuversichtlicher wird der Zar. Er bedauert es bereits, Witte zum Premierminister und Innenminister ernannt zu haben. Mehr denn je ist General Trepow der Mann seines Vertrauens. »Letzten Endes«, schreibt Witte in seinen Memoiren, »wurde Trepow zum Regierungschef ohne Verantwortung, und ich zum verantwortlichen Premierminister, der nicht den geringsten Einfluß hatte.«

Die Öffentlichkeit bemerkt sehr bald, daß Witte keine wirkliche Macht besitzt. Durch die Straßen ziehen Demonstranten jeglicher Couleur. Große Horden, die hinter roten Fahnen herlaufen, geraten mit den Freunden der »Union des russischen Volkes« aneinander, die weiße Schärpen und die Nationalfar-

ben, Ikonen und Porträts Nikolaus II. herumtragen, »Gott
schütze den Zaren« singen und judenfeindliche Parolen rufen,
welche diese zu Anstiftern der Revolution erklären: »Schlagt
das Judenpack! Rettet Rußland!« Diese Gegendemonstranten,
»Schwarze Hundertschaften« genannt, werden von der Polizei
geschützt. Die Streitigkeiten arten in Pogrome aus. In der Woche nach dem 17. Oktober finden hundert Pogrome statt, in deren Verlauf 3 000 Menschen getötet und an die 10 000 verletzt
werden. In Odessa dauern die Unruhen vier Tage und fordern
an die 500 Opfer, Männer, Frauen und Kinder. In Tomsk zünden
die »Patrioten« das Theater an, in das sich 200 Revolutionäre
geflüchtet hatten. In Minsk schießen Soldaten auf Demonstranten. In Moskau wird der Tierarzt Baumann, ein Bolschewik, der
eine Massendemonstration vor dem Taganka-Gefängnis an-
führt, von einem Polizisten getötet. Am nächsten Tag nehmen
zweihunderttausend Arbeiter an seinem Begräbnis teil. Der
Zug folgt mit Revolutionsfahnen und Kränzen dem rotge-
schmückten Sarg, den kein Priester begleitet. Auf dem Rückweg stößt er auf Verbände der Schwarzen Hundertschaften. Ein
Kosakengeschwader greift ein. Es wird geschossen, sechs Menschen sterben, hundert werden verletzt. In Sankt Petersburg
flammt der Streik wieder auf, aber ohne große Unruhen, da Generalgouverneur Trepow den Truppen Anweisung gegeben hat,
»nicht mit Munition zu sparen«. Matrosen erheben sich in
Kronstadt, Sewastopol und Nikolajew. Auf dem Land nehmen
die Bauernrevolten zu. In allen Industriezentren werden Sowjets aus Arbeitervertretern gebildet. Witte ist nicht in der
Lage, die Situation in den Griff zu bekommen, und seufzt:
»Wenn sich Christus selbst an die Spitze dieser Regierung stellen würde, würde ihm im Augenblick niemand trauen.« Die
Presse, von allen Fesseln befreit, erhebt neue Forderungen: Ge-
neralamnestie, Gründung einer Volksmiliz, Abschaffung der
Todesstrafe... Um den Aufstand in Grenzen zu halten, beruft
Witte den resoluten Peter Durnowo ins Innenministerium.
   Der Neuankömmling schlägt sogleich mit der Faust auf den
Tisch: In Polen wird der Ausnahmezustand ausgerufen; in Mit-
telrußland und im Osten, wo die Muschiks die Grundbesitzer
bedrohen, kommt es zu blutigen Unterdrückungsmaßnahmen;

im Kaukasus werden die Polizeieinsätze verstärkt, General Orlow wird nach Lettland und Estland geschickt, um die Bauern, die sich gegen die baltischen Barone erheben, niederzuwerfen; entlang der Transsibirischen Eisenbahn wird unter Leitung der Generäle Rennenkampf und Möller-Sakomelski eine Strafexpedition durchgeführt, um mit aller Härte gegen die Eisenbahner vorzugehen, die den Verkehr unterbrochen haben und die Heimkehr der Truppen aus der Mandschurei behindern. Überall werden Bauern, Arbeiter, Deserteure verhaftet, es wird ausgepeitscht, gehängt, erschossen, aber das Feuer beginnt, wenn es an einer Stelle gelöscht ist, woanders von neuem zu brennen. In Sankt Petersburg bereitet der Arbeitersowjet offen einen bewaffneten Aufstand vor. Die Regierung reagiert, indem sie 49 Mitglieder des Komitees einsperrt, darunter auch den Vorsitzenden Nossar. Daraufhin organisiert der Arbeitersowjet von Moskau einen neuen Streik, an dem über 100 000 Arbeiter teilnehmen. Die Delegierten von neunundzwanzig Eisenbahnlinien, die sich in der Stadt zu einer Konferenz getroffen haben, unterstützen diese Entscheidung. Sie werden mit alten Gewehren und Revolvern ausgestattet. Kampfbataillone aus Bolschewiken werden beauftragt, die Soldaten in den Kampf miteinzubeziehen. Witte, der von diesen Vorbereitungen hört, macht Admiral Dubassow, einen energischen und entschlossenen Mann, zum Generalgouverneur der Stadt, und schickt ihm Truppen nach Sankt Petersburg. Am 9. Dezember umstellt die Armee die Fidler- Schule, in der sich die Kampfbataillone versammelt haben, und beschießt sie, nachdem sie aufgefordert worden sind, sich zu ergeben, mit schwerem Geschütz. Daraufhin werden in den Straßen Barrikaden aus Pflastersteinen, Geländern, Straßenschildern und umgestürzten Schlitten errichtet. Die Aufständischen lassen sich aber auf keine Kämpfe ein, sondern laufen davon, sobald sich Truppen nähern. In der Nacht sammeln sie sich wieder und schießen aus Fenstern und von Dächern auf die Polizisten und Kosaken, die versuchen, die Barrikaden wegzuräumen. Dubassow fürchtet, die Soldaten könnten sich mit den Meuterern verbrüdern, und wartet ungeduldig auf das Eintreffen der Garderegimenter, die zur Verstärkung aus Sankt Petersburg kommen sollen. Am 15. Dezember dringt das Regiment Semjonowski in Moskau ein; mit unglaublicher Brutalität werden Säuberungen durchgeführt. Im Stadtzentrum wird Artillerie eingesetzt. Die Presnja-Vorstadt, die von knapp 300 Arbeitern verteidigt wird, leistet den Regierungstruppen erbittert Widerstand. Elf Infanterie- und fünf Kavallerieregimenter setzen sich schließlich durch. Bewaffnete werden sofort erschossen. Bei dem Kampf werden auf beiden Seiten 18 000 Menschen getötet und über 30 000 verletzt. Admiral Dubassow gibt in den Zeitungen seinen Sieg bekannt: »Ich wende mich an die Teile der Bevölkerung und der Presse, die uns treu geblieben sind. Ich möchte ihnen sagen, daß jeder Soldat, der in der jetzigen Lage handeln muß, einer schweren Gewissens- und Willensprüfung unterzogen wird. Er ist zerrissen von dem Kampf zwischen seiner höchsten Pflicht und seiner Verwandtschaft mit dem Feind, der sich im Wahn gegen ihn erhebt.«

Nachdem der Aufstand niedergeschlagen ist, erwacht Moskau aus einem Alptraum. Wer den Revolutionären geholfen hat, Barrikaden zu bauen, stellt erleichtert fest, daß wieder Ordnung und Sicherheit in die Stadt eingekehrt sind. Am 19. Dezember schreibt Nikolaus in sein Tagebuch: »Es ist nicht mehr ganz so kalt... Ich habe einen langen Spaziergang gemacht... In Moskau wurde die Revolte Gott sei Dank mit Waffen niedergeschlagen. Das Regiment Semjonowski und das 16. Regiment Ladojski haben großen Anteil daran.« In den Briefen, die er regelmäßig an seine Mutter schreibt, die nach Dänemark gereist ist, drückt er sich deutlicher aus: » Die Ereignisse von Moskau sind schlimm und schmerzen mich sehr, aber ich glaube, so ist es am besten. Das Geschwür reifte schon lange Zeit und verursachte großes Leid, jetzt ist es endlich aufgebrochen!«[1] Und in einem anderen Brief schreibt er: »Das energische Handeln von Dubassow und den Truppen in Moskau hat, wie man erwarten konnte, in Rußland einen tiefen Eindruck hinterlassen. Alle schlimmen Elemente haben natürlich den Mut verloren, sowohl im Nordkaukasus als auch im Süden Rußlands und den Städten Sibiriens... In den baltischen Provinzen geht der Aufstand weiter... Viele Banden wurden zerstört, ihre Häuser und ihr Besitz verbrannt. Auf Terror muß man mit Terror antworten. Das hat endlich auch Witte begriffen.«[2]

Witte geht zwar mit Härte gegen die Unruhen in den Städten und auf dem Land vor, verliert aber nicht die Notwendigkeit aus den Augen, die gegenwärtige Herrschaftsform, die nicht mehr den Wünschen der Mehrheit entspricht, zu reformieren. Er setzt die Verfassung des Großherzogtums Finnland wieder ein, gibt provisorische Bestimmungen über die Freiheit der Presse, der öffentlichen Versammlung, der Vereinigung heraus, er gestattet die Gründung von Gewerkschaften, läßt ein erstes Sozialversicherungssystem entwerfen und bemüht sich, das Elend der Bauern zu lindern, indem er ihnen die jährlichen Zahlungen für den Kauf von Land erläßt, den sie nach der Aufhebung der Leibeigenschaft durch Alexander II. getätigt haben. Eine Sonderkonferenz unter Vorsitz des Zaren geht der Reform des Wahlgesetzes voraus und beginnt mit der Formulierung »grundlegender Gesetze«, die den Aufbau des Staates regeln, bereitet zwei verfassunggebende Versammlungen vor, die Duma und den Reichsrat, wobei letzterer das Oberhaus bildet. Es soll der Duma übergeordnet sein und liberale Impulse zurückdrängen. Die Hälfte der Mitglieder wird vom Zar bestimmt, die andere wird von den Semstwos, dem Adel, dem Großhandel und der Industrie gewählt. Dieses entschieden selektive Prinzip stellt eine Garantie dafür dar, daß die Abgeordneten der Monarchie ergeben sind. Die Duma-Abgeordneten werden von drei verschiedenen Ständen gewählt: Grundbesitzern, Städtebewohnern und Bauern. Bei dieser Aufteilung behält die besitzende Klasse die Oberhand. Von den 7200 Wählern, welche die Mitglieder der Duma bestimmen, verfügen die Grundbesitzer und Besitzbürger über 58 Prozent der Stimmen. Die Stimme eines Grundbesitzers zählt dreimal soviel wie die eines Bürgers, fünfzehnmal soviel wie die eines Bauern, fünfundvierzigmal soviel wie die eines Arbeiters. Für Nikolaus sind Duma und Reichsrat zwei Gremien, die ihm ihre Ansichten kundtun dürfen, aber ihm nie vorschreiben können, was er zu tun hat. Er nimmt eine gewisse Begrenzung der Legislative hin, die Exekutive behält er allein. Er mißtraut seinen Ministern und hört gerne auf Rat von anderer Seite. Als der Zarenfamilie ihr Erbland genommen werden soll, das bislang vom Hofministerium verwaltet wurde, befiehlt ihm die Zarenmutter per Brief, nicht

nachzugeben. »Jetzt möchte ich über eine Sache zu Dir sprechen, die mich quält und sehr beunruhigt«, schreibt sie. »Es geht
um die Ländereien, welche diese Schweine uns entsprechend
den Programmen der verschiedenen Parteien wegnehmen wollen... Alle sollen wissen, daß von nun an niemand mehr es nur
wagen darf, sie anzurühren, da es um persönliche und private
Rechte des Zaren und seiner Familie geht. Es wäre der größte
nicht wiedergutzumachende historische Fehler, wenn wir davon nur eine Kopeke abgegeben würden. Es ist eine Frage des
Prinzips, und die Zukunft hängt von ihr ab.«

Den größten Trost empfängt Nikolaus wie immer bei seiner
Frau. Sie hält ihm flammende Reden und fördert seine Vorliebe
für den Absolutismus. Er traut ihr mehr als sich selbst.

Seit einiger Zeit hört er auch immer mehr auf die Meinung
General Trepows, der sein Amt als Generalgouverneur nieder-
gelegt hat, Schloßkommandant geworden und damit persönlich
für die Sicherheit Seiner Majestät verantwortlich ist. So folgt er
seinem Herrscher wie ein Schatten und nutzt die Gelegenheit,
Witte in Gegenwart der Zarenfamilie zu schaden. Er und Zarin
Alexandra Fjodorowna stellen sich gegen Witte und reden dem
Zar ein, daß die Demonstrationen der Ultramonarchisten den
Willen der Mehrheit des Volkes zum Ausdruck brächten. Die
Gewalttaten der Schwarzen Hundertschaften erscheinen Nikolaus als erste Anzeichen einer Wiedergesundung Rußlands. Er
schreibt seiner Mutter, die immer noch in Dänemark weilt:
»Eine starke Reaktion hat stattgefunden, und die ganze Masse
der Gläubigen hat sich erhoben... Das Volk ist empört über die
Dreistigkeit und Kühnheit der Revolutionäre und Sozialisten,
und da neun Zehntel von ihnen Juden sind, richtet sich der
ganze Haß gegen sie: daher die Pogrome... Es ist erstaunlich,
mit welcher Einheitlichkeit dies in allen Städten Rußlands und
Sibiriens geschehen ist. In England schreibt man natürlich, daß
diese Unruhen von der Polizei organisiert worden seien – eine
uraltes Märchen, das man seit jeher kennt! Aber es sind nicht
nur die Juden, mit denen man Streit sucht, sondern auch die
russischen Agitatoren, Anwälte und alle möglichen anderen
Sorten schlimmer Menschen... Ich erhalte rührende Telegramme von allen Seiten, die mir für die Gewährung der Frei-

heit danken, sie weisen aber deutlich darauf hin, daß sie die Autokratie bewahren wollen.« Nikolaus fährt fort und teilt seinem Premierminister einen Hieb aus: »Es ist seltsam, daß ein so intelligenter Mann wie Witte sich so irren konnte und glaubte, daß schnell Ruhe einkehren würde. Ich schätze es gar nicht, daß er mit verschiedenen Leuten spricht, die radikale Ansichten vertreten; am nächsten Tag wird über diese Gespräche in den Zeitungen berichtet, und sie werden natürlich verfälscht wiedergegeben.« Einige Tage später präzisiert er den Gedanken noch: »Du schreibst mir, liebe Mama, ich solle Witte vertrauen. Ich kann Dir versichern, daß ich von meiner Seite aus alles getan habe, um seine schwierige Aufgabe zu erleichtern. Er spürt es. Aber ich kann Dir nicht verbergen, daß ich über ihn ein wenig enttäuscht bin... Man möchte meinen, die Regierung wage nicht offen zu sagen, was man tun kann und was nicht. Ich spreche ständig mit Witte darüber, aber ich sehe, daß er seiner noch nicht sicher ist.«

Um dem Gift der Politik zu entkommen und sich ungezwungen zu bewegen, nähert sich Nikolaus der Garde an, die ihm seit jeher ergeben ist. Beinahe jeden Tag schreitet er ein Elitekorpsregiment ab, und oft speist er abends in der Offiziersmesse. Nach dem Essen singen die Soldatenchöre Volkslieder. Sie werden von mit rauhen Stimmen singenden Zigeunern abgelöst. Manchmal treten auch Solisten wie Schaljapin oder die Plewizkaja vor dem uniformierten Publikum auf. Der Chef des Kedrow-Quartetts, der zu einem dieser Abende eingeladen war, spendet reichlich Lob für die Einfachheit dieses »mächtigen Monarchen, der unerreichbar scheint, mit dem man jedoch sprechen kann wie mit jedermann und vor dem man ganz ungezwungen singen konnte«. Die Soldaten sitzen um den Zaren herum, rauchen, trinken, bringen witzige Trinksprüche aus, erzählen schlüpfrige Anekdoten, und Nikolaus lacht aus vollem Herzen. Er leert in einem Zug ein Glas Champagner, das man ihm reicht, während der Chor ihm zu Ehren das Lied von der Tscharotschka[3]
singt. Er läßt sich sogar von den Offizieren tragen und unter Hurra-Rufen in die Luft werfen, wie es nationaler Brauch ist. »Sahen alle Leute darin einen Ausdruck von Begeisterung ohne

irgendwelche Hintergedanken?« fragt sich General Alexander Spiridowitsch, der darüber berichtet. »Wurde der Monarch dadurch nicht mit gewöhnlichen Sterblichen auf eine Stufe gestellt?«[4]

Einige hochrangige Leute am Hof sind über die Vorliebe des Zaren für solche Veranstaltungen entsetzt und machen ihm im stillen den Vorwurf, bei der Armee an Ansehen zu verlieren. Härter fällt die Kritik der gehobenen Gesellschaft aus, die ihm vorwirft, er betrinke sich bei »nächtlichen Saufereien«. Dabei ist nichts falscher als das, zahlreiche Zeugen berichten von der Enthaltsamkeit des Zaren. Was ihm bei den Offizieren so gefällt, ist die Möglichkeit des Kontaktes mit jungen Leuten aus guter Familie, die ehrenhaft und diszipliniert sind und zur gegebenen Zeit seine Sache verteidigen und wenn notwendig dafür sterben werden.

Auf der anderen Seite empfängt er, da er sich immer mehr auf rechte Organisationen stützen möchte, Abordnungen patriotischer Gruppen, darunter die »Union des russischen Volkes«, und versichert sie seiner erhabenen Sympathie. Die Führer der Union verstehen es, die niedrigen Instinkte ihrer Anhänger auszunutzen, stiften sie zu Gewalttaten an, zu Denunziation und Antisemitismus. Sie bilden den Kern der Schwarzen Hundertschaften, die unter schweigender Duldung der Ordnungskräfte Pogrome veranstalten. »Der Empfang, den der Zar nach dem 17. Oktober den verschiedenen Organisationen der Schwarzen Hundertschaften gab, muß als Unglück für Rußland betrachtet werden«, schreibt General Mossolow. »Ich habe nie gewußt, wer diese Empfänge organisierte, aber ich nehme an, daß die Zarin daran beiteiligt war, aus der Überzeugung heraus, daß der Zar entsprechend seinem Krönungsschwur nicht auf die Autokratie verzichten durfte. Fredericks (der Hofminister) hat es nicht versäumt, seinen Herrn auf die Gefahr solcher geheimer Gespräche hinzuweisen. Aber der Zar antwortete immer wieder das gleiche: ›Darf ich mich nicht für das interessieren, was die Leute, die mir ergeben sind, denken und sagen?‹«[5]

Im Januar 1906 empfängt er erneut Abgeordnete der »Union des russischen Volkes«, die Doktor Dubrowin ihm vorstellt, und erklärt ihnen voller Pathos: »Männer Rußlands, vereinigt euch, ich zähle auf euch.« Und er geruht für sich und den Zarewitsch die Abzeichen der Mitglieder der Schwarzen Hundertschaft anzunehmen, die ihm seine Besucher zum Geschenk machen. Als diese ihn bitten, die Autokratie unangetastet zu lassen, antwortet er: »Ich werde die Bürde, die mir im Moskauer Kreml auferlegt worden ist, weiterhin tragen, und ich bin überzeugt, daß das russische Volk mir dabei seine Hilfe gewährt. Ich bin Gott Rechenschaft für meine Herrschaft schuldig. Danken Sie allen russischen Männern, die Ihrer Vereinigung angehören. Ich bin sicher, daß wir, ich und das russische Volk, mit Ihrer Mitwirkung die Feinde unseres Landes besiegen können. Bald wird die Sonne der Wahrheit über russischem Boden aufgehen und alle Zweifel vertreiben.« Nikolaus ist klug genug, nicht zu sagen ob mit dieser »Sonne der Wahrheit« die Duma oder ein Militärdiktator gemeint ist. Die äußerst reaktionäre Generalin Bogdanowitsch schreibt unter dem Datum des 18. Feburar 1906 in ihr Tagebuch: »Diese zaristischen Patrioten sind wirklich außergewöhnlich: Sie glauben an die absolute Souveränität eines Zaren, der sein Fähnchen nach jedem Wind dreht und nicht intelligent ist. Sie glauben, daß die wenigen Worte, die er ausgesprochen hat, einen Sieg über die Liberalen bedeuten. Ach! Sie sind nur Anzeichen dafür, daß ein tragisches Ende naht.«

Die Audienzen, die Nikolaus verschiedenen monarchistischen Organisationen gewährt, haben auf ihn stärkende Wirkung. Sie bekräftigen ihn in seiner autoritären Überzeugung und entfernen ihn von seinen Ministern. Am 8. Dezember 1905 schreibt er seiner Mutter: »Die Geister haben sich völlig gewandelt. Alle ehemaligen Liberalen, die immer alle Maßnahmen der Regierung kritisierten, rufen jetzt, man solle entschlossen handeln. Als vor einigen Tagen die 250 Anführer des Arbeiterkomitees und anderer Gruppierungen festgenommen wurden, waren alle zufrieden. Danach wurden zwölf Zeitungen verboten, und die Herausgeber wurden wegen all des Schmutzes, den sie geschrieben hatten, sogar vor Gericht gestellt. Wieder waren alle einhellig der Meinung, daß man schon lange so hätte handeln sollen. In dieser Woche finden hier ernste und ermüdende Sitzungen wegen der Wahlen zur Reichsduma statt... Alexei Obolenski[6] und ein paar andere Leute haben allgemeine Wahlen vorgeschlagen, das heißt, nach allgemeinem Wahlrecht, aber gestern habe ich diesen Vorschlag entschieden abgelehnt. Gott weiß, bis zu welchem Punkt diese Leute ihrer Phantasie freien Lauf lassen.« Am 12. Januar 1906 äußert er zu den Unterdrückungsmaßnahmen in Sibirien: »In Sibirien geht es jetzt auch besser, aber die Säuberung der Eisenbahner von allen Querköpfen ist noch nicht abgeschlossen... Bei der dortigen Eisenbahn sind die Ingenieure und ihre Helfer Polen und Juden: Der ganze Streik und die Revolution danach sind von ihnen angezettelt worden, mit Hilfe vom rechten Weg abgekommener Arbeiter... Witte hat sich nach den Ereignissen von Moskau vollkommen gewandelt. Jetzt will er alle hängen und erschießen lassen. Ich habe noch nie ein solches Chamäleon oder einen Menschen gesehen, der seine Meinung wechselt wie er. Wegen dieses Charakterzugs hat kaum noch jemand Vertrauen zu ihm. Er hat sich in aller Augen völlig ruiniert, außer vielleicht in den Augen der Juden im Ausland.« Dafür teilt Nikolaus dem neuen Justizminister Akimow Lob aus, »ein bemerkenswert lebhafter und energischer Mann, der begonnen hat, seine verrottete Verwaltung zu disziplinieren«, und dem Innenminister Durnowo, der »bewundernswert handelt«. »Die übrigen Minister«, fügt er auf französisch hinzu, »sind lauter Leute ohne Bedeutung.«

Witte, den sein Herrscher nicht anerkennt, ist überzeugt, daß er gezwungen sein wird, vor Ende des Jahres zurückzutreten, kämpft aber dennoch hartnäckig, um Rußland vor dem Chaos und dem Bankrott zu retten. Der Krieg gegen Japan hat die Staatskasse geleert. Um sie wieder zu füllen, möchte Witte eine Anleihe von 2,250 Milliarden Franc mit Zinsen von sechs Prozent auf dem internationalen Markt tätigen. Er beginnt Gespräche mit der französischen Regierung und französischen Bankiers. Frankreich wäre einverstanden, wenn Rußland es auf der Konferenz von Algeciras in der Marokko-Frage unterstützt. Die Gespräche ziehen sich hin. Aber am 5. April 1906[7] ist die Angelegenheit schließlich besiegelt, noch bevor die Duma zusammentritt. Dies verleiht Witte eine Position der Stärke gegenüber der Versammlung, die in Kürze zusammentritt. Er bemüht sich auch, die grundlegenden Gesetze zu formulieren. Der Text wird einem vom Zar geleiteten Gremium vorgelegt, dem die Großfürsten Wladimir Alexandrowitsch, Nikolaus Nikolajewitsch und Michael Alexandrowitsch, sämtliche Minister und einige Mitglieder des Reichsrats angehören. Im Verlauf einer Diskussion vertritt der ehemalige Minister Goremykin die Meinung, man müsse der Duma verbieten, sich über eine eventuelle Enteignung des adeligen Grundbesitzes zugunsten der Bauern zu äußern. Wenn sie dies dennoch tue, so sagt er, müsse sie aufgelöst werden. Witte tritt dieser Beschneidung legislativer Macht energisch entgegen. Es gibt aber noch ein anderes Problem zu lösen: Soll man bei den Prärogativen der Krone von »höchster autokratischer Macht« oder »von absoluter unbegrenzter Macht« sprechen? Sogleich ruft Nikolaus aus: »Habe ich das Recht, die Grenzen einer Macht, die ich von meinen Vorfahren geerbt habe, zu verändern?« Dies ist eine Gewissensentscheidung, die ich allein treffe.« Witte antwortet, äußerst gereizt: »Diese Frage entscheidet über die Zukunft Rußlands. Wenn Ihre Majestät glaubt, sie könne nicht auf die uneingeschränkte Macht verzichten, dann braucht man auch die grundlegenden Gesetze nicht zu ändern.« Zur großen Überraschung des Zaren pflichten alle Anwesenden diesem anmaßenden Einwurf bei. Graf Pahlen bemerkt respektvoll: »Ich war nicht für das Manifest vom 17. Oktober. Aber es existiert. Sie haben selbst entschieden, Sire, Ihre Macht zu begrenzen.« Innenminister Durnowo geht noch weiter: »Seit dem 17. Oktober existiert die absolute Monarchie nicht mehr.« Selbst Großfürst Nikolaus Nikolajewitsch, den man wahrlich nicht des Liberalismus verdächtigen kann, äußert sich ähnlich: »Durch die Unterschrift unter den Akt vom 17. Oktobter haben Sie selbst, Sire, das Wort ›unbegrenzt‹ gestrichen.« Nikolaus, der sich geschlagen sieht, verschiebt die Entscheidung auf den übernächsten Tag, den 12. April. An diesem Tag erklärt er sich mit dem Text, den der Ministerrat vorgelegt hat, einverstanden. Er bleibt Alleinherrscher, aber seine Macht ist nicht mehr »unbegrenzt«. Was aber ist ein Autokrat, dessen Wille der Zustimmung einer gewählten Versammlung unterliegt? Niemand in Rußland weiß es wirklich.

In dieser ambivalenten Atmosphäre wird die Sitzung der Duma vorbereitet. Entgegen den Erwartungen der Regierung haben die Wahlen eine Mehrheit für die Linke ergeben. Von 524 Abgeordneten sind 48 Kadetten, 63 nationale Autonome und 111 Arbeiter. Die Sozialisten haben sich nicht beteiligt. »Die Wahlen zur Duma sind eine Niederlage für die Konservativen, der Sieg der Liberalen ist vollkommen«, schreibt die Generalin Bogdanowitsch. »Die Kammer wird revolutionär sein und sich schon bald als verfassunggebende Versammlung begreifen.«

Gleich nach ihrer Wahl entrüsten sich die meisten Abgeordneten darüber, daß die neuen Grundlagengesetze veröffentlicht worden sind, bevor die Duma überhaupt zusammengetreten ist. Sie sehen sich vor vollendete Tatsachen gestellt und fühlen sich vom Zar und seinen Beratern betrogen.

Witte, der sich vor Angriffen der Rechten und der Linken kaum noch retten kann, ist der Meinung, mit der Niederschlagung der Revolution und dem Abschluß des Anleihevertrags seine Aufgabe erfüllt zu haben. Am 14. April 1906 bietet er dem Zar seinen Rücktritt an und gibt als Begründung an, er sei mit der Politik des Innenministers Durnowo nicht einverstanden, der durch Aufrechterhaltung der Unterdrückungsmaßnahmen »die Mehrheit der Bevölkerung in Verwirrung gestürzt hat und so dazu beitrug, daß extremistische Elemente in die Duma gewählt wurden«. Er gibt vor, sein Amt mit Erleichterung aufzugeben. »Sie haben den glücklichsten Sterblichen vor sich«, erklärt er seiner Umgebung. »Der Zar konnte mir keine größere Gnade erweisen, als mich aus dem Gefängnis, in dem ich schmachtete, zu entlassen… Ganz Rußland ist ein Irrenhaus.« Er beschließt zu verreisen und sich im Ausland zu erholen. Der Zar ist erfreut, diesen zwar nützlichen, aber doch lästigen Mitarbeiter endlich loszuwerden. »Mein Leben lang werde ich diesem Mann nicht mehr die kleinste Aufgabe anvertrauen«, sagt er. »Die Erfahrung der letzten Jahre hat mir mehr als gereicht. Ich denke daran wie an einen Alptraum!« Er nimmt Wittes Rücktrittsgesuch an und ersetzt ihn im Amt des Premierministers sogleich durch seinen erbitterten Gegner, den rückständigen und borniert Goremykin. Der französische Botschafter Maurice

Bompard schreibt über ihn: »Er war ein Bürokrat, jene Art verknöcherter Bürokrat, den Courteline gerne auf die Bühne gebracht hätte.« In einem Brief an den Quai d'Orsay wird er noch deutlicher: »Alle Probleme, die uns heute bedrängen, rufen bei Goremykin irgendwelche Gesetzesparagraphen in Erinnerung, von denen er sich befriedigende Lösungen verspricht. Hier soll ein Bürovorsteher mit einer Revolution umgehen.« Die ungewöhnliche Wahl Goremykins erklärt sich daraus, daß er bei Alexandra Fjodorowna gut angeschrieben ist. Selbst Iswolski, der eine gute Meinung von der Zarenfamilie hat, räumt ein, daß »diese Ernennung sich daher erklärt, daß sich Goremykin bei der Zarin als Mitglied verschiedener Wohltätigkeitsvereine, deren Vorsitzende sie ist, beliebt gemacht hat.« Als Goremykin sein Amt antritt, umgibt er sich mit Mitarbeitern, die wegen ihrer reaktionären Ansichten bekannt sind, mit Ausnahme von Iswolski, der Außenminister wird und als Liberaler gilt, und dem neuen Innenminister Stolypin, einem Mann von Charakter, von dem es schon jetzt heißt, er könne das Land vor dem Ruin retten.

Der Tag der feierlichen Eröffnung der Duma ist auf den 27. April 1906 festgesetzt worden.[8] Das Taurische Palais, in dem früher Potemkin lebte, wurde für die Sitzungen der Versammlung eigens hergerichtet. Der Zar legt Wert darauf, den Abstand zu wahren, der ihn von den Volksdelegierten trennt. So beordert er sie zu sich in den historischen Rahmen des Winterpalais, statt sie an ihrem Versammlungsort zu besuchen. Er rechnet damit, daß das Rokoko-Dekor sie von ihrer Bedeutungslosigkeit überzeugt. Am Ende des riesigen Sankt-Andreas-Saals wurde auf einer Plattform, die mehrere Stufen hoch ist, der Zarenthron aufgestellt, mit einem doppelten Hermelinmantel drapiert. An beiden Seiten stehen Hocker mit der Krone und dem Szepter, das der Orlow ziert, ein vierhundertkarätiger Diamant, der größte der Erde. Unweit sitzen zwei hohe Würdenträger, von denen einer das Schwert der Gerechtigkeit und der andere die kaiserliche Standarte hält. Zu beiden Seiten stehen rechts die Großfürsten und Großfürstinnen, links die hohen Offiziere der Krone. Für die Regierungsmitglieder ist kein Platz vorgesehen; der Premierminister und die Minister stehen bei den Zuhörern. Das gesamte diplomatische Korps ist auf einer Tribüne versammelt.

Rechts im Saal stehen die Mitglieder des Reichsrats in ihren goldverzierten Uniformen, links die Mitglieder der Duma in dunklen Anzügen. Dort sieht man zwar einfache Fräcke, die Anwälte oder Ärzte aus der Provinz angelegt haben, es herrscht jedoch der Kaftan des Bauern und der Kittel des Arbeiters vor. »Was vor allem ins Auge stach«, berichtet Iswolski, »war der Ausdruck auf den Gesichtern. Zwischen zwei Reihen Militärs standen eng aneinandergedrängt die Abgeordneten; mancher alte General und mancher im Dienst ergraute Bürokrat verbarg nur mühsam sein Entsetzen, seine Entrüstung darüber, daß diese Eindringlinge mit siegessicherem Blick oder gar haßverzerrten Zügen die heilige Schwelle des Palasts überschritten hatten.«[9]

Als alle Geladenen an ihren Plätzen stehen, zieht eine Flut kirchlicher Würdenträger, mit Tiaren und in prachtvollen Priestergewändern, langsam in den Saal ein. Hinter ihnen schreitet der Zar in der Uniform eines Obersten des Regiments Preobajenski, quer über der Brust das blaue Band des Sankt-Andreas-Ordens. Die Zarenmutter und die Zarin begleiten ihn. Sie tragen weiße Kleider und Diademe im Haar. Ihre langen Schleppen werden von Pagen getragen. Die Offiziere aus dem Kaiserhaus beenden den Zug. Nach einem von den drei Metropoliten von Sankt Petersburg, Moskau und Kiew zelebrierten Te Deum reicht Graf Fredericks dem Zaren auf einem Goldtablett den Text seiner Rede. Nikolaus verliest sie mit klarer Stimme. Aber das Blatt zittert ihm in der Hand. »Ich werde von mir aus«, sagt er, »die Institutionen, die ich zugelassen habe, auf unerschütterliche Weise schützen, denn ich bin fest überzeugt, daß ihr alle eure Kräfte verwenden werdet, um dem Vaterland mit Ergebenheit zu dienen, um die Bedürfnisse der Bauern, die meinem Herzen so teuer sind, zu stillen, um auf die Erziehung des Volkes zu achten und auf die Mehrung seines Wohlstands. Ich erinnere euch, daß es, damit sich ein Staat wirklich entwickeln kann, nicht nur der Freiheit bedarf, sondern auch einer Ordnung, die auf den Grundlagen der Verfassung beruht.«

Das Wort »Verfassung« im Mund eines Autokraten muß die

Zuhörer elektrisieren. Aber die Abgeordneten der Opposition sind enttäuscht, weil der Zar es nicht für nötig erachtet hat, von Amnestie zu sprechen. Um eine neue Ära zu beginnen, ist es in ihren Augen unerläßlich, die politischen Gefangenen freizulassen. So wird die Rede mit eisigem Schweigen bedacht. Nach einem Moment der Stille brüllt ein alter General: »Ein Hurra auf den Zaren!« Einige konservative Abgeordnete stimmen ein. Es ist jedoch zu spät. Nikolaus ist beleidigt, daß man ihn so mißverstanden hat, und begibt sich zu seiner Privatwohnung. Alexandra Fjodorowna hält ihre Tränen zurück. Die Zarenmutter versucht, die Würde der Verletzten zu wahren. Wenig später sagt sie zu Kokowzow[10]: »Ich kann mich angesichts dieses schrecklichen Empfangs gar nicht beruhigen. Die Abgeordneten sahen uns an wie Feinde; ihre Gesichter drückten einen unerklärlichen Haß aus. Ist es möglich, mit solchen Leuten zusammenzuarbeiten? Ich habe Angst vor der Zukunft: Ich frage mich, ob es uns gelingen wird, neue revolutionäre Aufstände zu verhindern, und ob wir die Kraft finden, sie niederzuschlagen.«[11] Maurice Bompard schreibt seinem Minister: »Die Bauern waren schockiert von dem Luxus, der einen seltsamen Kontrast zu dem Elend bildete, das sie bislang kannten. Sie haben den Zaren, als er vorbeiging, zurückhaltend gegrüßt und blieben stumm, nachdem er seine Rede verlesen hatte, in der weder von Amnestie noch von Land die Rede war.«[12]

Nikolaus, der glaubte, er könne die niedrigsten seiner Untertanen beeindrucken, hat sie gegen sich eingenommen. Ein Vierteljahrhundert früher hätten sie sich allein bei seinem Erscheinen zu Boden geworfen. Heute tragen sie das Haupt hoch. »Fürstin Katharina Radziwill schreibt: »Als die Zeremonie zu Ende war, fragte man den Zaren, was ihn am meisten beeindruckt hatte. Er antwortete spontan, er hätte bemerkt, daß einige der Kaftane, welche die Abgeordneten der Bauernschaft getragen hätten, nicht neu gewesen seien und daß sie sich wirklich für diesen Anlaß neue Kleider hätten kaufen können.«

Im Winterpalais wird den Abgeordneten von der Menge applaudiert. Ihre plötzliche Popularität steigt ihnen zu Kopf. Sie glauben, daß der Zar nicht der einzige Herrscher im Land ist. Die Schiffe, die sie zum Taurischen Palais, ihrem Sitzungsort, bringen sollen, fahren auf der Newa an den Mauern des Kresty-Gefängnisses vorbei. Die Gefangenen, die hinter den Gitterstäben an den Fenstern hängen, winken mit Taschentüchern und rufen: »Amnestie!« Dieser Schrei wird von der Menge auf den Kais aufgenommen. Die Abgeordneten grüßen in die Menge, als hätten sie ihren ersten Sieg über die Monarchie davongetragen.

Nach dem herrschenden Recht wählt der Zar seine Minister nach eigenem Gutdünken und ist in keiner Weise gezwungen, sich von ihnen zu trennen, wenn die Duma ihnen das Mißtrauen ausspricht. Der Präsident der Kammer darf dem Zaren persönliche Berichte vorlegen, um ihn über die Meinung der Abgeordneten zu unterrichten, ohne daß der Zar darauf Rücksicht nehmen müßte. Die Budgets von Armee, Marine und Hof unterliegen nicht der Kontrolle der Volksvertreter. Außerdem behält die Regierung sich das Recht vor, während der Duma-Ferien Dekrete mit Gesetzescharakter zu veröffentlichen, sofern sie ihr diese in der folgenden Sitzungsperiode vorlegt.

Gleich zu Beginn ihrer Arbeit empfinden die Abgeordneten diese Beschränkungen als unerträglich. Kaum haben sie die pompöse Rede des Zaren verdaut, da finden sie sich alle in erregter Stimmung im Taurischen Palais ein. Kein Minister hat sich die Mühe gemacht, an ihrer ersten Arbeitssitzung teilzunehmen. Ihre Abwesenheit stört niemanden. Es ist ihre Aufgabe, so glauben die Abgeordneten, dem Zaren sein Verhalten vorzuschreiben und nicht die Erklärungen der verschiedenen Regierungsmitglieder anzuhören, die nichts sind als Diener Seiner Majestät. Mit großer Mehrheit wird Professor Muromzew zum Dumapräsidenten gewählt. Dieser gibt zuerst dem Abgeordneten Petrunkewitsch das Wort, einem zur Linken gehörigen »Kadetten«, einem Patriarchen des russischen Liberalismus, der ausruft: »Das freie Rußland fordert die Freilassung aller, die für die Freiheit gelitten haben!« Dies ist ein Verweis für den Monarchen, der in seiner Botschaft mit keinem Wort von Amnestie gesprochen hat. Dabei ist diese Amnestie für die liberale Mehrheit der Duma eine vordringliche Frage. Sie steht an erster Stelle der Forderungen, welche die Deputierten in einer sogleich formulierten Petition an den Zaren auflisten.

Einer überbietet den anderen; man redet sich in Rage. »Die Schreiber nahmen Vorschläge von allen Seiten entgegen«, schreibt Maurice Bompard seinem Minister Léon Bourgeois nach Paris. Es brauchte nur ein Abgeordneter eine liberale Forderung zu stellen, und schon wurde sie in die Bittschrift aufgenommen.« Und weiter: »Es war ein einzigartiges Schauspiel, diese 450 Abgeordneten zu sehen, die 18 Stunden am Tag Sitzung hielten, ohne zu ermüden, und hingebungsvoll den immer gleichartigen Reden lauschten, die von der Tribüne zur Genüge wiederholt wurden, und durch Applaus und einstimmige Beschlüsse die radikalsten Vorschläge befürworteten.«[1] Die wenigen Abgeordneten der äußersten Rechten versuchen vergeblich, den Reformeifer ihrer Kollegen zu bremsen. Als einer von ihnen den Abgeordneten Karaulow »Zuchthäusler« nennt und ihn damit zu beschimpfen glaubt, antwortet dieser voller Stolz: »Ja, ich habe im Zuchthaus gesessen mit geschorenem Kopf, angeketteten Füßen, ich bin die endlose Straße gegangen, die nach Sibirien führt. Das war mein Verbrechen: Ich wollte euch die Möglichkeit geben, auf diesen Bänken zu sitzen. Ich habe dem Meer von Tränen und Blut, das euch hierhergebracht hat, meinen Teil hinzugefügt!«[2] Die Versammlung erhebt sich und applaudiert ihm.

Fünf Sitzungen lang dauert die Formulierung der Bittschrift an den Zaren. Sie wird bei sechs Gegenstimmen mit großer Mehrheit beschlossen. In dem Schriftstück wird außer einer Generalamnestie folgendes gefordert: eine Verwaltung, die sich vor der Duma verantworten muß, die Abschaffung des Reichsrats, die Ausweitung der Rechte der Abgeordneten in Gesetzgebung und Haushalt, die Aufhebung von Sondergesetzen, einen Erlaß, in dem genau beschrieben wird, was individuelle Freiheit ist, Gewissensfreiheit, Rede- und Pressefreiheit, Versammlungsfreiheit und Streikrecht, die Gleichheit aller Bürger vor Gericht ohne Unterschied der Klasse, der Nationalität, der Konfession, des Geschlechts; die Abschaffung der Todesstrafe, die Enteignung der Ländereien und die Anerkennung der berechtigten Forderungen andersstämmiger Völker. Dieses Programm ist äußerst radikal, und selbst die, welche es wie im Fieber erarbeitet haben, sehen ein, daß es keinerlei Chance hat, vom Zar akzeptiert zu werden.

Tatsächlich ist Nikolaus entmutigt und traurig über die Haltung der Volksvertreter. Je mehr er ihnen entgegenkommt, desto weniger achten sie ihn. Er glaubte, Mitarbeiter in ihnen zu finden und entdeckt, daß sie Feinde sind. Diese Leute können sich nicht bedanken, sondern nur fordern. Für wen halten sie sich nur? Sie brauchen eine Lektion. Eine Delegation ist von der Duma beauftragt worden, die Bittschrift Seiner Majestät zu überreichen. Nikolaus weigert sich, sie zu empfangen, und am 13. Mai begibt sich Goremykin zusammen mit den Mitgliedern seines Ministeriums in das Taurische Palais, um die Erklärung der Regierung zu verlesen. Die Deputierten erfahren zu ihrem großen Erstaunen, daß alle ihre Vorschläge abgelehnt worden sind. Eine Welle der Entrüstung geht durch die Versammlung. Redner sämtlicher Gruppen besteigen die Tribüne und fordern das Kabinett auf, zurückzutreten. Eilig wird eine Resolution verfaßt, in der die Duma erklärt, daß sie sich »angesichts der Weigerung der Regierung die Forderungen der Nation zu erfüllen, ohne deren Verwirklichung weder Ruhe im Land einkehren noch fruchtbare Aktivitäten begonnen werden können«, ihrerseits weigert, der Regierung ihr Vertrauen zu schenken. Mit Ausnahme von elf Abgeordneten stimmen alle für die Resolution. Sie vergessen dabei, daß die Minister der Kammer keine Rechenschaft schuldig sind. Die Duma übersieht die Grenzen, die ihr am Anfang gesetzt worden waren, und betrachtet sich von vornherein als eine Art verfassungsgebende Versammlung, die mit souveränen Rechten ausgestattet ist. Angesichts solcher Vermessenheit können Goremykin und seine Kollegen nur mit den Schultern zucken.

Nikolaus, der sich über die Debatten unterrichten läßt, zügelt seinen Groll – was verdienstvoll ist – und beschließt, das Experiment fortzusetzen. Als Reaktion auf die verbale Erregung in der Duma kommt es in den Städten und auf dem Land wieder zu Unruhen: Attentate gegen Regierungsbeamte, Pogrome in Bialystok, Meuterei im ersten Bataillon des Regiments Preobajenski... Jedes dieser Ereignisse findet ein Echo in der Versammlung. Tag und Nacht ergießen sich Ströme von Worten über die Teilnehmer, pro Sitzung werden im Durchschnitt fünf Anfragen gestellt, ohne daß irgendein Minister antwortet. Versucht es einer, wird er ausgebuht und gibt auf. »In der Duma brodelt es«, schreibt Maurice Bompard an Léon Bourgeois. »Sie kocht im eigenen Saft, wenn ich das so sagen darf. Die Leidenschaften werden immer heftiger, und die Gewalttätigen gewinnen täglich an Terrain. Die Gemäßigten, welche die Mehrheit bilden, gehen unter; sie klagen über die Blindheit der Regierung, aber weil sie nicht anders können, überlassen sie mit gesenktem Kopf und unruhigem Herzen den radikalen Parteien das Spielfeld.«[3]

Die Abgeordneten, die von vornherein wissen, daß man nicht auf sie hört, setzen schlecht und recht ihre Arbeit fort. Einstimmig beschließen sie die Abschaffung der Todesstrafe. Aber besonders beschäftigen sie sich mit dem Agrarprogramm, weil die Bauern wünschen, daß dies zuallererst realisiert wird. Die »Kadetten« schlagen vor, nur die Ländereien zu enteignen, die den Bauern bereits verpachtet worden sind. Die Anhänger der Arbeiterschaft wollen die Maßnahmen auf alle Arten von Ländereien ausdehnen, ohne Entschädigung. Goremykin kommt der Duma zuvor und läßt am 20. Juni im »Regierungsboten« ein offizielles Kommuniqué veröffentlichen, in dem das Prinzip der Enteignung verworfen wird. Die Duma reagiert, indem sie sich direkt an die Bevölkerung wendet und ihr mitteilt, daß sie, was immer geschieht, nicht auf ihren Plan verzichten wird, den Bauern kultivierbares Land, das sich in Privatbesitz befindet, zu übertragen. Dieser Antrag erhält nur die 124 Stimmen der »Kadetten«. Aber trotz der mageren Ergebnisse der Abstimmung beweist sie doch dem Zaren, daß die Versammlung nicht unter Kontrolle zu bringen ist. In Frankreich und England werden die Forderungen der Abgeordneten begeistert begrüßt. Maurice Bompard, der den Ereignissen näher ist, analysiert klug die Zusammenhanglosigkeit der parlamentarischen Debatten. »Die Kadetten sind Doktrinäre, um nicht zu sagen Visionäre, die davon träumen, in Rußland, ohne lange zu fragen, eine konstitutionelle Regierungsform einzuführen, wie sie bei uns erst nach einem Jahrhundert und mehreren Revolutionen heimisch wurde. Rußland ist darauf aber weniger vorbereitet als irgendein anderes westliches Land es war, als es sich auf diesen Weg begab... Die Kadetten nehmen nicht zur Kenntnis, daß Politik die Kunst des Möglichen ist. Anstatt sich im Moment mit liberalen Reformen zufriedenzugeben, die wirklich wichtig und im Prinzip durch das Manifest vom Oktober genehmigt sind, halten sie sich unerschütterlich an dogmatische Theorien, durch die sie schließlich alles verlieren werden.«

Schon raten einige Minister dem Zaren, die Duma schlicht und einfach aufzulösen. Aber Nikolaus zögert noch. Auf seine Initiative hin kommt es zu Gesprächen zwischen den gemäßigten Vertretern der »Kadetten«. Man denkt an eine Regierung, an der Muromzew und Miljukow beteiligt sind. Aber diese zeigen sich so unnachgiebig, daß der Zar seinen Vorschlag zurückzieht. »Jetzt zögere ich nicht mehr«, sagt er zu Kokowzow.[4] »Ich habe kein Recht, das Erbteil, das ich von meinen Vorfahren erhalten habe, aufzugeben, ich muß es unversehrt an meinen Sohn weitergeben.« Auf seinen Befehl beschließt die Regierung, die Duma aufzulösen. Da Goremykin sich zu dieser waghalsigen Maßnahme nicht entschließen kann, wird die Ausführung Stolypin übertragen, der auch zum Premierminister ernannt wird. Dieser ergreift sogleich im ganzen Reich militärische Vorsichtsmaßnahmen. Das Datum der Auflösung wird geheimgehalten. Aber in der Stadt sprechen alle so über diese Möglichkeit, als ob sicher mit ihr zu rechnen wäre. Nikolaus gesteht Stolypin in einer schwachen Minute: »Gott weiß, was geschehen könnte, wenn man diesen Herd der Meuterei und Aufmüpfigkeit bestehen ließe. Mein Gewissen, meine Pflicht vor Gott und dem Vaterland zwingen mich zu kämpfen, auch wenn ich dabei umkomme. Ich kann meine Macht denen, die sie mir entreißen wollen, nicht widerstandslos überlassen.«[5]

Am Sonntag, dem 9. Juli 1906, finden die Abgeordneten, die das Taurische Palais betreten wollen, verschlossene, von Soldaten bewachte Türen vor. Truppen und Polizei haben die umliegenden Straßen besetzt, um einen Aufstand zu verhindern. Am selben Tag erscheint in den Zeitungen das Kommuniqué, das die Auflösung der Duma ankündigt, ohne ein Datum für Neuwahlen zu nennen. »Es ist vollbracht!« schreibt Nikolaus in sein Tagebuch. »Die Duma ist aufgelöst. Bei dem Essen, das dem Gottesdienst folgte, zeigten viele Leute lange Gesichter... Es ist herrliches Wetter... Ich bin im Boot spazierengefahren.«

Inzwischen haben 190 Abgeordnete, »Kadetten«, Angehörige der Arbeiterpartei und der Sozialdemokraten, außer sich über die Entscheidung des Kaisers, die finnische Grenze überschritten und sich in Vyborg im Hotel Belvedere versammelt, wo am nächsten Morgen noch weitere zu ihnen stoßen. Am 10. Juli veröffentlichen sie ein Manifest, das zum Widerstand aufruft. Das Volk wird aufgefordert, keine Steuern mehr zu zahlen, für die Armee keine Rekruten zu stellen und ohne Zustimmmung der Duma keine Staatsanleihen zu vergeben. »Keine Kopeke für den Staatsschatz, kein Soldat für die Armee. Weigert euch standhaft; verteidigt alle eure Rechte wie ein Mann; keine Macht kann dem unbeugsamen Willen des Volkes standhalten. Bürger, in diesem erzwungenen und unvermeidlichen Kampf stehen eure gewählten Vertreter auf eurer Seite.«

Durch dieses Handeln setzt sich die Duma juristisch ins Unrecht, da ihre Auflösung vollkommen legal ist. Stolypin spricht von einer Laune der Abgeordneten. »Es ist eine Posse!« äußert er und verbietet die Veröffentlichung und Verteilung des Manifests von Vyborg, ohne jedoch die Unterzeichner festnehmen zu lassen. Er bringt sie allerdings vor Gericht, damit sie nicht mehr in die nächste Duma gewählt werden können. Im Land findet der Alarmruf der Kadetten keinerlei Widerhall. Nur die Politiker geraten darüber in Erregung. Diese Niederlage der Feinde des Regimes läßt Stolypin schnell und brutal handeln, um seinen Vorteil auszubauen. Er entstammmt einer Adelsfamilie, besitzt große Ländereien, war Präfekt von Saratow und ist im Herzen ein Konservativer. Die Monarchie kann seiner Meinung nach jedoch nicht auf eine loyale Zusammenarbeit mit den Vertretern des Landes verzichten. Eine patriarchalische Union des Zaren mit seinem Volk hält er für möglich, wenn man die Anhänger des Chaos aus der Gesellschaft ausmerzt. Um die Gemüter zu beruhigen, verbietet er zwanzig fortschrittliche Zeitungen, untersagt politische Versammlungen, löst verdächtige Vereinigungen auf. Sogleich beginnen die revolutionären Parteien, die sich während der Sitzungen der Duma still verhalten hatten, wieder mit dem bewaffneten Kampf. Revolten und Soldatenmeutereien brechen in Poltawa, Brest-Litowsk, Kronstadt, Sveaborg, auf mehreren Schiffen und in einigen Re-

Alexander III. und seine Familie um 1887. Von links nach rechts: Großfürst Michael, Zarin Maria Fjodorowna, geb. Prinzessin Dagmar von Dänemark, Thronfolger Großfürst Nikolaus, die Großfürstinnen Olga und Xenia, Großfürst Georg.
Foto: Cyrille Boulay

Die Tänzerin Mathilda Kschessinska, erste große Liebe des Zarewitsch Nikolaus.
Foto: D. R.

An Bord der kaiserlichen Yacht, Zar Nikolaus II. und Zarin Alexandra Fjodorowna, geb. Prinzessin Alix von Hessen.
Foto: Harlingue-Viollet

Krönung des Zaren und der Zarin in
der Auferstehungskathedrale in
Moskau. Rechts vom Kaiserpaar die
Zarenmutter.
Foto: Hubert Josse

Die Kaiserfamilie um das Jahr 1906.
Die Kinder von Alexandra und
Nikolaus von links nach rechts:
Anastasia, Alexei, Maria, Olga und
Tatjana.
Foto: D. I. T. E.

Zarewitsch Alexei um 1910.
Foto: D. R.

Zarin Alexandra Fjodorowna.
Foto: D. R.

Peterhof im August 1913: Nikolaus und seine beiden ältesten Töchter bei einer Militärparade. Rechts vom Zaren Großfürstin Olga in Husarenuniform, zu seiner Linken Tatjana
in Ulanenuniform.
Foto: D. R.

Graf Sergej Witte, »Vater der russischen Industrie« genannt. Er war Verkehrs- und später Finanzminister. Nach seiner Ernennung zum Premierminister riet er Nikolaus zur gesetzlichen Grundlage für die Einführung einer Duma. 1906 fiel er in Ungnade.
Foto: L'Illustration/Sygma.

Pobjedonoszew, Generalprokurator des Heiligen Synod und Gegner jeglicher Reformen.
Foto: L'Illustration/Sygma

Peter Stolypin. Zunächst Innenminister, später Wittes Nachfolger im Amt des Premierministers. Die liberale Opposition betrachtete ihn als Reaktionär, der Adel als zu fortschrittlich. Er war politisch isoliert und wurde 1911 in Kiew ermordet.
Foto: L'Illustration/Sygma.

Offizielle Reise nach Paris im Jahr 1896:
Zar und Zarin unterwegs zur russischen Kirche in der Rue Daru.
Foto: ND-Viollet.

Reise des Präsidenten der Republik
Frankreich nach Rußland. Raymond Poincaré
trifft 1914 im Lager von Krasnoje Selo ein.
Foto: Roger-Viollet.

Im Seebad Cowes 1909: Nikolaus
II. (links) und der Prince of Wales
(1865–1936), der spätere Georg V.
Foto: D. R.

Das Volksfest auf den Chodynka-Wiesen anläßlich der Zarenkrönung wird zur Tragödie. An die viertausend Opfer werden gezählt.
Foto: L'Illustration/Sygma.

Der zur Schwarzmeerflotte gehörende Panzerkreuzer *Potemkin,* auf dem im Juni 1905 eine Meuterei ausbrach.
Foto: L'Illustration/Sygma.

Die Armee des Heiligen Rußland: Der Zar segnet ein Regiment vor dem Aufbruch in den Krieg gegen Japan.
Foto: L'Illustration/Sygma.

Zählung der russischen Opfer: »Alle Verteidiger des Vaterlands sind Helden; sie haben mehr getan, als man erwarten konnte. Es ist Gottes Wille«, schreibt Nikolaus in sein Tagebuch.
Foto: L'Illustration/Sygma.

1906: Im Sankt-Georgs-Saal des Winterpalais. Nikolaus empfängt feierlich die Mitglieder der ersten Duma.
Foto: L'Illustration/Sygma.

Im Taurischen Palais, dem Versammlungsort der Duma vor und nach der Revolution: Das Porträt des Zaren, das einen Ehrenplatz einnahm, wurde aus dem Rahmen entfernt.
Foto: L'Illustration/Sygma.

Gregor Nowik, genannt Rasputin, »der Unzüchtige«, war Gegenstand zahlreicher Karikaturen, die ebenfalls über die Zarenfamilie spotteten.
Foto: D. R.-Snark

Rasputin im Kreis seiner Verehrerinnen. Rechts von dem »Mönch« mit im Schoß gefalteten Händen: Anna Wyrubowa. Sie hatte großen Einfluß auf die Zarin, deren Ehrendame sie war.
Foto: L'Illustration/Sygma.

Der Zar auf Truppeninspektion während des Ersten
Weltkriegs.
Foto: L'Illustration/Sygma.

Mit Großfürst Nikolaus Nikolajewitsch,
der von 1914–1915 Oberbefehlshaber der
russischen Armeen war.
Foto: D. R.

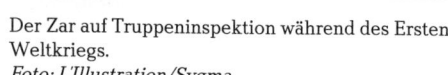

Vor dem Kampf legten die russischen Soldaten einen Eid vor Gott ab.
Foto: L'Illustration/Sygma.

Großfürstin Tatjana in Schwesterntracht
während des Ersten Weltkriegs.
Foto: Jacques Ferrand.

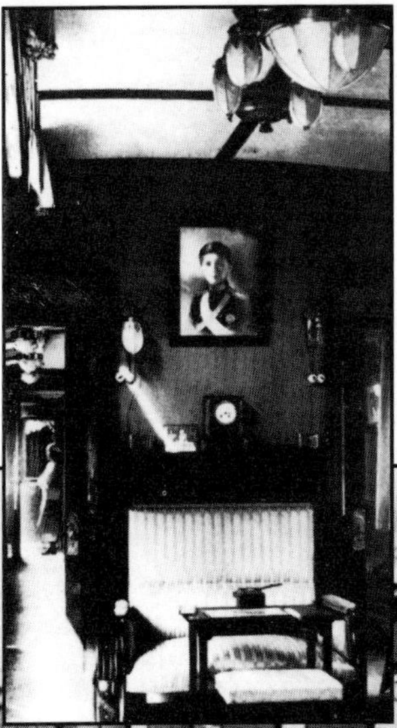

In diesem Salonwagen des kaiserlichen Zugs
unterzeichnete Nikolaus II. auf dem Bahnhof
von Pskow am 2. März 1917 seine Abdankung.
Foto: Sipa – L'Illustration/Sygma.

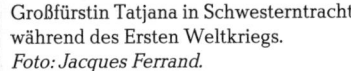

Oktober 1917: Ein Frauenbataillon versucht, das Winterpalais, den Sitz der Regierung Kerenski, zu verteidigen. Es wird jedoch von Bolschewiken dezimiert.
Foto: L'Illustration/Sygma.

Revolution in Petrograd: Soldaten fahren auf den Kotflügeln der Autos und haben rote Fahnen an ihren Bajonetten befestigt.
Foto: L'Illustration/Sygma.

Alexander Kerenski (1881–1970) war Justizminister, Kriegsminister und Oberhaupt der Provisorischen Regierung, bevor die Bolschewiken ihn im Oktober 1917 vertrieben.
Foto: L'Illustration/Sygma.

Lenin bei der Lektüre der *Prawda.* Als unumstrittener Herr der Revolution verlegte er den Regierungssitz nach Moskau.
Foto: L'Illustration/Sygma.

Trotzki hält eine Ansprache an seine Truppen.
Foto: L'Illustration/Sygma.

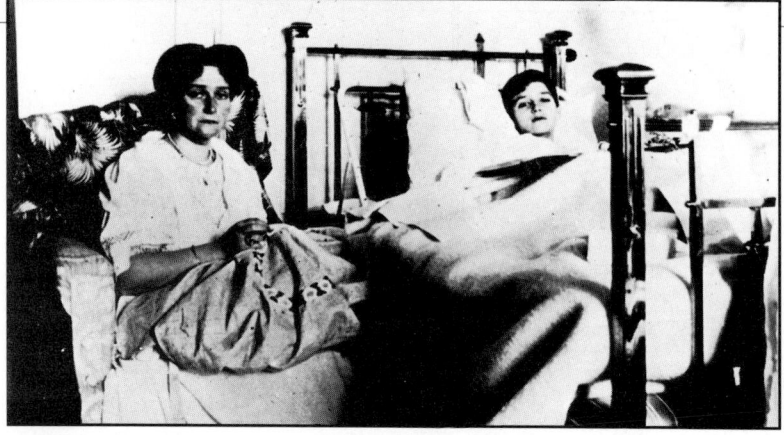

1917: Zarin Alexandra am Krankenbett ihres Sohnes, Zarewitsch Alexei. Wenige Tage später dankt der Zar ab ...
Foto: L'Illustration/Sygma.

Während der Gefangenschaft in Zarskoje Selo arbeitet die Zarenfamilie unter strenger Bewachung auf dem Feld. Zweiter von rechts: der Zar, in der Mitte Pierre Gilliard, der Erzieher des Zarewitsch, vor der Holzbaracke die Zarin mit einem Sonnenschirm und zwei Großfürstinnen.
Foto: L'Illustration/Sygma.

Die gealterte Zarin im Rollstuhl.
Foto: L'Illustration/Sygma.

Alexei und Pierre Gilliard an Bord der *Standart,* um
1911.
Foto: Cyrille Boulay.

Doktor Botkin, der der Zarenfamilie treu blieb, wurde
mit ihr in Jekaterinburg umgebracht.
Foto: L'Illustration/Sygma.

Jurowski, Befehlshaber von Haus Ipatjew, dem
letzten Gefängnis des Zaren, gehörte zu den
Organisatoren der Ermordung der Zarenfamilie.
Foto: L'Illustration/Sygma.

In diesem Zimmer des
Hauses »zur besonderen
Verwendung« in
Jekaterinburg wurde die
Zarenfamilie in der Nacht
vom 16. auf den 17. Juli 1918
umgebracht.
Foto: L'Illustration/Sygma.

Der Zar und seine Kinder während ihrer Gefangenschaft in Tobolsk auf dem Dach eines Treibhauses, das sibirischer Sonnenschein erwärmt.
Foto: L'Illustration/Sygma.

gimentern aus. Überfälle auf Staatskassen und Privatbanken im ganzen Land häufen sich. Im Sprachgebrauch ihrer Urheber heißt diese Art Diebstahl jetzt »Enteignung«. Die Morde an Polizisten, Präfekten und Geheimagenten kann man gar nicht mehr zählen. Zu den bedeutendsten Opfern dieser Jagd auf Mitarbeiter des Zaren gehören der Militärgouverneur von Pawlow, General von der Launitz, der Präfekt von Sankt Petersburg, General Mien, der Kommandant des Regiments Semjonowski, der den Aufstand von Moskau niedergeschlagen hat, der Kommandant der Schwarzmeer-Flotte, General Graf Ignatjew, die Präfekten von Warschau, Samara und Pensa... »Wer gegenwärtig Sankt Petersburg verläßt, kauft sich erst einen Revolver und dann die Fahrkarte«, schreibt Alexei Suworin in sein Tagebuch.

Die bekanntesten Würdenträger wagen sich nicht mehr aus dem Haus. Selbst Stolypin wird nicht verschont. Am 12. August 1906 erscheinen drei Terroristen, von denen sich zwei als Gendarmerieoffiziere verkleidet haben, während er in seiner Villa auf der Insel Aptekarskij Besucher empfängt. Alle drei tragen eine Aktentasche voll Sprengstoff bei sich. Gerade als ein Polizist sie dingfest machen will, werfen sie die Aktentaschen auf den Boden und rufen: »Es lebe die Freiheit, Es lebe die Anarchie!« Eine heftige Detonation erschüttert die Hauswände. Die Scheiben bersten. Ein Teil des Hauses wird zerstört, 30 Personen werden getötet, 20 verletzt, darunter die beiden kleinen Kinder Stolypins. Die drei Terroristen kommen auf der Stelle um. Seltsamerweise bleibt Stolypin verschont. »Wann werden diese entsetzlichen Verbrechen und empörenden Morde endlich aufhören?« schreibt die Zarenwitwe an Nikolaus. »Bevor wir nicht alle diese Monster ausgerottet haben, werden wir in Rußland weder Ruhe noch Frieden finden. Gott sei Dank geht es den armen Kleinen von Stolypin besser, und was für ein Wunder, daß Stolypin nicht getroffen wurde! Welches Leid für die armen Eltern, ihre eigenen Kinder so leiden zu sehen!... Es ist so furchtbar und empörend, daß mir die Worte fehlen, um auszudrücken, was ich empfinde.«[7]

Am Abend nach dem Attentat beruft Stolypin voller Selbstbeherrschung den Ministerrat im Winterpalais ein und erklärt, daß sein Programm trotz der Ereignisse unverändert bleibe: systematische Unterdrückung, Vorbereitung einiger vernünftiger Reformen und Regelung der dringendsten Probleme per Dekret.

Zuallererst richtet er in allen Teilen des Landes Kriegstribunale ein, welche die normalen Gerichte ersetzen sollen, die seiner Auffassung nach zu langsam arbeiten, um das Recht durchzusetzen. Entsprechend dem Artikel 179 des Militärrechts können diese Kriegsgerichte Todesstrafen verhängen, die binnen 24 Stunden vollstreckt werden. Durch die Verständnislosigleit der Liberalen und die Kühnheit der Terroristen ist Nikolaus außer sich und unterstützt die von Stolypin begonnene Politik der Unterdrückung vorbehaltlos. Am Ende werden diese Bombenwerfer noch so weit gehen, sein ruhiges Leben in Peterhof zu stören! Am 27. August schreibt er an den Ministerpräsidenten: »In Ihrem letzten Bericht sagten Sie mir, daß Sonntag, also heute, die Leute in Peterhof, die terroristische Handlungen vorbereiten, festgenommen werden. Ich habe jedoch von Trepow erfahren, daß noch nichts geschehen ist. Ich betrachte die Tatsache, daß ich in der Alexander-Villa gegen meinen Willen eingesperrt bin, nicht nur als Beleidigung, sondern als Schande. Am 30. August findet in meinem Beisein eine Militärparade statt, und bis zu diesem Datum muß Peterhof keimfrei sein. Es ist unmöglich, noch länger zu warten, um diese Bande zu liquidieren, denn sonst werden wir entweder ein neues Attentat erleben, oder die Anarchisten entkommen uns. Beides würde einen ungeheuren Skandal bedeuten.« Einige Tage später kommt er in einem Brief an seine Mutter auf dieses Thema zu sprechen: »Du mußt meine Gefühle verstehen, liebe Mama. Ich kann nicht reiten und mich außerhalb der Gitter nirgendwohin begeben. Und das bei mir, in Peterhof, wo es immer so ruhig ist! Während ich Dir schreibe, werde ich rot, weil ich mich für unser Vaterland schäme und Zorn empfinde, wenn ich nur daran denke, daß so etwas hier in der Nähe von Sankt Petersburg geschehen konnte.«[8] Die ersten Ergebnisse der Säuberungen in revolutionären Kreisen ermutigen ihn jedoch. »Gott sei Dank, Stolypin hat im Ganzen einen guten Eindruck und ich ebenfalls«, schreibt er der Zarenwitwe bei seiner Rückkehr von einer Kreuzfahrt auf seiner Yacht »Standart«. »Überall macht sich Ernüchterung breit; man handelt im Sinn des Ordnung und verurteilt die, welche Unordnung stiften... Die Kriegsgerichte und harten Strafen gegen Plünderung, Diebstahl und Mord sind natürlich dabei von Nutzen. Es ist schmerzlich, aber notwendig und hat schon Wirkung gezeigt. Wenn nur alle Behörden ehrlich und furchtlos ihre Pflicht erfüllen, dann ist der Erfolg schon weitgehend gesichert.« Da überall davon die Rede ist, daß eine britische Delegation nach Rußland fährt, um dem ehemaligen Dumapräsidenten Muromzew eine Beistandsadresse zu überbringen, schreibt er ironisch in demselben Brief: »Onkel Bertie (König Edward VIII. von England) und die englische Regierung haben uns wissen lassen, daß sie es zwar bedauern, aber sie nicht an ihrem Kommen hindern können. Wunderbare Freiheit! Wie böse wären sie, wenn eine Abordnung von uns zu den Iren führe und ihnen Erfolg in ihrem Kampf gegen die Regierung wünschte!«

Je energischer Stolypin vorgeht, desto mehr vertraut ihm der Zar. Die Zahl der verhängten Todesstrafen scheint ihm eine Garantie gegen die Unordnung. Nikolaus analysiert die Situation in einem weiteren Brief an seine Mutter: »Die Leute werden neu geboren, denn sie spüren eine ehrliche und starke Macht, die versucht, sie gegen die Kanaille und die Anarchisten zu schützen. Sicher liest Du in den Zeitungen die vielen Telegramme, die aus allen Ecken Rußlands an Stolypin gesandt werden. Alle bezeugen großes Vertrauen in ihn und einen starken Glauben an die Zukunft des Vaterlandes... Aber trotz allem muß man immer mit dem Unvorhersehbaren und allen möglichen Unannehmlichkeiten rechnen: Ein großes Meer kann sich nach einem Sturm nicht sofort beruhigen. Schreckliche Attentate gegen verschiedene Personen sind noch möglich. Ich fürchte um den guten Stolypin. Deswegen wohnt er im Winterpalais und kommt über das Meer hierher, wenn er mir Bericht erstattet. Ich kann Dir nicht sagen, wie sehr ich ihn inzwischen liebe und schätze.«[9]

Nikolaus beglückwünscht sich dazu, daß sich sein Premierminister so bemüht, die Atmosphäre im Land wieder zu bereinigen, aus dem praktischen Vollzug der Strafen jedoch hält er sich heraus. Um seines Gewissensfriedens willen fordert er von den Richtern der Standgerichte, daß sie ihre Arbeit machen, ohne sich auf die oberste Autorität des Monarchen zu berufen. Offensichtlich fühlt er, daß sein Herz zu weich ist, als daß er sich, ohne als schwach zu gelten, für bestimmte Personen einsetzen könnte. Admiral Dubassow, der Generalgouverneur von Moskau, den ein junger Terrorist leicht verletzt hat, schreibt dem Zar und bittet ihn um Gnade für den Schuldigen, der nichts anderes sei als ein verirrtes Kind. Am 4. Dezember 1906 antwortet Nikolaus ihm folgendes: »Ich verstehe und schätze die hohen Beweggründe, die Sie veranlaßten, diese Bitte an mich zu richten: Es war die ganz natürliche Eingebung eines edlen Gemüts. Ich kann Ihren Standpunkt jedoch nicht teilen... Ein Standgericht ist von Ihnen und mir unabhängig und handelt, wie es ihm richtig scheint. Lassen Sie es also seine Aufgaben erfüllen und das Gesetz in all seiner Strenge anwenden. Es gibt keine anderen Mittel und kann sie gar nicht geben, um Leute zu bekämpfen, die nichts Menschliches mehr haben. Sie kennen mich gut genug, um zu wissen, daß ich weder böse noch rachsüchtig bin. Es ist schmerzlich und schwer für mich, so zu handeln, aber leider ist einzig die Hinrichtung einiger Verirrter in der Lage, Ströme von Blut zu vermeiden.«[10] Durch einen Sonderbefehl untersagt er es, daß man ihm künftig Gnadengesuche vorlegt. Sie werden den Kommandanten der Militärdistrikte zur Beurteilung vorgelegt. Als Witte von einer Reise nach Belgien und Frankreich zurückkehrt, entrüstet er sich: »Erwachsene Männer und Frauen, aber auch Jugendliche wurden des politischen Mordes für schuldig befunden und hingerichtet, wenn sie nur fünf Rubel in einem Schnapsladen gestohlen hatten«, schreibt er mit einiger Übertreibung. Er spricht sich deutlich gegen die Unterdrückungspolitik der Regierung aus. Seine Rückkehr ist Nikolaus überaus lästig, und er schreibt seiner Mutter: »Leider ist Witte vor einigen Tagen zurückgekommen. Es wäre viel klüger und einfacher für ihn, im Ausland zu leben, weil sich um ihn sofort eine Atmosphäre von Gerüchten, Klatsch und Unterstellungen bildet. Die schlechten Zeitungen fangen schon an vorherzusagen, daß er an die Macht zurückkehrt und er allein Rußland retten kann. Es ist deutlich, daß die jüdische Clique wieder zu arbeiten beginnt und erneut jene Un-

ordnung verbreitet, die Stolypin und ich mit soviel Mühe be-
kämpft haben.«[11]

Diese »jüdische Clique« ist dem Zaren derart suspekt, daß er
sich weigert, einen Plan Stolypins gegenzuzeichnen, der die
Nichtzulassung der jüdischen Bevölkerung zu vielen Berufen
aufheben soll. »Ich sende Ihnen hiermit den von Ihnen vorge-
legten Plan zurück, der sich mit jüdischen Fragen beschäftigt.
Ich weigere mich, ihn zu bestätigen«, schreibt er am 10. Dezember 1906 seinem Ministerpräsidenten. »Schon bevor Sie ihn mir
vorlegten, habe ich Tag und Nacht über seinen Inhalt nachgedacht. Trotz der sehr überzeugenden Argumente und der daraus gezogenen Schlußfolgerungen sagen mir sowohl mein inne-
res Gefühl als auch mein Gewissen, daß ich eine so schwere
Verantwortung nicht auf mich nehmen darf. Bisher hat sich
mein Gewissen nie verirrt und auch nie getäuscht. Deshalb
werde ich auch dieses Mal seiner Stimme gehorchen... Ich bedauere, daß Sie und Ihre Kollegen soviel Zeit mit einer Sache
verloren haben, die gutzuheißen oder zu genehmigen ich mich
absolut weigere.«

Selbstverständlich beugen die Minister sich. Die Juden müssen in den Ghettos bleiben. Stolypin wehrt sich inzwischen gegen seinen Ruf als Vorreiter der Intoleranz. Manche Abgeordnete der Linken nennen den Galgenstrick »Stolypin- Krawatte«.
Er verfolgt die Revolutionäre und will das Los der »arbeitenden
und loyalen Massen« lindern. Härte gegen die Unruhestifter,
Verständigung mit den gesunden Schichten der Nation, so lautet seine Devise. Dieser gerade 45 Jahre alte Mann ist von im-
ponierender Gestalt, sein Gesicht umrahmt ein dichter schwarzer Bart. Er ist ein gewandter und überzeugender Redner und
wirkt auf seine Umgebung solide, klug und tapfer. Er besitzt
große Landgüter, kennt die Muschiks genau und analysiert
scharfsinnig die Ursachen ihres Elends. Er nutzt den Zeitraum
von acht Monaten, den er sich bis zur Einberufung einer zweiten Duma eingeräumt hat, und bereitet eine große Agrarreform
vor. Bei dieser Aufgabe hilft ihm der neue Landwirtschaftsminister Kriwoschejin, ein energischer, erfindungsreicher und fähiger Mann. Nach Stolypins Vorstellung kommt es in erster Linie
darauf an, den »Mir«, das ehemalige kollektive Eigentum der

Bauern, an einzelne zu vergeben. Durch einen Ukas vom 9. November 1906 erhält jeder Familienvater mit Zustimmmung von zwei Dritteln der Dorfbewohner das Recht, sich aus der Massenbewirtschaftung kommunalen Bodens zurückzuziehen und eigene Landstücke zu erwerben, die er bisher nur nutzen durfte. Er kann sogar von der Gemeinde verlangen, daß aus den oft verstreut liegenden Landstücken durch Tauschverfahren größere Parzellen gebildet werden. Diese kühne Maßnahme soll, so die Absicht ihrer Verfechter, eine neue Klasse von Eigentümern schaffen, eine Art Dritten Stand auf dem Land, der sich durch Arbeit bereichern und die Ordnung der Agitation vorziehen soll. Um diesen angehenden Grundeigentümern, diesen Kleinbürgern der Scholle, zu helfen, weitet Stolypin die Kreditwirtschaft der Bauernbank aus. Durch ein günstiges Kreditsystem lassen sie sich darauf ein, immer mehr urbares Land von den Adligen zu kaufen. Durch zwei Dekrete werden zehn Millionen Deßjatinen zum Kauf angeboten, die zur Krone und den Erbgütern gehören (Privatbesitz der Zarenfamilie). In etwa acht Jahren ziehen sich über drei Millionen Väter von Bauernfamilien aus den Mirs zurück und werden Grundbesitzer, und die Menge Land, die sie erwerben, vermehrt sich mit erstaunlicher Schnelligkeit. Manche richten sich in abgelegenen Bauernhöfen außerhalb der Dörfer ein. Die Strukturen auf dem Land verändern sich. Von Anfang an scheint es selbstverständlich, daß die stärksten, unternehmungsfreudigsten und am meisten am Gewinn interessierten Muschiks die neuen Möglichkeiten nutzen werden. Sie erhalten später den Namen Kulaken (»energische Männer«). Die anderen leben weiter in Gemeinschaft, Armut und Trägheit, kratzen die Erde auf und hoffen auf ein Wunder. Die Hälfte von ihnen besitzt nicht einmal einen richtigen Pflug. Die Reformen führen dazu, daß ein Teil der Bauernschaft auf Kosten des anderen begünstigt wird, und so können die Sozialisten mit ihr nicht zufrieden sein. Da sie Privilegien ablehnen, müssen sie aus doktrinären Gründen auch alle Unterschiede in den Volksmassen ablehnen. Je näher der Tag der Wahlen zur zweiten Duma heranrückt, desto dringlicher wird ihre Propaganda. Trotz der von der Regierung ergriffenen Vorsichtsmaßnahmen sind die Ergebnisse der Volksbefragung enttäuschend: 68 Prozent der Sitze erhält die Opposition (Arbeiterbewegung, Volkspartei, Sozialrevolutionäre und Sozialdemokraten). Zu ihnen gehören wenig herausragende Gestalten. Die großen Redner der ersten Duma sind verschwunden. Dafür gehören zu dieser mausgrauen politischen Masse zahlreiche Halbgebildete und sogar Analphabeten.

Die Eröffnung der Versammlung am 5. März 1907 entbehrt jeder Feierlichkeit. Am selben Tag besucht Golowin, der neue Präsident, der zur Partei der »Kadetten« gehört, den Zaren, der ihn nur ein paar Minuten empfängt und mit ihm nur wenige unbedeutende Worte wechselt. Am nächsten Tag erscheint Stolypin im Taurischen Palais und stellt sein Reformprogramm vor. »Die Regierung möchte eine Basis finden, um mit der Duma zusammenzuarbeiten«, sagt er. »Sie möchte eine Sprache finden, die alle verstehen. Diese Sprache kann weder die des Zorns noch die des Hasses sein. Hier gibt es weder Richter noch Angeklagte. Die Regierung läßt sich in ihrem Denken und Wollen nicht von denen lähmen, die ›Hände hoch‹ schreien. Sie werden uns nicht einschüchtern!«

Um im Rahmen der Legalität zu regieren, ruft er seine Feinde von gestern, die »Kadetten«, dazu auf, ihm zu helfen, indem sie ihm einige Zugeständnisse machen, welche die Gesellschaft vor den Revolutionären schützen sollen. Aber die »Kadetten« weigern sich, ihm auf Schritt und Tritt zu folgen. Sie wechseln dauernd zwischen der Rechten und der Linken und fürchten einerseits um ihre Popularität, wenn sie sich von der Opposition lösen, andererseits die Auflösung der Versammlung, wenn sie sich den Extremisten annähern. Bei der Diskussion um die Agrarerlasse tun sie sich von Anfang an mit den Sozialisten zusammen und fordern die Enteignung der Ländereien. Stolypin kann das nicht akzeptieren. Er weigert sich auch, die Standgerichte abzuschaffen. Eine Rede folgt auf die andere, die Beiträge werden immer heftiger, immer zusammenhangloser. »Man kann nicht umhin, mit Bedauern festzustellen, daß die gewählten Vertreter des russischen Volkes mittelmäßig sind«, schreibt Maurice Bompard an Stephen Pichon, seinen neuen Außenminister. »Man muß damit rechnen, daß diese ärmliche Versammlung keinerlei Gesetzeswerk zu stande bringt; sie ist zur parlamentarischen Arbeit gänzlich unfähig.«

Verärgert über die trotzige Redeweise der linken Abgeordneten, bestellt Nikolaus den Dumapräsidenten Golowin zu sich und wirft ihm seine »Toleranz gegenüber extremistischen Rednern« vor. Außerdem läßt er den Ministerrat zusammentreten, um eine neue Auflösung der Duma ins Auge zu fassen. »Man muß die notwendigen Maßnahmen ergreifen, solange noch Zeit ist«, sagt er. Auf keinen Fall werden wir Anklagen vermeiden. Wir müssen nicht nur auf diejenigen achten, welche von Illegalität sprechen und bereit sind, selbst auf sie zurückzugreifen, sondern auch auf die, welche im Moment noch schweigen und staunen, daß die Regierung und ich selbst nicht handeln.«

Am 5. Mai 1907 durchsucht die Polizei eine Wohnung, in der Sozialisten leben, und beschlagnahmt Flugblätter, die zu einem Soldatenaufstand aufrufen. Manche behaupten, es hätte sich dabei um ein abgekartetes Spiel gehandelt und die Dokumente wären von Agenten der Sicherheit verfaßt worden. Mehrere Abgeordnete werden eines Komplotts beschuldigt und verhaftet; Stolypin verlangt von der Duma die Aufhebung ihrer Immunität. Durch dieses Manöver treibt er die »Kadetten« in die Enge: Stimmen sie für die Aufhebung der Immunität, ist der Bruch mit den Sozialisten besiegelt; weigern sie sich, legitimieren sie die Auflösung der Duma und übernehmen in den Augen der öffentlichen Meinung die Verantwortung dafür. Angesichts dieses Dilemmas ernennt die Versammlung eine Untersuchungskommission. Stolypin will jedoch nicht warten. Er erkärt einigen liberalen Abgeordneten: »In jedem Fall gibt es eine Frage, über die wir uns niemals einigen werden, nämlich das Agrarproblem. Warum die Dinge länger hinausschieben?« Er legt dem Zar das Auflösungsdekret vor. Dieser beglückwünscht ihn. Am Morgen des 3. Juni 1907 veröffentlichen die Zeitungen ein kaiserliches Manifest: »Wir sind der Meinung, daß das Scheitern der beiden Dumas auf die Neuheit dieser Einrichtung und die Unvollkommenheit des Wahlgesetzes zurückgeht, durch welches sich die gesetzgebende Versammlung mit Mitgliedern gefüllt hat, die nicht die Bedürfnisse und Wünsche des Volkes vertreten.« Um diesen ersten Irrtum zu korrigieren, verkündet er aus eigener Macht ein neues Wahlgesetz.

»Die Auflösung der Duma wird mit großer Gleichgültigkeit aufgenommen«, schreibt Suworin in sein Tagebuch. Die Generalin Bogdanowitsch meint: »Die Auflösung der Duma vollzog sich ohne Zwischenfälle. Fünf Abgeordnete sind geflohen.« Einige Politiker sind über diesen »Staatsstreich« entrüstet, die Mehrheit des Landes nimmt ihn mit stoischer Ruhe hin. Es ist vorgesehen, daß sich am 1. November 1907 eine dritte Duma konstituiert. Sie wird nach einem System gewählt, das der Regierung alle Sicherheiten gibt. Auf der ersten Stufe repäsentiert ein Wähler 230 Grundbesitzer oder 1000 wohlhabende Kaufleute oder 15 000 Mittelstandsbürger oder sechzigtausend Bauern oder 125 000 Arbeiter. Außerdem werden die Grenzen der Bezirke so geändert, daß die von Fremdstämmigen bewohnten Gegenden benachteiligt werden. Diesmal ist der Zar mit der Zusammensetzung der Volksvertretung gänzlich zufrieden. Von 457 Abgeordneten sind 146 Vertreter der Rechten und 154 »Oktobristen«[12], gemäßigte Liberale. Die Verteidigung ihrer Privilegien eint sie, und sie haben eine bequeme Mehrheit gegenüber 108 »Kadetten«, Progressiven, Autonomisten, 14 Angehörigen der Arbeiterbewegung und 19 Sozialdemokraten. Es ist eine Duma der »Herren«. Kein Zweifel, sie wird fügsam sein.

Als Stolypin zum erstenmal vor den neuen Abgeordneten erscheint, wird er mit donnerndem Applaus begrüßt. Einige Tage später kündigt er an, daß seine Politik dem Volk mehr Initiative einräume, ihnen mehr Einrichtungen auf lokaler Ebene gewähre und eine einflußreiche Klasse von Landarbeitern entstehen lasse. »Die Krönung des Werkes, dem wir unsere Arbeit gewidmet haben«, so schließt er, »ist die Entwicklung eines neuen parlamentarischen Systems, das der Herrscher der Nation geschenkt hat. Dieses soll der höchsten kaiserlichen Macht großen Glanz und neue Kraft verleihen.«

Der Ministerpräsident glaubt angesichts der frohen Mienen der Mehrheit der Abgeordneten, endgültig gewonnen zu haben. Und sogleich wird die normale Arbeit aufgenommen. Aber schon blicken einige Abgeordnete der Oktobristen, die zum Regierungsblock gehören, nach links. Stolypin erkennt, daß seine Rolle in den folgenden Jahren darin besteht, sowohl gegen die Sozialisten zu kämpfen, die jegliche Teilreform ablehnen und einen allgemeinen Umsturz fordern, als auch gegen die blinden Konservativen, die verlangen, daß sich in Rußland nichts verändert. Suworin, von Gewohnheit Pessimist, schreibt in sein Tagebuch: »Wenn alle Freiheiten gewährt sind, treten wir in die erste Phase der Revolution ein.«

Je mehr die politische Agitation an Tiefe gewinnt, desto größer wird das Verlangen von Nikolaus und seiner Frau, sich in ihren Vorstadtresidenzen von Zarskoje Selo und Peterhof einzuschließen. Sowohl die Angst vor Attentaten als auch Abscheu vor der Welt treibt sie dazu, weitab von ihrem Volk und vom Hof als Einsiedler zu leben. Alexandra Fjodorowna, die von Natur aus scheu und unruhig ist, will nichts von Bällen oder Empfängen hören. Sie hat nie Sinn für Amüsements gehabt. Inzwischen überfordert die Verpflichtung, in großer Garderobe zu erscheinen, auf Kommando zu lächeln und mit ungelegenen Gästen Konversation zu machen, ihre Kräfte. Selbst im vertrauten Kreis gibt sie sich verschlossen. Man merkt ihr die Ungeduld an, endlich wieder mit ihrem Mann und den Kindern allein sein zu können. Sie ist etwa 35, immer noch sehr schön, aber ihr harter und hochmütiger Gesichtsausdruck ermutigt nicht dazu, sie sympathisch zu finden. Ständig ist sie auf der Hut und fürchtet, daß ihr in Gesellschaft unwohl wird. Bei der geringsten Gemütserregung zeigen sich tiefrote Flecken auf ihrem Gesicht. Eine plötzliche Schwäche ergreift sie, sie kann kaum noch stehen, stützt sich auf ihren Mann und sagt ohne Rücksicht auf die Gäste: »Nicky, now it is time to go.«[1]

Ihre angegriffene Gesundheit wird durch den Fluch der Krankheit des Zarewitsch noch verschlimmert. Die Bluterkrankheit, die sich gleich nach seiner Geburt zeigte, läßt den Eltern keinen Augenblick Ruhe. Als das Kind ein Jahr alt ist, schreibt Nikolaus in sein Tagebuch: »Alix und ich waren tiefbesorgt wegen einer kleinen Nabelblutung des kleinen Alexei, die mit Unterbrechungen bis zum Abend dauerte. Wir mußten Korowin und den Chirurgen Fjodorow rufen, die gegen sieben Uhr einen Verband anlegten. Der Kleine war erstaunlich ruhig und fröhlich. Es war sehr schwer, diesen Augenblick der Angst zu ertragen.« Die Eltern von Alexei wissen also sehr früh, womit sie zu rechnen haben. Die angeborene Krankheit, an der er leidet, zeigt sich an häufigen Blutungen nach Verletzungen oder auch ohne erkennbaren Anlaß. Die Medizin kann das Leiden nicht heilen, und so muß das Kind ein abgeschirmtes Leben führen: Das kleinste Mißgeschick, ein Kratzer, ein Nasenbluten führen zu schmerzhaften Blutergüssen, Fieberanfällen und Kopfschmerzen. »Warum darf ich nicht mit den anderen Jungen spielen?« seufzt er. Verletzungen auf der Haut machen nicht viel aus: Es genügt in diesen Fällen, einen festen Verband anzulegen, um die Blutung zu stillen. Blutungen in Mund und Nase sind schlimmer. Wenn er sich aber an einem Möbel stößt oder zu Boden fällt, sind seine Schmerzen unerträglich. Das Blut, das sich in einem Gelenk staut, übt einen so starken Druck aus, daß der kleine Kranke heult und tobt und die ganze Welt für sein Leiden verantwortlich macht. Morphium könnte ihm helfen, aber die Ärzte fürchten, daß er sich an das Gift gewöhnen wird. Manchmal wird er vor Schmerzen bewußtlos. Dann wird er in warme Schlammbäder gepackt und ins Bett gebracht. Alexei ist sich seiner Verletzbarkeit bewußt und deshalb kapriziös, leicht reizbar und herrisch. Eines Tages betritt er das Vorzimmer zum Arbeitskabinett des Zaren und trifft dort Minister Iswolski an, der auf eine Audienz wartet. Da Iswolski sitzen bleibt, ermahnt ihn Alexei in schroffem Ton: »Mein Herr, wenn man den Thronfolger sieht, steht man auf!« Manchmal überrascht er seine Umgebung auch durch seine Freundlichkeit und Spontaneität. Die Wandelbarkeit seines Charakters und seine körperliche Schwäche erhöhen die Sorgen seiner Mutter noch. Um so mehr, als er, wenn er nicht gepflegt werden muß, vor Vitalität überschäumt. Was ihn besonders anzieht, sind die Spiele, die ihm verboten sind. »Mama, darf ich Fahrrad fahren?« »Mama, darf ich Tennis spielen?« Jedesmal antwortet die Zarin betroffen: »Du weißt doch, daß du das nicht darfst, mein Liebling!« Dann ist er enttäuscht und empört sich und bricht in Tränen aus; sie versucht ihn zu trösten, ihn zu zerstreuen und kämpft dabei selbst mit den Tränen. Sie hat einen ihrer jüngeren Brüder, Prinz Friedrich-Wilhelm von Hessen, und die beiden kleinen Söhne ihrer Schwester Irene an der Bluterkrankheit sterben sehen. Sie weiß, daß nur wenige Bluterkranke zwanzig Jahre alt werden. Wenn sie ihren Sohn betrachtet, der so munter, so hübsch und so fröhlich ist, kann sie sich kaum eingestehen, daß auch ihm kein langes Leben beschieden ist. Sie hat davon geträumt, die Nachkommenschaft der Romanows zu sichern, und fühlt sich jetzt schuldig, daß sie diesen schrecklichen Makel in die Familie gebracht hat. Ihr eigenes Fleisch ist ihr unheimlich. Was sie, wie sie glaubt, retten kann, ist ihre Seele. Deshalb ist sie jetzt doppelt so fromm wie bisher. Aber ihre mystischen Neigungen werden von immer schwereren Störungen ihres Organismus begleitet. General Alexander Spiridowitsch, der Chefadjutant für Sicherheit im Palast, ist besorgt wegen ihres Zustands und befragt einen berühmten russischen Professor, der ohne Zögern den Fall der Zarin folgendermaßen beschreibt: »Der Beweis für die hysterische Natur der nervösen Zustände der Zarin liegt in der Leichtigkeit, mit der sie sich von manchen Leuten positiv und von anderen negativ beeinflussen läßt. Neurasthenische Zustände zeigen sich bei ihr als große Schwäche des Organismus im allgemeinen (Asthenie), des Herzmuskels im besonderen mit Schmerzen in der Herzgegend. Zu diesen Beschwerden kommen noch die Beinödeme, Folgen eines schwachen Kreislaufs. Die Störungen des neurovaskulären Systems, die ich soeben erwähnte, treten bei ihr in periodischen Veränderungen der Hautfarbe (Dermographismus) auf und durch größere oder kleinere rote Flecken in ihrem Gesicht. Psychische Probleme (Verlust des seelischen Gleichgewichts) äußern sich in erster Linie durch starke Depressionen, durch große Indifferenz gegenüber allem, was sie umgibt, und in einer Neigung zu religiöser Schwärmerei.«[2] Alexander Spiridowitsch schließt so: »Diese Krankheit, eine Hystero-Neurasthenie, war Ursache für die übertriebenen Sympathien und Antipathien der Zarin, für ihre seltsame Art zu denken und zu handeln, für ihre religiöse Begeisterung und ihren Glauben an das Wunderbare im allgemeinen.«

Dieser »Glaube an das Wunderbare« stellt sich bei der Zarin bald nach ihrer Konversion zur Orthodoxie ein. Sie bringt dem Vater Johannes von Kronstadt eine Verehrung entgegen. Dieser erleuchtete Priester mit den strahlenden blauen Augen gilt als heilkundig. Er nimmt an der Hochzeit und der Krönung des Kaiserpaars teil. Aber mit zunehmendem Alter verliert er seine Macht über Alexandra und erscheint kaum noch im Schloß. In den folgenden Jahren vertraut die Zarin den geistig Schwachen, religiösen Spinnern (in Rußland *jurodiwi* genannt), die behaupten, sie stünden dem Jenseits nahe, sie heimlich besuchen und durch Wahrsagungen in ihren Bann schlagen. Zu diesen Leuten gehören der Epileptiker Pascha, der barfüßige Basil, die ungebildete Prophetin Darja Ossipowna, der wahnsinnige Pilger Anton, der stotternde idiotische Mitja Koljaba. Die Hände über der Brust gekreuzt, schaut die Zarin begierig auf ihre Verrenkungen, Grimassen, bestrebt, den Sinn ihrer unzusammenhängenden Reden zu begreifen. Mit Geschenken überhäuft, gehen sie wieder. Eine Zeitlang interessiert man sich in den besseren Kreisen Sankt Petersburgs für den Spiritualisten Papus, einen abtrünnigen Freimaurer und Magnetiseur, einen Experten in Handwahrsagerei und schwarzer Magie. Trotz seiner Bemühungen, die Herrscher zu besuchen, gelingt es ihm nicht, ihnen vorgestellt zu werden. Ein französischer Magier, der berühmte Nizier Philippe, macht zunehmend von sich reden. Er behauptet, er könne alle Krankheiten heilen und die Zukunft voraussehen. In Lyon, wo er einen Laden für Medizin und Hellseherei betreibt, strömen ihm die Klienten zu. Ein polnischer Homöopath zeichnet seine Rezepte gegen, wodurch er der juristischen Verfolgung entgeht. Die Großfürstinnen Militza und Anastasia, Töchter des Königs von Montenegro, die mit Großfürst Peter Nikolajewitsch und Fürst Romanowski, dem Grafen von Leuchtenberg[3], verheiratet sind, besuchen ihn und stellen ihn dem Kaiserpaar vor, als es im Jahr 1901 in Compiègne weilt. Zar und Zarin sind von ihm so beeindruckt, daß sie ihn nach Rußland einladen. Er nutzt die Gelegenheit und richtet sich in Zarskoje Selo bei den montenegrinischen Großfürstinnen ein, die ihm tiefe Verehrung entgegenbringen. Die nächste Stufe, die er erklimmt, ist der Kaiserpalast. Er wird dort zum begehrten Gast, auf den man hört. Mit größtem Ernst führt er Hypnose-Experimente und spiritistische Sitzungen durch, veranstaltet Tischerücken und ruft den Geist Alexanders III. an. Als die Zarin sich schwanger glaubt, kündigt er ihr die Geburt eines

Sohnes an. Diese Nachricht löst große Freude aus, und diese nutzt er dazu, den Zaren zu bitten, ihm die Approbation als Arzt zu verschaffen, was seine Stellung gegenüber der französischen Regierung stärken würde. Obwohl Nikolaus den Bildungsminister damit beauftragt, weigert sich dieser, gegen das Recht zu verstoßen, und fordert den Bittsteller auf, sich den üblichen Mediziner-Examina zu unterziehen. Da dies unmöglich ist, wendet man sich an den Kriegsminister. Dieser zeigt sich verständnisvoller und überträgt Philippe das Diplom der militärischen Medizinakademie, ohne vorher seine Kenntnisse überprüft zu haben. Kaum hat der neue Stabsarzt seine Uniform angezogen, da erlebt er eine schlimme Niederlage. Die Hoffnung der Zarin auf einen männlichen Thronfolger ist verflogen, ihre Schwangerschaft war nur eingebildet. Sogleich verliert Philippe am Hof seinen Rang. Inzwischen hat ein gewisser Ratschowski, ein Pariser Agent des russischen Geheimdienstes, dem Kaiser einen von der französischen Polizei zusammengestellten Bericht über die wahre Identität des Magiers zugesandt, der »ein Scharlatan, ein Börsenspekulant und Martinist« sei.[4] Philippe, der beim Kaiserpaar in Ungnade gefallen ist, kehrt nach Frankreich zurück, wo er bald mit dem bitteren Gefühl, ungerecht behandelt worden zu sein, stirbt.

Die Schwärmerei Alexandra Fjodorownas hält dennoch unvermindert an. Sie ist ständig auf der Suche nach jemandem, den sie bewundern kann. General Orlow, dem Kommandanten ihres in Petersburg stationierten Garderegiments, ist sie in platonischer Leidenschaft verbunden. Er ist ein gutaussehender Witwer von nobler Gesinnung und hat mit fester Hand die Baltenaufstände niedergeschlagen. Sie betrachtet ihn als dienenden Ritter, bezieht ihn in ihr Familienleben ein und zeigt bei seinem Tod einen solchen Kummer, daß ihre Umgebung schokkiert ist.

Die Schwärmerei der Zarin hat inzwischen ein anderes Ziel gefunden: Ihre neue Ehrendame Anna Tanejew, die Tochter eines Staatssekretärs, erscheint ihr wie ein Engel der Unschuld, der sie aus ihrer Melancholie befreien wird. Im August 1905 geht Anna mit Ihren Majestäten zu einer Kreuzfahrt in Finnland an Bord und beweist vom ersten Tag an ihre fanatische

Verehrung für die Zarin, die sich unwiderstehlich von dem dreiundzwanzigjährigen, gesunden, rundlichen und drallen jungen Mädchen mit dem klaren Blick und den vollen Lippen angezogen fühlt. Sehr bald wird die neue Begleiterin als Mitglied der Familie betrachtet. Die Kinder machen sie zu ihrer Freundin und Spielkameradin. Alexandra Fjodorowna vertraut ihr private Dinge an. In ihrem Herzen ersetzt sie die Fürstin Orbeljani, jene arme Gelähmte, um die sie sich kaum noch kümmert. Schon zirkulieren böse Gerüchte über die besonderen Beziehungen zwischen Alexandra Fjodorowna und der Favoritin. Die Zarin ist jedoch überzeugt, daß es die Bestimmung der Frau ist, zu heiraten und Kinder zu haben. Deshalb verheiratet sie Anna eilig mit dem Leutnant zur See Alexei Wyrubow und richtet dem jungen Paar eine Wohnung in einem kleinen weißen Haus ein, nur drei Wegminuten vom Schloß in Zarskoje Selo entfernt. Eine eigene Telefonleitung stellt die ständige Verbindung zwischen den beiden Häusern sicher. Aber Gespräche auf Distanz befriedigen die Zarin nicht. Beinahe jeden Tag besucht sie ihre junge Freundin und verbringt Stunden in dieser bescheidenen Wohnung, redet, bis ihr er Atem ausgeht, macht Musik, malt, träumt. Gleich zu Beginn der Ehe stellt sie fest, daß die beiden unglücklich sind. Alexei Wyrubow ist unausgeglichen, trinkt, hat kein Verständnis für seine Frau und gewährt ihr keine der Zärtlichkeiten, die sie von einem normalen Gatten zu erwarten hätte. Nach einem Jahr gemeinsamen Lebens wird die Ehe wegen Nichtvollzugs aufgelöst. Anna wohnt jedoch weiterhin in Zarskoje Selo. Ihr eheliches Mißgeschick hat sie der kaiserlichen Beschützerin noch weiter angenähert. Die Zarin, die andere ganz für sich in Anspruch nimmt, ist berauscht von der tiefen Hingabe Annas. Sie erkennt nicht, daß es unklug ist, sie in ihrer begeisterten Anhänglichkeit noch zu ermutigen. Ihr gegenseitiger Umgang ist von nebulösem Mystizismus geprägt. Nach Meinung Pierre Gilliards, des neuen Schweizer Erziehers der Zarenkinder, hat sich Anna Wyrubowa ein einfaches Gemüt bewahrt, und durch ihre gescheiterte Ehe ist ihre Sensibilität größer, aber ihr Verstand nicht reifer geworden. »Es fehlte ihr an Intelligenz und Kritikvermögen«, schreibt er, »und sie ließ sich von Eingebungen hinreißen; ihre Urteile über Menschen waren unüberlegt, dafür aber um so entschiedener. Ein kurzer Eindruck genügte, damit sie sich ihre bornierten und kindlichen Meinungen bildete. Augenblicklich machte sie die Leute zu Guten oder Bösen, also zu Freunden oder Feinden.«[5]

Derselbe Pierre Gilliard ist von den Großfürstinnen bezaubert: Olga, »blond, mit gescheit funkelnden Augen, einer leichten Stupsnase«, spontan und sehr intelligent; Tatjana, »hübscher als ihre Schwester«, aber auch zurückhaltender, »weniger aufgeschlossen und ehrlich«; Maria mit dem wunderbaren Blick aus grauen Augen, die sich durch Bescheidenheit und Herzenswärme auszeichnet; Anastasia, die jüngste, »schelmisch, eine richtige Schlaubergerin«, deren Späße »die trübsinnigsten Stirnen glätten«. »Was den Charme dieser vier Schwestern so schwer beschreiblich machte«, schreibt Pierre Gilliard, »waren ihre große Einfachheit, ihre Natürlichkeit, ihre Frische und ihre instinktive Güte.«[6] Der Zarewitsch Alexei erscheint ihm als eines der schönsten Kinder, das man sich erträumen kann, »mit seinen blonden Locken, seinen großen graublauen Augen, die von langen gebogenen Wimpern verdunkelt werden«, seiner rosigen Hautfarbe und seinen Grübchen. Die Krankheit dieses liebevollen und lebhaften Jungen macht ihn betroffen. Als Alexei einen Anfall erlitten hat, schreibt Gilliard: »Die Haut war aufs äußerste gedehnt und ganz hart geworden unter dem Druck des ausgelaufenen Blutes, das auf die Beinnerven drückte und dem Jungen einen stechenden Schmerz bereitete, der sich von Stunde zu Stunde verschlimmerte... Die Zarin blieb bei ihrem Sohn, beugte sich über ihn, streichelte ihn, umgab ihn mit ihrer Liebe, versuchte durch tausend Handlungen, sein Leid zu lindern... Die Qualen dieser Mutter, die hilflos dem Martyrium ihres Kindes beiwohnen mußte, die wußte, daß es ihretwegen litt, daß sie ihm diese furchtbare Krankheit übertragen hatte, die menschliches Wissen nicht heilen konnte! Wie gut ich jetzt das heimliche Drama dieses Lebens begreife!«[7]

In ihrer ständigen Sorge um das Leben ihres Sohnes sucht die Zarin, die Ärzte, Chirurgen und hilflose Professoren verachtet, einen Mittler mit übernatürlichen Fähigkeiten, der sie Gott näherbringt. So wie die Monarchie nur durch die Einheit zwischen

Volk und Zar gerettet werden kann, glaubt sie auch, daß nur ein vom Himmel inspirierter Muschik ihr Kind, die Hoffnung der Nation, retten kann. Aber man muß das wunderbare Wirken eines Demütigen erst verdienen. Ermutigt von Anna Wyrubowa, gibt sich die Zarin ganz der Religion hin. Ihr Leben ist eine einzige Folge von Kniefällen und Gebeten. Sie erwartet den Heiler mit der brennenden Sehnsucht einer Jungfrau, die ihren Gatten erwartet. Am 1. November 1905 schreibt Nikolaus lakonisch in sein Tagebuch: »Ich habe einen Gottesmann kennengelernt, der Gregor heißt und aus der Provinz Tobolsk stammt.« Dieser Mann ist niemand anderer als ein gewisser Rasputin.

Er gehört zur Schar der bärtigen, verlausten Lumpenpilger, die mit ihrem Bündel auf dem Rücken und leuchtenden Augen durch Rußland ziehen, von Kloster zu Kloster, von Kirche zu Kirche, nach der Wahrheit suchen und von der öffentlichen Wohlfahrt leben. Je nach Gelegenheit hausen sie in der Hütte eines Bauern oder dem Haus eines reichen abergläubischen Gutsherrn. Für die ihnen erwiesene Gastfreundschaft erzählen sie von ihren Reisen, beschreiben heilige Orte, berichten von Wundern, sagen eigene Gebete auf, die sowohl Seele als auch Körper heilen sollen. Sie sind weder Priester noch Mönche und haben sich keiner Regel unterworfen. Man nennt sie Stranniks (*stranniki*), Reisende oder, wenn sie einen hohen Bekanntheitsgrad erreicht haben, Staretz (*startsy*). Im allgemeinen lebt ein Staretz als Asket in einem Kloster, aber der Begriff gilt auch für Vagabunden, die Visionen haben und auf die man bei Kummer und Leid zurückgreift. Ein solcher Mann ist Rasputin, der angeborene Intelligenz mit einem tiefen Einfühlungsvermögen in die weibliche Psyche verbindet. »Durch eine Art Instinkt errät er nicht nur den Charakter seiner Gesprächspartnerin, sondern sogar Einzelheiten ihres Seelenlebens«, schreibt ein Journalist, der ihn oft getroffen hat.[8]

Für Rasputin ist die Beichte einer Frau ein besonderer Leckerbissen, und er mag auch körperliche Begegnungen. Er ist ein einfacher Muschik mit groben Manieren und einem scharfen Verstand; in ihm verbindet sich derbste Kreatürlichkeit mit einem Sinn für erhabene Religiosität, Nächstenliebe mit Wollust, Gleichgültigkeit mit Ränke. Sein Verhalten zeichnet sich durch den ständigen Wechsel von Aufschwung und Fall aus. Er ist ein vom Teufel besessener Gottesmann. Sein Wort verhext die Menschen, sein Blick durchdringt ihre Geheimnisse, eine boshafte Kraft entströmt seiner Person und fängt das Vertrauen derer ein, die naiv genug sind, ihn bei sich aufzunehmen.

Gregor Jefimowitsch Nowych wurde um 1870 in einer begüterten Bauernfamilie geboren, in dem kleinen Dorf Pokrowskoje, am Rande Westsibiriens zwischen Tjumen und Tobolsk. Der Name Rasputin (abgeleitet von *rasputnik*: Wüstling) soll seinem Vater verliehen worden sein, der gerne dem Wodka zusprach. Andere sind der Meinung, Gregor selbst habe ihn wegen seines sittenlosen Benehmens erhalten. Sehr früh beschuldigt man ihn, Pferde gestohlen und Mädchen verführt zu haben und zu saufen wie ein Loch. Mit 19 Jahren heiratet er Praskowja Dubrowin, eine vier Jahre ältere Frau, die ihm drei Kinder schenkt.[9] Seine Ehe macht ihn nicht weiser, sondern fördert seine schlechten Eigenschaften noch. Als man ihn vor Gericht stellt, flüchtet er in ein Provinzkloster in Perm und beschließt, von einer plötzlichen Erleuchtung ergriffen, auf Alkohol, Fleisch und Tabak zu verzichten. Er hat gelernt, die Heilige Schrift zu lesen und irrt nun von Dorf zu Dorf, ermuntert die Bauern zum Gebet und zitiert die Propheten. Während seiner Wanderung läßt er sich in die Praktiken der Flagellanten, der *chlysten*, einweihen. Nach den Ritualen dieser Bruderschaft kommen die Gläubigen, Männer und Frauen der Nachbardörfer, nachts in langen weißen Hemden zusammen, singen Beschwörungsformeln, besprengen sich gegenseitig mit geweihtem Wasser, und wenn sie sich mit Geißelschlägen kasteit haben, beweisen sie ihre »reine christliche Liebe«, indem sie sich im Freien sexuell vereinen und bis zum Morgengrauen Unzucht treiben. Wegen seiner außergewöhnlichen Potenz ist Gregor der Held dieser mystischen Orgien. Wenn er mit den Bäuerinnen geschlafen hat, fühlt er sich erleichtert, körperlos, von Gott bestätigt.

Als er nach Pokrowskoje zurückgekehrt ist, setzt er die biblische Unterweisung fort und gewinnt jeden Tag neue Anhänger. Besonders Frauen fasziniert seine Gegenwart. Sie bewundern ihn wegen seiner flammenden Reden, aber auch wegen seines Aussehens. Er ist mittelgroß, nervös, von blasser, leicht olivfarbener Hautfarbe, hat eine mächtige Nase, braunes glattgekämmtes Haar, einen struppigen, ungepflegten Bart und das grobe, unsaubere Aussehen eines sibirischen Muschiks. Aber unter dem buschigen Haar seiner Augenbrauen leuchten stahlgraue Augen mit einem starren, durchdringenden Blick, der seine Zuhörer verunsichert und seinem Willen unterwirft. Alle, die ihm nahegekommen sind, bezeugen, daß er eine große Anziehungskraft besitzt. »Seine hypnotischen Fähigkeiten waren immens, und ich spürte, wie sie sich meiner bemächtigten und sich in meinem Körper wie eine Welle von Wärme ausbreiteten«, schreibt sein erklärter Gegner Fürst Felix Jussupow. »Ich hatte das Gefühl, gelähmt zu sein. Ich versuchte zu sprechen, aber meine Zunge gehorchte mir nicht... Ich sah nur die Augen von Rasputin, aus denen ein seltsames, phosphoreszierendes Licht drang, das schließlich nur noch ein Lichtkreis war, mit dem meine Augen verschmolzen.«[10]

»Als ich ihm begegnete«, sagte später Innenminister Chwostow, »war ich gänzlich zerschlagen. Rasputin unterdrückte mich; er war zweifellos mit großen hypnotischen Fähigkeiten begabt.« Maurice Paléologue schreibt, daß der Blick des Staretz zugleich durchdringend und zärtlich, naiv und listig, einschneidend und wie abwesend war. »Wenn er ein angeregtes Gespräch führte«, berichtet er, »schien seinen Pupillen eine Art magnetischer Strahlung zu entströmen. Ein starker animalischer Geruch ging von ihm aus, ähnlich dem Geruch eines Ziegenbocks.« Auch Stolypin teilt diesen Eindruck von Zähmung anderer, Lasterhaftigkeit und Unsauberkeit. Er erzählt nach einer Begegnung mit Rasputin: »Ich empfand unaussprechliche Abscheu vor diesem stinkenden Tier, das da vor mir saß, zugleich aber wurde mir klar, daß dieser Mensch ganz unbestritten eine Anziehungskraft besaß und dabei war, auf mein Nervensystem einen recht nachhaltigen Eindruck zu machen. Dieser löste Widerwillen in mir aus. Ich faßte mich wieder.« Stolypins Nachfolger, Graf Wladimir Kokowzow, wurde von den »Luchsaugen« des Wunderheilers getroffen, und nur mit großer Anstrengung gelang es ihm, der ekelerregenden Verzauberung zu entgehen, die sich seiner bemächtigte. Andere berichten von seiner seherischen Gabe. Der Polizist Belezki, der später für seine Sicherheit zuständig war, bekräftigte, daß Rasputin »einen klaren Blick und psychologisches Einfühlungsvermögen besaß, die der Gabe des zweiten Gesichts nahekamen«.

In Rasputins ikonengeschmückter Hütte drängen sich die Besucher in immer größerer Zahl, und vor allem die Besucherinnen. Manche dieser Frauen bieten sich ihm schamlos dar, überzeugt, sich durch gemeinsames sinnliches Vergnügen Gott zu nähern. Auch er ist im übrigen davon überzeugt, daß er dem Willen des Allerhöchsten gehorcht, indem er die niedrigsten Lüste befriedigt. In seiner Vorstellung besteht die Bestimmung des einzelnen nicht im Kampf von Gut und Böse, sondern darin, beides in einer glücklichen Mischung zusammenzubringen, die sich durch ihren Gegensatz bis zum Gipfel des Genusses emporschwingen. Zu den vor Ergriffenheit schweißbedeckten, reumütigen Frauen spricht er in kurzen, abgehackten Sätzen, zitiert mit Begeisterung aus dem Evangelium und den Kirchenvätern, zwirbelt dabei seinen Bart und fuchtelt mit seinen großen segenspendenden Händen durch die Luft. Sein Ruf der Heiligkeit und Hellseherei erregt die Aufmerksamkeit mancher Theologen in Kasan, die ihm raten, nach Sankt Petersburg zu gehen. Also bricht er in die Hauptstadt mit einem Empfehlungsschreiben für den berühmten Bischof Theophan auf, der Professor an der Theologischen Akademie ist. Dieser Kirchenmann, selber Asket und Weiser, ist von seinem Besucher wie geblendet. Trotz seines Wissens ist er naiv geblieben und bewundert »die schöne Seele und außerordentliche Spiritualität« Rasputins und sagt ihm »eine große Zukunft« voraus. Bischof Sergei, der Rektor der Akademie, Bischof Hermogen und selbst Pater Johann von Kronstadt setzen größtes Vertrauen in ihn. Als Rasputin eines Tages an einem von Johann zelebrierten Gottesdienst teilnimmt, verläßt dieser plötzlich den Altar, geht mit langsamen Schritten durch die Schar der Gläubigen auf den sibirischen Bauern zu, zeigt mit dem Finger auf ihn und sagt: »Du wirst außerordentliche Dinge tun!« Dann gibt er ihm den Segen und bittet Rasputin darum, ihn ebenfalls zu segnen.

Bald ist Rasputin von zahlreichen religiösen Schwärmern umgeben. Ihre Begeisterung für einen ungebildeten Muschik von zweifelhaftem Lebenswandel erklärt sich aus ihrem Wunsch, eine Erneuerung des Glaubens in den oberen Gesellschaftsschichten herbeizuführen. Es scheint ihnen, daß dieser Mann, der ohne Zweifel andere faszinieren kann, fähig ist, die Gleichgültigkeit der Salon-Gesellschaft zu durchbrechen, die sich seit einem Vierteljahrhundert von religiösen Fragen abgewandt hat. So sind sie weit davon entfernt, ihre Mißbilligung seiner Person zum Ausdruck zu bringen, sondern helfen ihm, in der Gesellschaft aufzusteigen. Bischof Theophan führt ihn bei Hofe ein. Wenig später, am 13. Oktober 1906, bittet Nikolaus ihn nach Zarskoje Selo. Um Gerede zu vermeiden, läßt man ihn durch einen Dienstboteneingang herein. Er trägt einen langen Kaftan und Stiefel. Er schenkt dem Zar in aller Ungezwungenheit eine auf Holz gemalte Ikone des heiligen Simeon von Werchoturje. Nikolaus dankt ihm und lädt ihn ein, mit der Zarin Tee zu trinken. Der Staretz wird den Großfürstinnen und dem Zarewitsch vorgestellt und verteilt ihnen Heiligenbildchen und geweihtes Brot. »Er hat die Kinder kennengelernt und bis Viertel nach sieben mit uns gesprochen«, schreibt Nikolaus. Vor seinen kaiserlichen Gastgebern predigt Rasputin in der gewohnten Weise, mit Grabesstimme und indem er ihnen tief in die Augen blickt. Es sei notwendig, mit kindlichem Eifer zu beten und sich dem Volk zu nähern, das nicht lügen könne. Diese Worte entsprechen den innersten Gefühlen Alexandra Fjodorownas, die in ihrem Besucher bereits einen wahren Verteter der Demütigen und den Seelsorger sieht, den sie seit Jahren vergeblich sucht.

Während die Zarin noch zögert, ob sie ihn zu ihrem geistlichen Führer erwählen soll, drängen sich die Damen Sankt Petersburgs bereits mit begeisterter Inbrunst um ihn. Die einen kommen zu ihm, um ihre Seele zu erheben, andere sind von krankhafter Neugier getrieben, wieder andere wollen wissen, ob er wirklich dem Ruf als Mann mit unüberbietbarer Potenz gerecht wird. Er bringt ihnen bei, wie die drei Schritte zum Glück verlaufen: Es beginnt mit der Sünde, auf diese folgt die Reue, die mit der Rettung in der Lust gekrönt wird. Deshalb ist es notwendig, Schuld bei der körperlichen Befriedigung auf sich zu laden, um wirkliche Vergebung zu erlangen. Während die schwärmerischen Damen in seiner Gesellschaft Tee trinken, erzählt er ihnen obszöne Geschichten, die sie genüßlich erröten lassen. Dann plötzlich stürzt er sich in eine heilige Weissagung, und während er spricht, streichelt er den Arm der einen und die Haare einer anderen. Und wenn er glaubt, der Moment der Eroberung sei gekommen, nimmt er die, welche er sich ausgesucht hat, mit in sein Zimmer und ruft: »Du glaubst, ich beschmutze dich, aber du irrst, ich reinige dich!« Die anderen Besucherinnen bleiben schweigend und verwirrt am Tisch sitzen und beneiden die Auserwählte, der die Offenbarung zuteil wird. Nach ihrer Meinung liegt in dieser einfachen, geradezu groben Art des Meisters eine Art Erneuerung des Glaubens. Indem er Sinnlichkeit und Spiritualität zusammenbringt, bietet er all diesen Frauen, die sich entfalten wollen, einen prächtigen Weg an. Sie kennen nur kalte und gekünstelte Höflichkeit und können sich in seiner Gegenwart in eine ganz andere Sphäre begeben. Sie nähern sich zugleich dem Volk und Gott, dem Vergnügen und der Heiligung. Wie soll man dem Reiz eines solchen Abenteuers widerstehen?

Rasputin legt seine Muschik-Kleider nicht ab, pflegt jedoch sein Aussehen und seine Frisur. Er trägt einen Russenkittel aus blauer Seide, an der Taille durch einen Gürtel zusammengebunden, eine schwarze Pumphose und hohe Stiefel. In der Stadt sieht man ihn oft. Er geht in beliebte Restaurants. »Zu dieser Zeit rissen sich die Salons um Rasputin«, schreibt General Alexander Spiridowitsch. »Unzufriedene Damen der Petersburger Gesellschaft sprachen nur von ihm, dachten nur an ihn. Man brachte ihm bei, sich anständig zu kleiden, sich zu kämmen, sich zu waschen und viele andere Dinge mehr. Einige Leute überlegten, ob sie sich nicht seiner bedienen sollen, um ihre Intrigen zum Erfolg zu führen... In jedem Fall hatte Rasputin seine Einfachheit noch nicht abgelegt und nahm dankbar Drei-Rubel-Scheine an, die manche Leute ihm ohne größeres Aufheben gaben... Aber schon stellt man bei ihm eine gewisse Veränderung fest: Er ist mehr und mehr davon überzeugt, daß er dazu bestimmt ist, etwas Großes und Schönes für den Zar und Rußland zu vollbringen. Er erzählt einigen seiner Anhänger, der Kaiser sei von Lüge und Ungerechtigkeit umgeben, die Adligen in seiner Nähe würden ihn betrügen, und nur ein ihm aufrichtig ergebener Mann ohne Ehrgeiz und voller Demut könne ihm und dem Volk noch von Nutzen sein.«[11]

Nach dem schrecklichen Attentat vom 12. August 1907 lädt selbst Stolypin ihn ein, am Bett seiner verletzten Tochter zu beten. Die wichtigste Etappe seines Aufstiegs legt Rasputin 1908 zurück, als es ihm gelingt, Anna Wyrubowa zu betören. Die Favoritin der Kaiserin nähert sich ihm in ihrer Verwirrung nach der Annullierung ihrer Ehe. Die entscheidende Begegnung findet bei einer der montenegrinischen Prinzessinnen, Großfürstin Militza, statt. »Ich sah Gregor Jefimowitsch eintreten, er war mager, bleich im Gesicht, ausgezehrt. Er trug einen schwarzen Fellmantel«, schreibt Anna Wyrubowa. »Seine Augen, außerordentlich durchdringend, ergriffen mich und erinnerten mich an Pater Johann von Kronstadt.« Vor diesem Propheten, der sie fasziniert, wagt sie leise zu sagen: »Ich möchte mein ganzes Leben Ihren Majestäten widmen, bitten Sie darum, daß ich es tun kann.« »Es soll also geschehen«, antwortet der Staretz gravitätisch.

Von diesem Moment an ist Anna Wyrubowa wie verhext. Mit ihrer geringen Intelligenz und ihrer bis zur Ekstase reichenden Frömmigkeit verfällt sie ganz dem Einfluß des Magiers. Nach dem Tod Pater Johanns von Kronstadt erscheint ihr »Pater« Gregor als der ideale Fürsprecher bei den himmlischen Mächten. In ihren Augen ist er ein aufrichtiger, guter Mensch, der nach nichts strebt und nichts von seinem Genie ahnt. Bald wird er zu Annas vertrautem Gast. Sie empfängt ihn in einem Kreis von Damen der Gesellschaft, die ihn zum Apostel erwählt haben. Er nimmt seine Rolle ernst, betet mit ihnen und legt das Leben der Heiligen für ihre Zwecke aus. Manche empfangen von ihm noch andere Offenbarungen körperlicher Art, was ihre Dankbarkeit gegenüber dem gottinspirierten Lüstling noch erhöht. Anna Wyrubowa jedoch bleibt rein. Was ihr Mann von ihr im Bett nicht erhalten konnte, versucht Rasputin nicht zu fordern. Er begnügt sich damit, über ihre Seele zu herrschen. Sie sieht in ihm ihren »Christus«, ihren »Retter« und erklärt sich zu seiner geistlichen Tochter. Bei Hofe nennen böse Zungen sie »verwirrte Gans«, die Zarenkinder nennen sie unter sich »die Kuh«. Aber je mehr man sich in den Salons über sie lustig macht, desto enger bindet die Zarin sich an sie. In den Gesprächen, welche die beiden Frauen mit gedämpfter Stimme in dem kleinen weißen Haus von Anna in Zarskoje Selo führen, taucht der Name Rasputin oft auf. Jeden Tag bringt die Favoritin ihrer kaiserlichen Freundin eine der Tugenden des »heiligen Mannes« näher. Voller Überzeugung berichtet sie von seiner Nächstenliebe, seiner Bescheidenheit, seiner Gabe des zweiten Gesichts, seiner wundersamen Heilkraft. Die Zarin ist so verstört, daß sie bereit ist, alles zu glauben, was ihre füllige, kuhäugige Freundin mit vor Erregung auf- und niedergehender Brust erzählt.

Anna Wyrubowa ist von ihrer Leidenschaft so gepackt, daß sie mit einigen Damen aus ihrer Umgebung beschließt, dem geistlichen Führer zu folgen, der sich auf eine Reise nach Sibirien, seine Heimat, begibt. Das Kindermädchen der Zarenkinder namens Wischnjakowa, das an der Pilgerfahrt teilnimmt, enthüllt der Kaiserin in einem Brief, daß der »heilige Mann« auf der Reise ihre »bäuerliche Unschuld« mißbraucht habe. Alexandra, die an soviel Schändlichkeit bei einem Gottgesandten nicht glauben kann, entläßt das arme Mädchen auf der Stelle und erklärt es für wahnsinnig.

Einige Zeit später, als sich die kaiserliche Familie im Jagdgebiet von Spala in Litauen aufhält, erleidet der inzwischen achtjährige Zarewitsch nach einem Stoß, den er auf einer Kutschenfahrt erhielt, einen neuen Bluteranfall. Eine Schwellung in der Leistengegend wird größer und weitet sich immer mehr aus. Das Kind leidet entsetzlich, und seine Schreie sind im ganzen Haus zu hören. Die Zarin ist verzweifelt und weicht nicht von seinem Bett. Die Ärzte, die sie ständig bedrängt, wissen nicht, was sie tun sollen. Der Chirurg Fjodorow wagt es nicht, die Schwellung aufzuschneiden, da der Patient der Thronfolger ist. Die Operation, so sagt er, könnte eine tödliche Blutung zur Folge haben. Da der Ausgang fatal sein kann, wird der Hofmarschall beauftragt, ein Gesundheitsbulletin des Zarewitschs herauszugeben. Schon werden dem kleinen Kranken die letzten

Sakramente gereicht. Als alles verloren scheint, erhält die Zarin ein Telegramm von Rasputin: »Die Krankheit scheint nicht gefährlich. Die Ärzte sollen sich nicht bemühen.« In einem weiteren Telegramm verspricht der Staretz eine schnelle Heilung. Um zwei Uhr nachmittags geben die Ärzte verschämt bekannt, daß die Blutung von selbst zum Stillstand gekommen ist. Diese Art Spontanheilung kommt ihrer Aussage nach unter hundert Fällen nur einmal vor. Die Zarin frohlockt. Für sie kann es nur ein Wunder sein. Sie hat in Rasputin den Retter der Dynastie gefunden. Von nun an gesellt sie sich zu Anna Wyrubowa und den anderen Priesterinnen des Rasputin-Kults.

Nikolaus ist ebenfalls beeindruckt, behält aber einen klaren Kopf. Er erkennt die magnetistischen Fähigkeiten des Staretz zwar an, weigert sich jedoch, ihn in Fragen der Tagespolitik zu konsultieren, wie ihm seine Frau rät. Dies hindert ihn jedoch nicht, in diesem plumpen, primitiven und geheimnisvollen Mann eine Inkarnation der nationalen Weisheit zu sehen. Wenn er vor ihm steht, hat er den Eindruck, mit dem wirklichen Rußland in Verbindung zu treten. Rasputin bestärkt ihn durch sein Bauerngewand, seine kräftige Sprache und seine fromme Überzeugung in der Vorstellung, daß das Vaterland durch die unauflösbare Einheit zwischen Zar und Volk geschützt wird. Die Beziehungen zwischen dem Kaiserpaar und dem Wunderheiler sind von patriarchalischer Einfachheit. Ihre Majestäten reden ihn mit »Gregor« an, er nennt sie »Papa« und »Mama«. »Nach russischer Sitte küßten sich alle dreimal«, schreibt Anna Wyrubowa, »dann begannen wir, uns zu unterhalten. Rasputin erzählte aus Sibirien, vom Elend der Bauern, von seinen Pilgerfahrten. Ihre Majestäten sprachen immer von der Gesundheit des Thronerben und ihren täglichen Sorgen. Wenn sich Gregor Jefimowitsch nach einem einstündigen Besuch zurückzog, ließ er Ihre Majestäten fröhlich zurück, erfüllt von einer zarten Hoffnung und in dem Glauben an bessere Zeiten.«

Bald darf Rasputin die Zarenkinder in ihren Zimmern besuchen. Für Alexei bedeutet seine Gegenwart Gesundheit. Bei der geringsten Verletzung stillt der Gottesmann das Blut durch Handauflegen, Gebete und Blicke. Die Zarentöchter finden nichts Anstößiges daran, den Staretz in ihrem Schlafzimmer zu empfangen, wenn sie schon ihre langen Nachthemden angezogen haben. Sie sammeln sich mit ihm vor den Ikonen und hören seinen Reden mit solcher Faszination zu, daß Fräulein Tjutschewa, ihre Gouvernante, darüber ganz entsetzt ist. Sie nimmt all ihren Mut zusammen und bittet die Zarin, Rasputin nicht mehr in die Zimmer der Mädchen zu lassen, die er durch seine überspannten Reden und sein unschickliches Verhalten äußerst verwirre. Alexandra Fjodorowna ist keineswegs beunruhigt; daß man an der Tugend Pater Gregors zweifeln kann, erfüllt sie mit heftigem Zorn. Sie schlägt die Bitten der Unglücklichen, die es gut meinte, energisch ab.

Der schwindelerregende Aufstieg Rasputins fällt mit der Rückkehr des vormals in Ungnade gefallenen Fürsten Wladimir Mestscherski zusammen, dem Direktor der reaktionären Zeitung »Der Bürger«, der jetzt wieder großzügige Subventionen gewährt werden. Nachdem Mestscherski dem Staretz begegnet ist, beurteilt er ihn als höchst vernünftig und würdig, als den Inbegriff des frommen und ergebenen Muschik. Der Zar freut sich über dieses positive Urteil und erklärt dem Fürsten: »Ich bin sehr froh, daß du Gregor kennengelernt hast und deine Meinung mit meiner eigenen übereinstimmt.« Für Nikolaus findet das wahre Rußland seinen Ausdruck nun in Rasputin, Fürst Mestscherski und seiner Zeitung sowie in der patriotischen Organisation »Union des russischen Volkes« mit ihren 3500 Sektionen, die über das ganze Land verteilt sind. Die Liberalen sind so etwas wie Fremde für ihn. Er verspürt Lust, körperlich die Wärme der Volksmassen zu erfahren. 1909, anläßlich der Zweihundertjahrfeier der Schlacht von Poltawa,[12] begibt er sich zu den Bauern, die aus allen Nachbardörfern gekommen sind, und unterhält sich mit ihnen von fünf Uhr nachmittags bis acht Uhr abends. »Er fragte sie nach den Vorgängen in ihrem Dorf, nach dem Land, ihrem Privatleben«, schreibt General Alexander Spiridowitsch, der die Szene miterlebte. »Der Zar verstand es, mit einfachen Leuten zu reden. Sein gütiger Blick, sein freundliches Lachen ermutigten die Leute, offen zu reden, und sie antworteten ihm ohne Umschweife, ohne Mühe und mit Aufrichtigkeit. Man konnte dem Zaren alles sagen, wie bei einer Beichte.«

Zwei Jahre später erlebt Alexander Spiridowitsch einen weiteren Triumph des Kaisers, diesmal in Sankt Petersburg im Marien-Theater bei einer Vorstellung von »Boris Godunow«. Am Ende des ersten Aktes geben Ihre Majestäten das Zeichen zum Applaus. Da hebt sich langsam der Vorhang, und eine Gruppe bunter Gestalten aus der russischen Geschichte wird sichtbar: Zar Boris Godunow, die Bojaren, die Bogenschützen, das Volk, und alle wenden sich zur Kaiserloge hin und singen mit Orchesterbegleitung »Gott schütze den Zaren«. Dann fallen sie auf die Knie. Das alte Rußland ehrt das neue. Die Zuschauer stehen auf und stimmen alle mit Tränen in den Augen in die Hymne ein. Am Ende der letzten Strophe erfüllt lautes Hurra den Saal. Die Leute weinen, wedeln mit Fächern und Taschentüchern durch die Luft und rufen: »Zugabe! Zugabe!« »Ihre Majestäten hatten nicht mit einer solchen Ovation gerechnet und grüßten sichtlich bewegt«, schreibt Alexander Spiridowitsch. »Die Großfürstinnen waren rot vor Freude, blickten um sich und wußten nicht, wie sie sich angesichts einer solchen Ehrenbezeugung verhalten sollten. Das Publikum ließ seiner Begeisterung freien Lauf... Für den Zar waren dies Augenblicke von seltener Schönheit.« Ein Detail allerdings trübt die Euphorie des Zaren: Er erfährt, daß die Truppe diesen Auftritt vorbereitet hat, um dem Zar persönlich bestimmte Forderungen des Chors, von denen der Theaterdirektor nichts hören wollte, vorzutragen. Dennoch: Wenn die Schauspieler vielleicht aus Berechnung gehandelt haben, das Publikum bezeugte aufrichtig seine Liebe zur Zarenfamilie.

Der angeborene Fatalismus von Nikolaus nährt sich an allen Nachrichten, die ihm günstig sind. Aber selbst angesichts der Gefahr verliert er seine Heiterkeit nicht. In seinem Inneren herrscht die Gewißheit, daß alles, was geschieht, vom Himmel festgeschrieben ist. Als in Kronstadt die Meuterei ausbricht, sagt er zu Minister Iswolski, der über seine Kaltblütigkeit überrascht ist: »Wenn Sie mich so ruhig sehen, dann deshalb, weil ich den festen, unbedingten Glauben habe, daß das Schicksal Rußlands sowie mein eigenes und das meiner Familie in Gottes Händen liegt, der mich da hingestellt hat, wo ich bin. Was immer geschieht, ich werde mich vor Seinem Willen beugen, im Bewußtsein, nie einen anderen Gedanken gehabt zu haben als den, dem Land zu dienen, das Er mir anvertraut hat.«

Diese Vorstellung entspricht genau derjenigen Rasputins. Auch für ihn hat Gott unmittelbares Interesse am Erfolg des Zaren. Der Einfluß des Staretz auf seine kaiserlichen Schäflein wird bald so unübersehbar, daß die öffentliche Meinung sich darüber erregt. Wie Lauffeuer verbreiten sich Geschichten von seinen Orgien in der Stadt und vom skandalösen Umgang mit Ihren Majestäten. Am 21. November 1908 schreibt die Generalin Bogdanowitsch in ihr Tagebuch: »Der Zar ist nervös, das Benehmen der Zarin, ihre seltsame Liebe für die Wyrubowa irritieren und ärgern ihn. Die Zarin wird von plötzlichen Leidenschaften ergriffen. Manchmal singt sie ganze Tage lang, manchmal gibt sie sich ganz dem Spiritismus hin und vergißt die Musik...« Einige Monate später, am 6. Februar 1909, schreibt sie: »Die junge Zarin ist an Neurasthenie erkrankt, was im Wahnsinn enden kann. Die Freundschaft der Wyrubowa ist sicherlich einer der Gründe dafür.« Am 20. März 1910 wird der Ton alarmierender: »Heute habe ich viele traurige, ja sogar empörende Dinge über Rasputin erfahren, jenen heiligen Mann, dessen Name in aller Munde ist und der bis in die unzugänglichsten Kreise vorgedrungen ist. Die Zeitungen kommen ihm auf die Schliche, aber ihre Enthüllungen haben keinerlei Einfluß auf seine allmächtigen Gönner; sie glauben es nicht, und ihre Türen stehen ihm weiter offen. Alle Diener, alle Höflinge sind empört über das unverschämte Benehmen Gregor Jefimowitschs, aber es ist nichts zu machen, weil die junge Zarin ihn stützt. Dieser schamlose Mensch kann zu jeder Tages- und Nachtzeit den Palast betreten... Als ein dem Zaren ergebener Mann diesem sagte, Rasputin sei nichts als ein sittenloser Muschik, und daß es ihm echten Kummer bereite, daß sein Herr mit ihm spreche und auf ihn höre, antwortete er ihm: ›Ich stelle mit Bedauern fest, daß Sie nicht gläubig sind und es wagen, sich über die Religion lustig zu machen.‹ Trotz aller Verrücktheiten der Zarin liebt der Zar sie, und sie hat großen Einfluß auf ihn.«

In den Salons, den Redaktionen der Zeitungen und auf den Fluren der Duma spricht man inzwischen von der unheilbringenden Trinität, die Nikolaus beherrscht: seiner Frau, der Wyrubowa und Rasputin. »Der Zarin gefällt diese Gesellschaft!« schreibt die Generalin Bogdanowitsch. »Sie hat den Ruf einer intelligenten Frau; aber ihre Worte und Taten beweisen dies nicht.« Weiter schreibt sie: »Die Zarin verehrt die Wyrubowa mehr denn je, sie vertraut ihr alles an, und der Zar berichtet ihr weiterhin über alle Amtsgeschäfte. Frau Wyrubowa wird am Hof allgemein abgelehnt, aber niemand wagt es, gegen sie zu kämpfen. Sie bleibt von elf Uhr vormittags bis ein Uhr bei der Zarin, und wieder von zwei Uhr bis fünf Uhr nachmittags, und nachts bis halb zwölf. Wenn der Zar sich um halb zwölf zur Arbeit begibt, gehen die Wyrubowa und die Zarin zusammen ins Schlafzimmer... Die Zarin stellt sich kränker, als sie in Wirklichkeit ist. Sie hat sicher eine seelische Krankheit, aber denken kann sie noch sehr gut. Sie liegt beinahe sterbend da, und plötzlich springt sie aus dem Bett, als ob nichts wäre, dann legt sie sich wieder tagelang hin, ohne aufzustehen. Die Wyrubowa unterhält eine lebhafte Korrespondenz mit dem sittenlosen Rasputin. Für ihn zieht sie der Zarin viel Geld aus der Tasche.«

Als Stolypin über seine Agenten von den Machenschaften Rasputins erfährt, hält er es für seine Pflicht, den Kaiser zu warnen. Dieser hört seinen Minister mit verschlossener Miene an, läßt sich nicht dazu herab, seinen Bericht zu lesen und bittet ihn, zur Tagesordnung überzugehen. Die Polizei wird angewiesen, die Überwachung des heiligen Mannes aufzuheben. Stolypin, den der Zar in der Affäre Rasputin nicht ernst nimmt, fühlt sich auch von den meisten Abgeordneten im Stich gelassen, ob sie zur Mehrheit oder zur Opposition gehören. Die Linke macht ihm seine Grausamkeit gegenüber jeder revolutionären Regung zum Vorwurf, die Rechte wirft ihm seinen Anspruch vor, wie ein Diktator zu herrschen und zu kühne Reformen durchzuführen. Als er beschließt, das Semstwo-System in den westlichen Provinzen Rußlands einzuführen, lehnt der Reichsrat, dessen Mitglieder überzeugte Monarchisten sind, den Plan ab. Tief getroffen, bittet Stolypin den Zaren um seine Entlassung. Dieser nimmt auf Rat seiner Mutter und der Großfürsten Nikolaus Michailowitsch und Alexander Michailowitsch den Rücktritt nicht an. Daraufhin fordert Stolypin als Voraussetzung, daß er im Amt bleibt, die Duma vorläufig auszusetzen und die Unterbrechung zu nutzen, um das vom Reichsrat abgelehnte Gesetz per Dekret in Kraft zu setzen. Weiterhin fordert er, daß den beiden Mitgliedern des Rates, die sich am heftigsten seinem Plan widersetzt haben, Durnowo und Trepow, einige Zeit die Teilnahme an den Sitzungen untersagt wird. Widerwillig beugt sich der Zar. Er verurteilt die hochmütige Haltung seines Ministers, sieht aber keine Möglichkeit, ihn sofort zu entlassen. Er weiß aber bereits, daß er ihn nicht lange im Amt halten will. Die ganze Rechte, die Oktobristen eingeschlossen, verurteilen das verfassungsfeindliche Manöver, das der Zar gebilligt hat. Dadurch, daß er Stolypin freie Hand gelassen hat, verliert er bei seinen besten Anhängern an Achtung. Er wird diesem bedeutenden Staatsmann nie verzeihen, ihn in eine solche Situation gebracht zu haben. Stolypin ist sich der Tatsache bewußt, daß er sich durch seinen Sieg selber verurteilt hat. Der Hof bereitet seine Abreise nach Kiew vor, wo der Zar ein Denkmal zur Erinnerung an seinen Großvater Alexander II., den Befreier der Leibeigenen, einweihen soll. Bevor er die Hauptstadt verläßt, vertraut Stolypin seinen Freunden an: »Meine Stellung ist erschüttert: Ich habe den Kaiser gebeten, mich nach Kiew zu entlassen, und ich glaube nicht, daß ich auf meinen Posten zurückkehre.«[13]

Tausend Anzeichen kündigen ihm in Kiew an, daß er bald in Ungnade fallen wird: Die Höflinge suchen nicht mehr seine Gesellschaft, er ist nicht im Kaiserpalast untergebracht, ihm wird kein besonderes Gefährt zur Verfügung gestellt. In der Altstadt wimmelt es von Polizisten. Nach alter Gewohnheit arbeitet der Geheimdienst mit Doppelagenten, um von den Aktivitäten der Revolutionäre zu erfahren. Einer dieser Doppelagenten, eine gewisser Bogrow, versichert, daß am Vorabend zu einer aufsehenerregenden Aktion entschlossene Terroristen in die Stadt gekommen seien. Damit er sie überwachen und wenn notwendig anzeigen kann, verschaffen ihm die Behörden eine Eintrittskarte ins Theater, in dem der Zar am 1. September 1911 mit seinen Töchtern, dem Hof und allen Ministern an einer Galaaufführung teilnehmen soll. Während der zweiten Pause ertönen Gewehrschüsse. Stolypin, der im Parterre zwischen den Sitzreihen steht, greift sich an die Brust und schwankt. Bevor er zusammenbricht, findet er noch die Kraft, in Richtung der Kaiserloge ein großes Kreuz zu schlagen. General Alexander Spiridowitsch, der Zeuge des Attentats wurde, beobachtet einen Mann, der sich eilig durch die Menge drängt. Er holt ihn ein, verpaßt ihm einen Säbelhieb und erkennt zu seinem Erstaunen Bogrow. Blitzartig wird ihm klar, daß der »geheime Mitarbeiter« seine Auftraggeber verraten hat. Nachdem die Polizisten sich von ihrem Schrecken erholt haben, führen sie den Mörder ab, und das Publikum ruft: »Die Hymne! Die Hymne!« Das Orchester spielt »Gott schütze den Zaren«. Der Kaiser steht aufrecht und bleich in seiner Loge und hört die Hurras zu sich aufsteigen. Er grüßt und verläßt das Theater. Er ist von großer Ruhe, als hätte er nicht begriffen, was geschehen ist. Hat er verstanden, daß er seinen klügsten Berater verloren hat und vielleicht selbst dem Tod entgangen ist? Mehr denn je vertraut er sich Gott an. Angesichts eines so schlimmen Ereignisses könnte Nikolaus sich entschließen, die Vergnügungen abzubrechen. Aber ihm scheint, daß er nicht das Recht hat, das Kiewer Festprogramm abzuändern. Wie damals, als er zum Ball des französischen Botschafters ging, trotz der Katastrophe auf den Chodynka-Wiesen, die sein Krönungsfest überschattete, zwingt er sich, dem Mord an seinem Premierminister mitten im Theater nicht allzuviel Bedeutung beizumessen. Daß Stolypin vor seinen Augen getötet wird, scheint ihm kein ausreichender Grund, vom Protokoll abzuweichen. Im übrigen hat er sich nicht allzu gut mit diesem unnachgiebigen Mann verstanden. Vielleicht ist dessen Verschwinden von der politischen Bühne letztes Endes von Vorteil. Am nächsten Tag verläßt er Kiew, um am großen Manöver in Tschernigow teilzunehmen. In seiner Abwesenheit läßt die Zarin, die sich krank fühlt, Rasputin kommen, um sich durch seine geheiligten Worte helfen zu lassen. Ihren Freunden erklärt sie: »Keine Wache konnte Stolypin schützen, und keine Wache wird den Kaiser schützen können. Das Heil kann man nur von den Taten und Gebeten »Pater« Gregors erwarten, der unmittelbar mit dem Allerhöchsten in Verbindung steht.«[14]

Die Ankunft Rasputins bleibt nicht unbemerkt, und sogleich setzt am Hof die Gerüchteküche ein. »Alles, was um den Zaren herum geschieht, kommt einem Alptraum gleich«, schreibt die Generalin Bogdanowitsch. »Während der Zar in Tschernigow ist, läßt die Zarin diesen Muschik herkommen, wahrscheinlich wegen der Nachfolge Stolypins, den die Polizei umgebracht hat. Ist das nicht ein furchtbarer Traum? Und ist diese Wyrubowa nicht eine furchtbare Macht? Die Zarenfamilie, die eigentlich ein Vorbild an Tugend sein sollte, verliert mit jedem Tag mehr an Ansehen. Das ist traurig und ekelerregend!«

Nachdem er vier Tage gegen den Tod gekämpft hat, erliegt Stolypin am 5. September seinen Verletzungen. Diese Nachricht ruft eine Welle der Empörung in der Stadt hervor, denn der Mörder Bogrow gehört zwar der orthodoxen Religion an, ist aber jüdischer Herkunft. In den Kreisen der Nationalisten brodelt es. Demonstrationen ziehen durch die Straßen, deren Teilnehmer rufen: »Das Judenpack hat Stolypin getötet! Schlagt das Judenpack!« Nur mit größter Mühe kann ein Pogrom vermieden werden. Als Nikolaus aus Tschernigow zurückkehrt, verneigt er sich vor den sterblichen Überresten seines Dieners und ernennt Wladimir Kokowzow, den erbittertsten Gegner Stolypins, zu dessen Nachfolger. Einige Tage zuvor hatte Stolypin mit beißender Ironie zu seinem Herrscher gesagt: »Wenn Eure Majestät eine stabile Macht wünscht, die weitere Reformen nicht ausschließt, bin ich Ihr Mann. Wenn Sie das Reformwerk beenden oder eine Entwicklung nach rückwärts will, wenden Sie sich an Durnowo. Aber wenn Eure Majestät auf der Stellen treten will, dann wende Sie sich an Kokowzow.«[15]

Nachdem Nikolaus viele Jahre lang zwei Männer mit starker Persönlichkeit an seiner Seite hatte, empfindet er Erleichterung, daß er sich nun auf einen Premierminister stützen kann, der entgegenkommender ist. Er hält es für wenig nützlich, die Beisetzung des Opfers durch seine Anwesenheit zu ehren. Am Vorabend der Beerdigung schifft er sich mit seiner Familie und seinem Gefolge nach der Krim ein. Gleich darauf wird Bogrow durch ein Standgericht verurteilt. Er erklärt, er habe Stolypin getötet, um sich an der Regierung zu rächen, die ihn aufgefordert habe, seine Freunde in der Partei der Sozialrevolutionäre zu verraten. Seit Monaten hat er ein Doppelspiel gespielt. Nach seiner Verurteilung zum Tod wird er noch am selben Tag gehenkt.

Diese Hinrichtung kann nicht genügen, um dem Lauf der Ereignisse eine andere Richtung zu geben. Nach dem Mord an

Stolypin glaubt die Zarin, daß ihr Mann, ihre Kinder und sie selbst in größerer Gefahr seien als bisher. In ihrer unbändigen Angst vor der Zukunft kann sie sich keine andere Hilfe vorstellen als den Segen des Staretz. Rasputin ist auf dem Gipfel seiner Macht angelangt und hat politische Ambitionen entwickelt. In seiner Wohnung in der Gorochowaja-Straße Nr. 64 drängen sich die Bittsteller wie im Vorzimmer eines Ministers. Generäle in Galauniform stehen prahlerisch im Treppenhaus und warten auf die Ehre, empfangen zu werden. An manchen Tagen beläuft sich die Zahl der Besucher auf mehrere hundert. Auf Befehl des Zaren bewachen Polizisten in Zivil die Bleibe des Wundertäters. Zum Dank für seine Fürsprache bei Ihren Majestäten empfängt er Geschenke, er ist auch seinerseits nicht geizig und verteilt sein Geld gerne an Arme.

Hinter seinem Rücken aber sammeln sich die Feinde seines Triumphs. Leute aus den verschiedensten Lagern finden sich im Komplott nationaler Entrüstung zusammen. Ihre Vorwürfe richten sich nicht gegen Rasputin allein, sondern auch gegen die Schar seiner Anhängerinnen und die Abenteurer, die ihn umgeben. »Pater« Gregor zählt nicht nur Anna Wyrubowa und einige Frauen der oberen Gesellschaft zu seinem Gefolge, sondern auch Leute wie den fragwürdigen Intriganten Aron Simanowitsch, der Goldschmied der Zarin geworden ist, schwerreiche Börsenspekulanten wie den Geschäftsmann Rubinstein, Spione und Gauner wie Manassjewitsch-Manuilow, Priester, Beamte, höhere Offiziere, die Empfehlungen brauchen...

In der Umgebung all dieser Anhänger, deren Motive nur zum Teil offen genannt werden können, glaubt er sich vor Ungewittern sicher. Aber plötzlich trifft ihn eine unerwartete Welle mitten ins Gesicht. Am Wolga-Ufer sprechen zwei Kleriker, die er früher protegierte, Hermogen und Heliodor, einen Fluch gegen ihn aus. Sie beschuldigen ihn eines lasterhaften Lebenswandels, werfen ihm vor, Mitglied in der Sekte der Flagellanten (*chlysty*) zu sein, sich durch List in das Leben der Zarenfamilie eingeschlichen zu haben und durch sein Gerede dem Ruf Ihrer Majestäten zu schaden. Sie veröffentlichen Briefe, welche die Zarin ihrem geistlichen Führer geschrieben hat und in denen sie ihn ihrer gänzlichen Unterwerfung versichert und ihren

210

Wunsch zum Ausdruck bringt, »an seiner Schulter zu ruhen und ihm die Hand zu küssen«. Ihr Zorn gegen den unverschämten Verderber der Monarchie geht so weit, daß sie versuchen, ihn zu kastrieren. Sie locken ihn in eine Falle und stürzen sich mit dem Messer auf ihn. Nur mit Mühe gelingt es ihm, ihnen zu entkommen.

Da ein Skandal auf den anderen folgt und die Polizeiberichte immer belastender werden, tut Nikolaus einen Schritt, der die Situation entschärfen soll: Rasputin erhält den Befehl, Sankt Petersburg zu verlassen, und so reist er zur großen Verzweiflung seiner Anhänger zum Berg Athos und nach Jerusalem. Von dort schickt er ihnen erbauliche Botschaften. »Das Volk mag nur die geistige Armut, weil die geistige Armut erhebender ist als die größte Pracht. Ein Bischof, der keine geistige Armut kennt, ist in der Lage zu weinen, wenn man ihm ein Kreuz verweigert, mit der Armut des Geistes jedoch findet er sogar an einer schäbigen Soutane Gefallen, und das Volk wird der schäbigen Soutane folgen... Eine Sünde ist wie ein Kanonenschlag: Jedermann erfährt sie sofort... Man kann euch alles nehmen, sogar das Dach über dem Kopf, aber eure Seele wird man euch nie nehmen... Was soll ich euch über das erzählen, was ich empfand, als ich mich zum erstenmal dem Grab Jesu näherte? Ich habe gespürt, daß dieses Grab ein Feuer der Liebe ist, und ich war bereit, die ganze Welt zu umarmen. In jedem Menschen sah ich einen Heiligen...«[16]

Die weiblichen Bewunderer des Wundertäters lesen diese Briefe wieder und wieder, und ihr Kummer, von ihm getrennt zu sein, nimmt ständig zu. In seinen weitschweifigen Weissagungen sehen sie die Antwort eines reinen Herzens an all jene, die ihn als Scharlatan und Lüstling beschimpfen. So dient Rasputins Abwesenheit der Bildung seiner Legende.

Nur für kurze Zeit bleibt er in Ungnade. Anna Wyrubowa erreicht es ohne Mühe, daß dem Geächteten bald verziehen wird. Kaum ist er wieder in der Hauptstadt, da ist sein Einfluß auf die Zarin ebenso groß wie zuvor. Aber seine Feinde rüsten nicht ab. Anzügliche Geschichten machen die Runde. Die Zarin und Anna Wyrubowa teilten Rasputins Bett, heißt es. Bevor er die Liebesgelüste der Zarin befriedige, lasse er sich vom Zar die

Füße waschen. Die vier Großfürstinnen hätte der teuflische Bauernlümmel bereits vergewaltigt... All dies ist selbstverständlich falsch, aber die Verleumdungskampagne amüsiert die öffentliche Meinung und beschmutzt die kaiserliche Familie jeden Tag ein wenig mehr. Wie alle, die Ihren Majestäten nahestehen, weiß auch die Mutter des Zaren, daß all dies zu Ende wäre, wenn Rasputin für immer fortgeschickt würde. Aber sie weiß auch, daß weder ihr Sohn noch ihre Schwiegertochter sich dazu entschließen werden. Sie läßt Kokowzow zu sich kommen und erklärt ihm, wie bestürzt sie ist. Sie schließt mit den Worten: »Meine unglückselige Schwiegertocher erkennt nicht, daß sie und die Dynastie untergehen. Sie glaubt aufrichtig an die Heiligkeit eines Abenteurers, und wir sind machtlos und können nichts tun, um eine Katastrophe zu verhindern, die inzwischen unvermeidlich scheint.«

Die Zeitungen beginnen, Artikel über Rasputin und seine hochgestellten Gönner zu veröffentlichen. In Moskau bringt ein gewisser Nowosselow eine verunglimpfende Broschüre heraus, die den Titel »Rasputin, der mystische Lüstling« trägt und sogleich verboten wird. Daraufhin erscheint die Geschichte in »Die Stimme Moskaus«, dem Organ der Moskauer Kaufleute.

Trotz des Verbots durch die Zensur kommen einige Exemplare der Zeitung unter das Volk. Der Abgeordnete Gutschkow bringt in der Duma eine Dringlichkeitsanfrage zur Affäre um Nowosselows Broschüre und die »Stimme Moskaus« ein. Als über das Budget des Heiligen Synods diskutiert wird, ruft er aus: »Sie wissen alle, welch schmerzliches Drama Rußland im Augenblick durchlebt!... Im Mittelpunkt dieses Dramas steht eine geheimnisvolle und tragikomische Person, eine Art Gespenst aus der anderen Welt oder das letzte Produkt der Jahrhunderte des Unwissens. Mit welchen Mitteln ist dieser Mann in eine so wichtige Position gerückt und hat eine solche Macht angehäuft, daß sich vor ihm die höchsten Träger geistlicher und weltlicher Macht verbeugen?«

In den Gängen des Dumagebäudes zeigt man sich Fotografien des Staretz inmitten seiner Anhängerinnen, unter denen manche die Töchter des Zaren zu erkennen glauben, was jedoch nicht stimmt. Der Name der Zarin wird nun in den Gesprächen mit dem Rasputins in einem Atemzug genannt. Man nennt sie hohnlachend *chlystowka*, Flagellantin. Im politischen Salon der Generalin Bogdanowitsch erheben sich die vorwurfsvollsten Stimmen. Sie schreibt in ihr Tagebuch: »Nicht mehr der Zar regiert Rußland, sondern der Glücksritter Rasputin. Er sagt jedem, der es hören will, daß nicht die Zarin ihn brauche, sondern ›Nikolaus‹. Ist das nicht schrecklich? Dann zeigt er einen Brief herum, in dem die Zarin ihm versichert, daß sie erst Ruhe finde, wenn sie sich gegen seine Schulter lehnt. Welche Schande! All das hat mir Schelking, der Redakteur der ›Neuen Zeit‹ erzählt. Er hat bei Frau Golowin einen Abend mit Rasputin verbracht. Alle Frauen sahen diesen infamen Menschen unterwürfig an… Rasputin beklagte sich über die Angriffe der Presse. Er würde gerne fortgehen, sagt er, wenn ›die Seinen‹ ihn nicht brauchten. Mit ›die Seinen‹ meint er die Zarenfamilie. Inzwischen ist jeglicher Respekt, den er vor seinem Kaiser hatte, verschwunden. Die Zarin versichert, daß es ihrem Mann dank der Gebete Rasputins gut gehe, der verkündet, er sei notwendig für ›Nikolaus‹. Dieser Satz kann einen in Rage bringen.« Einige Tage später heißt es: »Ganz Petersburg erregt sich über den stetig wachsenden Einfluß Rasputins auf die Zarenfamilie. Die Bittschrift der Duma hat die Gemüter ein wenig beruhigt, denn sie beweist, daß man sich immerhin bemüht, Rußland von dieser scheußlichen Person zu befreien. Über die Zarin erzählt man sich so schreckliche Dinge, daß ich mich schämen würde, sie weiterzugeben. Dieser Mann kann mit ihr machen, was er will. Sie liebt weder den Zaren noch die Familie und verliert sie alle.«[17]

Der Fanatiker Heliodor verkündet in prophetischem Ton: »Wenn Grischka (Diminutiv von Gregor) nicht sofort vom Hof entfernt und fortgeschickt wird, wird der Kaiserthron gestürzt, und Rußland wird untergehen!« Selbst in der nächsten Umgebung des Zaren nehmen manche inzwischen energisch Stellung. Nach einem letzten Versuch, die Augen der Kaiserin zu öffnen, die nicht begreifen will, inwieweit das Kavaliersgehabe des Wundertäters die jungen Großfürstinnen in Verruf bringt, legt Fräulein Tjutschewa unter Bedauern ihr Amt nieder. Erzbischof Theophan, welcher Rasputin ins Schloß eingeführt hat und inzwischen Beichtvater des Kaiserpaars wurde, erkennt verblüfft, daß er Urheber eines in der russischen Geschichte bisher nie dagewesenen Skandals ist. Von Gewissensbissen gequält, geht er zu Nikolaus und gesteht ihm, daß er sich über den Staretz getäuscht habe, der in Wirklichkeit nur ein gefährlicher Abenteurer sei. Auch diesesmal bleibt der Zar unerschütterlich. Er ist zwar von schwachem Charakter, aber er haßt es, wenn man ihm sein Verhalten vorschreibt. Um Theophan für seine zu große Offenheit zu bestrafen, ersetzt Nikolaus ihn als Beichtvater durch Pater Alexander Wassiljew, einen Anhänger Rasputins. Als enger Freund der Zarenfamilie wagt es nun auch Hofminister Fredericks, Ihre Majestäten vor der Gefahr zu warnen, die ihnen droht, wenn sie die Vorwürfe der Öffentlichkeit weiter ignorieren. Nikolaus antwortet trocken: »Ich glaube, ich habe das Recht, bei mir zu Hause zu empfangen, wen ich will.« Der neue Ministerpräsident Kokowzow ist ebenfalls der Meinung, es sei seine Pflicht, den Monarchen über den schlechten Ruf aufzuklären, den er sich durch seine Treffen mit dem Magier eingehandelt hat. Er schreibt in seinen Memoiren: »Rasputin erschien mir als typischer sibirischer Vagabund, der nach gelerntem Rezept die Rolle eines Einfältigen, eines Gottinspirierten spielte. Ich war solchen Männern bereits zu Beginn meiner Laufbahn begegnet, als ich Gefängnisdirektor war.« All dies sagt er auch dem Kaiser, der ihn zerstreut anhört und dabei in die Ferne blickt. Es ist ihm sichtlich lästig, daß sein Premierminister mit solchem Eifer einen Mann anschwärzt, dem er und seine Frau ein für allemal ihr Vertrauen geschenkt haben. Nach einer Weile unterbricht er ihn und sagt, er kenne »diesen Muschik« kaum, und sehe ihn nur im Vorbeigehen »in großen Abständen«. Danach wechselt er das Thema. Er ist Gefangener seines Hochmuts und glaubt, daß er sich um Klatsch nicht zu kümmern braucht. Seiner Meinung nach nehmen die Gegner der Monarchie Rasputin nur zum Vorwand, um ihren Herrscher mit Schmutz zu bewerfen. Sie haben einige Regierungsmitglieder ins Schlepptau genommen, die glauben, sie könnten dem Ansehen des Throns durch ihre dummen Warnungen dienen, in Wahrheit aber dem Feind nützen. Je mehr der Staretz angegriffen wird, desto mehr umwirbt die Zarin ihn. Sie besitzt keinerlei Gespür für psychologische Nuancen und teilt die Welt in zwei Bereiche: die, welche den Staretz preisen, stehen auf der Seite des Lichts, die welche in schmähen, gehören allesamt zum Dunkel der Hölle.

Diese Atmosphäre von Intrigen und falschen Gerüchten wird dem Zaren und der Zarin bald lästig, und sie beschließen, sich aus der Hauptstadt zu entfernen und auf die Krim zu fahren. Am 15. März 1912 reist die ganze Familie ab und läßt sich am 18. in Liwadija nieder. Drei Tage später veröffentlicht eine Lokalbatt, »Die russische Riviera«, folgende Notiz: »Wir haben erfahren, daß Gregor Rasputin gestern um zwei Uhr nachmittags im Auto hierherkam und im Hotel Rossia abgestiegen ist.« Daß eine solche Nachricht die neugierige Menge erreicht, verstimmt den Zaren, der fürchtet, daß erneut Gerüchte entstehen könnten. Aber die Zarin strahlt. Ihr bärtiger, stiefeltragender Schutzengel ist wieder bei ihr: Kein Unglück kann ihr zustoßen, solange er da ist.

Trotz allen Wirbels, den die Ermordung Stolypins, der steigende Einfluß Rasputins und die unverblümten Anfragen der Duma ausgelöst haben, läuft die Regierungsmaschinerie weiter. Die Zarenfamilie, die in den Salons ihren Ruf eingebüßt hat, genießt aus alter Tradition immer noch das Vertrauen der Volksmassen. Die Muschiks lesen keine Zeitung und kennen auch die Agitation der Intellektuellen nicht. Die Arbeiter verhalten sich ruhig, seit Stolypin mit harten Repressalien gegen Revolutionäre vorgegangen ist. Diese Beruhigung in der Arbeiterschaft schlägt sich in einem ansehnlichen Aufschwung der Wirtschaft nieder. Rußland ist dermaßen reich, daß die Produktion selbst unter einer umstrittenen Herrschaft wächst und sich die Lebensqualität verbessert. Unter der Herrschaft Nikolaus II. geht der Wohlstand des Landes keineswegs zur Neige, sondern nimmt ständig zu. Rußland zählte bei seiner Thronbesteigung fünfundzwanzig Millionen Einwohner; zehn Jahre später sind es fünfundsiebzig Millionen, das bedeutet eine Zunahme von zweieinhalb Millionen pro Jahr; von 1897 bis 1913 steigt der Staatshaushalt um zwei Milliarden Rubel[1], ohne daß die Pro-Kopf-Steuer erhöht wird; dabei sind die russischen Steuern die niedrigsten in ganz Europa. In derselben Zeit steigen die Ersparnisse auf den Banken von 360 Millionen auf 2,2 Milliarden Rubel. Von 1909 bis 1913 vergrößert sich die Eisenerzgewinnung von 175 auf 283 Millionen Pud1, die Stahlproduktion von 163 auf 300 Millionen, die Kohleproduktion von 16 auf 22 Millionen, die von Baumwolle und Zucker wird mehr als verdoppelt, die Erdölproduktion vermehrt sich um sechsundfünfzig Prozent. Die Zahl der Fabrikarbeiter erreicht drei Millionen. Durch ein Gesetz aus dem Jahr 1906 wird ihnen das Recht gewährt, Gewerkschaften zu gründen. 1912 wird für sie ein erstes Sozialversicherungssystem eingeführt. Von allen Seiten fließt

Kapital her, auch über Grenzen hinweg. Bald überschreitet die finanzielle Beteiligung aus dem Ausland zwei Milliarden Rubel. In zehn Jahren verdoppelt sich die Außenhandelsquote. Bei diesem Vormarsch bleibt die Agrarwirtschaft keineswegs zurück. Die russische Grundgetreideproduktion ist dreimal so hoch wie die Argentiniens, Kanadas und der Vereinigten Staaten. Rußland besitzt mehr als die Hälfte aller Pferde der Erde. 50 Prozent des weltweiten Eierhandels stammen von hier. Es scheint, daß auf diesem fruchtbaren und reichen Boden alles, was man unternimmt, zum Erfolg führt. 300 000 Bauern wandern jährlich nach Sibirien aus; dies gibt denen, die zu Hause bleiben, mehr Spielraum. Der Erwerb von Landparzellen nach dem neuen Agrargesetz beschleunigt die Verbürgerlichung der Bauernschaft. Gleichzeitig mit diesen materiellen Erleichterungen schreitet im Rekordtempo die Alphabetisierung fort. Zu Beginn des Jahres 1913 beträgt der Haushalt des Bildungsministeriums beinahe eine halbe Milliarde Goldrubel, eine erstaunlich hohe Summe für die damalige Zeit. Die Grundschule ist kostenlos, 1908 wird die Schulpflicht eingeführt. Von diesem Zeitpunkt an werden pro Jahr 10 000 neue Schulen gegründet. Unter den Rekruten der Armee fällt die Zahl der Analphabeten von 51 Prozent im Jahr 1900 auf 27 im Jahr 1914. Der Landwirtschaftsminister Kriwoschejin erklärt 1912: »Rußland braucht 30 Jahre Ruhe und Frieden, um das reichste und blühendste Land der Erde zu werden.« Und der französische Ökonom Edmond Théry schreibt 1914: »Wenn zwischen 1912 und 1950 sich die Dinge in den großen europäischen Nationen weiterhin so entwickeln wie in den Jahren 1900 bis 1912, dann wird Rußland um die Jahrhundertmitte Europa beherrschen, sowohl politisch als auch wirtschaftlich und finanziell.«

Die gehobenen Gesellschaftsschichten ziehen über die Regierung her, profitieren aber von dieser blühenden Entwicklung. Es wird produziert, verkauft, erworben, man spekuliert an der Börse, vergnügt sich. Die am Aufschwung Beteiligten haben das seltsame Gefühl, in einer getrübten Atmosphäre außerordentliches Glück zu haben. Sie bereichern sich und geben sich kritisch, sie leben im Wohlstand und haben ein schlechtes Gewissen dabei. Die Theater sind überfüllt. Man bezahlt Höchstpreise für eine Eintrittskarte in die Kaiserliche Oper, in der Schaljapin und Sobinow singen, in der die Pawlowa, die Karsawina und die Kschessinska tanzen... Das Kunsttheater Stanislawskis erregt in Moskau großes Aufsehen. Alle wollen das Stück »Der Zar Fjodor« von Alexei Tolstoi[3] sehen, die Tragödie eines edlen, aber schwachen Herrschers, in dem das Publikum den gegenwärtigen Monarchen zu erkennen glaubt, oder Gorkis »Nachtasyl«, das im Moskauer Elendsmilieu spielt, das furchterregende Stück »Macht der Finsternis« von Leo Tolstoi oder die grauen, trüben Stücke Anton Tschechows. Seit dessen Tod im Jahr 1904 wird er immer berühmter, sein Weltbild setzt sich immer mehr durch. Sechs Jahre später, 1910, stirbt Leo Tolstoi mit 82 Jahren in dem kleinen Bahnhof von Astapowo, nachdem er in einem Versuch letzter Entsagung aus seinem Haus und vor seiner Familie geflohen ist. Sein Tod erschüttert ganz Rußland.

Mittlerweile hat sich die Freude am Lesen, die bislang nur der Elite vorbehalten war, auch in den mittleren und den unteren Gesellschaftsschichten ausgebreitet. Die weniger scharfe Zensur ermutigt die Verleger, immer mehr Bücher zu veröffentlichen. Die politischen Probleme werden in Zeitungen aller Richtungen offen diskutiert. Die Verfechter der alten Ordnung sind der Meinung, daß die Sitten sich gelockert haben. Man verschließt geschiedenen Frauen nicht mehr seine Tür. Die Einführung europäischer Moden verändert das russische Erbe nach und nach. Aber die Liebe zu den Zigeunerweisen widersteht allen Neuerungen. Die Nachtlokale werden nicht leer. Hier trinkt man, eingelullt von den wilden Melodien und Champagner, und probiert die ersten Schritte eines neuen Tanzes, des Tangos. Die Leute flirten miteinander, tauschen neuesten Hofklatsch aus, schimpfen über den einen oder anderen Minister, sprechen von notwendigem Wandel, wobei jeder für sich hofft, daß dieser sein letztes Endes sehr angenehmes Leben nicht allzusehr verändern wird.

Am Rande dieser oberfächlichen und lebenslustigen Gesellschaft arbeiten die Linksextremisten weiter geduldig an ihrem Komplott. In ihren Diskussionen rechnen sie jedoch nicht mit einem baldigen Sieg. Trotz ihrer Bemühungen haben die Sozialrevolutionäre die Bauernschaft nicht für ihre Sache gewinnen können, die in der Mehrheit für die Arbeiterpartei oder die »Kadetten« gestimmt hat. Als 1908 das Doppelspiel Asews bekannt wird, der Mitglied des Zentralkomitees der Partei und zugleich von der Polizei bezahlter Spitzel und *agent provocateur* war, sind die Genossen entsetzt und zu keiner Handlung mehr fähig. Das Zentralkomitee beschließt zurückzutreten und die Kampforganisation aufzulösen. So wird der Terror vorübergehend aufgegeben.

Die Sozialdemokraten erleben von Jahr zu Jahr einen Rückgang ihrer Mitgliederzahl. Die Verhaftungen der Polizei haben ihre Reihen gelichtet. Auf dem Londoner Kongreß von 1907 und der Pariser Konferenz von 1908 setzen sich die Unstimmigkeiten zwischen dem gemäßigten Flügel der Menschewiken und den radikalsten Bolschewiken fort. Schließlich gelingt es letzteren, ihren Standpunkt durchzusetzen, dem gemäß die Duma als Propaganda-Apparat genutzt werden muß. Man einigt sich auf die Formel: den Parlamentarismus in Mißkredit bringen, indem man sich an ihm beteiligt. Die Massenaktionen setzen erst 1911 mit einer Serie von Demonstrationen wieder ein. Im Frühjahr 1912 findet in den Goldminen von Lena in Ostsibirien ein Streik statt, in dessen Verlauf die Ordnungskräfte das Feuer auf die Arbeiter eröffnen. 270 Tote und 250 Verletzte sind die Folge. In der Duma wird eine Aufklärung der Ereignisse gefordert. Innenminister Makarow antwortet den empörten Abgeordneten: »Es ist immer so gewesen, und es wird auch immer so bleiben!« Die Unzufriedenheit weitet sich auf andere Betriebe aus. Durch die Straßen ziehen Scharen Protestierender mit roten Fahnen. In diesem Jahr wird auf einem Kongreß Delegierter aus Rußland und emigrierter Revolutionäre Lenin zum Vorsitzenden des Zentralkomitees gewählt. Seine Zeitung »Prawda« (Die Wahrheit) erscheint legal in Sankt Petersburg. Er hat die Bolschewiken-Fraktion neu organisiert und spaltet sie von der Menschewiken-Partei ab. Er möchte die Partei der Bolschewiken von den terroristischen Methoden der Sozialrevolutionäre, den Erben der Populisten, ebenso freihalten wie von dem bei manchen emigrierten Sozialdemokraten so beliebten Revisionismus. Sein Programm bleibt unangetastet: Abschaffung des Zarentums, Zerstörung des Kapitalismus, Diktatur des Proletariats. Aber für einen allgemeinen Aufstand scheint ihm die Situation noch nicht reif genug.

Und tatsächlich, trotz einiger heftiger Reden stört die dritte Duma, die »Duma der Herren« in keiner Weise die reaktionäre Politik der Regierung. Ganz im Gegenteil, sie dient manchen Ministern als konstitutionelles Alibi. Nikolaus hat keine hohe Meinung von ihr. Was er wirklich über sie denkt, vertraut er Hauptmann von Hintze, dem deutschen Militärattaché, an: »Die Erfahrung von drei Jahren hat mir bewiesen, daß die Duma als Ventil nützlich sein kann, weil man dort sagen kann, was man auf dem Herzen hat. Aber endgültige Entscheidungen darf sie nicht treffen. Ich entscheide. Die Menge braucht zu ihrer Führung eine feste und starke Hand. Hier bin ich der Herr.«[4]

Ist er es wirklich? Gewiß, er mißachtet die Duma und zeigt sich oft unempfänglich für die Vorschläge seiner Minister, aber dafür hört er um so intensiver auf den engen Kreis von Freunden, der ihn umgibt: seine Frau, einige Großfürsten und seit neuestem auch Rasputin. Dieser begleitet die Zarenfamilie wieder auf die Krim. Er wohnt in Jalta im besten Hotel der Stadt und empfängt dort Anna Wyrubowa und zahlreiche Damen, die ihre Ferien an der Küste verbringen. Seine Photographie wird in Souvenirläden verkauft. Zar und Zarin wohnen nicht weit von hier in ihrem Schloß in Liwadija. Als der Zarewitsch nach einem Sturz an einer inneren Blutung leidet, ruft die Zarin wie schon so oft Rasputin zu Hilfe. Und wieder wird das Kind durch seine Berührung und seine Gebete gesund. Nach dieser Wundertat geht Alexandra noch wilder gegen alle vor, die den Staretz verleumden. Als eine neue Pressekampagne gegen den heiligen Mann losbricht, wirft sie Innenminister Makarow vor, daß er es nicht geschafft habe, den Zeitungen einen Maulkorb anzulegen, und erreicht beim Zaren seine Entlassung wegen Unfähigkeit. Auch gegen den Ministerpräsidenten Kokowzow sinnt sie auf Rache, weil dieser sich nicht gescheut hat, Seiner Majestät einen negativen Bericht über ihren geistlichen Führer vorzulegen. Rasputin beschuldigt den Ministerpräsidenten, das Volk betrunken zu machen, weil er den Wodka-Verkauf ausweitet, der seit Witte ein Staatsmonopol ist. Unter dem Druck seiner Frau und Rasputins beschließt Nikolaus, diesen gewissenhaften und untadeligen Mitarbeiter zu entlassen. Kokowzow ist Ministerpräsident und Finanzminister in einem. Dies mache seinen Rücktritt notwendig, erklärt ihm der Zar lakonisch. »Er empfing mich mit der üblichen Freundlichkeit, die Augen voller Tränen«, erzählt Kokowzow. »Ich hatte ihn noch nie so kleinlaut gesehen und mußte ihn beruhigen... Ich erkannte deutlich, daß man ihn gezwungen hatte, daß man ihn tagelang verfolgt und ihm keine Ruhe gelassen hatte, bis er den Entschluß fällte, mich zu entlassen.«

Nikolaus ersetzt den entlassenen Minister durch zwei Männer, die ihm seine Frau und Rasputin empfohlen haben: Peter Bark als Finanzminister (dieser erklärt sogleich: »Man kann den Wohlstaat des Reiches nicht auf den Wodkaverkauf gründen!«) und den sechzigjährigen Goremykin, der schon 1906 kläglich gescheitert war und sich selbst mit »einem alten Pelz, den man bei schlechtem Wetter aus dem Schrank holt« vergleicht.[5] Durch diese Ernennungen werden die Konservativen gestärkt, die Reaktion nimmt erneut zu. Mittlerweile erhalten in der vierten Duma, die noch unter Minister Kokowzow am 15. November 1912 gewählt wurde, die rechten Nationalisten die Mehrheit, wenn sie sich mit den Oktobristen zusammentun. Trotz des regierungsfreundlichen Abstimmungsergebnisses gehören der Duma 128 »Kadetten«, progressive und Autonomisten, zehn Mitglieder der Arbeiterpartei und 14 Sozialdemokraten, von denen sechs Bolschewiken sind, an. Wie bereits ihre Vorgängerin beschränkt sich auch diese Versammlung auf Reden, Streitigkeiten und schließlich Billigung der Regierungsarbeit. Die Debatten der Volksvertreter füllen die Zeitungen, aber nur wenige Leser lesen sie wirklich zu Ende. Die Duma, die zuerst das Publikum begeistert hatte, ermüdet es durch das ewig gleiche Geschimpfe. Die obere Gesellschaftsschicht ist vom Parlamentarismus enttäuscht, aber noch mehr von der Monarchie, wie sie Nikolaus II. verkörpert.

Die russische Nation hat ein so großes Bedürfnis, ihrem Monarchen zu vertrauen, ihn zu verehren und zu bewundern, daß anläßlich der Feierlichkeiten der dreihundertjährigen Regierung der Romanows im Februar 1913 eine Welle der Begeisterung durch die Bevölkerung geht. Manche, die an die magische Kraft von Daten glauben, hoffen auf neue ruhmreiche Zeiten für Rußland. Während des feierlichen Dankgottesdienstes, den Patriarch Antioch in der Kasan-Karthedrale in Sankt Petersburg zelebriert, machen sich die Anwesenden vor allem darüber Gedanken, ob Rasputin unter den Gläubigen ist. »Alle suchten nach dem Staretz«, schreibt General Alexander Spiridowitsch. »Die Leute begannen, einander Gerüchte und Klatsch zu erzählen.« Während der Feierlichkeiten läßt die Zarin, die auf dem Kopf eine Tiara trägt, »eine Statue von eisiger Herablassung«, wie Prinzessin Katharina Radziwill schreibt, ihren blassen und gebrechlichen Sohn, der die Zukunft der Dynastie verkörpert, keinen Moment aus den Augen. Ständig fürchtet sie, er könne ohnmächtig werden. Zwei Tage später findet im Säulensaal der Adelsversammlung ein prächtiger Ball statt. Die Zarin trägt an diesem Abend die Kronjuwelen. »Sie sah sehr schön aus«, schreibt Prinzesin Katharina Radziwill, »aber die Gäste wurden von ihrer Schönheit keineswegs angezogen, sondern fühlten sich von ihrer kalten und unsympathischen Art abgestoßen.« Dieselben Gäste finden sich zu einem Galaschauspiel im Maria-Theater ein. Es wird »Das Leben für den Zaren« von Glinka gespielt, mit Sobinow in der Rolle des Zaren. Die Rolle Sussanins, jenes Bauern aus Kostroma, der sich opfert, um seinen jungen Kaiser zu retten, sollte eigentlich Schaljapin singen, dieser aber hat sich für krank erklären lassen, um nicht auftreten zu müssen. In der berühmten Mazurka währen des zweiten Aktes applaudiert Nikolaus der Pawlowa und der Kschessinska, seiner früheren Freundin, die mit der Zeit immer graziöser geworden ist. Die Feierlichkeiten setzen sich fort mit Besuch des Zaren und seiner Familie in Wladimir, Pskow und den Wolgastädten. Überall hofft man, daß Nikolaus anläßlich eines so denkwürdigen Geburtstags eine Generalamnestie für politische Vergehen erläßt. Er ist aber nur bereit, einige gewöhnliche Kriminelle freizulassen. Selbst die Anhänger der Monarchie halten diese Härte für übertrieben. »Von Beginn an waren diese Feierlichkeiten Anlaß zur Enttäuschung«, bekennt Alexander Spiridowitsch, ein treuer Anhänger des Zaren. In der russischen Innenpolitik verläßt sich Nikolaus nur auf seinen eigenen Instinkt und auf die Ansichten seiner Vertrauten, im Bereich der Außenpolitik vertraut er mehr und mehr Iswolski, einem hervorragenden, klugen Mann, dessen angeborener Nationalismus durch eine klare Vorstellung von dem, was Europa braucht, ausgeglichen wird. Er hat mit Japan, dem Feind von gestern, zunächst ein Abkommen geschlossen und unterzeichnet am 31. August 1907 einen Bündnisvertrag mit England, eine Konvention, welche die Einflußbereiche der beiden Reiche in Asien festlegt. Die Begegnung des Zaren und seines »Onkel Bertie«, König Edwards VII., auf der Reede von Reval[6] im Juni 1908 bedeutet in den Augen der Welt, daß die früheren Streitigkeiten vergessen sind und man zu einem neuen Einvernehmen gelangt ist. In ihren Toasts verkünden beide Herrscher, daß sie nun gemeinsam mit Frankreich zur Sicherung eines allgemeinen Friedens beitragen. Die Einigung der drei Nationen bestärkt in Deutschland die Angst vor Einkesselung. Die deutsche Presse kommentiert dieses »wahnsinnige Abenteuer« mit bitteren Worten. »Rußland blieb nie etwas anderes übrig, als sich mit Deutschland zu verbünden«, schreibt die »Neue Freie Presse«, »England aber, dem Rußland die Katastrophe in der Mandschurei verdankt, war immer der Verbündete der Feinde Rußlands, ganz gleich welcher, und wird es immer bleiben.«[7]

Diese Proteste erschüttern Iswolksi in seinen Absichten nicht. Er rechnet damit, daß die Freundschaft Englands und Frankreichs es ihm ermöglicht, im Nahen Osten nach Gutdünken zu verfahren. Sein Ziel: Er möchte die Öffnung der Meerengen erreichen, damit sich die russische Flotte ungehindert zwischen den Schwarzmeer- und Mittelmeerhäfen bewegen kann. In dieser Hoffnung wendet er sich an das Kabinett in Wien und trifft in Buchlau seinen österreichischen Kollegen Aehrenthal. Dieser fordert als Gegengabe für seinen Gefallen, daß Rußland die Annexion Bosnien-Herzegowinas durch Österreich unterstützt. Drei Wochen später, als noch nichts formell entschieden ist, unterzeichnet Franz-Joseph das Annexionsdekret (5. Oktober 1908). Am selben Tag nimmt Prinz Ferdinand von Bulgarien den Zarentitel an und proklamiert die Unabhängigkeit seines Landes, ein Erfolg der österreichisch-ungarischen Diplomatie, deren Einvernehmen mit dem bulgarischen Herrscher unübersehbar ist. In Serbien und Rußland ruft die Annexion Bosnien-Herzegowinas Entrüstung hervor: Die Serben sehen darin eine Maßnahme, die sie einschüchtern soll. Die Duma und die unabhängige russische Presse fordern energisch, daß die serbischen Brüder gegen die österreichisch-ungarische Bedrohung geschützt werden. Aber jenseits der Grenzen finden diese Forderungen keinen Widerhall. Weder Frankreich noch England liegt daran, sich in diese Wirren einzumischen. Deutschland lehnt jegliche internationale Zusammenarbeit ab und ermutigt Österreich-Ungarn dazu, Serbien ein Ultimatum zu stellen. Es wird aufgefordert, die Annexion anzuerkennen und innerhalb von drei Tagen die Armee zu demobilisieren. Iswolski versucht zu verhandeln, um die Gemüter zu beruhigen, aber da wirft Deutschland sein Schwert in die Waage. Durch ein Ultimatum fordert es Rußland auf, sich bedingungslos den österreichisch-ungarischen Forderungen zu beugen, andernfalls müsse es mit einem bewaffneten Eingriff rechnen.

Die russische öffentliche Meinung ist nach diesen verschiedenen Schlägen aus heiterem Himmel äußerst erregt. Wird es Krieg geben? Rußland ist darauf nicht vorbereitet. Aber wie soll man mit einer solchen Beleidigung umgehen? »Man versucht, den Deutschen aus dem Weg zu gehen«, schreibt die Generalin Bogdanowitsch in ihr Tagebuch. »Graf Bobrinski[8] ist nicht zur deutschen Botschaft gegangen, obwohl er eingeladen war. Er spürt die Demütigung, die Rußland erlitten hat, und will keine Preußen sehen.«[9] Nachdem er sich mit dem Kriegs-, dem Marine- und dem Außenminister und dem Chef des Generalstabs beraten hat, räumt Nikolaus resigniert und widerwillig ein, Rußland sei nicht in der Lage, Serbien zu unterstützen. Gleich darauf wird Iswolski aufgefordert, auf der ganzen Linie nachzugeben. Serbien, von Rußland im Stich gelassen, unterwirft sich dem österreichisch-ungarischen Ultimatum. »Der Zar ist verzweifelt«, schreibt die Generalin Bogdanowitsch, »er kann sich nicht verzeihen, Deutschland nachgegeben und die österreichische Annexion der Länder anerkannt zu haben. Er weiß sehr wohl, daß die gesamte Welt des Militärs und ganz Rußland diesen Akt als eine schlimmere Niederlage als die von Tsushima betrachten.«[10]

Nikolaus verzeiht Wilhelm II., dem er sich beugen muß, niemals, daß er ihn in der Serbien-Affäre bezwungen hat. Die herzliche Beziehung ihrer Jugendjahre ist vorbei; der Zar hegt nun dumpfen Groll, eine Art körperlicher Abneigung gegen diesen prahlerischen und zudringlichen Menschen. Sein Zorn auf den Kaiser ist derart groß, daß er Iswolski seine Niederlage bei den österreichischen und deutschen Diplomaten nicht übelnimmt. Der Minister genießt weiterhin das Vertrauen des Zaren und versucht, das internationale Gewebe, das durch die Krise zerrissen ist, so gut wie möglich zu flicken. Die Besuche des Zaren in Cherbourg am 31. Juli 1909 und in Cowes am 2. August 1909, die er eingefädelt hat, sind in den Augen der Welt ein Zeichen für die Festigkeit der Dreier-Entente. Das Treffen Nikolaus' mit Viktor Emanuel III. in Rocconigi am 22. Oktober 1909 besiegelt die Annnäherung Rußlands und Italiens. Da der Zar fürchtet, Iswolski könne seine Macht mißbrauchen, trennt er sich im September 1910 von ihm und schickt ihn als Botschafter nach Paris.

Sein Nachfolger Sasonow ist temperamentvoll und großmütig, aber unvorsichtig und unerfahren. Ein sechsjähriger Londonaufenthalt zu Beginn seiner Laufbahn hat ihn zu einem begeisterten Anglophilen gemacht. Er tritt für eine enge Zusammenarbeit mit England ein und ist dennoch überzeugt, daß es die heilige Aufgabe Rußlands auf dem Balkan sei, alle kleinen slawischen Völker orthodoxen Glaubens zu schützen. Durch seine Anregung unterzeichnen Serbien und Bulgarien 1912 einen Vertrag, der bald durch eine Entente mit Griechenland und Montenegro ergänzt wird. Die so entstandene balkanische Liga zettelt einen Krieg gegen die Türkei an, der mit einem Sieg der Alliierten endet. Im dem Moment jedoch, als der Friedensvertrag unterzeichnet werden soll, stellen sich die Serben wegen der Makedonien-Frage erneut gegen die Bulgaren. Wieder droht Deutschland, gewaltsam einzugreifen. Nach Monaten äußerster Spannung legt eine internationale Konferenz in London die Grenzen fest. Auf dem Papier scheint alles geregelt, die Feindseligkeiten aber sind nicht beseitigt. Österreich wird sich seines schwindenden Einflusses auf dem Balkan bewußt, fürchtet, daß sein Reich unter dem Einfluß des wachsenden Nationalismus zerfallen könnte, und rüstet auf. Deutschland schickt Ende 1913 eine Militärmission nach Konstantinopel und ernennt General Liman von Sanders zum Kommandanten des in der Hauptstadt stationierten ersten türkischen Armeekorps. Wenig später wird er Generalinspekteur der gesamten türkischen Armee. Rußland verstärkt sein strategisches Netz an der Westgrenze, stellt 110 Millionen Rubel bereit, um seine Schwarzmeerflotte zu vergrößern, zieht seine Gelder von den deutschen Banken ab...

In diesen schicksalhaften Stunden wird Nikolaus von einer Art Schwindel ergriffen, vergleichbar mit der Faszination, die ein Abgrund auf jemanden ausübt, der sich nach vorn beugt, um dessen Tiefe zu ergründen. Mit aller Kraft weigert er sich zu glauben, daß der Krieg unvermeidlich ist, zugleich aber erscheint es ihm unmöglich, neue Beleidigungen hinzunehmen. Was ihn bestärkt, ist einerseits die Gewißheit, daß England und Frankreich ihn im Konfliktfall unterstützen, und andererseits der Glaube, daß Wilhelm II., der ständig das Prinzip der Monarchie aufrechterhält, sich nie dazu entschließen wird, seinen Vetter, den Zaren, anzugreifen. Haben sie sich nicht im November 1910 trotz aller Mißverständnisse noch in Potsdam getroffen, wo es ihnen gelang, die Interessen beider Länder in Persien miteinander in Einklang zu bringen? Sicher wird es diesmal ebenso sein. Im übrigen ist dem Kaiser die besondere Qualität der russischen Armee bekannt. Trotz seines ungestümen Temperaments wird er letzten Endes vorsichtig sein. Zwar hat Frankreich nicht den Plan aufgegeben, früher oder später Elsaß-Lothringen zu erobern, und England fühlt sich durch den deutschen Seehandel bedroht, Österreich fürchtet den Zerfall seiner Herrschaft über die verschiedenen Völker des Reiches, und Deutschland träumt davon, dem gesamten Kontinent das Gesetz des Handelns aufzuzwingen... Trotz der geographischen, historischen und wirtschaftlichen Fakten klammert sich Nikolaus an seine Illusionen. »Ich kann nicht glauben, daß Wilhelm den Krieg will«, erklärt er Maurice Paléologue, dem neuen französischen Botschafter. »Wenn Sie ihn so gut kennen würden wie ich! Wenn sie wüßten, wieviel Scharlatanerie in seinem

Verhalten steckt!... Wenn es nicht ganz den Verstand verloren hat, wird Deutschland es nie wagen, das vereinte Rußland, Frankreich und England anzugreifen.«[11]

Kurz darauf, am 15. Juni 1914, wird Erzherzog Franz-Ferdinand, Erbe der österreichisch-ungarischen Krone, auf offener Straße in Sarajewo von dem bosnischen Studenten Princip ermordet. Als der Zar davon erfährt, befindet er sich gerade mit seiner Familie auf seiner Yacht »Standart« auf Segeltour in der Ostsee. Momentan beschäftigt ihn eine andere Sorge: Der Zarewitsch Alexei hat sich, als er an Bord ging, das Fußgelenk verstaucht. Er hat einen Bluterguß im Bein. Der Junge schreit vor Schmerzen, seine Mutter und Doktor Botkin versuchen, ihn zu beruhigen. Nikolaus zögert einige Studen lang, dann entschließt er sich, die Kreuzfahrt fortzusetzen. Tatsächlich lassen Alexeis Schmerzen nach. Daß das Attentat von Sarajewo schlimme Folgen haben kann, glaubt Nikolaus nicht. Auf dem Balkan gehören Kleinkriege, Verschwörungen und politische Morde zum Tagesgeschäft. In einer Woche, sagte er sich zu seiner Beruhigung, denkt niemand mehr daran.

Am 6. Juli gehen die Passagiere der »Standart« in Peterhof an Land, und Nikolaus bereitet sich auf den Empfang des Präsidenten der Republik Frankreich, Raymond Poincaré, vor. Das Treffen mit diesem Mann, dessen Zuverlässigkeit und Geschicklichkeit alle europäischen Regierungen preisen, erscheint ihm deshalb so dringlich, weil entgegen seinen Erwartungen das Wiener Kabinett wegen der Ermordung des Erzherzogs dermaßen entrüstet ist, daß es überlegt, Serbien anzugreifen. Dieses Land aber ist durch einen Vertrag mit Rußland verbunden, und Rußland wiederum mit Frankreich und England. Hoffentlich wird nicht nach und nach ganz Europa in Flammen aufgehen!

Der Zar steigt auf die Brücke der »Standart«, um der Ankunft des französischen Geschwaders beizuwohnen. »Einige Minuten lang ertönte auf der Reede ungeheurer Lärm: Kanonenschüsse der Geschwader und der Artillerie, Hurras der Equipagen, die ›Marseillaise‹ als Antwort auf die russische Hymne sowie der Applaus Tausender Zuschauer, die auf Ausflugsschiffen aus Sankt Petersburg gekommen waren...«

Am selben Abend gibt der Zar im Schloß von Peterhof ein Galadiner für seine französischen Gäste. Die Zarin, zu ihrer Rechten Raymond Poincaré, bemüht sich redlich, ihre Erregung zu verbergen. »Ihr Kopf war mit Diamanten übersät, sie trug ein ausgeschnittenes weißes Brokatkleid und war recht hübsch anzusehen«, schreibt Maurice Paléologue. »Trotz ihrer 42 Jahre hat sie ein schönes Gesicht und eine gute Figur. Zu Beginn des Essens machte sie eifrig Konversation mit Poincaré, bald aber wurde ihr Lächeln starr, ihre Schläfen röteten sich. Sie biß sich ständig auf die Lippen. Sie atmete heftig, so daß das Netz von Brillanten, das ihre Brust bedeckte, blitzte. Bis zum Ende des Essens, das lange dauerte, kämpfte sie sichtlich gegen Anfälle hysterischer Angst.«[13] Die Trinksprüche preisen, wie es sich gehört, die unauflösliche Einheit der beiden Länder. Am nächsten Tag nimmt Raymond Poincaré den österreichisch-ungarischen Botschafter, Graf Szapary, zur Seite und sagt in versöhnlichem Ton zu ihm, daß bei der augenblicklichen Gemütslage in Europa alle Regierungen doppelt vorsichtig sein müßten. »Mit ein wenig gutem Willen läßt sich diese Serbien-Affäre leicht lösen«, fügt er hinzu. »Aber sie könnte sich auch ebenso leicht vergiften. Serbien hat enge Freunde im russischen Volk. Und Rußland hat einen Verbündeten, Frankreich. Welche Komplikationen muß man da fürchten!« Szapary hört sich diese Rede mit eisigem Gesicht an und entgegnet nichts darauf. Nachdem er sich zurückgezogen hat, sagt Poincaré zu Maurice Paléologue: »Ich habe keinen guten Eindruck von diesem Gespräch. Ganz offensichtlich hatte der Botschafter Anweisung zu schweigen. Österreich bereitet wohl einen Coup vor!«

Zwei Tage später nimmt Raymond Poincaré an einer riesigen Militärparade auf dem Feld von Krasnoje Selo teil. Die Elite der Petersburger Gesellschaft drängt sich auf den Tribünen, man sieht eine bunte Vielfalt von Schirmen und Fächern. Langsam zieht der Kaiser mit seinem Gefolge ein. Im offenen Wagen sitzt die Zarin zusammen mit Poincaré und ihren Töchtern und neigt zur Begrüßung den Kopf unter ihrem großen Hut. Der Zar reitet an der rechten Seite der Kutsche, gefolgt von den Großherzögen und Adjutanten. Als er sich nähert, nehmen die Truppen Haltung an. Schließlich beginnt die Parade. Stolz beobachtet Nikolaus vom Pferd herab die 60 000 Mann, die sich bewegen wie Automaten. Rußland ist einfach unbesiegbar, denkt er bei sich. »Am Horizont, an einem rotgoldenen Himmel, es war der Himmel für eine Apotheose, ging die Sonne unter«, schreibt Maurice Paléologue. »Auf eine Geste des Kaisers hin kündigte eine Artilleriesalve das Abendgebet an. Die Musikkapellen spielten religiöse Hymnen. Alle Leute entblößten das Haupt. Ein Unteroffizier sagte mit lauter Stimme das Vaterunser auf. Diese Tausende und Abertausende von Männern beteten für den Kaiser des heiligen Rußland. Das Schweigen und die Sammlung dieser Menge, die Weite des Raumes, die Poesie der Stunde verliehen der Feier eine bewegende Erhabenheit.«

Die Abreise der französischen Gäste ist auf den 10. Juli festgesetzt.[14] Nach einem Abendessen zu Ehren des russischen Kaiserpaars auf dem Kreuzer »France« zieht sich Nikolaus mit Maurice Paléologue zurück und, wie um sich selbst zu beruhigen, vertraut er ihm an: »Allem Anschein zum Trotz ist Kaiser Wilhelm zu klug, um sein Land in ein wahnsinniges Abenteuer zu stürzen. Und Kaiser Franz-Joseph wünscht nichts mehr, als in Frieden zu sterben.«

Als er am nächsten Morgen erwacht, erfährt der Zar voller Staunen, daß in der Nacht, in der Poincaré und Viviani per Schiff nach Frankreich zurückfahren, das Wiener Kabinett wie bereits im Jahr 1909 Serbien ein Ultimatum gestellt hat. Es fordert darin, daß Serbien österreichisch-ungarische Beamte ins Land läßt, welche die »subversiven Bewegungen« niederschlagen sollen, und daß es innerhalb von 48 Stunden antworten soll. Natürlich unterstützt Deutschland die Wiener Forderungen. Vergeblich versuchen Diplomaten, vor den Folgen des Ultimatums zu warnen. Sasonow gibt der serbischen Regierung sogar den Rat, allen Forderungen Österreich-Ungarns nachzugeben, außer derjenigen, welche die Souveränität des Landes berührt. Die Mühe war umsonst: Am 15. Juli[15] 1914 erklärt Österreich-Ungarn Serbien den Krieg.

Als die Zarin davon erfährt, ist sie verzweifelt. Rasputin ist nicht da und kann dem Zar nicht mit seiner Erleuchtung zur Seite stehen. Er ist nach Sibirien in sein Heimatdorf gefahren und dort von einer halbwahnsinnigen Bäuerin namens Gus-

sewa angegriffen worden, die ihm ein Messer in den Bauch gestoßen und gerufen hat, sie töte den Antichrist. Die Presse nutzt
dieses Ereignis, um erneut die Lasterhaftigkeit des Staretz an-
zuprangern. Einige Tage lang ist Rasputins Leben in Gefahr. Die
Zarin wird von krankhafter Angst heimgesucht und läßt in der
Privatkapelle Messen für die Genesung des heiligen Mannes
lesen. Endlich zeichnet sich eine Besserung seines Zustands ab,
und Rasputin schickt ein Telegramm aus dem Krankenhaus von
Tjumen an den Herrscher, in dem er ihn bittet, keinen Krieg zu
führen, der »das Ende Rußlands und der Zaren bedeuten würde,
ein Gemetzel, in dem alle Männer bis auf den letzten umkä-
men.«[16]

Dieses Telegramm verwirrt Nikolaus: Er würde, im Gegensatz zu seiner Frau, in diesem Augenblick lieber auf den Rat seiner Minister als auf den eines ungebildeten Muschiks hören. In
der allgemeinen Angst nimmt er gern alle Hinweise seiner Berater an, die den Konflikt friedlich beilegen können. Er wendet
sich in einer Depesche an Wilhelm II. und bittet um seine
freundschaftliche Hilfe angesichts der »feigen« Kriegserklärung Österreich-Ungarns an seinen schwachen Nachbarn Serbien. Am nächsten Tag schlägt England auf seine Bitte hin eine
Konferenz der vier beteiligten Mächte vor, und am selben Tag
telegrafiert er Kaiser Wilhelm: »Es wäre recht, den österrei-
chisch- serbischen Konflikt vor den Internationalen Gerichts-
hof von Den Haag zu bringen. Ich vertraue Deiner Weisheit
und Freundschaft.« Rußland sei sogar bereit, so sagt er, direkte
Gespräche mit Österreich aufzunehmen. Als Beweis seines guten Willens schiebt er die Generalmobilmachung auf und ordnet nur eine Teilmobilisierung an.

Am 17. Juli[17] um ein Uhr morgens erhält er die Antwort Wilhelms II., der Rußland alle Verantwortung für einen unvermeidlichen Krieg zuschiebt. Im übrigen hat die österreichisch-ungarische Armee durch die Beschießung von Belgrad bereits die
ersten Kampfhandlungen gegen Serbien begonnen. Sogleich
fordert der Generalstab vom Zaren, von der Teil- zur allgemeinen Mobilmachung überzugehen. Nikolaus zögert noch. Er
weiß, daß es nur ein Mittel gibt, einen Krieg zu verhindern,
nämlich vor Wilhelm II. auf die Knie zu fallen und Serbien und

Frankreich zu verraten. Eine solche Kehrtwendung liegt ihm jedoch fern. Schließlich hat er einige Tage zuvor Poincaré empfangen und energisch die Bande bekräftigt, welche die beiden
Länder vereinen. Heute hat er die Pflicht, sein Wort zu halten.
Er empfängt Sasonow, denkt eine Weile nach und erklärt ihm
dann, er sei bereit, die Generalmobilmachung zu beschließen.
Seufzend sagt er: »Dies bedeutet, daß Hunderttausende Russen
dem Tod ausgeliefert werden.« Nach einer Pause fügt er hinzu:
»Sie haben mich überzeugt, aber dies ist der schmerzlichste Tag
meines Lebens.«

Der Befehl zur allgemeinen Mobilmachung wird am 18. Juli[18]
1914 bekanntgegeben. Nikolaus setzt dennoch seinen telegra-
phischen Dialog mit Wilhelm II. fort: »Aus technischen Gründen kann ich mit den militärischen Vorbereitungen nicht länger warten. Solange aber die Gespräche mit Österreich nicht
abgebrochen sind, werden meine Truppen sich jeglichen An-
griffs enthalten.« Wilhelm II. antwortet ihm darauf: »Ich bin in
meinen Friedensbemühungen bis zur äußersten Grenze des
Möglichen gegangen... Du kannst den Frieden in Europa nur
retten, wenn Du Deine militärischen Maßnahmen anhältst.« Er
räumt den Russen zwölf Stunden ein, um die Mobilisierung auszusetzen.

Da Nikolaus sich weigert, dem Folge zu leisten, beschließt
auch Deutschland die allgemeine Mobilmachung. Gleich darauf stellt es ein doppeltes Ultimatum an Rußland und Frankreich. Die Menge drängt sich in den Straßen von Sankt Petersburg. Begeisterte Hurras ertönen auf dem Platz vor dem
Winterpalais und vor der Kasan-Kathedrale. Aber nicht alle teilen die patriotische Begeisterung. Die Dichterin Sinaida Hippius, die Frau des Schriftstellers Mereschkowski, schreibt in ihr
Tagebuch: »Was soll man schreiben? Was kann ich schreiben?
Es gibt nur noch eine Sache auf der Welt, den Krieg. Nicht den
Krieg gegen Japan oder die Türkei, den Weltkrieg. Ich habe
Angst, hier darüber zu sprechen. Er betrifft alle und ist bereits
Teil der Geschichte.«[19]

NIKOLAUS IM HAUPTQUARTIER, RASPUTIN
HINTER DEN LINIEN

Am Abend des 19. Juli 1914[1], als die Zarenfamilie gerade im Speisesaal des Schlosses von Peterhof das Abendessen beendet, bittet der Hofminister den Zaren um eine Audienz. Nikolaus verläßt den Tisch und kommt einige Minuten später zurück; er ist bleich, seine Gesichtszüge sind angespannt. »Es ist doch geschehen«, sagt er. »Deutschland hat uns den Krieg erklärt!« Die Blicke der Anwesenden werden starr vor Schrecken. »Die Zarin gab sich unendliche Mühe, nicht in Schluchzen auszubrechen«, schreibt General Spiridowitsch. »Großfürstin Olga Nikolajewna hatte Tränen in den Augen.«[2]

Früh am nächsten Morgen besteigen Ihre Majestäten die Yacht »Alexandria«, um nach Sankt Petersburg zu fahren. Die Menge, die auf dem Kai zusammengelaufen ist, begrüßt sie leidenschaftlich, während sie sich zum Winterpalais begeben. In der riesigen zur Newa hin gelegenen Sankt-Georgs-Galerie drängen sich in ängstlichem und ehrfürchtigem Schweigen der gesamte Hof, alle hohen Amtsträger, der Heilige Synod, die in amarantarote Gewänder gekleideten Bischöfe, die Garnisonsoffiziere in Felduniform. In der Mitte des Saales hat man einen Altar errichtet, auf dem die Ikone der wundertätigen Jungfrau von Kasan steht. Der Zar und sein Gefolge schreiten durch die Galerie und stellen sich links neben dem Altar auf. Dann wird das Te Deum angestimmt. Der Kaiser betet mit Inbrunst. Auf seinem Gesicht zeigt sich ein Anflug mystischen Fiebers. »Die Zarin stand neben ihm«, schreibt Maurice Paléologue, »steif, hocherhobenen Hauptes und mit bläulichen Lippen, starrem Blick und glasigen Augen. Von Zeit zu Zeit schloß sie die Augen; dann wirkte ihr bleiches Gesicht wie eine Totenmaske.«[3] Nach dem Gottesdienst verliest der Oberdiakon das Manifest mit der Kriegserklärung. Nachdem seine volltönende Stimme verstummt ist, tritt Nikolaus einen Schritt vor, legt die rechte Hand auf die Bibel und sagt mit fester Stimme. »Hiermit erkläre ich feierlich, daß ich keinen Friedensvertrag unterzeichne, ehe nicht der letzte Soldat des Feindes unseren Boden verlassen hat. Durch Sie, die vereinigten Vertreter der Truppen, die mir so teuer sind, die Garde und die Petersburger Konskription, durch Sie wende ich mich an meine gesamte Armee, die vom selben Geist beseelt und hart wie Granit ist und die ich für die schwere Aufgabe, die sie zu erfüllen hat, segne.«

Ein lautes Hurra erfolgt auf seine Worte, die von der Rede inspiriert waren, die Alexander I. 1812, bei der Invasion Rußlands durch die Truppen Napoleons hielt. Großherzog Nikolaus Nikolajewitsch beugt seine Riesengestalt und umarmt Maurice Paléologue so fest, daß dieser zu ersticken glaubt. Rufe ertönen: »Es lebe Frankreich!« Die Offiziere werfen ihre Mützen in die Luft, und die Rufe verdoppeln sich. Dann singen die Anwesenden »Gott schütze den Zaren«. Der langsame und klangvolle Gesang erschüttert die Mauern. Männer und Frauen werfen sich entgegen jedem protokollarischen Brauch den Herrschern zu Füßen und küssen ihnen die Hände. Die Zarin steht aufrecht da in ihrem weißen Kleid; sie ist erschrocken über soviel Ungestüm. Ihre Augen sind feucht, die Wangen voller roter Flecken. Am liebsten würde sie vor dieser Schar von Freunden fliehen, ihr ist, als befände sie sich mitten unter Feinden. Sie muß jedoch noch gemeinsam mit dem Zaren auf dem Balkon erscheinen, um die Menge auf dem Vorplatz des Winterpalais zu begrüßen, die dort dichtgedrängt wartet. 10 000 Menschen schwingen Banner und halten die Porträts des Kaiserpaars in die Höhe. Als sie Zar und Zarin sehen, entblößen sie das Haupt, knien nieder, die Fahnen verneigen sich bis zur Erde. Aus diesem Meer von Gesichtern ertönt ein brüllendes Vivat, dann folgen die Zarenhymne und das Gebet: »Gott, rette dein Volk.« Nikolaus ist überwältigt. Endlich fühlt er sich von ganz Rußland verstanden und geliebt. Diesmal handelt es sich nicht um eine von der Polizei vorbereitete Demonstration. Die Menschen, die er vor Augen hat, sind nicht nur Mitglieder der »Union des Russischen Volkes«, die offiziell für die Monarchie eintritt. Es befinden sich auch Arbeiter darunter, die kürzlich noch gestreikt haben und mit Spruchbändern und roten Fahnen durch Sankt

Petersburg gezogen sind. Während der zwanzig Jahre seiner Herrschaft hat Nikolaus vergeblich von einer solchen patriotischen Gemeinschaft geträumt. Und jetzt wird sie ihm ohne jede Anstrengung zuteil, weil sich das Land im Krieg befindet. »Innerhalb einer Stunde wandelten sich die Empfindungen eines ganzen Volkes«, schreibt der linksradikale Abgeordnete Kerenski. »Nichts blieb von den Barrikaden, den Streiks, den Straßendemonstrationen, der ganzen revolutionären Bewegung, in Petersburg wie überall im Land.« Nicht nur die einfachen Leute, der Mann von der Straße, sondern auch Intellektuelle und Politiker ändern ihre Haltung plötzlich und verbünden sich mit der Macht. Auch die Sozialrevolutionäre und Menschewiken sind der Meinung, daß Rußland seinen Boden verteidigen muß, und sei es um den Preis einer vorläufigen Annäherung an die Regierung. Nur die Bolschewiken kündigen durch den Mund des im Schweizer Exil lebenden Lenin an, daß eine russische Niederlage dem Sieg des Zarismus vorzuziehen ist. Der Dumapräsident Rodschanko erklärt Maurice Paléologue: »Der Krieg hat alle unsere inneren Unstimmigkeiten beseitigt. In allen Dumaparteien denkt man nur noch an den Kampf gegen die Deutschen. Seit 1812 hat es in Rußland keinen solchen Patriotismus mehr gegeben.«

Nikolaus' erster Gedanke ist es, das Oberkommando der Armee selbst zu übernehmen. Er will auf diese Weise der Tapferkeit seiner Truppen eine heilige Bedeutung geben. Nur mit Mühe bringen ihn Ministerpräsident Goremykin und die Kriegs- und Außenminister davon ab, sich in ein solches Abenteuer zu stürzen. Mit Pathos tragen sie ihm vor, er laufe Gefahr, sein Ansehen aufs Spiel zu setzen, da die Kriegführung äußerst hart zu werden drohe. »Wir müssen damit rechnen, daß wir in den ersten Wochen gezwungen sein werden, zurückzuweichen. Ihre Majestät hat nicht das Recht, sich der Kritik auszusetzen, die ein solcher Rückzug bei Volk und Armee auslösen würde.« Schweren Herzens entschließt sich der Zar, seinen Onkel, Großfürst Nikolaus Nikolajewitsch, zum Generalissimus zu ernennen, der das Vertrauen der Militärs genießt.

Die Mobilmachung geht ohne Zwischenfälle vonstatten. Der Eintritt Großbritanniens in den Krieg bekräftigt Nikolaus in seiner Meinung, daß die Feindseligkeiten bald durch einen prächtigen Sieg beendet sein werden. Um sein Volk zu begeistern, fährt er nach Moskau, und der jubelnde Empfang im Kreml überzeugt ihn endgültig davon, daß der Schicksalsschlag Rußland zu einem Block zusammengeschmolzen hat. Der kleine Alexei und seine Schwester nehmen an diesem patriotischen Gepränge teil. Da er sehr schwach ist, trägt ihn ein Kosake auf dem Arm. In der Sankt-Georgs-Galerie im Kreml sieht er seinen Vater aufrecht und furchtlos vor den Vertretern des Adels und des russischen Volkes. Mit deutlicher Stimme verkündet Nikolaus: »Von hier, dem Herzen der russischen Erde aus sende ich meinen tapferen Truppen und meinen mutigen Verbündeten meinen herzlichsten Gruß!«

Am nächsten Morgen fahren Alexei und sein Schweizer Erzieher im Wagen in der Umgebung von Moskau spazieren. Als sie nach ihrer Ausfahrt in die Stadt zurückkehren, hält die Menge, die den Zarewitsch erkannt hat, die Kutsche auf. Die Leute drängen einander beiseite, um ihn aus der Nähe sehen zu können, und rufen: »Der Thronfolger! Es ist der Thronfolger!« Alle wollen ihn berühren und küssen. Unbekannte segnen ihn mit dem Zeichen des Kreuzes. Vor lauter Angst sinkt der Junge auf seinem Sitz in sich zusammen, und Gilliard ruft die Polizei, um den Weg freizumachen.

Um sich der Begeisterung seines Volkes würdig zu erweisen, verbietet Nikolaus den Wodka-Verkauf und beschließt, die Hauptstadt, deren Name Sankt Petersburg allzu deutsch klingt, umzubenennen. Von nun an heißt sie Petrograd. Einige Nörgler werfen ihm vor, damit gegen den Willen Peters des Großen, des Gründers der Stadt, verstoßen zu haben.

Inzwischen sind die Deutschen in einem unaufhaltsamen Marsch in Brüssel eingezogen und bedrohen Paris. Nikolaus steht zu seinem Wort und beschließt, Frankreich durch eine blutige Initiative zu Hilfe zu kommen. Zwei starke Armeen dringen unter dem Befehl der Generäle Samsonow und Rennenkampf tief nach Ostpreußen vor und zwingen so den Feind, zwei Armeekorps von der Westfront abzuziehen, die eilig zur anderen Front gebracht werden. Durch dieses Ablenkungsmanöver, das von den besten russischen Truppen durchgeführt wird, erringen die Franzosen den Sieg an der Marne, und Paris wird gerettet. Den Deutschen gelingt es unter dem Kommando General Hindenburgs, an den Masurischen Seen bei Tannenberg die Truppen von Samsonow einzuschließen und zu dezimieren und Rennenkampf zu einem erschöpfenden Rückzug über die russische Grenze zu zwingen. Samsonow nimmt sich auf dem Schlachtfeld das Leben. Die Russen haben 110 000 Mann verloren, von denen 20 000 getötet und verletzt und 90 000 gefangengenommen worden sind. Als Samsonow Maurice Paléologue die Nachricht überbringt, sagt er: »Wir waren dieses Opfer Frankreich schuldig, das sich als vollkommener Verbündeter erwiesen hatte!«

In der Öffentlichkeit folgt auf die Welle der Begeisterung tiefe Verwirrung. Sehr schnell stellt sich heraus, daß die militärische Führung und das Rote Kreuz der Ereignisse nicht Herr werden. Güterzüge treffen in Moskau und Petrograd ein, überfüllt mit Verwundeten, die auf Stroh oder auf dem Holzboden liegen, schlecht gepflegt, schlecht verbunden und sterbend vor Hunger. Sie berichten, daß nicht einmal alle Reservisten an der Front ein Gewehr hätten, daß die Artillerie wegen mangelnder Munition die Infanterie nicht unterstützen könne. Nach dem, was sie sagen, ist Rußland weniger gut auf den Krieg von 1914 vorbereitet als auf den von 1904. Natürlich wird der Presse nicht gestattet, daran zu zweifeln, daß Ausrüstung und Moral der Truppen hervorragend sind. Aber in der Stadt bezichtigt man die Generäle hinter vorgehaltener Hand der Unfähigkeit, übertreibt die Zahl der Toten und sagt immer wieder, dem Zar sei nichts beschieden als Mißgeschick, und seine unglückliche Zukunft lasse sich aus den Linien seiner Hand ablesen. Die schwarze Serie, so heißt es, hätte schon bei seiner Krönungsfeier mit dem Unglück auf den Chodynka-Wiesen begonnen, als Tausende von Menschen erdrückt wurden. Sie habe sich fortgesetzt mit der Geburt eines bluterkranken Sohnes, den Neurosen der Zarin, der Niederlage im Russisch-japanischen Krieg, den Schießereien vom Roten Sonntag im Jahr 1905, mit den Aufständen, Massakern, dem Auftreten von Rasputin, den Morden an Großfürst Sergei Alexandrowitsch und dem Ministerpräsidenten Stolypin… »Was wollen Sie, Herr Botschafter«, gesteht ein Berichterstatter Maurice Paléologue, »wir sind Russen und infolgedessen abergläubisch. Aber ist es nicht klar, daß der Zar für Katastrophen prädestiniert ist... und daß wir zu Recht zittern, wenn wir darüber nachdenken, was dieser Krieg für uns bereithält?«[4]

Witte, der sich bei Beginn der Feindseligkeiten im Ausland aufhält, eilt nach Petrograd, um den Zar zu bitten, die Waffen niederzulegen und sich aus der Allianz zurückzuziehen, bevor es zu spät ist. »Dieser Krieg ist Wahnsinn!« sagt er zu Maurice Paléologue. »Unser Ansehen auf dem Balkan... unsere alte Pflicht, die Angehörigen unserer Rasse zu schützen? Das ist eine romantische und aus der Mode gekommene Schimäre. Die Serben hätten ruhig die Strafe bekommen sollen, die sie verdient haben!... Nehmen wir an, unsere Koalition siegt. Dies ist nicht nur der Ruin germanischer Vorherrschaft, sondern bedeutet auch die Proklamierung der Republik in ganz Mitteleuropa. Zugleich bedeutet es das Ende des Zarentums. Was mir einfällt, wenn ich an die Folgen einer Niederlage denke, sage ich lieber nicht... Meine praktische Schlußfolgerung heißt, daß man dieses dumme Abenteuer so schnell wie möglich beenden muß!«

Wenn Rußland an der deutschen Front großes Unglück erlebte, so fängt es sich an der österreichischen Front wieder. Nachdem sie Österreich-Ungarn vom russischen Territorium vertrieben haben, nehmen die Armeen des Zaren Lwow ein und besetzen Ende September 1914 Ostgalizien. Einen Monat später erklärt die Türkei den Alliierten den Krieg. Sogleich beansprucht Nikolaus, der dem alten Wahnbild seiner Vorfahren verfällt, in einem Manifest Konstantinopel und die Meerengen. Frankreich und England beugen sich vorläufig vor diesen unglaublichen Ansprüchen. Die russischen Küsten werden beschossen, aber die Türken werden unter Ardahan geschlagen, und der Kaukasus ist fortan geschützt. Rußland ist jedoch vom Mittelmeer abgeschnitten. Als einziger Verbindungsweg zu den Alliierten bleibt ihm das Eismeer, wo nur die Küste bei Murmansk das ganze Jahr hindurch über den kleinen Hafen von Alexandrowsk zu erreichen ist, der ungenügend ausgestattet ist, um große Truppentransporte aufzunehmen. Im Februar unternimmt Deutschland eine neue Offensive in Ostpreußen, die in der Gegend von Augustowo endet. Trotz ihres heroischen Widerstands lassen die Russen 11 000 Gefangene zurück. Auf den Karpatenpässen finden erbitterte Kämpfe statt. Aber am 22. März nehmen die Russen nach sechs Monaten Belagerung Przemysl ein. Ende April dringen sie nach Ungarn vor.

Die Deutschen erkennen die Gefahr und eilen ihren Verbündeten zu Hilfe. In diesem Augenblick wendet sich das Kriegsgeschehen. Im Mai 1915 beginnen die Deutschen, die dreißig Divisionen von der französischen Front abgezogen haben, mit heftigen Angriffen auf die beiden äußersten Enden der Ostfront. Schlag auf Schlag gehen Przemysl und Lwow verloren. Die Russen sind gezwungen, ganz Galizien zu evakuieren und treten den Rückzug an. Bald wird dieser Rückzug zur Flucht. Polen und Litauen werden aufgegeben. Die Front verläuft bei Riga, Dwinsk, Pinsk, Tarnopol. Die russischen Verluste an Toten, Verwundeten und Gefangenen belaufen sich bereits auf 3,8 Millionen. Alle Versuche, Gebiete zurückzuerobern oder Widerstand zu leisten, scheitern an mangelnder Versorgung mit Waffen und Munition. Da Rußland über keine große Kriegsindustrie verfügt, muß es sich an seine Verbündeten wenden, um das während der Kämpfe zerstörte Kriegswerkzeug zu reparieren. Frankreich und England müssen jedoch ihren eigenen Bedarf decken und können nicht auch noch die Russen beliefern. Die Soldaten Großfürst Nikolaus Nikolajewitschs sind schlecht gekleidet und ausgerüstet und müssen mit Bajonetten gegen deutsche Geschütze kämpfen. Die besten Regimenter des Reiches, Stützen des Throns und Stolz des Zaren, eine ganze Kaste munterer und ausgelassener Soldaten sind bereits in den ersten Monaten des Krieges geopfert worden, weil das russische Oberkommando auf einen schnellen Sieg hoffte. Maurice Paléologue fordert im Namen Frankreichs immer neue Leistungen. Wie viele Männer werden noch zur Schlachtbank geführt? Nachdem das erste Fieber vorüber ist, begreift die Öffentlichkeit, daß der Krieg lang und hart werden wird. Immer häufiger ist von Verrat die Rede. Hauptmann Majasseidow, der als Spion für die deutsche Seite entlarvt wurde, wird verurteilt und hingerichtet. Dabei war er ein Freund von Kriegsminister Suchomlinow. Ist die Regierung von feindlichen Agenten durchsetzt?

Maurice Paléologue fragt den schwerreichen Alexei Putilow, den Besitzer der Putilow-Stahlwerke, bei einem Abendessen, wie seiner Meinung nach die Zukunft Rußlands aussehe. Alexei Putilow sitzt tief in seinem Sessel, hält eine Zigarre zwischen den Fingern und antwortet ihm: »Die Tage des Zarentums sind gezählt. Der Zar ist verloren, unrettbar verloren. Eine Revolution ist jetzt unvermeidlich... Bei uns kann Revolution nur destruktiv sein, weil die gebildete Klasse im Land nur eine geringe Mehrheit repräsentiert, die weder eine Organisation, noch Erfahrung noch Kontakt zu den Massen hat... Mit Sicherheit werden die Bürger, die Intellektuellen und die Kadetten es sein, die das Signal zur Revolution geben, weil sie glauben, auf diese Weise Rußland zu retten. Aber von der bürgerlichen Revolution werden wir sehr schnell in eine Arbeiterrevolution geraten und bald danach in eine Bauernrevolution. Dann wird eine schreckliche Anarchie einsetzen, eine endlose Anarchie!«

Nikolaus hegt weiterhin die Hoffnung auf einen baldigen militärischen Erfolg. Da Rußland für eine gerechte Sache kämpft, kann Gott gar nicht anders, als es unterstützen. Rasputin ist anderer Meinung. Nach seiner Bauchverletzung ist er nach Petrograd zurückgekehrt und erklärt einem Kreis von Verehrerinnen: »Rußland ist gegen den Willen Gottes in diesen Krieg eingetreten. Unglück droht denen, die sich immer noch weigern, dies zu begreifen! ... Christus ist entrüstet über alle Klagen, die von russischer Erde zu ihm aufsteigen. Aber den Generälen ist es ganz egal, daß sie Muschiks töten lassen, das hindert sie weder am Essen noch am Trinken noch daran, sich zu bereichern... Leider werden nicht nur sie mit dem Blut der Opfer bespritzt werden. Es wird bis zum Zaren spritzen, weil der Zar der Vater der Muschiks ist... Ich sage euch, die Rache Gottes wird furchtbar sein.«

Diese Prophezeiung hindert ihn nicht daran, an einem vergnügten Abend in einem Salon des berühmten Restaurants »Jar« in Moskau einen Skandal anzuzetteln. Er ißt mit zwei Journalisten und drei jungen Frauen zu Abend, betrinkt sich gewohnheitsgemäß und erzählt mit zahlreichen Details von seinen erotischen Heldentaten in Petrograd. Er nennt die Namen seiner Eroberungen, gibt die Geheimnisse ihrer Körper preis, erklärt, welche Liebkosungen sie vorziehen und behauptet, die Weste, die er unter seinem Kaftan trage, habe die Zarin für ihn gestickt. Als er von der Zarin spricht, nennt er sie »die Alte« und endet mit den Worten: »Ich mache mit ihr, was ich will.« Eine der Damen, verletzt von soviel Dreistigkeit, verläßt den Raum. Zeugen der Szene sind Kellner, Sängerinnen von Zigeunerliedern und Balalaikaspieler. Die Affäre wird dem Polizeipräfekten hinterbracht, der sie an den Adjutanten des Innenministers, General Dschunkowski, weitergibt. Dieser legt dem Zaren einen genauen Bericht des Ereignisses vor. Man ordnet eine Untersuchung an, welche die Richtigkeit der Angaben und die Äußerungen, die Rasputin vorgeworfen werden, bestätigt. Nikolaus ist verärgert über das Geschehen, aber bald haben ihn seine Frau und Anna davon überzeugt, daß höllische Mächte ihrem heiligen Freund eine Falle gestellt haben und daß der Skandal nur dank der Hilfe Gottes nicht allzu schlimme Ausmaße angenommen hat, da er seine wahren Botschafter auf Erden erkenne. Anna Wyrubowa ist um so überzeugter, als sie sich dank der Gebete des Staretz nach und nach von dem Schock erholt, den sie bei einem Eisenbahnunfall erlitten hat. Während die Ärzte sie schon in der Agonie glaubten, sagte er als einziger: »Sie wird leben.«

Das Leiden Annas hat sie der Zarin nach einem kurzen Streit noch näher gebracht. Zu Beginn des Krieges beschließen die beiden Frauen, Schwesternkurse zu absolvieren. Ihre theoretischen Kenntnisse ergänzen sie, indem sie auf der Krankenstation des Schlosses arbeiten. Die Großfürstinnen Olga und Tatjana helfen ihnen bei dieser Aufgabe. Die hübschen, schüchternen und offenherzigen Mächen, die von aller Geselligkeit ferngehalten werden, treten ohne Vorbereitung in eine Welt des Leidens. An der Seite ihrer Mutter nehmen sie an der Pflege der Verwundeten und an Operationen teil. »Wie jede Krankenschwester«, schreibt Anna Wyrubowa, »reichte die Zarin, die hinter dem Chirurgen stand, ihm die sterilen Instrumente, die Tupfer und Verbände, trug amputierte Beine und Arme fort, verband Gasbrandwunden, wobei sie sich vor nichts ekelte. Heldenhaft ertrug sie den Geruch und den schrecklichen Anblick eines Kriegslazaretts.« Die Zarin richtet außerdem Krankenhäuser und Sanitätszüge ein, in Petrograd und anderen Städten läßt sie Depots mit Wäsche und Kleidung für die Armee anlegen. Sie ist aufgeschlossen für das Elend der Soldaten und würde am liebsten allein das ganze Unglück des Vaterlandes auf sich nehmen. Wenn Nikolaus nicht zu Hause ist, schreibt sie ihm von ihren Aktivitäten als Krankenschwester: »Zum ersten Mal habe ich das Bein eines Soldaten rund um die Wunde rasiert.« »Drei Operationen, drei gasbrandinfizierte Finger amputiert. Meine Nase ist voll von dem entsetzlichen Geruch, der von den Gasbrandinfektionen ausgeht...Heute morgen haben wir bei unserer ersten großen Amputation assistiert (wie immer reichte ich die Instrumente; Olga[5] fädelte die Nadeln ein. Wir haben den ganzen Arm abgenommen... Wir haben arme Jungen mit schrecklichen Verletzungen, sie sind so zerfetzt, daß sie kaum noch Menschen sind... Ich habe sie gewaschen, gereinigt, mit Jodtinktur bepinselt, mit Vaseline eingerieben, Verbände angelegt...«

Wenn einer ihrer Lieblingsverwundeten stirbt, ist sie so traurig, als handele es sich um ihren eigenen Sohn. Tatsächlich fühlt sie sich nicht nur als Mutter Alexeis, sondern des ganzen blutenden Rußland. Die Krüppel in dem Krankenhaus nennen sie übrigens *matuschka*, Mütterchen, und bitten sie, in den schwersten Stunden an ihrem Bett zu sitzen.

Auch Nikolaus würde sich in dem Unglück, das sein ganzes Land durchzieht, gerne persönlich einsetzen. Er ist verstimmt, daß er in Zarskoje Selo in Sicherheit ist, während andere an der Front ihr Leben riskieren. Aber in diesem Krieg, der sich hinzieht, ist, so glaubt er, die Moral der hinteren Linien ebenso wichtig wie die an vorderster Front. Sein liebster Gesprächspartner zu dieser Zeit ist Agrarminister Kriwoschejin, die frühere rechte Hand von Stolypin, ein energischer und aufgeschlossener Mann. Viele sehen in ihm bereits den Nachfolger des Ministerpräsidenten, des alten Goremykin. Aber Nikolaus leiht sein Ohr auch den patriotischen Klagen des Dumapräsidenten Rodschanko. Angesichts der wegen der russischen Niederlage in Galizien im Volk entstandenen Erregung gestattet er sogar die Einberufung eines Verteidigungskomitees, an dem Vertreter der Duma, des Reichsrats und Leute aus Handel und

Industrie teilnehmen. Auf diese Weise sollen sich die aktiven Elemente des Landes an der Wiederbelebung der Armee und am Kampf gegen die durch den Krieg entstandenen wirtschaftlichen Schwierigkeiten beteiligen. Wenig später beschließt Nikolaus, die reaktionärsten und beim Volk am wenigsten beliebten Köpfe der Regierung zu entfernen: Kriegsminister Suchomlinow, der als verantwortlich für die militärischen Rückschläge der Russen gilt, wird durch General Poliwanow ersetzt, der in Parlamentskreisen besonders geschätzt wird. An die Stelle des Prokurators des Heiligen Synod Sabler, eines der Förderer Rasputins, tritt Samarin, der eine starke Persönlichkeit besitzt und in Moskau großes Ansehen genießt. Innenminister Maklakow folgt Fürst Schtscherbatow nach, der für eine Zusammenarbeit mit dem Volk eintritt. Als die Duma im Juli 1915 wieder zusammentritt, findet sie eine Regierung vor, die zwar zum Teil erneuert worden ist, jedoch immer noch von Goremykin geführt wird.

Von Anfang an bildet sich in der Versammlung eine Mehrheit aus Opposition, Zentrum und einigen rechten Gruppierungen, die einen »progressiven Block« bildet. Sein Programm wird am 26. August veröffentlicht und enthält nichts, was das Regime erschüttern könnte. Um den Sieg Rußlands zu sichern, schlägt er die Einsetzung einer vereinigten Regierung vor, die das Vertrauen des Landes genießt, fordert die strenge Wahrung der Legalität und des inneren Friedens durch die Regierung, eine Generalamnestie für politische Täter, die Autonomie Polens, die Abschaffung der Beschränkungen für Juden, die rechtliche Gleichstellung der Bauern mit anderen Klassen der Gesellschaft... Zum allgemeinen Erstaunen folgt der Reichsrat den Vorschlägen der Duma. In der oberen Kammer mehren sich die Stimmen, die das Programm des »progressiven Blocks« befürworten. Hierdurch entsteht eine Regierungskrise, denn manche Minister, besonders Kriwoschejin und Sasonow, sind der Meinung, daß man den Wünschen der gemäßigten Elemente der beiden Versammlungen entsprechen soll. Andere hingegen, darunter Goremykin, fürchten, von einer immer arroganter werdenden Linken überrollt zu werden. Nikolaus zögert wie üblich, sich zu entscheiden. Einerseits erklärt er seinem Kriegsminister Poliwanow, der über die Aktivitäten der Duma besorgt ist: »Achten Sie nicht darauf, die verstehen nichts davon«; andererseits heißt er die Aktivitäten einer neuen, mehr oder weniger legal von Semstwos und Stadtverwaltungen gegründeten Vereinigung (genannt »Semgor«) gut, welche die Arbeit des Roten Kreuzes und die Versorgung mit Munition verbessern will. Wohlwollend empfängt er im Winterpalais die Vertreter des Verteidigungskomitees und spricht mit ihnen in ganz demokratischem Ton.

Wenn Nikolaus in Petrograd ist, spürt er die unwiderstehliche Anziehungskraft der Front. Von Zeit zu Zeit besucht er sie zu kurzen Inspektionsaufenthalten. Während seiner Reisen veranstaltet er Ausflüge auf von Kosaken bewachten Wegen und fährt mit seinen Offizieren Kahn, wobei er selber kräftig rudert. Selbst im Zug erlegt er sich körperliche Übungen auf. Einer der Waggons, dessen Vorhänge immer geschlossen bleiben, ist zum Gymnastikraum umgebaut worden. Wenn der Zug Seiner Majestät durch das Land fährt und die entlang der Bahnlinie aufgereihten Bauern ehrfürchtig emporblicken, turnt der Zar gerade in leichter Kleidung an Barren oder Reck. »Ich mache die Übungen vor den Mahlzeiten«, schreibt er seiner Frau. »Das ist eine ausgezeichnete Sache. Es regt den Kreislauf an und stimuliert den ganzen Organismus.«

Wenn er von seinen zu kurzen Besuchen im Generalhauptquartier zurückkehrt, empfindet er jedesmal größere Unzufriedenheit. Langsam reift in ihm der Gedanke, selbst die Kriegsführung zu übernehmen. »Sie können sich nicht vorstellen, wie schwer es mir fällt, immer nur hinter der Front zu sein«, sagt er zu Pierre Gilliard, dem Erzieher des Zarewitsch. »Mir scheint, daß alles hier, selbst die Atemluft einem die Kräfte nimmt und den Charakter schwächt... Hier kümmert man sich nur um Intrigen und Kabale, lebt nur seinen kleinlichen egoistischen Interessen; dort kämpft man und stirbt für das Vaterland... Jeder Mann, der waffenfähig ist, sollte in der Armee sein. Ich selber kann den Moment, in dem ich bei meinen Truppen sein werde, gar nicht mehr abwarten.«[6]

Seine Frau und Rasputin treiben ihn dazu. Seit langem leidet die Zarin darunter, daß Großfürst Nikolaus Nikolajewitsch am Hof immer mehr an Einfluß gewinnt. Sie erträgt nur mit Mühe, daß er ihre ehemalige Freundin aus Montenegro, Großfürstin Anastasia, geheiratet hat, die sich hat scheiden lassen, um mit ihm zu leben.[7] Seit er durch den Willen des Zaren zum Generalissimus ernannt wurde, ist er noch selbstgefälliger als vorher. Was aber schlimmer ist, er haßt und verachtet Rasputin. Als dieser seine Absicht bekundet, ins Generalhauptquartier zu fahren, läßt man ihn wissen »daß er gerne kommen kann, aber aufgehängt wird«. Für Alexandra Fjodorowna sind solche Worte unverzeihlich und gottlos. Gemeinsam mit dem Staretz schwört sie, Nikolaus Nikolajewitsch zu Fall zu bringen, der, wie sie glaubt, in der öffentlichen Meinung dem Zaren zur Konkurrenz geworden ist. In ihrem Wahn versäumt sie keine Gelegenheit, den kommandierenden General in den Augen des Zaren herabzuwürdigen. Selbst wenn sie von ihrem Mann getrennt ist, weil dieser im Generalhauptquartier weilt, versucht sie ihn mit ihren täglichen, auf englisch verfaßten Briefen zu indoktrinieren. Je mehr Zeit vergeht, desto sehnlicher wünscht sie, daß er Nikolaus Nikolajewitsch ausschaltet und selbst an seiner Stelle die Leitung der militärischen Operationen übernimmt. »Wenn Du Dich nur ein wenig strenger zeigen könntest, mein Lieber, das ist unerläßlich! Sie (die Minister) müssen auf Deine Stimme hören und die Unzufriedenheit in Deinen Augen erkennen. Sie haben sich zu sehr an deine sanfte und milde Güte gewöhnt... Sie müssen vor Dir zittern. Denk daran, daß Monsieur Philippe und Gregor[8] dasselbe gesagt haben. Unser Freund[9] beklagt, daß Du im Generalhauptquartier bist, weil jeder mit seinen Erklärungen zu Dir kommt und Du ihnen wider Willen nachgibst... Wenn Nikolascha (Großfürst Nikolaus Nikolajewitsch, der Oberbefehrlshaber) Irrtümer begeht, nimmt ihm das nach dem Krieg niemand übel. Aber Du mußt dann alles wieder reparieren. Nein, höre auf unseren Freund und vertraue ihm. Es ist sehr wichtig, daß wir nicht nur auf seinen Rat, sondern auch auf sein Gebet zählen können.« (Brief vom 10. Juni 1915). »Wie sehr wünsche ich mir, daß Nikolascha anders wäre und sich nicht wie ein Mann gibt, der uns von Gott geschickt worden ist!« (Brief vom 12. Juni 1915). »Ich bin erschrocken über die Ernennungen durch Nikolascha. Er ist keineswegs intelligent, sondern stur und wird von anderen Leuten gelenkt... Und außerdem, ist er nicht ein Gegner unseres Freundes? Das kann uns nur Unglück bringen!... Unser Freund segnet Dich und fordert dringlich, daß an einem Tag an der ganzen Front eine Prozession stattfindet, die um den Sieg bitten soll... Bitte gib entsprechende Anweisung. Ich glaube, man sollte dies per Telegramm tun.« (Ein weiterer Brief vom 12. Juni 1915). »Ich schicke Dir einen Gehstock, der unserem Freund gehörte. Er hat ihn gebraucht und schenkt ihn Dir jetzt mit seinem Segen. Wenn Du ihn von Zeit zu Zeit verwenden könntest, es wäre eine gute Sache, ihn bei Dir zu tragen zusammen mit dem, den Monsieur Philippe mit seiner Hand berührt hat... Sei ein richtiger Souverän, mein Liebling, zeige, wozu du fähig bist!« (Brief vom 14. Juni 1915).

Auf solche Art verabreicht die Kaiserin ihrem Ehemann die tägliche Dosis Mystik und Mißtrauen. Und unmerklich läßt sich Nikolaus von dem Gift beeinflussen. Nachdem er gegen seinen Willen die Heerführung seinem Onkel überlassen hatte, nimmt er jetzt die letzten russischen Niederlagen zum Vorwand, um doch seine ursprüngliche Meinung durchzusetzen. Großfürst Nikolaus Nikolajewitsch ist ein ausgezeichneter Soldat, eine guter Stratege, der auch seine Soldaten begeistern kann, aber er besitzt nicht das seelische Gleichgewicht und die Kaltblütigkeit, die ein Kriegsherr braucht. Er wird oft von Wutanfällen und Depressionen heimgesucht und hat sich noch nie der Front genähert, aus Angst, eine Kugel könne ihn treffen.[10] Trotz all seiner Fehler bleibt er bei den Truppen sehr populär. Es heißt, er sei menschlich, energisch und durch und durch russisch mit seiner Riesengröße und seinem wie in Stein gehauenen Gesicht. Neben ihm erscheint sein Neffe, der Zar, noch kleiner, zerbrechlicher und femininer. Erregt der Zar, wenn er Nikolaus Nikolajewitsch das Amt wegnimmt, nicht den Unmut der Armee und des ganzen Landes? Als sie von seinen Absichten erfahren, bitten ihn mehrere Minister, den Plan aufzugeben. Acht unter ihnen richten ein Schreiben an ihn »im Namen aller loyalen Russen«, um ihn vor den schlimmen Folgen zu warnen, welche die Ablösung einer so bedeutenden und sympathischen Persönlichkeit nach sich zöge.

Nikolaus ist starrsinnig und läßt sich nicht umstimmen. Hat

er nicht seine Frau und Rasputin hinter sich, welche die Weisheit mit Löffeln gegessen haben? Durch einen Erlaß vom 24. August 1915 enthebt er Nikolaus Nikolajewitsch seines Amtes und verkündet, daß er selbst diesen wichtigen Posten übernehmen werde. Als Entschädigung erhält der Großherzog die Führung der Kaukasusarmee. »Die Pflicht, meinem Vaterland zu dienen, die Gott mir auferlegt hat«, so erklärt der Zar, »befiehlt mir, jetzt, da der Feind in die Grenzen des Reiches eingedrungen ist, den Oberbefehl über das Heer zu übernehmen.« Seine politische Umgebung ist beunruhigt. »Ich bin verzweifelt über die Entscheidung, die der Kaiser getroffen hat«, vertraut Außenminister Sasonow Maurice Paléologue an. »Ist es nicht schrecklich sich vorzustellen, daß er künftig persönlich für alles Unglück, das uns bedroht, verantwortlich ist? Wenn durch die Unfähigkeit eines unserer Generäle eine militärische Katastrophe eintritt, ist es zugleich eine Katastrophe für unsere Politik und die Dynastie.«[11] Der Dumapräsident Rodschanko sagt zu Nikolaus: »Indem Sie Ihre geheiligte Person dem Urteil des Volkes aussetzen, legen Sie Hand an sich selbst und führen Rußland ins Verderben.«

Die Machtübergabe vom Großfürsten auf den Zaren vollzieht sich in allerhöflichster Form. »Er (Großherzog Nikolaus Nikolajewitsch) kam mir mit einem tapferen, freundlichen Lächeln entgegen«, schreibt Nikolaus seiner Frau. Er fragte mich, wann er abreisen solle, und ich sagte ihm, er könne noch einige Tage dableiben. Danach haben wir über strategische Probleme gesprochen. Während des Mittag- und Abendessens war er redselig und bei bester Laune; ich hatte ihn seit Monaten nicht mehr gesehen; aber die Gesichter seiner Adjutanten waren finster: Es war wirklich amüsant, sie zu beobachten.«[12] Die Zarin pflichtet ihm bei: »Ich danke Gott, daß endlich alles vorbei ist und die Szene auf so angenehme Weise verlaufen ist. Es ist eine solche Erleichterung! Ich segne Dich, mein Engel, und Deine richtige Entscheidung in der Hoffnung, daß sie von Erfolg gekrönt sein und uns im Inneren und Äußeren den Sieg bringen wird.«[13]

Als er sich im Generalhauptquartier von Mohilew einrichtet, ist Nikolaus überzeugt, seiner Rolle als Herrscher im Krieg auf diese Weise am besten gerecht zu werden. Er ist sich allerdings seiner mangelnden strategischen Fähigkeiten bewußt und will die militärischen Operationen auch keineswegs selbst leiten. Seine Rolle, so glaubt er, hat rein symbolischen Charakter. Deshalb wählt er General Michael Alexeiew zu seinem Generalstabschef, einen der bemerkenswertesten russischen Militärexperten, und beauftragt ihn, defensive und offensive Pläne für den Krieg auszuarbeiten. Michael Alexeiew ist hochintelligent und von unerschöpflicher Arbeitskraft, hat jedoch einen Fehler: Er stammt nicht aus guter Familie, was ihn in den Augen der hervorragenden Adjutanten Seiner Majestät ein wenig abwertet. Die Truppen jedoch nehmen diesen neuen Chef gerne an, denn er ist einfach und ehrlich und kennt die Mentalität der Soldaten sehr gut.

In Mohilew wohnt der Zar im Haus des Gouverneurs, das auf einer Klippe steht, von der aus man auf das linke Dnjepr-Ufer sehen kann. Jeden Tag um halb zehn geht er über den Hof ins Generalhauptquartier. Dort hört er die Lageberichte, raucht Zigarette auf Zigarette, dann zieht er sich mit Michael Alexeiew zurück und bespricht mit ihm unter vier Augen, welche Vorkehrungen zu treffen sind. Er wird über alles informiert, entscheidet jedoch nichts und überläßt seinem Generalstabschef die Verantwortung für das militärische Vorgehen. Manchmal spürt er das Verlangen, an die Front zu fahren und die Truppen Revue passieren zu lassen. Er ist überzeugt, daß sein Erscheinen die Kämpfer in ihrem Mut bestärkt, und macht sich keine Vorstellungen von der zusätzlichen Anstrengung, die es sie kostet, nach einem langen Tag in den Schützengräben vor ihm paradieren zu müssen. Seine schmächtige Gestalt und seine zurückhaltende Art enttäuschen die Männer, deren Vertrauen er gewinnen möchte. »Er kann weder die Seele des Soldaten erreichen, noch sein Herz erwärmen, noch seinen Geist ermuntern«, schreibt General Brussilow. »Weder sein Aussehen noch seine Art zu reden wecken Begeisterung.«[15]

Zurück in Mohilew, nimmt er seinen regelmäßigen, fleißigen und bescheidenen Lebensrhythmus wieder auf, der ihm die Illusion vermittelt, er nähme an der Verteidigung des Vaterlandes teil, obwohl er keinerlei Einfluß auf den Ablauf der Ereignisse hat. Der schönste Augenblick am Tag ist das Mittagessen mit den Offizieren im Generalhauptquartier. Dort begegnen ihm die brüderliche Atmosphäre der Offiziersmessen, die Männerwitze, die vertraulichen Gespräche nach dem Essen. Sein Leben verläuft so friedlich, daß er sich bald entschließt, seinen Sohn, den Zarewitsch, zu sich kommen zu lassen, in Begleitung von Gilliard und dem Matrosen Derewenko, der dem Kind Schutz geben soll.

Die Zarin willigt ungern in die Trennung ein. Sie ist immer auf der Hut und fürchtet für ihren Sohn die Mühen der Zugfahrt, die Erschütterungen in der Kutsche, einen Sturz auf einem Flur mit zu glattem Parkett. Gleich nach Alexeis Abreise schickt sie ihrem Mann noch mehr briefliche Ratschläge. »Gib acht, daß Tiny[16] (Alexei) sich beim Treppensteigen nicht überanstrengt. Er darf nicht spazierengehen... Paß auf Babys Arme auf. Er darf im Zug nicht rennen, damit er sich nicht die Arme stößt... Bevor Du eine Entscheidung triffst, sprich mit Monsieur Gilliard darüber, er ist so vernünftig und weiß so genau, was Baby braucht!« Jeden Abend um neun geht die Zarin in das leere Zimmer von Alexei, atmet tief die Atmosphäre des Ortes ein, an dem er gelebt hat, und fleht zu Gott, daß der Zarewitsch gesund und wohlbehalten zurückkommen möge.

Weit entfernt von seiner Mutter lebt der Zarewitsch in der kriegerischen Atmosphäre auf. Er trägt Uniform und genießt die Aufmerksamkeit der ranghöchsten Männer im Generalhauptquartier. Zar und Thronerbe schlafen zusammen in einem Zimmer, nebeneinander auf zwei gleichen Feldbetten. Alexei ist jetzt zehn Jahre alt und von wechselhaftem Wesen. Nikolaus bringt ihm schwärmerische Hingabe entgegen. »Die Gegenwart des Kleinen nimmt mir einen Teil meiner Zeit, was ich natürlich nicht bedauere«, schreibt er seiner Frau. Seine Gesellschaft bringt uns allen, selbst Fremden, Leben und Licht. Es ist sehr schön, nebeneinander zu schlafen. Ich sage jeden Abend mit ihm die Gebete auf. Er betet zu schnell, und es ist schwer, ihn zu bremsen. Die Parade hat ihm viel Spaß gemacht. Er folgte mir und stand die ganze Zeit, in der die Truppen vorbeizogen. Das war phantastisch.« Als liebender und aufmerksamer Vater nimmt der Zar den Zarewitsch im Wagen mit, stellt ihn verschiedenen Regimentern vor, läßt ihn Lazarette besichtigen.

Auf einer dieser Reisen bekommt Alexei, der an einem heftigen Schnupfen leidet, Nasenbluten. Professor Fjodorow, der den Zar begleitet, gelingt es nicht, die Blutung ganz zu stoppen. Da der Kranke schwächer wird, bringt man ihn eilig mit dem Zug nach Zarskoje Selo. Dort gelingt es den Ärzten schließlich, die Wunde zu schließen, die durch Platzen eines kleinen Blutgefäßes entstanden war. Die Zarin schreibt die Heilung den Gebeten Rasputins zu.

Ab und zu fährt sie selbst ins Generalhauptquartier. Dann zieht sich das Paar mitten im militärischen Treiben zurück, einige Tage lang vergißt der Zar seine Aufgaben und ist nichts als ein blind in seine Frau verliebter Mann, der allzu lange von ihr getrennt war. In ihren endlos langen und leidenschaftlichen Briefen hat sie ihn »geliebter Engel«, »Seele«, »Liebling«, »lieber Nicky« genannt und mit »Deine Sonne« oder »Deine kleine alte Ehefrau« unterzeichnet. Wenn sie ihn wiedersieht, liebt sie ihn noch viel mehr als aus der Ferne. Sie bleiben immer zusammen und verschlingen sich mit den Augen. Jeder Besucher ist wie ein Eindringling für sie. General Dubenski, der ihr Wiedersehen miterlebt hat, schreibt: »Der Kaiser war ihr vollkommen ergeben. Eine Viertelstunde genügte, um zu erkennen, daß sie der Autokrat war, nicht er. Er sah sie an wie ein kleiner Junge seine Gouvernante, das sprang einem in die Augen. Wenn sie ausfuhren und sich in den Wagen setzten, hatte er nur Augen für sie. Meiner Meinung nach war er ganz einfach verliebt in sie.«[11]

Als Alexandra zu beider großem Bedauern nach Petrograd zurückfährt, fällt es Nikolaus einigermaßen schwer, sich wieder den täglichen militärischen Pflichten zu widmen. Dabei kann er mit den neuesten Nachrichten aus dem Kampfgebiet zufrieden sein: Eine deutsche Offensive an der litauischen Front im Herbst 1915 kann schnell gestoppt werden. Im folgenden Jahr nimmt die Kaukasusarmee Erzurum und Trabzon ein und rückt bis nach Persien vor. Im März 1916 führen die Truppen General Brussilows am See von Narotsch einen blutigen Angriff und rücken bis zur ungarischen Grenze vor. Nur der Eintritt Rumäniens in den Krieg und die Notwendigkeit, diesem neuen Verbündeten Verstärkung zu schicken, hindern die Russen daran, ihre bedeutenden Erfolge ganz zu nutzen. Im Juni desselben

Jahres beginnt General Brussilow, um den Italienern unter General Cadorna zu helfen, die ernsthafte Rückschläge erlitten haben, eine Generaloffensive an der Westfront, bei der 35 bis 75 Kilometer Terrain gewonnen werden, die jedoch bei Kowal aufgehalten wird. Diese gewaltsamen und weit voneinander entfernt stattfindenden Operationen haben das Land erschöpft. In den hinteren Linien steigt mit wachsender Unzufriedenheit auch die Müdigkeit.

Als der Zar nach Mohilew fährt, hat er die Regierungsführung der Person übergeben, der er am meisten vertraut, seiner Frau. Er hält sie für intelligent, energisch und wohlberaten, dabei ist sie unausgeglichen, herrisch und erliegt ganz dem okkulten Einfluß Rasputins. Als er in der *stawka* – so nennen die Russen ihr Generalhauptquartier – eintrifft, schreibt er ihr: »Sag mir, meine kleine Frau, willst Du Deinem Mann jetzt, wo er fort ist, nicht zu Hilfe kommen? Schade, daß Du nicht schon längst diese Aufgabe übernommen hast, wenigstens seit Beginn des Krieges! Ich kenne kein angenehmeres Gefühl als das, stolz auf Dich zu sein, so wie in den ganzen letzten Monaten, als Du mich mit unermüdlicher Zähigkeit ermuntert hast, mich energisch zu zeigen und meine eigene Meinung zu wahren. Wir hatten gerade die Dominopartie zu Ende gespielt, als Alexeiew mir ein Telegramm von Iwanow brachte, in dem dieser mir berichtete, daß unsere elfte Armee zwei deutsche Divisionen in Galizien angegriffen hat und dabei 150 Offiziere gefangennehmen konnte, 7000 Mann und 30 Geschütze.« Am 23. September 1916 führt er seine Ideen deutlicher aus: »Solange ich hier bin, mußt Du in der Hauptstadt Auge und Ohr für mich sein. Es ist Deine Pflicht, für Einheit und Harmonie unter den Ministern zu sorgen - wenn Du dies tust, leistest du mir und unserem Land einen großen Dienst. Oh! Mein Schatz, meine Sonne! Ich bin froh, daß Du endlich eine Dir angemessene Beschäftigung gefunden hast! Jetzt kann ich ruhig sein und muß mich nicht mehr quälen, jedenfalls nicht mit Angelegenheiten des Inneren.«

So regiert nun mit dem Segen Nikolaus' seine Frau das Land. Während er in der Stawka den Strategen spielt, führt sie die Herrschaft in ihrem Boudoir mit den lila Vorhängen in Zarskoje Selo. Ihre neue Macht steigt ihr zu Kopf. Sie duldet in ihrer

Nähe keine anderen Ratgeber als Rasputin und Anna Wyrubowa.

Diese hat ihren Unfall überstanden und ist wieder in Gnaden von der Kaiserin aufgenommen worden. Bald wird sie zu einer Art offizieller Vermittlerin zwischen den Bittstellern und dem Thron. In ihrem Vorzimmer drängen sich die Frauen der guten Gesellschaft, die zugunsten ihrer Männer intrigieren, subalterne Angestellte, die auf berufliches Fortkommen hoffen, Gauner, die Schutz vor gerichtlicher Verfolgung suchen. Sie empfängt eine Unzahl von Briefen und gibt der Zarin die Bittschreiben weiter Ob es sich um die Einstellung eines Gärtners handelt oder eine Stelle als Soubrette im Palast oder um einen Ministerposten, Alexandra konsultiert vor jeder Entscheidung den Staretz.

Dieser genießt inzwischen wegen seiner letzten Wunderheilungen gänzliche Straffreiheit. An Geld mangelt es ihm nicht, dank der finanziellen Manöver zweier berüchtigter Geldgeber, die ihn von Anfang an unterstützt haben: Manus und Rubinstein. Gemäß seiner Gewohnheit verteilt er beträchtliche Summen an die Armen und Krüppel, die auf der Straße vor seiner Tür Schlange stehen. Zwielichtige Gestalten, darunter der Polizeispitzel Manassjewitsch-Manuilow, geben seine Wünsche an die entsprechenden Ministerien weiter. Als Oberhaupt seines Sekretariats wütet nach wie vor der Wucherer und Berufsspieler Aron Simanowitsch, der sich gegen hohe Honorare bemüht, für betrügerische Anwälte, Geschäftsleute, die in Konkurs gegangen sind, oder rechtskräftig verurteilte Drückeberger kaiserliche Gnade zu erwirken. In allen Ämtern der Stadt landen Unmengen von Rasputin gekritzelter mit schwarzen Kreuzen versehener Zettel. Sicherheitsbeamte bewachen seine Wohnung. Er verfügt über ein Militärfahrzeug, dessen Fahrer, der auch sein Leibwächter ist, ihn stützt, wenn er betrunken aus einem Nachtlokal wankt. Jeden Tag werden sein Hochmut, seine Maßlosigkeit und seine Vulgarität größer. »Der geringste Vorwand genügte ihm, um die Damen des Hochadels in einer Sprache zu beschimpfen, die man kaum in einem Stall verwendet hätte«, schreibt Aron Simanowitsch. »Seine Überheblichkeit war grotesk... Selbst für eine Dirne wäre seine Art beleidigend gewesen. Trotzdem zeigte sich nur selten jemand über seine Haltung empört. Man fürchtete ihn und verhielt sich ihm gegenüber schmeichlerisch und zeigte sich entgegenkommend. Die Frauen küßten seine schmutzigen Hände, an denen Speisereste klebten, und gaben nicht auf seine widerwärtigen schwarzen Fingernägel acht. Bei Tisch aß er ohne Besteck, nahm mit den Händen von den Speisen und reichte die Bissen seinen Anhängerinnen, die sich bemühten, ihm zu zeigen, daß sie sie mit besonderem Vergnügen entgegennahmen. Es waren widerwärtige Szenen.«

Der abstoßende Anblick des Mannes ist der Zarin keineswegs zuwider, sondern macht ihn ihr doppelt wertvoll. Je gemeiner das Äußere, desto schöner kann die Seele sein, welche es verbirgt. Weder die Polizeiberichte über die Orgien Rasputins noch die Fotografien des Wundertäters in galanter Begleitung, noch die Warnungen der Mitglieder der Zarenfamilie öffnen Alexandra Fjodorowna die Augen. Alle lügen, nur »der Mann Gottes« nicht. Er ist das Opfer seiner Heiligkeit. In den begeisterten Briefen, welche die Zarin an Nikolaus schickt, bezieht sie sich ständig auf die Meinung des »Freundes«. Sie ist der Meinung, daß er, der vom Himmel Erleuchtete, der ideale Führer für Politik und Kriegskunst ist. Als sie erfährt, daß der Zar den Ministerrat nach Mohilew einberufen hat, schreibt sie ihm am 15. September 1915: »Vergiß, bevor der Ministerrat zusammentritt, nicht die kleine Ikone, die uns unser Freund geschenkt hat, in die Hand zu nehmen und Dir mehrmals die Haare mit seinem Kamm zu kämmen.« Am nächsten Tag: »Ich glaube unbedingt, was unser Freund sagt, nämlich daß der Ruhm Deiner Herrschaft sich festigt, seit Du zu Deinen Entschlüssen stehst, obwohl alle anders denken... Ich für meinen Teil bin der Ansicht, daß Du Schtscherbatow, Samarin, vielleicht auch Sasonow mit der langen Nase und Kriwoschejin wirst ablösen müssen. Sie werden sich nicht ändern, und Du kannst solche Leute nicht behalten, wenn Du gegen die neue Duma kämpfen willst.« Am 4. Oktober schreibt sie: »Gestern habe ich Gregor (Rasputin) gesehen. Er bat mich, Dir zu sagen, daß er mit den Briefmarken als Zahlungsmittel nicht einverstanden ist: Das Volk begreift es nicht. Wir haben genug Kleingeld im Umlauf.« Am 1. November schreibt die Zarin: »Unser Freund ist sehr betroffen wegen der Ernennung von Trepow (zum Verkehrsminister); er weiß, daß dieser gegen ihn ist und bedauert es, daß Du ihn nicht um Rat gefragt hast.« Am 6. November: »Unser Freund, den ich gestern abend sah, als er Dir ein Telegramm schickte, fürchtet, daß wir, wenn wir nicht eine starke Armee haben, um durch Rumänien zu marschieren, im Rücken angegriffen werden.« Am 13. November: »Ich habe unseren Freund von fünf Uhr nachmittags bis halb acht bei Anna (Wyrubowa) gesehen. Er findet den Gedanken, daß man den alten Goremykin entlassen könnte (was bereits beschlossen ist), völlig unzulässig. Es quält ihn; unaufhörlich denkt er über diese Frage nach. Er sagt, es sei besser zu warten.« Am 15. November schreibt sie: »Ich muß Dir jetzt, bevor ich es vergesse, eine Nachricht unseres Freundes übermitteln, die auf einer Vision beruht, die er in der Nacht hatte. Er bittet Dich, in der Nähe von Riga sofort eine Offensive durchzuführen. Er sagt, es sei unerläßlich, weil die Deutschen sich sonst dort im Winter so massiv niederlassen und es Ströme von Blut und unzählige Mühe kostet, sie wieder zu vertreiben. Jetzt würden sie überrascht werden, und wir könnten sie gleich zum Rückzug zwingen. Er sagt, man müsse unbedingt jetzt handeln und bittet Dich inständig, den Angriff zu befehlen. Er sagt, wir könnten es, wir müßten es und daß ich es Dir unverzüglich schreiben soll.« Am 22. Dezember: »Unser Freund betet andauernd für den Krieg. Er sagt, daß wir ihn über alles Besondere sofort informieren müssen. Deshalb hat Anna (Wyrubowa) ihm von dem Nebel (der die Operationen behindert) erzählt. Er hat geschimpft, weil sie ihm das nicht sofort berichtet hat; er sagt, der Nebel würde nicht mehr stören.« Am 4. Januar 1916: »Gutschkow ist sehr krank. Ich wünschte, daß er ins Jenseits ginge. Ich wünsche es zu Deinem und ganz Rußlands Wohl, das ist doch kein unfrommer Wunsch... Mein Lieber, hast Du an Sturmer (als neuen Premierminister) gedacht? Ich glaube, man darf sich nicht an seinem deutschen Namen stören. Wir wissen, daß er uns treu ist und mit neuen energischen Ministern gute Arbeit leisten würde.« Am 6. Januar: »Unser Freund bedauert, daß man einen Agriff begonnen hat, ohne ihn nach seiner Meinung zu fragen; er hätte geraten, noch zu warten. Er betet unablässig und meditiert, um zu bestimmen, was der beste Augenblick für einen Generalangriff ohne sinnlose Verluste ist.« Am 11. Januar: »Halte mich nicht für verrückt, weil ich Dir die kleine Flasche geschickt habe, die von unserem Freund stammt. Er hat sie Anna zum Geburtstag geschenkt, und wir haben alle einen kleinen Schluck daraus getrunken. Ich habe etwas für Dich aufgehoben. Ich glaube, es ist Madeira... Bitte gieß Dir ein kleines Glas ein und trink es in einem Zug auf seine Gesundheit, wie wir es auch gemacht haben.« Als sie erfährt, daß der neue, auf Empfehlung Rasputins ernannte Innenminister Chwostow sich plötzlich gegen den Staretz gewandt und ihn als regierungsfeindliche Person hingestellt hat, erstickt sie bald vor Entrüstung und schreibt am 2. März an ihren Mann: »Ich bin verzweifelt, daß ich Dir auf Anraten Gregors (Rasputin) diesen Chwostow empfohlen habe, dessen sich jetzt der Teufel bemächtigt hat. Solange Chwostow auf seinem Posten bleibt und Geld und Polizei in Händen hat, bin ich über das Schicksal Gregors und Annas beunruhigt.« Am 4. März: »Ich bin ernsthaft besorgt um Anna. Da Chwostow versucht hat, Leute zu dingen, um unseren Freund zu töten[19], ist er in der Lage, auch ihr etwas anzutun... Ich habe in der Zeitung gelesen, daß Du befohlen hast, Suchomlinow (den ehemaligen Kriegsminister) zu verurteilen. Das ist gut...Es heißt, er hätte sich schlimme Dinge vorzuwerfen, er nähme Bestechungsgelder... Welches Unglück! Es gibt keine Gentlemen mehr. Ich bin vom russischen Volk bitter enttäuscht; es ist dermaßen rückständig! Wir sind so zahlreich in diesem Land, und doch ist, wenn ein Minister gesucht wird, niemand in der Lage, diesen Posten zu bekleiden.« Am 14. März: »Ich schicke Dir eine Blume und einen Apfel von unserem Freund. Er glaubt, General Iwanow (Kommandant an der ukrainischen Front) würde einen guten Kriegsminister abgeben wegen seiner Beliebtheit nicht nur bei der Armee, sondern auch beim ganzen Volk. Darin hat er vollkommen recht. Ich habe ihn gebeten, für den Erfolg Deiner Wahl zu beten, und er hat es mir versprochen.« Am 17. März: »Könnte man bei der Ernennung der Mitglieder des Reichsrats nicht vorsichtiger sein?... Im Interesse unseres Babys müssen wir festbleiben, sonst wird sein Erbe schrecklich sein. Mit seinem Charakter wird er sich nicht anderen unterordnen, sondern sein eigener Herr sein, wie es Rußland gebührt, solange das Volk nicht gebildeter ist.« Am 5. April: »Während der Evangelienlesung bei der Vesper habe ich lange an unseren Freund gedacht. Auch Christus wurde von Schriftgelehrten und Pharisäern verfolgt, die sich als vollkommene Menschen hinstellten. Ja, in Wahrheit ist niemand Prophet im eigenen Land. Überall wo sich ein solcher Diener Gottes findet, breitet sich um ihn herum Gemeinheit aus, man versucht, ihm zu schaden, ihn uns zu entreißen... Unser Freund lebt nur für seinen Kaiser und für Rußland und erleidet alles Unglück unseretwegen... Er ist gut und großherzig wie Christus. Da du findest, daß seine Gebete Dir helfen, die Prüfungen zu bestehen – dafür haben wir ja zahlreiche Beispiele –, hat niemand das Recht, Schlechtes über ihn zu sagen. Sei standhaft und verteidige unseren Freund.« Am 23. Mai: »Unser Freund bittet Dich inständig, Makarow nicht zum Innenminister zu ernennen. Manche wünschen sich das, aber erinnere Dich an sein Verhalten bei der Affäre Heliodor und Hermogen. Nicht einmal mich hat er in Schutz genommen. Es wäre ein großer Irrtum, ihn zu ernennen. Morgen werde ich 44.« Am 16. Juni: »Ich vergaß, Dir zu sagen, daß unser Freund Dich bittet, den Straßenbahntarif in der Stadt nicht anzuheben... Teil es Sturmer in einer Deiner Botschaften mit.« Am 16. Juli: »Heute empfange ich um halb sechs Uhr Witte zum Rapport, und morgen Sturmer, mit dem ich ernsthaft über die neuen Minister reden muß. Welch ein Unglück, daß Du Makarow ernannt hast! Noch ein Mann, der Deiner kleinen alten Frau feindlich gesinnt ist. Das bringt kein Glück!« Am 22. September: »Ich schäme mich nicht mehr vor den Ministern... und ich fürchte sie auch nicht mehr, ich spreche mit ihnen Russisch, schnell wie ein Wasserfall. Und sie lachen aus Höflichkeit nicht über meine Fehler. Sie merken, daß ich energisch bin, Dir alles, was ich höre, weitersage und daß ich wie eine Mauer, eine sehr feste Mauer, hinter Dir stehe.« Zwei Tage später rät sie ihm, vom französischen Präsidenten Raymond Poincaré zu verlangen, daß er »den Freimaurer-General Maurice Sarrail« aus dem Balkan abberuft. »Dann wird sich alles beruhigen, jedenfalls ist das meine Meinung«, schreibt sie. Über die Duma schreibt sie am 30. Oktober: »Manche Erklärungen, die sie dort fabrizieren, sind wirklich ungeheuerlich... Es ist eine verdorbene Duma. Wenn sie weiterbesteht, muß man sie schließen. Wir haben Krieg und müssen Härte zeigen.« Am 10. November: »Du kannst Dir nicht vorstellen, wie mühsam das Leben hier ist, wieviel Prüfungen man bestehen muß, welcher Haß dieser verkommenen hohen Gesellschaft entströmt... Ach! Meine Seele, ich bete zu Gott, damit Du spürst, welche Hilfe unser Freund für uns ist. Wenn er nicht da wäre, wüßte ich nicht, was unser Schicksal wäre. Er rettet uns durch Gebete und weisen Rat. Er ist für uns ein Fels des Glaubens und der Rettung.« Am 13. Dezember: »Warum vertraust Du unserem Freund, der uns zu Gott führt, nicht noch mehr? Denk an die Motive, derentwegen man mich haßt: Das wird Dir zeigen, daß man hart sein und anderen Furcht einflößen muß. Verhalte Dich so, Du bist schließlich ein Mann! Gehorche ihm einfach noch mehr. Er lebt für Dich und für Rußland... Ich weiß, daß unser Freund uns auf den richtigen Weg führt, triff keine wichtige Entscheidung, ohne es mir vorher zu sagen... Vor allem nicht über diese verantwortlichen Minister. Seit Jahren erzählt man mir immer dasselbe: ›Die Russen lieben die Peitsche.‹ So ist ihre Natur nun mal: zärtliche Liebe und danach eine eiserne Hand, die züchtigt und lenkt.« Am nächsten Tag macht sie sich mit härteren Mitteln ans Werk, da sie fürchtet, Nikolaus mit ihren Argumenten nicht genügend erschüttert zu haben: »Unser lieber Freund hat Dich gebeten, die Duma aufzulösen... Sei doch Peter der Große, Iwan der Schreckliche, Zar Paul I., zertritt sie alle mit den Füßen. Lächele nicht, böser Junge: Ich möchte Dich so sehen... Du mußt auf mich hören, nicht auf Trepow. Verjage die Duma. Ich würde in Ruhe und ohne Gewissensbisse gegenüber Rußland Fürst Lwow nach Sibirien schicken, Samarin absetzen und auch noch Miljukow, Gutschkow und Poliwanow nach Sibirien schicken. Es herrscht Krieg, und in solchen Zeiten kommt Krieg im Inneren Verrat gleich... Denk daran, daß Monsieur Philippe sagte, daß es unmöglich wäre, Rußland eine Verfassung zu geben, daß es den Untergang des Landes bedeuten würde: Die wahren Russen sind derselben Meinung.«

Alles, was Alexandra Fjodorowna an ihren Mann schreibt,

flüstert ihr – wie sie ohne Scheu gesteht – Rasputin ein. Im übrigen sind die Ratschläge dieses durchtriebenen Muschiks recht vernünftig. Er weiß, was das Volk braucht, und warnt die Zarin und durch sie den Zaren vor allem, was das Elend der kleinen Leute verschlimmern könnte. »Der Hunger würde eher zu einer Revolution führen als eine Niederlage«, sagt er.[20] Und er schlägt vor, Züge und Schiffe in die Agrargebiete zu schicken, um die Versorgung der großen Städte zu sichern. Er verurteilt den Krieg, sagt jedoch zugleich, man müsse ihn bis zum Sieg fortführen, weil man geglaubt hat, ihn beginnen zu müssen. Seine kleinsten Hinweise werden von der Zarin gläubig ans Generalhauptquartier weitergegeben. Sie empfängt die Minister, diskutiert mit ihnen, macht sich Notizen und gibt in schneidendem Ton ihre Meinung kund. Hierbei denkt sie an das frühere Beispiel einer deutschen Prinzessin auf russischem Thron, an Katharina II., geborene Prinzessin von Anhalt-Zerbst. Rasputins Tochter Maria schreibt naiv: »Zarin Alexandra hatte ihren Mann an der Spitze der Regierung ersetzt. Ich war wie ihre beiden jüngsten Töchter verrückt vor Freude und Stolz, und wir versicherten ihr alle drei, daß ihre Herrschaft ruhmreicher sein würde als die Katharinas der Großen.«[21]

Die beiden anderen Großfürstinnen, Olga und Tatjana, fürchten, daß ihre Mutter sich zu sehr verausgabt. »Die Krankenhäuser sind schon eine schwere Aufgabe für sie«, sagen sie. »Die neue Verantwortung ist eine Bürde, die ihre Gesundheit gefährden könnte.«[22] Die Zarin ist weit davon entfernt, sich schwach zu fühlen, sie blüht in ihrer neuen Rolle auf. Ihre erste Sorge ist es, die Kabinettsmitglieder auszuschalten, die dem Zar abgeraten haben, das Oberkommando zu übernehmen. Die wenigen liberalen Minister, die Nikolaus später ernennt, erleiden dasselbe Schicksal: Die einen werden entlassen, die anderen legen ihr Amt nieder, weil ihr Herr sie nicht anerkennt. Ihre Nachfolger bleiben nur kurze Zeit auf ihren Posten. Der ständige Wechsel von Gesichtern, dieses Ministerballett verwirrt die öffentliche Meinung. Von einem Monat zum anderen weiß man nicht mehr, wer wofür zuständig ist. In einem einzigen Jahr, von Herbst 1915 bis zum Herbst 1916, folgen fünf Innenminister aufeinander, vier Agrarminister, drei Kriegsminister. Als

Sturmer dem erkrankten Goremykin im Amt des Premierministers folgt, schlägt die Unruhe in Unzufriedenheit, ja Empörung um. Manche werfen diesem früheren Mitarbeiter des Innenministers vor, ein unterwürfiger Höfling und Reaktionär zu sein. Andere finden es unzulässig, daß die Politik Rußlands, das sich im Krieg mit Deutschland befindet, von einem Mann gelenkt wird, der einen deutschen Namen hat.[23] In den Botschaften der Alliierten hält man ihn zu Unrecht für einen Defätisten. Während eines Abendessens hört Maurice Paléologue seine Tischnachbarin, eine russische Fürstin, seufzend sagen: »Zum erstenmal bin ich ganz und gar entmutigt. Seit dieser schreckliche Sturmer an der Regierung ist, habe ich keine Hoffnung mehr.« Als Maurice Paléologue darauf hinweist, daß Sasonow, der Außenminister, dafür sorge, daß der Patriotismus gewahrt bleibt, antwortet sie: »Aber wie lange wird er noch an der Macht bleiben? Sie wissen doch, daß die Zarin ihn haßt, weil er sich nie vor dem scheußlichen Schuft, der Rußland entehrt, verneigt. Ich nenne diesen Banditen nicht beim Namen: Ich kann ihn nicht aussprechen, ohne auszuspucken… Und der Zar? Ist es nicht klar ersichtlich, daß er für den Untergang Rußlands vorgesehen ist? Erstaunt seine Ungeschicklichkeit Sie nicht?… Und die Zarin? Kennen Sie in der antiken Tragödie eine finsterere, verfluchtere Kreatur? … Und der andere, der widerliche Bösewicht? Ist er nicht vom Schicksal gezeichnet? Wie erklären Sie, daß in einem solchen Augenblick der Geschichte diese drei bornierten und unbeständigen Wesen das Schicksal des größten Reiches der Welt in Händen haben?«

Um die verheerende Wirkung der Ernennung Sturmers einzudämmen, beschließt Nikolaus, am 22. Februar selbst bei der Eröffnungssitzung der Duma zu erscheinen. Im Taurischen Palais hat man einen Altar aufgebaut, in dem Saal, in dem Potemkin Katharina II. mit einem Fest zu ihren Ehren begeisterte. Die Abgeordneten stehen da, in dichter Reihe und mit ernstem Gesicht. Die der Rechten bedauern, daß der Kaiser, der Gesalbte des Herrn, glaubte, sich zu einem Besuch herablassen zu müssen. Die der Linken freuen sich über die Versöhnung zwischen den Gewählten des Volkes und der Macht. Dem Gottesdienst folgt Nikolaus, der Galauniform trägt, mit Hingabe. »Er ist sehr blaß, fast weiß«, schreibt Maurice Paléologue. »Sein Mund zieht sich andauernd zusammen, als versuche er zu schlucken. Mehr als zehnmal führt er, wie es seine Gewohnheit ist, die rechte Hand zum Kragen. Die linke Hand, in der er Handschuhe und Mütze hält, wirkt verkrampft.« Nach den Gebeten zieht sich der Klerus zurück, und Nikolaus spricht ein paar banale Worte: »Ich freue mich, unter Ihnen zu sein, inmitten meines Volkes, dessen Vertreter Sie sind, und ich erbitte Gottes Segen für Ihre Arbeit.« Während er redet, versagt ihm die Stimme. »Nach jedem Wort«, schreibt Maurice Paléologue, »machte er eine Pause, stockte er. Durch seine linke Hand geht ein fiebriges Zittern. Mit der rechten hält er sich nervös am Gürtel fest. Der Arme ist außer Atem, als er stotternd den letzten Satz hervorbringt.« Tönendes Hurra folgt auf die Ansprache. Der Dumapräsident Rodschanko antwortet Seiner Majestät. Erneuter Jubel. Dennoch sind die Abgeordneten enttäuscht. Sie hatten gehofft, der Zar würde die Gelegenheit ergreifen, endlich zu erklären, daß die Minister dem Parlament Rechenschaft schulden, eine Maßnahme, welche die Mehrheit seit Monaten vergeblich fordert.

Nikolaus schüttelt einigen Leuten die Hand, dann zieht er sich zurück und hinterläßt bei den Abgeordneten das bittere Gefühl, betrogen worden zu sein. Dieser Eindruck verstärkt sich noch, als Sturmer, der neue Premierminister, nach dem Rücktritt Sasonows auch noch das Außenministerium übernimmt. Von Problemen internationaler Politik versteht er nichts und ist unfähig, seinen Untergebenen sinnvolle Anweisungen zu geben. Auch die Berufung Protopopows ins Innenministerium als Nachfolger des auf Betreiben der Zarin in Ungnade gefallenen Chwostow sorgt für Verblüffung. Protopopow ist als Vizepräsident der Duma, in der er im linken Flügel der Oktobristenpartei sitzt, während des Krieges mit einer Delegation russischer Parlamentarier in westliche Länder gereist. Er besitzt große Ländereien und bedeutende Fabriken, ist aber fahrig und unkonzentriert, springt von einer Idee zur anderen, und manchmal hat man den Eindruck, als sei er dem Schwachsinn nahe. Rasputin jedoch protegiert ihn, die Zarin entdeckt große innere Werte an ihm, und der Zar gehorcht wie üblich.

Manchmal allerdings ist Nikolaus besorgt und überlegt, ob er diesen überspannten Mitarbeiter nicht besser ablösen soll. Dann bringt ihn die Zarin per Brief wieder zur Raison: »Nicht Protopopow ist verrückt, sondern seine nervenkranke Frau«, schreibt sie. Und weiter: »Gestern habe ich ein langes Gespräch mit ihm geführt. Er war bei bester Gesundheit. Er ist ruhig und gefaßt. Außerdem ist er uns unbedingt ergeben, was leider nicht so verbreitet ist! Es wäre ein Fehler, ihn in einer so ernsten Lage zu entlassen.«[24]

Protopopow verläßt, da er die Unterstützung der Zarin genießt, seine ehemaligen Freunde vom progressiven Block und stellt sich in den Dienst einer konservativen und autoritären Politik. Die Duma wird nur noch für kurze Sitzungen einberufen, auf denen sie in überhitzter Atmosphäre heftig die Regierung angreift. Der Abgeordnete Miljukow beschuldigt den Premierminister Sturmer des Amtsvergehens und benennt öffentlich die Camarilla, welche die Zarin berät. Nachdem er alle von der Regierung durchgeführten unpopulären Maßnahmen aufgezählt hat, ruft er aus: »Was ist das? Dummheit oder Verrat?« An diesem Tag wird die Veröffentlichung der Reden untersagt. Statt eines Berichts bieten die Zeitungen am folgenden Tag ihren Lesern auf der ersten Seite weißes Papier. Trotz der Zensur werden die Reden auf maschinegeschriebenen Blättern verbreitet, sogar an der Front. So erfährt bald die ganze Nation von den Verwünschungen, die von der Tribüne der Duma auf Minister und Zarenfamilie niedergegangen sind.

Da die Unzufriedenheit wächst, entschließt sich Nikolaus, Sturmer zu opfern. Diese Entscheidung versetzt die Zarin in Verzweiflung, sie habe »einen Kloß im Hals«, denn er sei doch »ein so ergebener, aufrichtiger und so sicherer Mann«. Auf dem Posten des Premierministers ersetzt ihn Alexander Trepow, der Bruder des verstorbenen Generals, und als Außenminister Nikolaus Pokrowski. Alexander Trepow besitzt als Angehöriger des engen Kreises höchster Beamter nicht das Vertrauen der Duma. Seine Reden werden mit Kälte aufgenommen, und die Abgeordneten der sozialistischen Linken unterbrechen ihn durch feindselige Zurufe. Von diesem Zank erfährt die ganze Nation, die sich immer weniger regiert fühlt. Die geknebelte

Presse erwähnt den Namen Rasputin nicht mehr, aber jedermann redet über ihn. Man erzählt sich seine Streiche von Mund zu Mund. Manche behaupten, die Zarin schlafe jede Nacht mit ihrem Helfer. Selbst in der Armee lästert man inzwischen. Die Soldaten sind es müde, sich töten zu lassen, ohne zu wissen warum und für wen, und diskutieren laut über ein Einstellen der Kämpfe. Ihrer Meinung nach hat Rußland nur den Krieg erklärt, um Frankreich einen Gefallen zu tun, das unfähig war, sich selber zu verteidigen. Sie haben keinen Respekt mehr für einen Zaren, der einen so blutigen Irrtum begangen hat. In ihrem tiefen Leid werfen sie ihm vor, nichts zu sein als ein liebender Ehemann und guter Vater, der in allem seiner deutschen Frau gehorcht, der seinen kleinen Sohn ins Hauptquartier kommen läßt, mit ihm spazierenfährt und die Truppenparade abnimmt. Unter den Offizieren ist die Ernüchterung noch größer. Alle haben erkannt, daß der Kaiser unfähig ist, das Oberkommando zu führen, und fürchten, daß sich Rasputin ständig in die militärischen Operationen einmischt. Die von Brussilow vorbereitete Offensive in Wolhynien wurde auf den Rat des Staretz plötzlich gestoppt. Dazu notiert General Gurko in sein Tagebuch: »Es steht außer Zweifel, daß die Offensive zu früh abgebrochen wurde und zwar auf Anordnung des Generalhauptquartiers unter einem Vorwand, über den man nicht offen sprechen durfte; bei unseren Alliierten wurden diese Gründe offen erörtert oder im Flüsterton verbreitet.« Sir Alfred Knox, der britische Militärattaché, schreibt: »Es läuft das Gerücht um, daß die russische Infanterie den Mut verloren hat und die Propaganda gegen den Krieg inzwischen selbst die Armee erreicht hat. Es überrascht nicht, daß die Soldaten entmutigt sind, nachdem man sie zur Schlachtbank geführt hat, siebenmal auf demselben Terrain, und jedesmal, wenn sie sich der Schützengräben bemächtigt hatten, konnten ihre Kanonen ihnen nicht helfen, sie zu halten.«[25]

Von Petrograd bis Moskau verbreitet sich in den Köpfen immer mehr die Vorstellung, daß dieser Krieg absurd, nutzlos und verbrecherisch ist. Manche wagen es sogar, im kleinen Kreis zu überlegen, ob nicht eine Abdankung notwendig sei, um Rußland zu retten. Schon kommt bei den einfachen Leuten das Gerücht auf, daß der Kaiser, dessen Versuche, den deutschen Vormarsch aufzuhalten, vergeblich waren und nur immer mehr russische Untertanen das Leben kosten, seit Beginn seiner Herrschaft vom bösen Schicksal verfolgt war. Er ist kein von Gott geliebter, sondern ein »verfluchter« Zar, heißt es.

Gegen Ende 1916 übersteigt die Zahl der zur Armee eingezogenen Männer 13 Millionen, die Zahl der Getöteten zwei Millionen, die der Kriegsversehrten viereinhalb Millionen. Keine russische Familie ist nicht betroffen. Die Offiziersränge mancher Einheiten mußten sechsmal neu besetzt werden. Der britische Botschafter in Rußland Sir George Buchanan ist über dieses Blutbad besorgt und sagt seufzend: »Ich hoffe, daß wir nicht zuviel von ihnen gefordert haben!« Wegen Mangels an Arbeitskräften in der Landwirtschaft kommt es zu erheblicher Nahrungsmittelknappheit. Bevölkerung und Truppe bekommen sie zu spüren. Die Schwierigkeiten, Verbindung zum Ausland zu halten, der Mangel an eigener Produktion und die Unordnung im Eisenbahnwesen führen zu einer Krise der Industrie. Es mangelt an Rohstoffen und Munition. Die Soldaten in den Schützengräben sind ausgehungert und tragen Lumpen; es fehlt ihnen an Munition; die Artillerie ist ohnmächtig. Die Lebensmittelpreise in den Städten steigen in schwindelerregende Höhen. In dieser Siutation von Tod und Elend erhält die revolutionäre Propaganda neuen Aufschwung. Die Streiks, die 1914 aufgehört hatten, beginnen schon 1915 wieder, und 1916 streiken eine Million Arbeiter. In Nikolaus' unmittelbarer Umgebung bitten viele, die das Unwetter voraussehen, Seine Majestät inständig, den Wünschen seines Landes entgegen zu kommen, auf die gemäßigten Dumaabgeordneten zu hören, sich den okkulten Einflüssen, denen er unterliegt, zu entziehen und endlich Rasputin den Laufpaß zu geben. Vergebliche Mühe. Als gehorsamer Ehemann stürzt der Zar lieber sein Land ins Unglück, als seiner Frau zu widersprechen. Als der Schloßkommandant General Wojeikow es sich erlaubt, ihm zu sagen, daß Rasputin wegen der wiederholten Skandale unwürdig sei, bei Hofe empfangen zu werden, antwortet Nikolaus ihm trocken: »Wir können empfangen, wen wir wollen.« In einer Botschaft an den Zaren bittet Großfürst Nikolaus Michailowitsch diesen zu akzeptieren, daß die Minister der gesetzgebenden Versammlung Rechenschaft schulden müssen, und warnt ihn vor der Einflußnahme des Gottesmannes auf öffentliche Angelegenheiten: »Wenn es schon nicht in Deiner Macht steht, Deine geliebte, aber irregeleitete Gattin seinem Einfluß zu entziehen, dann solltest Du Dich wenigstens selbst vor den ständigen Eingriffen hüten, die er mit ihrer Hilfe vornimmt.«

Solche Mahnungen ändern die Meinung des Zaren keineswegs, sie führen nur dazu, ihn gegen alle, die seine Ruhe stören, aufzubringen. Seine persönlichen Freunde und engsten Mitarbeiter werden einer nach dem anderen fortgeschickt, weil sie es wagen, die Heiligkeit Rasputins anzuzweifeln. Bald ist er nur noch von liebedienerischen, apathischen Leuten umgeben, die vor ihm katzbuckeln. Die Liebe zu seiner Gemahlin trübt seine Sinne, er ist unfähig, dieser autoritären und verirrten Frau zu widersprechen. Er weiß nicht, wie er sich verhalten soll, und greift von Zeit zu Zeit auf seine Methode des passiven Widerstands zurück. Er trifft selbst keine Entscheidungen und hält dies für Gottvertrauen.

Er ist von solcher Gelassenheit, daß er trotz der gravierenden Ereignisse Vergnügen daran findet, Schnee zu schaufeln, sich einen Film anzuschauen oder mit Tränen in den Augen sentimentale Bücher zu lesen. »Vom Morgen bis zum Abend gelesen«, schreibt er seiner Frau. »Heute eine reizende Geschichte, ›Der kleine blaue Knabe‹. Ich finde sie sehr schön, und Dimitri[26] mag sie auch. Ich mußte mehrfach zum Taschentuch greifen.« Mitten im schlimmsten Krieg greift also das Oberhaupt einer dem Untergang geweihten Armee zum Taschentuch, weil es den »Kleinen blauen Knaben« liest. In dieser naiven Bemerkung kommt Nikolaus' Wesen zum Ausdruck. Was immer geschieht, er geht einen friedlichen, von kleinen Freuden gesäumten Weg. »Wunderbares Wetter, eher kühl«, schreibt er am 4. April 1916 aus der Stawka. »Da ich viel gelesen habe, lege ich jetzt eine kleine Patience.« Und weiter: »Wegen der Wärme machen wir lange Ausfahrten im Auto, gehen aber wenig zu Fuß. Wir haben mit Hilfe einer Karte neue Wege entdeckt und durchstreifen so die nähere Umgebung. Manchmal verirren wir uns, weil die Karten schon 18 Jahre alt sind. Inzwischen sind neue Straßen gebaut und neue Häuser errichtet worden, einige Wälder sind verschwunden. Deswegen stimmt die Karte nicht mehr.« Die Deutschen haben Karten, die auf dem neuesten Stand sind, und so verirren sie sich niemals bei ihren taktischen Manövern. Nikolaus ist nicht einmal erstaunt, daß der Feind die Topographie seines Landes besser kennt als er selbst. Er glaubt, Schlachten gewinne man nicht mit Karten, sondern mit Ikonen. Gott steht hinter Rußland. Darin bestärkt ihn die Kirche, und die muß recht haben.

Mittlerweile sind in Petrograd und Moskau Gerüchte in Umlauf, die Zarin favorisiere die Deutschen. Wenn ihre Aufgabe als »Regentin« es zuläßt, begibt sie sich noch in das Lazarett im Palais. Die Dankbarkeit der Verwundeten ist einer höflichen Feindseligkeit gewichen. Man bemüht sich, ihr zuzulächeln, nennt sie aber hinter ihrem Rücken *njemka*, Deutsche. Sie ist sich bewußt, daß sie an Beliebtheit verloren hat, und erträgt es schweigend wie eine schwere Prüfung, die Gott ihr auferlegt hat.

In Wahrheit steht Alexandra Fjodorowona, obwohl sie von Geburt Deutsche ist, ihrem Heimatland und dem Kaiser äußerst feindlich gegenüber. Als Enkelin Königin Viktorias ist sie von ihrer britischen Erziehung geprägt, und sie liebt Rußland. Ihr Patriotismus ist so groß, daß sie sich ein Ende des Krieges erst nach der völligen Vernichtung Preußens vorstellen kann. Auch wenn sie nur schlecht Russisch spricht, ihre Briefe auf englisch schreibt und das Land, das sie regiert, kaum kennt, fühlt sie sich doch durch und durch als Slawin und Orthodoxe. Es ist absurd zu behaupten, sie sei Oberhaupt einer »deutschen Partei« am Hof. Sie ist nicht für die Deutschen, sie ist reaktionär und wünscht sich nur eines: ihrem Sohn den Thron unversehrt zu übergeben. Deshalb ist es nur logisch, daß sie vom Zar verlangt, als Minister nicht fähige, sondern energische Männer auszuwählen, auf die man zählen kann, um die Errungenschaften der Monarchie zu retten. Die Würdenträger in der Umgebung des Zaren, die deutsche Namen tragen, können ebensowenig des Verrats verdächtigt werden. Ob sie Fredericks, Korff, Stackelberg, Grunwald oder Benckendorff heißen, sie sind seit mehreren Generationen Russen. Ganz anders liegt der Fall bei Rasputin. Die öffentliche Meinung beschuldigt ihn, ein von Deutschland bezahlter Defätist zu sein. Und durch die von ihm hervorgerufenen Skandale, durch den Schatten, den er auf das Herrscherpaar wirft, trägt er tatsächlich zur Zerstörung Rußlands bei, das schon mit einem äußeren Feind zu tun hat, der es vernichten will. Er hat großes Mitgefühl für das Leid der Muschiks, hütet sich jedoch, Nikolaus zu einem Separatfrieden zu raten. Wenn er verlangt, über die militärischen Operationen unterrichtet zu werden, dann nicht, um diese Informationen dem deutschen Generalstab weiterzugeben, sondern um seine gottinspirierte Meinung über die beste Strategie zu äußern. Er glaubt aufrichtig daran, von Gott inspiriert zu sein. Und die Zarin badet sich voller Ekstase im Schein dieses himmlischen Lichts. Nikolaus ist mehr und mehr entschlossen, nichts zu entscheiden. Rußland wird zu einer Autokratie ohne Autokraten. Die Monarchisten sind erschrocken über den schwindelerregenden Sturz ins Chaos und verdammen den Herrscher gemeinsam mit den Sozialisten. Die Adelsvereinigung protestiert feierlich gegen die »finsteren Mächte hinter dem Thron«. Die Union der Semstwos beklagt sich über »sinnlose und Zwietracht stiftende Handlungen der Regierung, die den Zerfall des Staates beschleunigen«. In der Duma ruft der rechte Abgeordnete Purischkewitsch, ein glühender Verteidiger des Zaren, aus: »All dieses Übel stammt von den geheimnisvollen und unberechenbaren Mächten, die Grischka[27] Rasputin lenkt.« Dem Namen des verfluchten Staretz fügt er die Protopopows, Fürst Andronnikows und einiger anderer von der Zarin protegierter Intriganten hinzu. Er beschwört die Minister, nicht an ihre Karriere zu denken, sondern sich allein ihrer Pflicht als Patrioten zuzuwenden. Er fordert sie auf, ins Generalhauptquartier zu fahren, »um sich dem Zaren zu Füßen zu werfen und ihm die Augen über die schreckliche Wirklichkeit zu öffnen«.

Auf der Zuschauergalerie lauscht der junge Fürst Felix Jussupow begeistert dieser Rede. Er ist 29 Jahre alt und stammt aus einer der nobelsten und reichsten Familien des Landes. Er ist von lebhafter Intelligenz und liebt die Künste, er gibt sich als raffinierter Ästhet, fühlt sich angezogen vom Bild des Lasters und des Todes. Er ist schmächtig, hat einen sanften Blick, verkleidet sich gerne als Frau und lehnt auch Opium nicht ab. Er schätzt die Gegenwart leichtlebiger Männer und heiratet schließlich, ohne jedoch seine Neigungen aufzugeben. Seine Verbindung mit einer Nichte des Zaren, der Fürstin Irene, und seine Freundschaft mit Großfürst Dimitri Pawlowitsch, Nikolaus' Lieblingsvetter, bringen ihn dem Thron noch näher. Er leidet seit langem darunter, daß die Zarenfamilie durch Rasputin verhext und beschmutzt wird. Ihn treibt eine fixe Idee: Er will den infamen Betrüger umbringen, der Rußland in den Untergang führt. Er lernt den Staretz kennen, schmeichelt sich bei ihm ein, bittet ihn sogar, ihn zu hypnotisieren. In der Zwischenzeit treibt er seinen Plan voran und sucht Mittäter. Nach zahlreichen Zusammenkünften bildet sich eine kleine Gruppe, welcher der Abgeordnete der Rechten Purischkewitsch, Großfürst Dmitrij Pawlowitsch, der Gardekavalier Suchotin und Doktor Lazovert angehören. Letzterer verspricht, das Gift zu besorgen.

In der Nacht vom 16. auf den 17. Dezember gelingt es Felix Jussupow, Rasputin in sein Palais zu locken, indem er ihm ein paar vergnügte Stunden verspricht. Er behauptet, seine Frau empfange Gäste in der ersten Etage und führt ihn in ein Zimmer im Untergeschloß, in dem er ihm Kuchen und Madeira anbietet, die vorher mit Zyankali versetzt worden sind. Der Staretz ißt und trinkt und zeigt nicht das geringste Anzeichen von Unwohlsein. Im Gegenteil, er schlägt seinem Gastgeber vor, den Rest des Abends bei den Zigeunern zu verbringen. Felix Jussopow ist am Ende seiner Nerven, greift zur Pistole und schießt auf seinen Gast, der ein wildes Brüllen ausstößt und zusammenbricht. Als sie den Knall hören, eilen Purischkewitsch, Großfürst Dimitri, Suchotin und Lazovert, die sich in der ersten Etage versteckt hatten, die Treppe hinunter. Die Angelegenheit scheint geregelt. Rasputin jedoch steht wieder auf und flieht im Stolperschritt durch den verschneiten Garten. Man hört ihn sagen: »Felix, Felix, das erzähle ich alles der Zarin!« Daraufhin springt Purischkewitsch ihm nach und schießt zweimal. Rasputin läuft weiter auf das Parkgitter zu. Ein weiterer Schuß. Der Staretz wird in den Rücken getroffen und stürzt zu Boden. Eine vierte Kugel zerschmettert ihm den Schädel. Purischkewitsch ruft zwei Soldaten herbei, die gerade vorbeikommen und die

Schüsse gehört haben müssen. Er erklärt ruhig: »Ich habe Grischka Rasputin, den Feind Rußlands und des Zaren, getötet!« Die beiden Männer umarmen ihn und rufen: »Gott sei gelobt! Endlich ist es vollbracht!« Sie helfen ihm, den Körper in die Vorhalle des Palais zu tragen. Purischkewitsch berichtet später: »Er röchelte, sein rechtes Auge war offen und fixierte mich, stumm aber schrecklich.« Erleichterten Herzens übergibt sich Felix Jussupow in ein Waschbecken. Dann ergreifen ihn Wut und Entsetzen, er stürzt sich auf den Körper des Sterbenden und verprügelt ihn mit einem Gumminknüppel. »In diesem Augenblick kannte ich weder göttliches noch Menschenrecht«, schreibt er später. »Vergeblich versuchten sie, mich diesem Zustand zu entreißen. Als es ihnen gelang, war ich ohne Bewußtsein.«[28]

Nun besteht kein Zweifel mehr: Rasputin ist wirklich tot. Großfürst Dimitri, Suchotin, Doktor Lazovert und Purischkewitsch wickeln ihn in ein festes Leintuch, laden ihn auf einen Wagen und fahren zur Insel Petrowski. Hier werfen sie ihn mitten in der Nacht von der Brücke herab in die Kleine Newa, die zum Teil zugefroren ist. In der Eile haben sie vergessen, die Leiche zu beschweren.

Das Ende einer Herrschaft

In der Stadt zirkuliert das Gerücht, Rasputin hätte am Vorabend sein Haus verlassen, aber niemand wisse, was aus ihm geworden sei. Manche glauben, ihr langgehegter Wunsch sei in Erfüllung gegangen, und behaupten, er sei in eine Falle gelockt worden und umgekommen. Andere sagen, dies sei nicht wahr. Charles de Chambrun, erster Sekretär an der französischen Botschaft, ißt im Yacht-Club zu Abend und beobachtet Großfüst Dimitri Pawlowitsch. »Er war weiß wie das Tischtuch«, schreibt er. »An seinen blutunterlaufenen Augen bemerkte man, wie unruhig er war. Ich setzte mich neben ihn und hatte den Eindruck, daß die Hand, die er mir mit der Andeutung eines Lächelns reichte, an dem Drama mitgewirkt hatte. Ein unbeschreibliches Gefühl.« Als Charles de Chambrun ihn fragt, ob er glaube, daß Rasputin tot sei, sagt der Großfürst im Flüsterton: »Ja, das glaube ich.« Als Felix Jussupow von der Polizei zu den Schüssen im Garten seines Palais' befragt wird, antwortet er, betrunkene Passanten hätten auf einen seiner Wachhunde geschossen. Diese Version stellt niemanden zufrieden, und die Untersuchungen beginnen. Zarin Alexandra und Anna Wyrubowa fürchten das Schlimmste und geben sich theatralischer Verzweiflung hin. Ihre Klagen überraschen die Dienerschaft. »Welche Angst!« schreibt Anna Wyrubowa am Abend in ihr Tagebuch, »Ich kann nicht ruhig sitzen bleiben. Mama[1] hat sich noch ein wenig Hoffnung bewahrt. Aber meine Seele ist leer... Herr, rette ihn für uns, für Rußland, für die heilige Kirche!«

Die Zarin, die noch wenig über die Angelegenheit weiß, schreibt ihrem Mann ins Generalhauptquartier von Mohilew: »Wir sind alle hier versammelt. Kannst Du Dir vorstellen, was wir fühlen und denken? Unser Freund ist verschwunden... Heute nacht ereignete sich bei Jussupow ein Riesenskandal, eine wichtige Versammlung: Dimitri, Purischkewitsch usw., alle

269

betrunken. Die Polizei hat Schüsse gehört. Purischkewitsch kam heraus und rief der Polizei zu, unser Freund sei getötet worden. Polizei und Richter sind gerade bei Jussupow... Ich hoffe noch auf Gottes Erbarmen. Vielleicht haben sie ihn nur irgendwo hingebracht. Ich bitte Dich, Wojeikow hierherzuschikken[2]; wir sind zwei Frauen mit schwachem Verstand. Ich behalte Anna (Wyrubowa) hier, denn jetzt werden sie sich auf sie stürzen. Ich kann nicht glauben, ich will nicht glauben, daß er getötet wurde. Gott habe Mitleid mit uns! Welche unerträgliche Angst! (Ich bin ruhig, ich kann es einfach nicht glauben!)«

Stunden vergehen, und die düstere Vorahnung der beiden Frauen wird allmählich zur Gewißheit. »Er wurde umgebracht«, schreibt Anna Wyrubowa. »Unter Mitwirkung von Dimitri Pawlowitsch, das ist gewiß... Und auch dem Mann von Irene (Fürst Felix Jussupow)... Die Leiche wurde nicht gefunden... Die Leiche; mein Gott, die Leiche!... Schrecken! Schrecken! Schrekken!« Und weiter: »Christus wurde von seinen Feinden gekreuzigt... Er ist nicht mehr. O je, er ist nicht mehr! Wie können diese Mörder nur leben?... Mama fiel mir in die Arme, blaß wie ein Blatt Papier. Sie weinte nicht; sie zitterte am ganzen Körper. Ich war wahnsinnig vor Kummer und versuchte sie zu beruhigen. Ich hatte solche Angst. Meine Seele war von Entsetzen gepackt. Ich glaubte, Mama würde entweder sterben oder den Verstand verlieren.«

Bald aber erholt sich die Zarin wieder, nimmt ein Kreuz aus der Schublade, das ihr der Staretz geschenkt hat, küßt es und erklärt ihrer Freundin: »Weine nicht, ich fühle, daß ein Teil der Kraft des Verstorbenen auf mich übergegangen ist. Siehst du, ich bin die starke und mächtige Zarin. Oh! Ich werde es ihnen zeigen.« Dann hängt sie sich Rasputins Kreuz um. Später sagt sie: »Wenn es nicht diesen brennenden Kampf gäbe, würde ich unter der Last des Schreckens, die mir der Verlust desjenigen bereitet, durch den ich lebte, zusammenbrechen. Aber heute lebe ich nur für diesen Kampf: Ich weiß, daß ich dazu bestimmt bin, Rußland zu retten.«

Schon sind die Namen der Mörder in aller Munde: Felix Jussupow, Großfürst Dimitri Pawlowitsch, Purischkewitsch. »Nun, Herr Botschafter, wir sind wohl in die Zeiten der Borgia zurückgekehrt!« sagt ein italienischer Botschaftsrat zu Maurice Paléologue. Die Polizei setzt ihre Nachforschungen fort, findet auf der Brüstung der Petrowski-Brücke Blutspuren, klopft das Eis der Kleinen Newa auf und fischt die Leiche heraus. Im Schloß ist man verblüfft und verzweifelt. Im Volk kommt lauter Jubel auf. In den Salons gratuliert man sich, küßt einander auf der Straße, steckt Kerzen in der Kasan-Kathedrale an. Als bekannt wird, daß Großfürst Dimitri Pawlowitsch zu den Mördern gehört, versammeln sich die Gläubigen vor den Ikonen des heiligen Dimitri. »Der Mord an Gregor (Rasputin) ist der einzige Gesprächsstoff unter den Frauen, die in Wind und Kälte vor den Türen der Metzgereien und Lebensmittelläden Schlange stehen, um Tee, Fleisch, Zucker und anderes zu bekommen«, schreibt Maurice Paléologue. »Sie erzählen einander, Rasputin sei lebend in die Kleine Newa geworfen worden und bekräftigen dies mit russischem Sprichwort: »*Sobakje, sobatschja smerte!* Einem Hund gebührt der Tod eines Hundes!« Eine andere Version im Volk lautet: ›Als er ins Eis geworfen wurde, atmete Rasputin noch. Das ist sehr wichtig, denn so kann er niemals zum Heiligen werden.‹ Die Russen glauben tatsächlich, daß Ertrunkene nicht heiliggesprochen werden können.«

Auf dem Land sind die Reaktionen zurückhaltender und verworrener. Manche Bauern beklagen, daß die Herren »den einzigen Muschik, der dem Thron nahe gekommen ist« ermordet haben. In der Armee zeigt sich die Genugtuung in aller Offenheit. »Alle reden von der Ermordung Rasputins«, schreibt General Janin, Chef der französischen Militärmission an der Stawka. »Die Nachricht hat im Kreis der Offiziere unbändige, laute Freude ausgelöst: eine gewonnene Schlacht mit hunderttausend Gefangenen hätte sie nicht in größere Erregung versetzen können.«[3]

Der Zar ist erschrocken, aber auch erleichtert. Als er mit seinem Onkel, Großfürst Paul Alexandrowitsch, in Mohilew Tee trinkt, sagt er ihm kein Wort von der Ermordung, von der ihm in allen Details berichtet worden ist. Sein Gesprächspartner ist überrascht von der frohen, beinahe glückseligen Ausstrahlung seiner Majestät, ohne zu begreifen, woher sie rührt. »Später«, schreibt Fürstin Paley, »erklärte sich Großfürst Paul die gelassene Haltung des Zaren mit der inneren Freude, die er darüber empfand, endlich Rasputin losgeworden zu sein. Er liebte seine Frau zu sehr, um entgegen ihren Wünschen zu handeln, deshalb war der Zar froh, daß ihn das Schicksal von dem Alptraum befreite, der so schwer auf ihm lastete.«[4] Kaum hat Nikolaus jedoch die im Trauerton gehaltene Weisung seiner Gemahlin erhalten, da verläßt er das Generalhauptquartier und besteigt den Zug nach Zarskoje Selo.

Rasputins Leiche wird, nachdem man sie aus dem Eis gezogen hat, von der Polizei genau untersucht, danach von Ärzten, dann wird sie gewaschen, einbalsamiert und in einen Eichensarg gelegt. Auf der Brust des Toten liegt eine Ikone, in deren Rückseite die Zarin und ihre vier Töchter ihre Unterschriften geritzt haben. Nur die engen Freunde des Verstorbenen nehmen an den Trauerfeierlichkeiten teil. Nikolaus begibt sich gleich nach seiner Ankunft zur Beerdigung des Staretz der auf einem Stück Land am Rande des kaiserlichen Parks, das Anna Wyrubowa gehört, bestattet wird. Die Zarin ist blaß und unsicher auf den Beinen. Sie legt ein Gesteck aus weißen Blumen nieder und wirft die erste Schaufel Erde ins Grab. Sie verspricht, an diesem Ort eine Kapelle und ein Krankenhaus zu errichten. Manche behaupten, sie hätte das blutige Hemd des Magiers als Reliquie aufbewahrt.

Im Augenblick denkt sie in erster Linie an Sühne und einen Gegenschlag. Aber die Schuldigen haben eine so hohe Stellung, daß es schwierig ist, sie zu treffen, ohne die monarchische Ordnung zu erschüttern. Großfürst Dimitri Pawlowitsch untersteht nicht den Gesetzen des Reiches, sondern allein dem Zar. Und Nikolaus kann sich trotz des Drängens seiner Frau nicht entschließen, seinen Vetter, den er innig liebt, zu vernichten. So begnügt er sich damit, ihn nach Persien zu schicken und ihn später dem Generalstab der kämpfenden Truppe zuzustellen. Purischkewitsch genießt als oberster Führer der Rechten ein solches Ansehen in den reaktionären Kreisen des Landes, daß der Zar ihn, um seine treuesten Anhänger nicht zu verstimmen, lediglich auffordert, Petrograd zu verlassen und ins Exil zu gehen. Felix Jussupow erhält nach einem Verhör durch Ministerpräsident Alexander Trepow Anweisung, sich auf sein Gut im Gouvernement Kursk zurückzuziehen.

Damit ist der Alptraum jedoch nicht zu Ende. Seit Rasputin nicht mehr da ist, scheinen Zar und Zarin verletzlicher denn je. Sinaida Hippius schreibt zu Beginn des Jahres 1917 in ihr Tagebuch: »Ich denke nicht einmal mehr an die Ermordung des Säufers Grischka in dem Schloß. Ob sie nun stattgefunden hat oder nicht, das ist nur für Purischkewitsch von Bedeutung. Viel wichtiger ist, daß Rußland nicht bis zum Ende des Krieges weiter vor sich hindämmern kann. In einem oder zwei Jahren wird etwas passieren!« In Nikolaus' Umgebung werden immer dringlichere Stimmen laut, die ihm raten, sich nicht in seiner feindlichen Haltung gegenüber den Abgeordneten des Landes zu versteifen. Sein Schwager und Jugendfreund Großfürst Alexander Michailowitsch schreibt ihm einen langen Brief, um ihm die Augen über die Gefahren zu öffnen, die Rußland in dieser Zeit materiellen und moralischen Zerfalls drohen. »Geheimnisvolle Kräfte führen Dich mit Deinem Land unvermeidlich ins Verderben«, schreibt er ihm. »Die letzten Ernennungen beweisen, daß Du entschlossen bist, eine Innenpolitik zu betreiben, die den Wünschen aller loyalen Untertanen zuwiderläuft… Ich sehe keinen anderen Ausweg für Dich, als Deine Minister unter Leuten auszusuchen, die das Vertrauen der Nation genießen.«[5] Auch Maurice Paléologue ist höchst erregt, begibt sich zum Zaren und versucht, ihn seinerseits aus seinem Dämmerschlaf zu reißen. »Ich würde dem Vertrauen, das Sie mir immer entgegengebracht haben, nicht gerecht, wenn ich Ihnen nicht gestehen würde, daß alle Symptome, die mich seit einigen Wochen erschrecken, die Verwirrung der besten Köpfe, die Angst der treuesten Untertanen mich im Hinblick auf die Zukunft Rußlands zutiefst beunruhigen.« Mit tonloser Stimme antwortet Nikolaus nur: »Ich weiß, daß man sich in den Salons von Petrograd mächtig aufregt.« Er wirkt müde, erschöpft, verbittert. Zu Hause schreibt Maurice Paléologue gleich seine Eindrücke nieder: »Die Worte des Kaisers, sein Schweigen, seine Zurückhaltung, sein ernster und angespannter Gesichtsausdruck, sein in die Ferne gerichteter, unerreichbarer Blick, die Enge seines Denkens, alles Vage und Rätselhafte seiner Person bestärken in mir einen Gedanken, der mich schon seit einigen Monaten beschäftigt: Nikolaus II. fühlt sich von den Ereignissen überwältigt und dominiert, er glaubt weder an seine Sendung noch an sein Werk und hat sozusagen innerlich bereits abgedankt, er hat sich mit der Katastrophe abgefunden und ist zum Opfer bereit.« Nach Maurice Paléologue wendet sich der britische Botschafter, Sir George Buchanan, dem eine Audienz gewährt worden ist, an Nikolaus und bittet ihn, sein Verhalten nach den Erfordernissen des Landes zu richten. Der Zar hört ihm starr und voller Mißmut zu. Als ihn der englische Diplomat beschwört, »die Barriere, die (ihn) von (seinem) Volk trennt, niederzulegen und sein Vertrauen wiederzugewinnen«, runzelt er die Stirn und antwortet: »Wollen Sie sagen, ich müsse das Vertrauen meines Volkes gewinnen, oder soll es das meine gewinnen?« Bevor sich George Buchanan zurückzieht, ruft er ihm eine letzte Warnung zu: »Eure Majestät muß sich darüber im klaren sein, daß Volk und Armee eins sind und im Fall einer Revolution nur ein kleiner Teil der Armee bereit wäre, die Dynastie zu verteidigen.«[6]

Der Dumapräsident Rodschanko breitet, als Nikolaus ihn zu sich ruft, vor ihm ein erschreckendes Bild vom russischen Niedergang aus. »Zu unserer großen Schande herrscht überall Unordnung«, sagt er. »Das Volk hat erkannt, daß Sie alle Regierungsmitglieder, in die das Volk Vertrauen besaß, vertrieben und sie durch unwürdige und unfähige Männer ersetzt haben. Am Anfang hat der ständige Austausch von Ministern bei den Beamten Verwirrung ausgelöst, aber jetzt ist es ihnen vollkommen gleichgültig… Als sei es geplant, ist alles getan worden, um Rußland zu schaden und seine Feinde zu begünstigen. Daß überall haarsträubende Gerüchte von Verrat und Spionage hinter den Linien im Umlauf sind, überrascht keineswegs. Sire, in Ihrer Umgebung gibt es auch nicht einen ehrlichen und zuverlässigen Mann; die besten wurden vertrieben oder sind zurückgetreten, jetzt bleiben nur noch die, deren Ruf geschädigt ist. Jedermann weiß, daß die Zarin Befehle erteilt, ohne Sie darüber zu informieren, daß die Minister sich in Staatsangelegenheiten an sie wenden und daß je nach ihrem Wunsch, die, welche ihre Gunst nicht genießen, ihre Stellung verlieren und durch unfähige und unerfahrene Leute ersetzt werden. Haß und Empörung gegen die Zarin wachsen im ganzen Land… Um Ihre Familie zu retten, müßte Eure Majestät einen Weg finden, die Zarin daran zu hindern, Einfluß auf die Politik zu nehmen ... Das Volk wendet sich von seinem Kaiser ab, weil es spürt, daß nach soviel Leid, soviel vergossenem Blut neue Prüfungen bevorstehen.« Als Rodschanko zu sprechen aufhört, nimmt Nikolaus den Kopf in beide Hände und sagt leise: »Ich habe 22 Jahre lang versucht, mein Bestes zu tun. Ist es möglich, daß ich mich 22 Jahre lang geirrt habe?« Er ist zugleich irritiert und betroffen. »Ja, Eure Majestät«, antwortet Rodschanko. »22 Jahre lang sind Sie einen irrigen Weg gegangen.«

Dieser neue Appell an die Vernunft ändert das Verhalten des Monarchen nicht im geringsten. Es scheint, daß er einer Art Fluch gehorcht, der ihn dazu verleitet, zu enttäuschen und zu mißfallen. Am 19. Januar 1917 empfängt er den Grafen Kokowzow. Der ehemalige Premierminister erkennt in diesem hohlwangigen Mann mit den erschlafften Zügen und den erloschenen Augen, deren Blick flüchtig von einem Gegenstand zum andern gleitet, seinen Herrscher kaum wieder. Nikolaus fordert ihn nicht auf, Platz zu nehmen. Eine Tür die zur Toilette führt, steht einen Spaltbreit offen. Kokowzow hat den Eindruck, daß jemand – wahrscheinlich die Zarin – ihr Gespräch belauscht. Er ist wegen der Gesundheit des Zaren beunruhigt und ruft aus: »Sire, was haben Sie? Sie müssen ernsthaft krank sein!« Mit einem gezwungenen Lächeln versichert Nikolaus ihm, es gehe ihm gut, allerdings fehle es ihm an körperlicher Betätigung, und er habe eine schlechte Nacht verbracht. Danach bittet ihn Kokowzow um Anweisungen zu einer ihm übertragenen Arbeit. Der Zar wirkt abgestumpft und zögert mit der Antwort. Er hat sichtlich Mühe, seine Gedanken zu sammeln. Nach Aussagen Kokowzows spielte »ein fast unbewußtes Lächeln ohne jeden Ausdruck, ein gewissermaßen krankhaftes Lächeln« auf seinen Lippen. Nach langem Schweigen sagt Nikolaus leise: »Ich muß noch ein wenig nachdenken... Ich werde Ihnen bald schreiben...« Dann begleitet er seinen Besucher an die Tür. Kokowzow hält, als er geht, mit Mühe die Tränen zurück. Er hat den Eindruck, daß sein geliebter Kaiser unfähig ist zu begreifen, was um ihn herum vorgeht, daß er gleichsam von der Außenwelt abgeschnitten ist.

Dennoch muß es der Zar gelegentlich auf sich nehmen, sich

gerade aufzurichten, und mit vorgewölbter Brust so zu tun, als regiere er noch. Charles de Chambrun nimmt zu Jahresbeginn an einem Empfang in Zarskoje Selo teil und berichtet: »Der Kaiser erschien in einer einfachen kosakengrauen Tscherkesse[8], seine Züge aufgedunsen, sein Gesicht müde, aber gütig wie immer, stellte er banale Fragen, ohne sich sonderlich für die Antworten zu interessieren... Der Hof schien besorgt. Graf Fredericks, durch seine Orden einigermaßen ansehnlich, stützte sich auf einen mit blauen Bändern verzierten Stock; Baron Korff, der große Zeremonienmeister, war im Gesicht rot wie eine Tomate; die hohen Würdenträger, die aufgereiht an der Wand standen, wirkten, als hätte Cocteau sie erfunden. Die Lakaien, die von Goldschnüren glänzten, sprachen miteinander ohne die geringste Scham. Was für ein Kontrast zu der unbewegten Haltung, dem hervorragenden Benehmen, dem *bon chic* der letzten Woche! Irgend etwas in der Maschine ist verbogen, keines der Getriebe funktioniert noch richtig, nicht einmal mehr die Dienerschaft des Schlosses. In einer hierarchischen Gesellschaft hängt alles zusammen, stützt sich gegenseitig... Bevor er diesen goldenen Saal verließ, in dem er soeben die Rolle eines Statisten gespielt hatte, wandte sich der Zar, als er die Schwelle überschritt, mit strengem Blick und verkrampfter Hand den Umstehenden zu. O je! In dieser herausfordernden Haltung ließ er eher an einen Automaten denken, der sich selbst aufzieht, als an einen Autokraten, der bereit ist, Widerstände zu brechen.«[8]

Angesichts des Niedergangs der seelischen und körperlichen Gesundheit des Zaren, der niemandem entgeht, tuschelt man bereits, er ließe sich von dem tibetischen Heiler Badmajew, einem Freund Rasputins, Drogen verabreichen. Andere behaupten dagegen, er sei dem Trunk verfallen, die Tatsachen sprechen allerdings nicht dafür. Seine Schwäche hat ihren Grund in politischen und familiären Umständen. Trotz seiner außerordentlichen Selbstbeherrschung kann er sich vor den Plagen, die ihm die Zarin und die beleibte Anna Wyrubowa bereiten, kaum schützen. Beide sind vom Ungeist Rasputins beseelt. Er leidet unter Migräne, Schwindel und Schmerzen in der Herzgegend. Am 26. Februar 1917 schreibt er seiner Frau: »Heute morgen habe ich während des Gottesdienstes einen schlimmen Schmerz in der Mitte der Brust verspürt. Meine Stirn war schweißbedeckt, und ich konnte nur mit Mühe aufrecht stehen... Danach hatte ich Herzklopfen, das sich erst beruhigte, nachdem ich mich vor das Bild der Jungfrau gekniet hatte.«

Zu viele verschiedene Probleme stürzen auf ihn ein, die sofortige Lösungen verlangen. Er ist erschöpft, weil er immer Stärke vortäuschen muß, und so läßt er sich mit der Strömung treiben. Seine mangelnde Willenskraft schlägt sich in immer größerer Konfusion bei der Leitung der Regierungsgeschäfte nieder. Aus heiterem Himmel wird Premierminister Alexander Trepow entlassen: Die Zarin wirft ihm vor, früher einmal versucht zu haben, Rasputin aus der Hauptstadt zu entfernen, und ihm als Entschädigung 200 000 Rubel angeboten zu haben. Um Alexander Trepow zu ersetzen, gibt es für sie nur einen wirklich loyalen und zuverlässigen Mann: den alten Fürst Nikolaus Golizyn, der sich um die von ihr gegründeten Sozialwerke für Kriegsgefangene kümmert. Daß er sich noch nie mit Politik beschäftigt hat, stört sie nicht. Er hat ein reines Herz, und das genügt. Als Golizyn von Nikolaus berufen wird, sinkt er in sich zusammen: »Ich bat den Kaiser, diesen Kelch an mir vorübergehen zu lassen«, sagte er, »ich versicherte ihm, daß ich zu alt sei, mich für unfähig hielte und meine Ernennung ein Unglück wäre.« Umsonst, er wird Premierminister, da die Zarin so entschieden hat. Eine weitere Neuerung verblüfft die öffentliche Meinung: Paul Ignatjew, der Bildungsminister, ein hervorragender Mann, wird entlassen, weil er es während einer Diskussion gewagt hat, dem Zaren die Stirn zu bieten. Sein Ministeramt und noch einige andere werden an finstere Gestalten vergeben, deren Hauptverdienst darin besteht, früher von Rasputin geschätzt worden zu sein. Über diese Ansammlung von Stümpern herrscht Protopopow, der geistesgestörte Innenminister, der behauptet, er spräche mit dem Staretz im Jenseits. Eines Tages wirft er sich vor der Zarin zu Boden und ruft aus: »Majestät, ich habe Christus hinter Ihnen gesehen.« Er ist sich mit ihr darin einig, daß Rußlands Heil in einer Stärkung der Zentralmacht, der Unterdrückung der Presse und der Auflösung der Duma liegt. Selbst seine Kollegen halten ihn für unzurechnungsfähig. Außenminister Pokrowski sagt seufzend: »Was soll man von einem Mann erwarten, der seit Wochen jeden Sinn für Realität verloren hat?«

Protopopow, der fürchtet, daß die Zarin unter der Welle der Feindseligkeit, die ihr im Land entgegenschlägt, zusammenbrechen könnte, läßt ihr täglich über die Ochrana Dutzende lobspendender Telegramme und Briefe übersenden. »O geliebte Herrscherin, Mutter und Beschützerin unseres lieben Zarewitsch, schützen Sie uns vor den Bösen... Retten Sie Rußland...« Die Zarin läßt sich durch diese gefälschten Liebesbeweise täuschen und erklärt Großfürstin Viktoria, der Frau von Großfürst Kyrill Wladimirowitsch: »Soeben dachte ich noch, daß Rußland mich haßt. Aber heute weiß ich es besser. Nur die Gesellschaft von Petrograd haßt mich, diese korrupte, gottlose Gesellschaft, die an nichts als Tanzen und Essen denkt und sich nur für Vergnügen und Ehebruch interessiert, während überall sonst das Blut in Strömen fließt... Das Blut!... Das Blut!... Jetzt wird mir die freudige Erkenntnis zuteil, daß ganz Rußland, das wahre Rußland, das Rußland der Demütigen und der Bauern auf meiner Seite steht. Sie würden alle Zweifel verlieren, wenn ich Ihnen die Telegramme und Briefe zeigte, die ich erhalte.«[9] So triumphiert der Geist Rasputins, und manche sagen, im Tode sei er stärker als zu Lebzeiten.

Während im Inneren des Landes große Unruhe herrscht, hat sich die Situation an der Front einigermaßen stabilisiert. Nachdem die Deutschen Polen besetzt haben, wird ihr Vormarsch durch eine endlich gefestigte Verteidigungslinie aufgehalten. Die Russen haben Ostgalizien erobert. Dennoch bleibt die Armee von den politischen Ereignissen nicht unberührt. Der Abgeordnete Gutschkow, ein Experte für Militärfragen, stellt fest, daß in den vorderen Linien Verwirrung herrscht: »Generäle, Offiziere und einfache Soldaten sagen, sie seien überzeugt, daß man mit der Regierung nicht mehr zusammenarbeiten könne.« Dies ist auch die Meinung der Mehrheit der Duma-Mitglieder. Selbst der Reichsrat, der aus alten Würdenträgern und wohlhabenden Männern besteht, fordert die Bildung eines Ministeriums, welches das Vertrauen der Nation besitzt. In der Öffentlichkeit gehen die Forderungen noch weiter. Viele Leute träumen von einem neuen Monarchen. Anderen, die gemäßigter denken, würde es schon genügen, wenn die Zarin verschwände, entweder nach England oder in ein Kloster. Schließlich bezieht auch die Zarenfamilie Stellung. »Was soll man tun?« ruft Großfürstin Maria Pawlowna im Beisein von Maurice Paléologue aus. »Außer der Frau, von der alles Übel ausgeht, hat niemand Einfluß auf den Zaren. Seit 14 Tagen versuchen wir alle, ihm klarzumachen, daß er die Dynastie ins Unglück stürzt, daß er Rußland aufs Spiel setzt, daß seine Herrschaft, die so ruhmreich hätte sein können, in einer Katastrophe enden wird. Er will nichts von all dem hören. Das ist wirklich tragisch. Wir wollen aber in der Familie alle zusammen noch einmal versuchen, mit ihm zu reden.« Die Zarenwitwe, die noch nie Sympathie für ihre Schwiegertochter besaß, erklärt: »Ich glaube, Gott wird Mitleid mit Rußland haben. Alexandra Fjodorowna muß vom Hof entfernt werden. Ich weiß nicht, wie das geschehen soll. Vielleicht wird sie ja endgültig verrückt und tritt ins Kloster ein oder verschwindet einfach.«[19] Nikolaus erhält einen Brief von der Zarenfamilie, in der er aufgefordert wird, Protopopow zu entlassen und vernünftige Maßnahmen zu ergreifen; er schickt ihn an die Absender zurück, mit folgender Randbemerkung: »Ich lasse es nicht zu, daß man mir Ratschläge erteilt.«

Die Unnachgiebigkeit des Zaren und der Zarin führt sehr bald zu neuen Komplotten. Im Generalhauptquartier haben einige entschlossene Männer den Plan gefaßt, das Kaiserpaar abzulösen, das, wie sie meinen, zu viele Fehler begangen hat, um weiterhin das im Krieg befindliche Land zu regieren. Eine Gruppe von Generälen, an deren Spitze der brillante Krymow steht, das Oberhaupt der Kosaken, erwägt sogar, den Zaren auf einer seiner Reisen festzunehmen. Sie handeln im stillen Einvernehmen mit den Generälen Michael Alexeiew und Brussilow. Parallel zu dieser Verschwörung der Militärs haben sich auch die Großfürsten gegen Nikolaus verbündet. Sie wissen nur nicht, wer im gegebenen Fall Nikolaus II. als Herrscher ersetzen und die Regentschaft ausüben soll, solange sein Sohn Alexei noch minderjährig ist. Großfürst Michael Alexandrowitsch, der einzige Bruder des Zaren, ist eine stattliche und mutige Erscheinung, aber es mangelt ihm an der für einen Staatsstreich

notwendigen Entschlußkraft. Großfürst Nikolaus Nikolajewitsch, der ehemalige Oberbefehlshaber der russischen Armee
und Onkel von Nikolaus, will ebenfalls den Treueeid gegenüber dem herrschenden Kaiser nicht brechen. Großfürst Dimitri
Pawlowitsch, der in Petrograd durch seine Teilnahme an der Ermordung Rasputins sehr populär geworden ist, ist ein lebhafter
Stutzer von fünfundzwanzig, tapfer und stolz, aber zu jung, zu
unstet, zu wenig seriös, um eine Aktion von solcher Tragweite
zu leiten. Auch die Garderegimenter erfahren von diesen Gesprächen, hier haben sich die Verschwörer zahlreiche intelligente Mitwisser besorgt. Die meisten in Zarskoje Selo stationierten Offiziere befürworten einen Wechsel. An die Errichtung einer Republik denkt allerdings niemand. All diese
Monarchisten wünschen sich einen anderen Zaren. Als der Abgeordnete Maklakow von den Gesprächen erfährt, erklärt er:
»Die Großfürsten sind unfähig, sich auf ein Aktionsprogramm
zu einigen. Keiner von ihnen traut sich, die geringste Initiative
zu ergreifen und behauptet, nur für sich zu arbeiten. Am liebsten hätten sie, daß die Duma das Pulver in Brand steckt...
Kurz, sie erwarten von uns, was wir von ihnen erwarten.«[11] Ein
anderer Abgeordneter, Fürst Dolgorukow, weist darauf hin, daß
»eine Palastrevolution Rußland schaden könnte, da es in der Familie Romanow niemanden gibt, der in der Lage wäre, den Zaren zu ersetzen.«

So führt die Geschäftigkeit der Großfürsten nicht zu einem
entschlossenen Vorgehen, sondern nährt nur die Unterhaltung
in den Salons und erschüttert die Loyalität der Garde. Sie glauben, dem Überleben der Monarchie zu dienen, berauben sie jedoch der Unterstützung ihrer besten Regimenter. Indem sie
Zwietracht unter den Offizieren der Truppen säen, glauben sie,
einen neuen Herrscher an die Macht zu bringen, dabei bereiten
sie nur der Vorstellung den Weg, daß der Sturz des Regimes, ja
eine Revolution notwendig ist.

Trotz der Warnungen der Polizei schenkt Nikolaus dem Ausbruch der Leidenschaften in seinem Rücken keinerlei Aufmerksamkeit. Er zweifelt immer noch nicht an einem positiven
Ausgang des Krieges. In seiner letzten Erklärung an die Armee
betont er sogar die Notwendigkeit, sich der Meerengen zu be-

mächtigen und den russischen Anspruch auf Konstantinopel durchzusetzen.

Im Januar 1917 findet in Petrograd eine Konferenz der alliierten Bevollmächtigten statt. Maurice Paléologue vertraut Senator Gaston Doumergue, der zusammen mit General von Castelnau Frankreich vertritt, folgendes an: »Was Rußland betrifft, so arbeitet die Zeit nicht mehr für uns. Die Ministerien, die Räderwerke der Verwaltung, zerbrechen eines nach dem anderen. Die klügsten Köpfe sind der Meinung, daß sich Rußland auf den Abgrund zubewegt.« Der Zar empfängt seine Gäste sehr freundlich und erklärt sich einverstanden, daß Frankreich Elsaß-Lothringen und das Saarland beansprucht. Seine Konversation mit den Besuchern könnte nicht banaler sein. Man gewinnt zunehmend den Eindruck, daß er nicht die geringste Freude zu lenken und zu regieren hat, daß er seine Rolle als Herrscher ohne jede Begeisterung ausübt, als ergebener Beamter des Allerhöchsten. Maurice Paléologue hat ihn während der politischen Gespräche genau beobachtet und zieht den Schluß: »Nikolaus II. herrscht nicht gerne. Wenn er eifersüchtig seine Vorrechte als Autokrat verteidigt, dann nur aus mystischen Gründen. Er vergißt niemals, daß er seine Macht von Gott erhalten hat, und denkt ständig daran, daß er ihm im Tale Josaphats Rechtschaffenheit ablegen muß.«

Die Bevollmächtigten reisen wieder ab, erschöpft von einer ganze Serie prächtiger Mittagessen, Diners und Empfänge. Kaum haben sie Petrograd verlassen, ziehen Demonstrationen durch die Straßen, die den Generalstreik fordern, um gegen Hunger und Krieg zu protestieren. Großfürstin Maria Pawlowna klagt vor ihren Gästen: »Die Zarin beherrscht den Zaren völlig und läßt sich nur von Protopopow beraten, der seinerseits jede Nacht das Phantom Rasputins anruft. Ich kann Ihnen gar nicht sagen, wie mutlos ich bin. Überall sehe ich nur noch Finsternis. Die jüngste Intervention der Großfürsten ist fehlgeschlagen. Man muß es auf breiterer Basis neu versuchen... aber es wird höchste Zeit! Die Gefahr steht unmittelbar bevor... Wenn die Rettung nicht von oben kommt, wird die Revolution von unten gemacht werden, und das führt zu einer Katastrophe!«

Diese Katastrophe wünschen sich die Bolschewiken energisch herbei. Aber wer kümmert sich in dieser Zeit innerer Unordnung und äußerer Gefahren um sie? Ihre Partei hat nicht mehr als einige zehntausend Anhänger. Ihr Führer, ein gewisser Lenin, befindet sich immer noch im Schweizer Exil, wo seine Aktivitäten ins Leere gehen und er Manifeste verfaßt, die in Rußland überhaupt nicht wahrgenommen werden. Nikolaus ist der Meinung, daß die Gefahr nicht bei den großen Rednern liegt, sondern an der Front, bei der furchterregenden deutschen Armee.

Am 20. Februar erhält er ein Telegramm von General Michael Alexeiew, der ihn bittet, sich schnellstens ins Generalhauptquartier zu begeben. Am 22. verläßt er Petrograd und fährt nach Mohilew, nachdem ihm Protopopow versichert hat, daß in der Hauptstadt Ruhe herrsche. »Der Zar ist an die Front geflohen«, schreibt Sinaida Hippius mit wenigen, erschütternden Worten. Im Schlafwagen findet Nikolaus einen Brief, den seine Frau ihm vor der Abfahrt unter das Kopfkissen gelegt hat: »Unser lieber Freund bittet im Jenseits für Dich. Er ist uns noch so nahe!... Ich glaube, daß bald alles wieder in Ordnung ist. Deshalb, mein Lieber, mußt Du stark sein und die Fäuste zeigen. Das brauchen die Russen... Die Leute haben mir in letzter Zeit immer wieder gesagt: ›Was wir brauchen, ist die Knute.‹ Es ist seltsam, aber so ist nun mal die slawische Natur!«

Kaum ist Nikolaus abgereist, da erkranken die Zarenkinder an den Masern. Seine Frau teilt es ihm unverzüglich mit. Er reagiert am 23. Februar mit einem Telegramm: »Welch ein Ärger, ich hatte gehofft, daß ihnen die Masern erspart bleiben. Herzliche Grüße an alle. Schlaft gut – Nicky.« Er läßt einen Brief folgen: »Heute geht es mir besser, ich bin nicht mehr heiser und huste weniger. Ich habe Dein Telegramm bekommen, daß Olga und Baby die Masern haben. Ich traute kaum meinen Augen, die Nachricht kam so unerwartet. Mir fehlt die halbe Stunde Patience am Abend! Ich werde als Ersatz Domino spielen.« Am nächsten Tag schreibt er: »Mein Gehirn erholt sich: Hier gibt es keine Minister und keine lästigen Fragen, die mich zum Nachdenken zwingen. Ich glaube, das tut mir gut, aber nur meinem Gehirn. Mein Herz leidet unter der Trennung.«

Seit einigen Tagen hat die Agitation in Petrograd immer beunruhigendere Formen angenommen. Gegen Mitte Februar beschließt die Regierung, Rationierungsmarken einzuführen. Die Schlangen, die sich im Morgengrauen vor Bäckereien, Kolonialwarenläden und Metzgereien bilden, werden immer länger. Im Handumdrehen sind die Läden leer und lassen ihre eisernen Gitter herunter. Es wird in Schaufenster eingebrochen und gestohlen, was noch übrig ist. Die Preise sind ins Unermeßliche gestiegen: Für eine kleine Menge Kartoffeln, die vor dem Krieg 15 Kopeken kostete, muß jetzt ein Rubel 20 Kopeken gezahlt werden. Filzschuhe kosten das Dreifache wie zuvor. Butter und Fleisch sind Luxusnahrung, die man auf dem Markt so gut wie nie findet. Selbst in den Bürgerhäusern nähern sich die Temperaturen null Grad, weil Heizmaterial fehlt. Die hungrige und verzweifelte Menge wird immer mehr zur Bedrohung. Die Polizisten sympathisieren mit ihr. Man verbrüdert sich im Elend. Streiks brechen aus, einige Fabriken, denen die Kohle ausgegangen ist, entlassen ihre Arbeiter. Die Parteien und Gewerkschaften versuchen, am 23. Februar eine Demonstration zum Thema »Internationaler Tag der Arbeiter« zu organisieren.

Vom Morgen an zieht man durch die Straßen, zahlreiche Frauen sind dabei, aber auch streikende und entlassene Arbeiter und sogar Deserteure. Diese sind der Verfolgung entkommen und verbreiten die Unglücksnachrichten von der Front. Dieses Meer von Menschen fordert nicht nur Brot und Arbeit, sondern Frieden und das Ende des Zarismus. Straßenbahnen werden angehalten, Kosaken patrouillieren. Sie erhalten freundliche Zurufe aus der Menge. Die Demonstration verläuft ohne Zwischenfälle und hat sogar eine gewisse Würde. Am nächsten Tag findet erneut eine Demonstration statt, an der Spitze rote Fahnen. Fast alle Fabriken sind geschlossen. Die ‹Marseillaise› wird gesungen, und es ertönen Rufe wie: »Es lebe die Republik!« Aber auch: »Bringt Protopopow um!« – »Nieder mit der Autokratie!« – »Schluß mit dem Krieg!« – »Nieder mit der deutschen Zarin!« Die angerückte Poizei schießt auf die Demonstranten, die sich zerstreuen und Tote und Verletzte zurücklassen. Trotz der Beteuerungen Protopopows, er hätte die Situation unter Kontrolle, ist dies erst der Beginn der Zusammenstöße. Der dritte Tag des Aufstands ist noch blutiger als der vorherige. Diesmal haben hauptsächlich die Bolschewiken Streiks und Umzüge organisiert. Während die Kosaken gemäßigt vorgehen, schießt die Polizei in die Menge. Der Dumapräsident Rodschanko telegraphiert dem Zaren, um ihn über die Gefährlichkeit der Ereignisse zu unterrichten: »Man schießt wild in den Straßen… Es ist notwendig, daß eine Person, die das Vertrauen des Landes genießt, sofort mit der Bildung einer neuen Regierung beauftragt wird. Einen Aufschub darf es nicht geben. Jedes längere Warten wäre tödlich. Ich flehe zu Gott, daß in einem solchen Augenblick nicht der Kaiser verantwortlich gemacht wird.« Nikolaus zuckt die Achseln: »Neue Dummheiten von diesem dicken Rodschanko!« Er begnügt sich damit, General Chabalow, dem neuen Stadtkommandanten, folgende Depesche zu senden: »Ich ordne an, daß ab morgen die Unordnung in der Stadt beseitigt wird, die in dieser schweren Stunde des Krieges gegen Deutschland und Österreich nicht toleriert werden kann.«

Am Morgen des 27. Februar erhebt sich das Garderegiment Wolhyniens und weigert sich, an den Unterdrückungsmaßnahmen gegen die Zivilbevölkerung teilzunehmen. Der Kommandant, der diese Entehrung nicht ertragen kann, bringt sich vor seinen Leuten um. Die Soldaten verlassen die Kasernen und mischen sich unter die Menge der Arbeiter. Einheiten der litauischen Garde und des Regiments Preobrajenski schließen sich ihnen an. Diese Truppen, die noch ihre prachtvollen Namen tragen, sind nichts mehr als ein kläglicher Ersatz von Reservisten, deren einzige Sorge es ist, nicht an die Front geschickt zu werden. Für sie ist Loyalität ein leerer Begriff. Nur ihre Uniform unterscheidet sie noch von der Masse des Volkes. Eine Flut von Arbeitern, Soldaten, schreienden Frauen, Kindern, Studenten und Trägern roter Fahnen und Spruchbänder füllt die Straßen. Die Aufständischen besetzen die Peter-Paul-Festung, öffnen Gefängnistüren, stecken den Justizpalast in Brand, bemächtigen sich des Arsenals, verwüsten Polizeireviere. Die Ordnungskräfte sind zum Volk übergelaufen und verstecken sich. Plötzlich verläßt das Garderegiment Pawlowski das Quartier, vorne spielt eine Musikkapelle. Man macht gemeinsame Sache mit den Aufständischen. Charles de Chambrun, der sich dort aufhält, sieht die Bataillone vorüberziehen, angeführt von Unteroffizieren. »Ich folgte ihnen spontan, um zu sehen, wohin sie gingen«, schreibt er. »Sie zogen zum Alexanderplatz; zu meiner Überraschung marschierten sie zum Winterpalais, drangen dort ein und wurden von den Wachen begrüßt. Sie besetzten das Schloß. Ich wartete einige Augenblicke und sah, wie die kaiserliche Fahne langsam heruntersank, wie von unsichtbarer Hand gezogen. Gleich darauf wehte rotes Baumwolltuch auf dem Palais. Vor diesem schneebedeckten Platz, einem durch Soldatenstiefel beschmutzten Leichentuch, stand ich allein, und das Herz wurde mir schwer.«[12]

Während dieser Zeit verfaßt Rodschanko, von Entsetzen gepackt, in der Duma ein letztes Telegramm an den Zaren: »Die Lage hat sich verschärft. Es müssen sofortige Maßnahmen ergriffen werden. Die Stunde ist gekommen, in der sich das Schicksal des Landes und der Dynastie entscheidet.« Zu spät. Nikolaus hat einen Ukas ausgegeben, den Protopopow strahlend den Abgeordneten zur Kenntnis gibt: Die Sitzung der Versammlung ist schlicht und einfach aufgehoben. Während die gewählten Volksvertreter vor Verblüffung nicht wissen, was sie tun sollen, dringen 20 000 Demonstranten in den Park des Taurischen Palais ein. Wollen sie die Mitglieder der Duma beschützen oder massakrieren? »Selbst die, welche jahrelang gegen die Autokratie gekämpft hatten, spürten plötzlich, daß es etwas Schreckliches, Gefährliches gab, von dem sie alle bedroht waren. Dieses etwas war die Straße«, schreibt Schulgin.[13] Ein anderer Abgeordneter, der temperamentvolle Kerenski, geht den Soldaten entgegen und redet sie folgendermaßen an: »Bürgersoldaten, euch fällt die große Ehre zu, die Sicherheit der Duma zu gewährleisten. Ich ernenne euch zur ersten revolutionären Garde... Nehmt die Minister fest! Besetzt die Post, die Telegrafen- und Telefonämter! Besetzt die Bahnhöfe und alle offiziellen Einrichtungen!« Der gemäßigtere Rodschanko kündigt der Menge an, daß die Duma eine Versammlung abhalte, um das alte Regime durch eine neue Regierung zu ersetzen. Diese Versammlung findet tatsächlich statt und führt zur Bildung eines »provisorischen Komitees« aus zwölf Mitgliedern, lauter wichtigen Leute aus dem progressiven Block. Das Komitee schickt seinen Präsidenten Rodschanko zu Premierminister Golizyn und zu Großfürst Michael Alexandrowitsch, um die Unnachgiebigkeit des Zaren zu durchbrechen und ein »Ministerium des Vertrauens« einzurichten. Golyzin hat bereits seinen Rücktritt eingereicht, der Zar hat ihn jedoch nicht angenommen.

Die Revolutionäre verlieren keine Zeit. In einem anderen Saal des Taurischen Palais richten sie den ersten Arbeiter- und Soldatenrat ein. Zum Vorsitzenden wählen sie den Menschewiken Scheidse; Kerenski und Skobelew werden seine Stellvertreter. Zugleich beschließen sie die Herausgabe einer Zeitung, Iswestija (Nachrichten) und veröffentlichen einen Aufruf, in dem sie den Zarismus verurteilen und vorschlagen, daß eine verfassunggebende Versammlung zusammentritt. So bildet sich eine doppelte Macht: die der Duma und die des Sowjets. Nur Kerenski gehört beiden Gremien an. Der Sowjet erkennt im Moment die Legitimität des provisorischen Komitees an. Aber die aufständischen Soldaten geben eine Entscheidung bekannt, nach der sie sich weigern, ihren früheren Offizieren zu gehorchen, und erklären, nur den Befehlen des Sowjets Folge zu leisten. Schon bei den ersten Versammlungen zeigt es sich, daß die Duma der Kontrolle der Soldateska untersteht.

Von Stunde zu Stunde wird die Unruhe auf den Straßen größer. Einige erschreckte Bürger hängen rote Fahnen an ihre Fenster. Die beschlagnahmten Fahrzeuge sind voll bewaffneter Männer und laut rufender Frauen. Soldaten hocken in der Haltung von Sphingen auf den Kotflügeln, das Gewehr im Anschlag. Lastwagen und gepanzerte Fahrzeuge durchfahren im Eiltempo mit lautem Getöse die Stadt. Provisorisch ernannte Polizisten nehmen willkürlich Leute fest, oft auf Denunziation von Nachbarn oder Dienern hin. »Ich habe Männer in Lumpen Verdächtige abführen sehen, die sie zu Hause abgeholt hatten«, schreibt Charles de Chambrun. »*Gorodowojs*[14] marschierten in Gruppen, gefesselt und mit Kreidenummern versehen wie Vieh. Ein barfüßiger fünfzehnjähriger Junge, der eine Jakobinermütze trug, lief ihnen voller Stolz voraus. Es war, als wären sie auf dem Weg zum Schlachthof.« Einige Tage später berichtet er: »Die Menge stürzt sich auf die Läden, verbrennt die Ad-

ler, zerreißt die Embleme des Despotismus; die Offiziere entfernen das Monogramm des Zaren von ihren Epauletten, reißen die Schnüre herunter, auf die sie einst so stolz waren. Der militärische Gruß ist abgeschafft, und die Soldaten gehen spazieren und rauchen dabei, das Gewehr über der Schulter. Matrosen laufen spottend und mit schaukelndem Gang die Prospekte herauf- und herunter... Und die Verhaftungen gehen weiter.«[14]
Tatjana Botkin, die Tochter des Arztes der Zarenfamilie, sieht durchs Fenster betrunkene Soldaten, die Geschäfte plündern. »Ist es möglich«, so schreibt sie, »daß diese Männer dieselben waren wie die, welche wir vor wenigen Monaten noch so bewunderten? Jetzt erinnerten sie an eine Horde schlampiger Banditen, mit frechen Gesichtern, einem bestialischen Gehabe... Sie liefen in alle Richtungen, die einen waren mit Wein- oder Wodkaflaschen beladen, die anderen schleppten riesige Stoffballen oder hielten Stiefel und Schuhe gegen ihre Brust, die sie aus Kartons gerissen hatten, die sie zurückließen... Plötzlich sahen wir die Kosaken Seiner Majestät. Sie ritten auf Pferden, prachtvoll wie immer, aber auf ihren Uniformen und in den Mähnen ihrer Tiere waren Kokarden und rote Bänder befestigt.«[16]

Angesichts der Heftigkeit der Welle, die durch die Straßen rollt, telegraphieren die Minister und Großfürst Michael Alexandrowitsch an den Zaren und bitten ihn, den Rücktritt des ganzen Kabinetts anzunehmen und eine Person allgemeinen Vertrauens als Regierungschef einzusetzen. Der Bruder des Zaren verlangt, daß diese Person Fürst Lwow sein soll. In einer halben Stunde trifft die Antwort ein: »Danke für die Mühe. Seine Majestät reist morgen ab und trifft selbst eine Entscheidung.«

Trotz der zahlreichen Telegramme, die er aus der Hauptstadt empfängt, weigert Nikolaus sich zu glauben, daß die Lage so verzweifelt ist. Dabei verlangen seine getreuen Anhänger gar nicht viel von ihm: die Bildung eines Kabinetts, das sich vor dem Parlament verantworten muß. Mit Ausnahme der Aufständischen in den Straßen steht die Mehrheit der Bevölkerung dem Prinzip der Monarchie keineswegs feindlich gegenüber. Warum soll er nicht auf diese wohlmeinenden Leute setzen und ihnen zugestehen, was sie verlangen? Nikolaus antwortet Golizyn starrköpfig: »Was die Änderungen bei der Zusammensetzung der Regierung betrifft, halte ich sie zur gegebenen Zeit für unzulässig.« Er weist jede politische Lösung zurück und entscheidet sich für militärische Maßnahmen. Der alte General Iwanow wird mit einem Bataillon von Georgsrittern, die eine Tapferkeitsmedaille tragen, von Mohilew aus losgeschickt. Sie sollen in Petrograd die Ordnung wiederherstellen. Unterwegs erfahren sie, daß die Stadt bereits in den Händen der Aufständischen ist. Überall begegnen sie revoltierenden Truppen, die Regionalkomitees tagen ohne Unterlaß. Der Bazillus der Revolution ergreift Iwanows Soldaten, in großer Zahl wechseln sie das Lager. Die anderen setzen ihre gefährliche Reise fort. Aber die Eisenbahner werfen sich dazwischen. Der Konvoi erreicht nie sein Ziel. Als die Zarin endlich das Ausmaß der Gefahr erkennt, telegraphiert sie von Zarskoje Selo an Nikolaus: »Zugeständnisse unvermeidlich. Die Straßenkämpfe dauern an. Mehrere Einheiten sind zum Feind übergelaufen – Alix.«

In der Nacht zum 28. Februar verlassen zwei Sonderzüge (der des Zaren und der seines Gefolges) Mohilew, um nach Zarskoje Selo zu fahren. Nikolaus telegraphiert seiner Frau: »Wir sind heute morgen um fünf abgefahren. Ich bin in Gedanken immer bei Dir. Wunderbares Wetter. Hoffe, daß es Dir gut geht und Du keine Sorgen hast. Zahlreiche Truppen von der Front zurückgekehrt.«

Je näher der Konvoi Petrograd rückt, desto furchterregender die Nachrichten. Es heißt, Großfürst Kyrill habe sich auf die Seite der Meuterer gestellt und sei an der Spitze des Garderegiments, deren Chef er ist, zum Taurischen Palais gezogen, in welchem die Duma tagt. Er habe sich ihnen unterstellt. Wie habe er sich nur zu einer solchen Tat hinreißen lassen, er, der ein Vorbild an Loyalität sein müßte? Inzwischen hätten die Revolutionäre das Umland der Hauptstadt besetzt. Bei Tagesanbruch gibt ein Offizier bekannt, daß die Straße nach Zarskoje Selo durch zwei mit Kanonen und Maschinengewehren bestückte Kompanien gesperrt worden sei. Nikolaus, den Wojeikow geweckt hat, zieht seinen Morgenrock an und beschließt, nach Moskau zu fahren. »Moskau wird mir treu bleiben!« erklärt er. Auf dem Bahnhof der kleinen Stadt Dno jedoch wird bekannt, daß auch

Moskau von der Revolution erfaßt wurde. Daraufhin folgt Nikolaus dem Rat seiner Mitarbeiter und entschließt sich, in Pskow, im Hauptquartier der Nordarmeen, die von General Ruski befehligt werden, Asyl zu suchen. Von da, so glaubt er, könne er Petrograd besser einkreisen. Er ist so ruhig, daß sich seine engen Mitarbeiter bisweilen fragen, ob er die Tragweite der Geschehnisse überhaupt erkannt hat. »Ich konnte nicht aufhören ihn zu bewundern«, sagt später General Dubenski.[17] »Wir hatten drei Nächte nicht geschlafen, er aber schlief, aß und unterhielt sich sogar lange mit seiner nächsten Umgebung. Seine Selbstbeherrschung war vollkommen – in meinen Augen ein psychologisches Phänomen, mit dem selbst Tolstoi nicht fertig würde.«

Am 1. März um acht Uhr abends erreicht der Zar endlich den Bahnhof von Pskow, wo General Ruski ihn empfängt. Letzte Neuigkeit: Die Duma hat von sich aus mit der Bildung einer provisorischen Regierung begonnen, an dessen Spitze Fürst Lwow steht, mit Gutschkow als Kriegs- und Miljukow als Außenminister. Um dem Kabinett einen revolutionären Anstrich zu geben, wird auch Kerenski aufgenommen, der fulminante Redner mit den extremistischen Ideen. Die Einheiten, die an die Front geschickt wurden, um das Regime zu stützen, haben sich alle für den Aufstand zusammengeschlossen. Ein Berg von Telegrammen trifft ein, von Rodschanko, Alexeiew, Iwanow, die alle klare Antworten fordern, und Nikolaus sagt seufzend: »Gehen wir erst einmal zum Abendessen.«

In der Nacht vom 1. auf den 2. März schickt Rodschanko eine weitere Reihe von Depeschen an General Ruski, um ihn zu versichern, daß »der Haß auf die Dynastie« in Petrograd beunruhigende Ausmaße angenommen habe und daß der Zar, um das Schlimmste zu vermeiden, schnellstens abdanken müsse. Dieser ist nach wie vor unerschütterlich und zieht sich in sein Abteil zurück, um vor den Ikonen zu beten.

Inzwischen verfaßt General Michael Alexeiew in der Stwaka in Mohilew, nachdem er von Rodschankos Schreiben an Ruski erfahren hat, ein Rundschreiben an alle Kommandanten der russischen Armee und fordert sie auf, gemeinsam mit ihm den Kaiser zu bewegen, die Krone niederzulegen. Dies ist der einzige Weg, so sagt er, »die Unabhängigkeit des Landes zu retten und das Überleben der Dynastie zu sichern«. Außer Evert antworten sämtliche Generäle, daß sie diesen Schritt für unerläßlich halten.

Am nächsten Morgen, dem 2. März, legt Ruski dem Zaren beim Frühstück das Ergebnis seines nächtlichen Meinungsaustausches mit Rodschanko über eine eventuelle Abdankung vor. Der Kaiser liest das Dokument, ohne sich im geringsten überrascht zu zeigen. Er gibt es dem General zurück und sagt: »Ich habe immer den Eindruck gehabt, daß ich geboren bin, um unglücklich zu werden, und alle meine Bemühungen, meine besten Absichten, die Liebe, die ich meinem Vaterland entgegenbringe, wenden sich gegen mich.«

Am Nachmittag bringt man ihm die Telegramme der Heerführer, die ihn beschwören, die Krone niederzulegen. Dies ist der Gnadenstoß. Daß ihn Politiker auffordern, auf den Thron zu verzichten, das läßt er noch zu: Sie sind Fischer im trüben Wasser. Aber die Generäle, diese Pfeiler der Monarchie!... Er versteht nichts mehr. Der Boden schwankt ihm unter den Füßen, und er sagt leise: »Es soll geschehen, aber ich weiß nicht, ob dies der Wunsch ganz Rußlands ist.« Nach diesen Worten sitzt er lange mit gesenktem Kopf da. »Seine Majestät«, so berichtet General Danilow, der diese Szene erlebte, »ging zum Tisch, sah mehrmals durch die heruntergelassenen Vorhänge aus dem Fenster. Seine Gesichtszüge, die normalerweise ohne Ausdruck waren, waren auf der einen Seite von einer seltsamen Lippenbewegung verzerrt, die ich vorher nie an ihm gesehen hatte. Er kämpfte sichtlich tief im Innern gegen eine schmerzliche Entscheidung... Und plötzlich drehte sich Kaiser Nikolaus II. ruckartig um sagte mit fester Stimme: ›Dies ist mein Entschluß: Ich verzichte zugunsten meines Sohnes Alexei auf den Thron.‹ Nach diesen Worten schlug er ein Kreuz, und wir taten desgleichen.«

Der Zar ist bereit, seine von General Alexeiew im vorhinein verfaßte Abdankung sogleich zu unterschreiben, dann aber folgt er dem Rat General Ruskis und wartet auf die Ankunft der Dumaabgesandten Gutschkow und Schulgin, damit die Echtheit des Dokuments garantiert ist.

Die beiden Männer sind tiefbewegt, als sie im Salonwagen des kaiserlichen Zuges empfangen werden. Nikolaus heißt sie willkommen. Kaum haben sie sich um den kleinen viereckigen Tisch gesetzt, da beginnt Gutschkow seinen Bericht über die Ereignisse der Hauptstadt: »Petrograd ist in der Hand der Revolutionäre. Jeder Widerstand ist sinnlos. Keine militärische Einheit ist bereit dazu. Sire, Sie können nichts anderes tun, als dem Rat derer zu folgen, die uns hergesandt haben, und zugunsten Ihres Sohnes abdanken, indem Sie Ihren Bruder Michael oder einen anderen Großfürsten zum Regenten einsetzen.«

Der Kaiser blickt geradeaus, die Augen ohne Tränen. »Er war undurchschaubar«, schreibt Schulgin. »Das einzige, was sein Gesicht sagen zu wollen schien, war, daß so lange Reden nicht notwendig seien.«

Als Gutschkow seinen Beitrag beendet hat, antwortet Nikolaus in neutralem Ton: Ich habe in den letzten Tagen viel über all dies nachgedacht. Mein Entschluß, auf den Thron zu verzichten, ist bereits gefaßt. Zuerst wollte ich, daß mein Sohn mein Nachfolger wird. Aber seit dem heutigen Nachmittag habe ich meine Meinung geändert. Ich möchte meinen Sohn bei mir behalten und danke in meinem und seinem Namen zu Gunsten meines Bruders Großfürst Michael ab.« Dann fügt er mit leiser Stimme hinzu: »Ich hoffe, daß Sie die Gefühle eines Vaters verstehen.«

Er hat sich auf Rat Doktor Fjodorows hin entschlossen, von der Erbfolge abzuweichen. Der Arzt hat ihm inzwischen bestätigt, daß die Gesundheit des kleinen Alexei es ihm nie gestatten würde zu regieren, und Nikolaus hat es vorgezogen, seinem Sohn einen solchen Versuch zu ersparen. Er verläßt die beiden Delegierten und nimmt das vorbereitete Konzept seiner Erklärung mit. Als sie allein sind, wundern sie sich über seine Gleichgültigkeit. »Er gab sein Reich auf wie ein Hauptmann sein Geschwader«, berichten sie später.

In Wahrheit ist Nikolaus' Herz so schwer, daß er beinahe krank wird. Einen Augenblick glaubt er, den Aufstand niederschlagen zu können, wenn er nur genügend Regimenter von der Front abzieht. Aber die Deutschen würden dies nutzen, um die Linien zu durchbrechen. Und er hat den Alliierten sein

Wort gegeben, bis zum Sieg durchzuhalten. Nein, es gibt keinen anderen Ausweg als den, welchen die Duma, die Großfürsten und die Generäle vorschlagen. Nach einer Stunde kehrt Nikolaus zu den beiden Abgeordneten zurück und reicht ihnen einige maschinegeschriebene Blätter, die mit seiner Unterschrift versehen sind: »Am Tag unseres großen Kampfes gegen den äußeren Feind, der seit drei Jahren alle Anstrengungen unternimmt, um sich unser Vaterland zu unterwerfen, erlegte Gott Rußland eine neue schwere Prüfung auf. Die Unruhen, die im Volk ausgebrochen sind, drohen ernsthafte Folgen für den Fortgang dieses gnadenlosen Krieges zu haben. Das Schicksal Rußlands, die Ehre unserer heldenhaften Armee, das Wohl des Volkes, die gesamte Zukunft unseres lieben Vaterlandes machen erforderlich, daß der Krieg um jeden Preis bis zum Sieg fortgesetzt wird... In diesen für die Existenz Rußlands entscheidenden Tagen haben wir es als Pflicht unseres Gewissens angesehen, unserem Volk eine Einheit und die Sammlung aller nationalen Kräfte zu ermöglichen, um so schnell wie möglich den Sieg zu erringen. Gemeinsam mit der Reichsduma haben wir beschlossen, auf den Thron des russischen Reiches zu verzichten und die höchste Macht niederzulegen.« Im weiteren fordert Nikolaus seinen Bruder, Großfürst Michael, auf, sein Nachfolger zu werden und den Staat in voller Harmonie mit den gesetzgebenden Institutionen zu lenken. »Gott helfe Rußland!«

Nachdem Gutschkow das Dokument gelesen hat, bittet er um einige kleine Änderungen im Text. Dann erheben sich alle. Schulgin, ein treuer Anhänger der Monarchie, kann nicht umhin, Nikolaus zu sagen: »Oh, Sire, wenn Sie früher so gehandelt hätten, selbst bei Einberufung der letzten Duma, hätte alles anders ablaufen können!« Enttäuscht antwortet ihm der gestürzte Zar: »Glauben Sie, man hätte vermeiden können, was geschehen ist?« Am selben Abend schreibt er in sein Tagebuch: »Alles um mich herum ist nur Verrat, Feigheit, Betrug.«

Zur selben Zeit schreibt in Zarskoje Selo die Kaiserin, die nichts von der Abdankung weiß, an ihren Mann. »Mein angebeteter Engel, Licht meines Lebens, alles ist furchtbar, und die Ereignisse überstürzen sich mit blitzartiger Geschwindigkeit.

Aber ich glaube fest, und nichts erschüttert meinen Glauben: Alles wird gut enden... Ich nehme an, daß man Dir nicht erlauben will, mich zu sehen, bevor Du nicht irgendein Papier unterzeichnet hast; eine Verfassung oder irgend etwas Schreckliches dieser Art. Und Du bist allein und hast die Armee nicht bei Dir, wie eine Maus, die in der Falle sitzt... Vielleicht kannst Du Dich den Truppen in Pskow oder anderswo zeigen und sie um Dich versammeln? Wenn man Dich zwingt, Zugeständnisse zu machen, dann darfst Du das auf keinen Fall tun, weil sie auf unwürdige Weise erlangt würden... Deine kleine Familie ist ihres Vaters würdig. Ich habe die Großen und die Kuh[18] über die Lage unterrichtet. Vorher waren sie zu krank: heftige Masern und ein schrecklicher Husten. Es war schwer, ihnen etwas vorzumachen. Baby[19] habe ich nur die Hälfte erzählt. Er hat 36,1 Grad und ist sehr munter. Alle sind nur verzweifelt, daß Du nicht kommst.«

Als Nikolaus wieder im Generalhauptquartier von Mohilew ist, übergibt er den Oberbefehl der Armee General Michael Alexeiew und sendet seinen Truppen eine Abschiedsadresse. Er glaubt, seine Abdankung zu Gunsten Großfürst Michael Alexandrowitschs werde die öffentliche Meinung sogleich besänftigen und die Aufständischen bezwingen. Aber nichts dergleichen geschieht. Als die Abgeordneten Gutschkow und Schulgin im Petrograder Bahnhof aus dem Zug steigen und der Menge verkünden, daß Michael Nikolaus' Nachfolger wird, werden sie mit lauten Rufen bedacht wie: »Nieder mit den Romanows!... Nikolaus oder Michael, das kommt aufs gleiche raus!... Weißer Rettich ist genauso gut wie schwarzer!«... »Wir wollen keine Autokratie mehr!«... Bei diesem neuen Ausbruch revolutionären Fiebers ist die Regierung gespalten. Soll man dem Druck der Massen nachgeben oder versuchen, ihnen Michael aufzuzwingen und sei es mit Gewalt? Rodschankos Meinung ist eindeutig: Michael muß sofort abdanken. Er ist sich mit seinen Kollegen einig und sucht den Großfürsten auf, um ihm das Problem zu unterbreiten. Entgegen seinen Erwartungen stößt er auf keinerlei Widerstand: Michael hat nicht die geringste Lust, in diesem Klima von Haß und Unordnung den Thron zu besteigen. »Können Sie mein Überleben garantieren?« fragt er. Als er dann die Verlegenheit seines Gesprächspartners bemerkt, sagt er ihm zu, auf jegliche Macht zu verzichten. Ein doppeldeutiges Abdankungsschreiben wird verfaßt, das die Möglichkeit einer künftigen Wiedereinrichtung der Monarchie offenläßt. Dann unterzeichnet Michael mit Ergriffenheit das Dokument, das einer tausendjährigen Autokratie ein Ende setzt. Es wird beschlossen, daß die provisorische Regierung am selben Tag die beiden Abdankungserklärungen veröffentlicht, die von Nikolaus und die von Michael.

Am 3. März erfährt Nikolaus in Mohilew, daß sein Bruder die allzu schwere Last, die er ihm zugedacht hatte, niedergelegt habe. »Es heißt, Mischa hätte abgedankt«, schreibt er in sein Tagebuch. »Sein Manifest endet mit Kniefällen vor der Konstituierenden Versammlung, die in sechs Monaten gewählt werden soll. Gott weiß, wer ihm eingeredet hat, etwas so Schändliches zu unterzeichnen. In Petersburg haben die Unruhen aufgehört. Hoffen wir, daß es anhält.«

Die Zarenwitwe, die aus Kiew herbeigeeilt ist, will von ihrem gestürzten Sohn Abschied nehmen. Sie ist außer sich. Er bemüht sich, sie zu beruhigen. Sie fährt wieder ab. Auch er packt seinen Koffer. Er bereitet sich auf die Fahrt nach Zarskoje Selo vor, wo Frau und Kinder auf ihn warten.

Als er Mohilew verläßt, ist er überzeugt, daß seine Abdankung ihm das Mitleid der Alliierten einbringt, deren Sache er aufopferungsvoll unterstützt hat. Durch eine seltsame Verirrung aber beglückwünscht man sich in allen Hauptstädten zu seinem Sturz. Die meisten Liberalen und Anhänger der Arbeiterpartei in England erklären, sie seien erleichtert, daß der »Tyrann« endlich fort sei. Albert Thomas, der Kriegsminister, schickt Kerenski ein Telegramm, in dem er ihm Glückwünsche und seine brüderliche Anerkennung ausspricht. Die Vereinigten Staaten, die kurz davor stehen, in den Krieg einzugreifen, verbergen ihren Jubel angesichts der »ermutigenden« Wendung der Ereignisse in Rußland nicht. Von allen Freunden von gestern verlassen, verabschiedet sich Nikolaus voller Trauer von den Offizieren der Stawka und verfaßt eine kurze Rede für sie: »Ich wende mich ein letztesmal an euch Soldaten, die ihr meinem Herzen teuer seid. Unterstellt euch der provisorischen

Regierung, gehorcht ihren Führern. Gott segne euch, und der heilige Georg, der große Märtyrer, führe euch zum Sieg.«

Die provisorische Regierung verbietet die Verbreitung dieser letzten Botschaft an die Armee.

Am 8. März 1917 applaudieren die engen Mitarbeiter Nikolaus beim Abschied. Ein schwacher Trost. Er umarmt General Michael Alexeiew und besteigt den Zug. »Eine Menge Menschen begleitete mich«, schreibt er. »Es herrschte Frost, und starker Wind wehte. Mein Herz ist schwer, traurig und voller Furcht.«

Es gibt keinen Zaren mehr. Oberst Romanow kehrt in sein Heim zurück.

DER ENGEL NAHT

Als die Neuigkeit von der Abdankung des Kaisers Zarskoje Selo erreicht, weigert sich die Kaiserin zunächst, daran zu glauben. Aber im Lauf des 3. März trifft Großfürst Paul Alexandrowitsch ein und bestätigt die Nachricht. Sie hört ihn an, zittert, senkt den Kopf, als vertiefe sie sich ins Gebet, hebt ihn wieder und sagt: »Wenn Nicky das getan hat, dann nur, weil er es tun mußte. Ich glaube an das göttliche Erbarmen. Gott wird uns nicht im Stich lassen.« Mit einem traurigen Lächeln fügt sie hinzu: »Ich bin nicht mehr Kaiserin, aber ich bleibe Krankenschwester. Da jetzt Mischa[1] Zar ist, werde ich mich um meine Kinder und mein Krankenhaus kümmern, und wir werden auf die Krim gehen.«[2] Bald wird diese letzte Hoffnung enttäuscht. Abends erfährt Alexandra Fjodorowna, daß Großfürst Michael Alexandrowitsch auf den Thron verzichtet hat und die provisorische Regierung die Staatsgeschäfte betreiben wird, bis eine verfassunggebende Versammlung zusammentritt, die über die zukünftige russische Regierung entscheidet. Die Garnison von Zarskoje Selo ist dem Beispiel der Truppen der Hauptstadt gefolgt und meutert. Die Diener gehorchen nur noch widerwillig. Die fünf Kinder haben sich kaum von den Masern erholt. Die Zarin ist voller Angst, erschöpft und erwartet jeden Tag ein Telegramm ihres Mannes. Am 8. März empfängt sie vor einem Wandteppich, der Königin Marie-Antoinette darstellt, General Kornilow, den neuen Oberkommandanten von Petrograd. Die provisorische Regierung hat ihn beauftragt, ihr mitzuteilen, daß sie und der gestürzte Kaiser unter Arrest genommen werden, »um ihre Sicherheit zu garantieren«. Gilliard berichtet: »Die Verzweiflung der Zarin ist unvorstellbar. Aber ihr Mut verläßt sie nicht.«

Endlich trifft eine Depesche ein, nach der Nikolaus am nächsten Tag ankommen wird. Sogleich bittet sie Gilliard, dem kleinen Alexei »alles zu erklären«; mit den Mädchen will sie selbst sprechen. Als Alexei erfährt, daß sein Vater abgedankt hat, sagt er erstaunt: »Wenn es keinen Kaiser mehr gibt, wer soll denn dann Rußland regieren?« Gilliard erklärt seinem kleinen Schüler voller Rührung die Situation, so gut er kann. Er schreibt darüber: »Wieder einmal war ich von der Bescheidenheit dieses Kindes überrascht.« Um vier Uhr nachmittags schließen sich die Tore des Palastes. Die Wachen, die früher die Zarenfamilie beschützten, sind jetzt ihre Gefangenenwärter.

Als es dunkel wird, ertönen Schüsse. Sind es revolutionäre Horden, die das Schloß stürmen? Nein, so erfährt man, es handelt sich um ein Spiel: Die Roten Garden töten aus Vergnügen die Rehe und Hirsche im Park. Der Teil des Gebäudes, in dem die Zarenfamilie untergebracht wird, liegt in Schweigen und Dunkelheit. In den anderen Sälen des Schlosses ertönen Lieder, Lachsalven, das Grölen Betrunkener. Die Soldaten haben den Weg in den Weinkeller ohne große Mühe gefunden. Man muß lernen, sie zu ertragen.

Inzwischen ereilt die Zarin neues Unglück. Rasputins Grab ist von Revolutionären geschändet worden. Sie haben die Leiche fortgebracht und am Rand der Straße von Zarskoje Selo nach Petrograd verbrannt. In Alexandra Fjodorownas Augen wird die Macht des Staretz im Jenseits durch die Entehrung seiner sterblichen Überreste nur größer.

Am 9. März erreicht der Zug des Zaren Zarskoje Selo. Kaum hat er den Fuß auf die Erde gesetzt, da zerstreuen sich die zahlreichen Offiziere seiner Begleitung. Sie blicken angstvoll drein, weil sie nicht identifiziert werden wollen. Die Duma- Mitglieder, die mit dem Zaren gereist sind, übergeben den Gefangenen dem neuen Ortskommandanten. Aber die Gitter des Palastes sind geschlossen. Die Wachen weigern sich, den Zar durchzulassen, solange sie nicht Order vom diensthabenden Offizier erhalten. Dieser erscheint auf den Stufen der Freitreppe und ruft: »Wer da?« – »Nikolaus Romanow!« brüllt die Wache. »Durchlassen!« Als er den Palast betrifft, muß der frühere Zar durch eine Schar laut lachender Soldaten hindurch, die bei seinem Anblick nicht einmal die Mütze abnehmen. Sogleich geht er zu seinen Kindern hinauf, wo ihn auch Alexandra Fjodorowna erwartet. »Mama (die Zarin), bleich, gealtert, mit weitaufgerissenen glänzenden Augen sitzt in einem Sessel. Olga ist bei ihr. Draußen steht ein Bewacher. Ein anderer nahe bei der Tür. Die Gesichter der Männer sind sonderbar, grausam, grinsend. Wir warten auf Papa. Er kommt. Er hält den Kopf weit vorgebeugt. Er schluchzt heftig. Mama geht zu ihm und sagt auf russisch: ›Verzeih mir, Nikolaus.‹ Und er umarmt sie scheu und sagt unter Tränen, als wolle er sich vor dem Bewacher entschuldigen: ›Ich allein, nur ich bin an allem schuld!‹«

Jetzt, da die Eheleute wieder im Schloß von Zarskoje Selo beisammen sind, bleiben ihnen nur noch wenige Getreue. Anna Wyrubowa hat man durch Anweisung von oben fortschaffen lassen. Aber die Oberhofmeisterin Sisi Naryschkin und Großmarschall Graf Benckendorff hat man dort gelassen, ebenso Alexeis hingebungsvolle Lehrer Gilliard und Gibbs, Doktor Eugen Botkin und einige Diener. Es besteht ein seltsamer Kontrast zwischen den Kammerdienern mit den blankgeputzten Knöpfen und den weißen Gamaschen und den Soldaten, die von Saal zu Saal ziehen, halb angezogen, voller Läuse, angetrunken, die Mütze schief auf dem Kopf, die Sonnenblumenkerne kauen und die Schalen auf den Boden spucken. Gilliard muß sie daran hindern, zu oft in das Zimmer von Alexei einzudringen, den sie neugierig anstarren wie ein seltsames Tier. Der Junge ist ganz ratlos, weil ihn Derewenko, der Matrose, der zehn Jahre an seiner Seite lebte, ihn auf den Armen trug und schützte, tröstete und immer wieder seine kranken Beine massierte, verraten und seine Liebe enttäuscht hat. Seit der Abdankung des Zaren behandelt Derewenko den Zarewitsch mit einer Härte, als wolle er an ihm Rache üben. Anna Wyrubowa, die sich zu Besuch im Schloß aufhält, begegnet dem Matrosen, der jetzt als »befreiter Sklave« auftritt und sich für die Demütigungen und die Bürde von früher rächt. »Durch die geöffnete Tür sah ich Derewenko, der sich in einem Sessel fläzte«, schreibt sie. »In grober Gemeinheit befahl er dem Kind, das er bisher geliebt und verzärtelt hatte, ihm dies oder jenes zu bringen, als sei es sein Diener, und der Junge, der völlig verstört war und nur zur Hälfte begriff, was da mit ihm geschah, rannte durchs Zimmer und bemühte sich zu gehorchen.« Bald verläßt

Derewenko das Schloß, und ein anderer Matrose, Nagorny, der Alexei ergeben ist, bleibt dort und widmet sich ihm mit Hingabe.

Nach Anweisung der provisorischen Regierung darf die Zarenfamilie nicht mit der Außenwelt in Verbindung treten. Die Briefe werden zensiert, und alles, was man ihnen schickt, wird gründlich untersucht: Zahnpastatuben werden aufgeschlitzt, in die Marmeladentöpfe fahren grobe Finger, Schokoladentafeln werden angebissen, bevor sie zu den Empfängern gelangen.

Ein abgezäunter Teil des Parks wird den »Romanows« zur Verfügung gestellt, aber sie werden ständig von Soldaten überwacht. Diese unterstehen Oberst Kobylinski, einem Sozialrevolutionär der ersten Stunde, der jedoch mit seinem ehemaligen Herrscher rücksichtsvoll umgeht. Für die Überwachung des Lebens im Innern ist ein anderer Soldat, der die Sache des Volkes vertritt, zuständig, Oberst Korowitschenko. Beide unterstehen Justizminister Alexander Kerenski, dem einzigen Sozialisten in der provisorischen Regierung. Dieser sechsunddreißigjährige Anwalt hat eine vielschichtige, scheue, überempfindliche und umtriebige Natur. Er ist ein hervorragender Redner und berauscht sich gerne beim Aufwiegeln der Menge. Als Patriot tritt er für die Fortführung des Krieges auf seiten der Alliierten ein. Er ist ein Gegner der Autokratie, will jedoch die Zarenfamilie beschützen. Obwohl selbst ein Linker, fürchtet er den Einfluß der Bolschewiken und versucht, schneller zu sein als sie.

Als Kerenski zum erstenmal den gestürzten Zaren besucht, empfindet er eine Mischung aus Achtung und Verachtung. »Ich fürchtete«, sagte er später, »die Fassung zu verlieren, wenn ich zum ersten Mal dem Mann begegnete, den ich immer gehaßt hatte.« Nikolaus empfängt ihn in aller Bescheidenheit im Kreise seiner Familie, reicht ihm die Hand und stellt ihn der Zarin vor. »Alexandra Fjodorowna war steif, stolz und hochmütig und streckte mir widerwillig die Hand entgegen, als zwänge man sie dazu«, schreibt Kerenski weiter. »Der Charakter- und Temperamentsunterschied zwischen den Ehegatten zeigte sich auf ganz typische Weise. Ich spürte sogleich, daß Alexandra Fjodorowna, obwohl sie gebrochen und verwirrt schien, eine intelligente, willensstarke Frau war. In wenigen Sekunden verstand ich das Seelendrama, das sich jahrelang innerhalb der Mauern des Schlosses abgespielt hatte.«

Nach einigen allgemeinen Floskeln wendet sich Kerenski an Alexandra Fjodorowna und sagt: »Die Königin von England bat mich zu fragen, wie es der ehemaligen Zarin geht.« Bei diesen Worten geht ein Zittern durch Alexandra Fjodorownas Körper. »Ihre Majestät errötete heftig«, schreibt Gilliard. »Es war das erste Mal, daß man sie so bezeichnete. Sie antwortete, es gehe ihr nicht schlecht, sie leide aber wie üblich unter Herzbeschwerden.« Bis zum Ende seines Besuchs bleibt Kerenski kühl, höflich und sachlich. Er ist gekommen, um nachzusehen, ob es den Gefangenen an nichts fehlt, und kehrt zufrieden zurück. Für seine Fahrten benutzt er eines der Sonderfahrzeuge des Zaren, das ein Fahrer der kaiserlichen Fahrbereitschaft lenkt. Trotz ihrer Abneigung gegen ihn erkennt Alexandra Fjodorowna an, daß er ein »ganz und gar korrekter« Mann ist.

Die Wachsoldaten sind es weniger. Wenn ihre Gefangenen in den Garten gehen, begleiten sie sie Schritt für Schritt mit aufgestecktem Bajonett. Am Parkgitter stehen Neugierige und beobachten das Auf- und Abgehen der Zarenfamilie. Manchmal wird Nikolaus verspottet und ausgepfiffen. Wenn die Töchter erscheinen, werden unanständige Bemerkungen laut. Die Soldaten geben sich prahlerisch. »Wir sehen aus wie Gefangene mit ihren Wächtern«, schreibt Gilliard. »Jeden Tag erhalten wir neue Anweisungen, oder vielleicht deuten die Offiziere sie auch nur auf immer andere Weise.« Einer dieser Offiziere weicht, als Nikolaus ihm die Hand reicht, einen Schritt zurück und zeigt sich tief beleidigt. »Was haben Sie, mein Freund?« fragt Nikolaus mit sanfter Stimme. »Ich komme aus dem Volk«, antwortet der Mann. »Als das Volk Ihnen die Hand reichte, haben Sie sie niemals genommen. Und deshalb reiche ich Ihnen heute auch die meine nicht.« Ein anderer Offizier will dem Zarewitsch Alexei das kleine Gewehr wegnehmen, sein Lieblingsspielzeug. Der Junge bricht darauf in Tränen aus. Erst durch Eingreifen Oberst Kobylinskis erhält der Besitzer sein kleines Gewehr zurück. Aber der Junge darf nur in seinem Zimmer damit spielen. Nikolaus sägt Holz und legt einen Gemüsegarten an, um bei Kräften zu bleiben. Die ganze Familie nimmt an der

Gärtnerarbeit teil. Alexandra Fjodorowna schaut im Rollstuhl zu. »Tagsüber haben wir viel Arbeit im Wald erledigt. Wir haben vier Tannen gefällt«, schreibt Nikolaus. »Abends habe ich ›Tartarin von Tarascon‹ gelesen.«

Oft liest er auch seiner Frau und seinen Töchtern laut vor. Die Zarenkinder haben sich mit der Situation abgefunden und sich einen jugendlichen Optimismus bewahrt, der ihnen hilft, die Entbehrungen und Demütigungen zu ertragen. Um seinen Nachwuchs zu beschäftigen, veranstaltet Nikolaus Privatunterricht. Er lehrt Arithmetik, Geschichte und Geographie. Die Zarin kümmert sich um das Fach Religion, Doktor Botkin lehrt Russisch, Gibbs Englisch und Gilliard Französisch.

In dieser Situation der Eintönigkeit, des Niedergangs und der Angst überrascht Nikolaus seine Umgebung durch seine Höflichkeit und seine Ausgeglichenheit. Er scheint beinahe erleichtert, das Ende des Abgrunds erreicht zu haben. Als habe ihm Gott durch diese Prüfung endgültig seine Existenz enthüllt. Sicher denkt er manchmal an das schreckliche Schicksal Ludwigs XVI. Aber er verscheucht diesen Gedanken immer wieder. Seiner Meinung nach sind die russischen Revolutionäre nicht blutrünstige Rohlinge wie die französischen. Sie wünschen zwar die Abschaffung der Monarchie, haben sich aber im tiefsten Innern den beinahe religiösen Respekt ihrer Ahnen vor dem Zar bewahrt. »Der Zar ist immer noch von erstaunlicher Gelassenheit und Gleichmut«, schreibt Maurice Paléologue. Er wirkt ruhig und sorglos, verbringt seine Tage mit Zeitunglesen, Zigarettenrauchen, Puzzle-Spielen, er spielt mit seinen Kindern, fegt im Garten Schnee. Er scheint Erleichterung zu verspüren, daß er die Regierungsverantwortung endlich losgeworden ist.«[4]

Anfangs hofft Nikolaus insgeheim, daß die provisorische Regierung ihm gestatten wird, sich mit Frau und Kindern auf sein Schloß in Liwadija auf der Krim zurückzuziehen. So könnte er viele Familienmitglieder wiedersehen wie seinen Onkel Nikolaus Nikolajewitsch, den ehemaligen Oberbefehlshaber des Heeres. Aber eine Reise durch die von der Revolution geschüttelten Provinzen wäre im Moment nicht denkbar. Deshalb erwägt man die Möglichkeit eines ausländischen Exils. Kerenski erklärt sich damit einverstanden. Leider ist der Zugang zu den skandinavischen Ländern durch die deutsche Blockade versperrt. Frankreich, der Hauptverbündete, ist zur Hälfte besetzt, und nichts liegt ihm daran, die gestürzten Herrscher auf seinem Boden aufzunehmen. Am 19. März[5] 1917 schreibt Lord Bertie, der britische Botschafter in Paris: »Ich glaube nicht, daß der frühere Zar und seine Familie in Frankreich willkommen wären. Die Zarin ist nicht nur durch Herkunft, sondern auch durch ihre ganze Haltung eine echte *boche*.«[6] So bleibt nur noch England, wo man vom Murmansker Hafen unschwer hingelangen kann. Nikolaus II. ist der direkte Vetter des englischen Königs Georg V. Sie sehen sich äußerlich erstaunlich ähnlich. Man könnte sie für Zwillinge halten. Am 8. März[7] überreicht Sir George Buchanan, der britische Botschafter in Petrograd, dem neuen Außenminister Miljukow eine Verbalnote: »Seine Majestät der König und die Regierung seiner Majestät würden sich freuen, dem ehemaligen russischen Zaren Asyl zu gewähren.« Gleichzeitig hat Kerenski durch Vermittlung des dänischen Ministers Skavenius die Zusage erhalten, daß im gegebenen Fall kein U-Boot den britischen Kreuzer mit den Exilierten angreift. Die Angelegenheit scheint geregelt. Aber bevor die Untersuchung über die Taten des Zaren und seiner Frau in Rußland nicht abgeschlossen ist, kann keine Entscheidung gefällt werden. In zahlreichen Fabriken fordern die Arbeiter eine Bestrafung der »Romanow-Vampire«. Als Kerenski vor dem örtlichen Sowjet von Moskau redet, hört er die Menge rufen: »Exekutiert den Zaren!« Er bietet der Gehässigkeit seines Publikums die Stirn und antwortet stolz: Dies wird nicht geschehen, solange ich an der Macht bin... Ich will nicht zum Marat der russischen Revolution werden!« Aber wenig später fordert der Sowjet von Petrograd, daß der frühere Zar in Festungshaft genommen wird. Man erzählt unter den Soldaten, daß monarchistische Verschwörer die Zarenfamilie befreien wollen. Mit jedem Tag erkennt Kerenski deutlicher, daß es sehr schwer sein wird, das Volk dazu zu bringen, die gestürzten Herrscher nach England ausreisen zu lassen.

Zur selben Zeit ändert sich tragischerweise die Meinung der Londoner Regierungskreise. Premierminister Lloyd George begibt sich zum König und erklärt ihm, das Land lehne die Aufnahme des ehemaligen Zaren und seiner Familie ab. Wenn die unerwünschten Gäste englischen Boden beträten, bestünde die Gefahr, daß in den Arbeiterstädten Aufstände ausbrächen. Der König akzeptiert seinen Einwand. Gegen Ende Juni sucht Sir George Buchanan Minister Terestschenko auf, der Miljukow als Außenminister abgelöst hat, und erklärt ihm mit Tränen in den Augen, daß seine Regierung aus innenpolitischen Erwägungen davon absehe, dem ehemaligen Zaren Asyl zu gewähren. Daß Nikolaus der Vetter des englischen Königs und Alexandra die Lieblingsenkelin der verstorbenen Königin Viktoria ist, hat nicht genügt, um die unnachgiebige Haltung Lloyd Georges zu brechen. Die Tradition wird verhöhnt. Nikolaus wird von denen, die sich gestern seine Freunde nannten, im Stich gelassen. Die ganze Welt wendet sich gegen ihn. Es genügt, daß die provisorische Regierung erklärt, sie sei entschlossen, den Krieg fortzusetzen, und schon sprechen ihr die Alliierten begeistert ihr Vertrauen aus. Selbst Wilson, der Präsident der Vereinigten Staaten, erkennt eilig das neue Regime an, das in seinen Augen Rußland von einem maßlosen Autokraten befreit hat.

Lenin, der sich noch im Züricher Exil befindet, schmiedet fieberhaft abenteuerliche Pläne für seine Rückkehr nach Rußland. Am 12. März 1917 telegrafiert er den Petrograder Bolschewiken seine Anweisungen: »Unsere Taktik: totales Mißtrauen – keinerlei Unterstützung für die neue Regierung. Kerenski ist besonders verdächtig. Keinerlei Annäherung an die anderen Parteien.« Nachdem er alle Möglichkeiten einer Heimkehr erwogen hat, tritt er mit dem Vertreter des deutschen Kaisers in Verhandlungen, um die Genehmigung zu erhalten, über Deutschland nach Rußland zurückzukehren. Gerne sind die Deutschen bereit, diesen Mann, der die Armee zersetzen und einen bedingungslosen Separatfrieden unterzeichnen will, in sein Land zu schicken. Er reist mit seiner Frau Krupskaja und 17 Exilgefährten in einem Wagen der zweiten und dritten Klasse, den sie während der Fahrt nicht verlassen dürfen. Das Unternehmen vollzieht sich ohne bemerkenswerten Zwischenfall. Als Lenin im April 1917 Petrograd erreicht, wird er von den Bolschewiken empfangen wie ein Gott: ein Meer roter Fahnen, Ovationen, Blumensträuße, Triumphbögen und Reden. Seine gedrungene Gestalt, sein rundes Gesicht mit den hohen Bakkenknochen, sein Spitzbart und sein stählerner Blick werden bald populär. Von Anfang an ist er ein ehrfurchtgebietender Parteichef. Dank seiner Autorität und seiner Beredsamkeit verstärken die Bolschewiken ihren Druck auf die Exekutivkomitees der Sowjets. Die provisorische Regierung, dieser Ausfluß liberalen Bürgertums, muß sich zunehmend mit den Forderungen dieser aus Soldaten und Arbeitern bestehenden Vereinigung auseinandersetzen, die parlamentarische Methoden verachten und behaupten, sie allein seien Ausdruck des Willens der Arbeiterklasse. Lenin gibt folgende Parole aus: »Sofortiger Friede, die Fabriken den Arbeitern, das Land den Bauern, alle Macht den Sowjets.« Unter seinem Einfluß verbreitet sich der Pazifismus im Volk. Entgegen Kerenski, der erst nach einem Sieg Frieden schließen will, fordern Lenin und seine Freunde ein Ende des »imperialistischen Massakers«. Am 20. April ziehen Demonstranten durch die Straßen und tragen Spruchbänder, auf denen die provisorische Regierung angegriffen und die Fortsetzung des Krieges verurteilt wird. Kerenski, der über die bolschewikische Propaganda in der Armee beunruhigt ist, begibt sich an die Front und fordert die Soldaten auf, eine »revolutionäre Offensive« zu unternehmen. Zu einem ersten Erfolg kommt es in der Gegend von Tarnopol, wo russische Truppen die österreichischen Linien durchbrechen. Nikolaus, der seine Abdankung und das Unglück seiner Familie ganz vergessen hat, ist so stolz auf diesen Sieg, daß er in der Schloßkirche ein Te Deum singen läßt. Aber bald ist der Elan der Kerenski-Regimenter am Ende, die »Soldaten der Freiheit« ziehen sich zurück. Diese Niederlage wird sogleich von den Bolschewiken ausgeschlachtet, die behaupten, die provisorische Regierung hätte umsonst Tausende von Menschenleben geopfert. Sie nutzen die Unzufriedenheit im Volk aus und versuchen Anfang Juli sogar einen Massenaufstand gegen die politische Führung. Diese reagiert mit Verhaftungen und Hausdurchsuchungen. Einige rebellische Regimenter, die in Petrograd stationiert sind, werden an die Front geschickt. Lenin, dessen Verhaftung bevorsteht, flieht nach Finnland, wo er sich unter falscher Identität versteckt. Die Ruhe kehrt wieder ein, Kerenski rechnet jedoch mit neuen subversiven Manövern. Hinzu kommt, daß zaristische Gruppierungen im Untergrund arbeiten und auf Rache sinnen. Manche wollen wieder eine Monarchie errichten und Großfürst Dimitri zum Herrscher machen. Andere wollen den Zaren nachts entführen und zu einem Hafen bringen, von dem aus er ein englisches Schiff besteigen kann.

Als Kerenski davon hört, ist er erschrocken. Er hat anstelle des gutmütigen Fürsten Lwow, eines Anhängers von Tolstoi, die Spitze der Regierung übernommen. Jetzt ist er zugleich Regierungschef und Kriegsminister. Mit dieser zweifachen Verantwortung hält er es für gefährlich, daß die Zarenfamilie weiterhin in Zarskoje Selo wohnt. Man muß sie, so glaubt er, in eine entlegene Provinz bringen, weitab von allen politischen Umtrieben. Nikolaus bittet darum, mit den Seinen nach Liwadija gehen zu dürfen. Kerenski hält dies jedoch für unmöglich. Nach langem Zögern wählt er als Internierungsort für die früheren Herrscher Tobolsk in Sibirien aus. Liegt es daran, daß dieser Ort völlig isoliert ist, über keine Eisenbahnverbindung verfügt und die Bevölkerung dort in Ruhe und Wohlstand lebt? Oder vielleicht daran, daß viele in Ungnade gefallene Staatsmänner dort das Ende ihrer Tage erlebten? Kerenski hofft, durch seine Entscheidung die Radikalen zu befriedigen. Er sagt sich, es sei gerecht, daß der Zar wie zahlreiche Revolutionäre vor ihm die Härte des sibirischen Exils zu spüren bekommt. Nach dieser Entscheidung begibt er sich zu Nikolaus und kündigt ihm an, daß sich die Zarenfamilie aus Sicherheitsgründen darauf einrichten müsse, Zarskoje Selo zu verlassen. Er weigert sich, das Ziel der Reise zu nennen, und sagt nur, man solle »eine Menge warmer Kleider« mitnehmen. Zuerst ist Nikolaus sprachlos, dann schaut er dem Minister in die Augen und sagt leise: »Ich habe keine Angst. Ich vertraue Ihnen.«

An diesem Tag schreibt Gilliard in sein Tagebuch: »Sie haben uns gesagt, wir sollten für warme Kleidung sorgen. Wir fahren also nicht nach Süden. Große Enttäuschung.« Großzügigerweise gestattet Kerenski ein Treffen zwischen Nikolaus und seinem Bruder Großfürst Michael. Die beiden Männer haben sich soviel zu sagen, daß sie keine Worte dafür finden. Verlegen stehen sie einander gegenüber. Die Abreise soll noch am Abend stattfinden. Um Mitternacht ist die Familie bereit. In Unsicherheit und Angst müssen sie bis fünf Uhr morgens warten, bis die Eisenbahner bereit sind, die beiden Züge, die man ihnen zur Verfügung stellt, reisefertig zu machen. Eine Eskorte von 327 Soldaten und sieben Offizieren begleitet die Reisenden. Die Vorhänge der Waggons sind zugezogen. Auf den Wagen steht: »Japanischer Sanitätsdienst«. Kerenski begleitet die Gefangenen bis zum Bahnhof. Er stellt fest, daß die Zarin »sehr bewegt« ist und »weint wie eine Frau und Mutter«, daß die Kinder, besonders der kleine Alexei, sehr aufgeregt sind, und daß Nikolaus wie üblich die Nerven behält und ein vages Lächeln zeigt. Ohne es zu merken, fällt Kerenski dem Zauber seines wichtigsten Gefangenen anheim. Er schreibt später: »Für mich war er nicht mehr das unmenschliche Ungeheuer, das ich mir vorgestellt hatte… Ich sah einen höchst zurückhaltenden und verschlossenen Mann vor mir… Es fehlte ihm an Lebhaftigkeit, aber er besaß eine intuitive Kenntnis der Menschen und des Lebens… Nichts von dem, was ihm widerfuhr, konnte ihn überraschen. Ich hatte besser in seinem Gesicht zu lesen gelernt. Unter diesem Lächeln, diesem verzaubernden Blick erkannte ich etwas Totes, Eisiges.«[8]

Am 1. August um sechs Uhr morgens setzt sich der Zug in Bewegung. In den Abteilen sitzen einige Getreue, denen gestattet wurde, dem Zar zu folgen: General Tatistschew, Fürst Basil Dolgoruki, Doktor Botkin, die Ehrendame Anastasia Hendrikowa, der Matrose Nagorny, der sehr am Zarewitsch hängt, Gilliard und einige Mitarbeiter und treue Diener. Später gesellen sich noch Doktor Wladimir Derewenko[9] und Sophie Buxhoeveden, eine weitere Ehrendame, zu ihnen.

Die Reise geht ohne Zwischenfälle vonstatten. Die Bahnhöfe, in denen der Zug hält, sind von Truppen umstellt. Nikolaus steigt aus, um sich auf dem Bahnsteig die Beine zu vertreten. Er schreibt in sein Tagebuch: »Bin ein wenig spazierengegangen, bevor wir nach Wjatka kamen. Hitze und Staub, wie gestern. Der diensthabende Offizier verlangte, daß wir die Vorhänge zuziehen: ermüdend und unsinnig.« (2. August). »Die Luft ist kühler, seit wir den Ural überquert haben... In den letzten beiden Tagen hat uns verschiedentlich der zweite Zug überholt, in dem die Schützen sitzen. Wir haben uns gegenseitig gegrüßt wie alte Freunde.« (4. August). In Tjumen steigt die Zarenfamilie mit ihrem Gefolge in drei Boote. Am 5. August kommt die kleine Flotte, die den Tobol herunterfährt, am Dorf Pokrowskoje, dem Geburtsort Rasputins, vorbei. Das Haus des Staretz unterscheidet sich durch seine Größe von den anderen. Die Exilierten haben sich auf der Brücke versammelt und blicken wehmütig auf diese Erinnerung an den verstorbenen Freund. Es ist, als heiße sie sein Geist durch die Fenster seines Hauses in Sibirien willkommen.

Am 6. August 1917 erreichen sie schließlich Tobolsk. Die Residenz des Provinzgouverneurs, in dem die Zarenfamilie leben soll, ist ein großes weißes, komfortables, aber ziemlich heruntergekommenes Gebäude. Bis es hergerichtet ist, sollen die Reisenden auf dem Boot kampieren. Eine Woche später richten sich der Zar, seine Frau und die Kinder schlecht und recht ein, ihr Gefolge wohnt auf der anderen Straßenseite in einem Haus, das einem reichen Händler gehört.

Die Wache wird aus Soldaten gebildet, die mit den Geächteten aus Zarskoje Selo gekommen sind. Sie stehen wieder unter Befehl von Oberst Kobylinski, einem Mann guten Willens, der sich bemüht, das Los der Gefangenen zu erleichtern. Durch seine Hilfe verläuft das Leben ruhig und nach einem festen Plan. Der Zar und seine Kinder leiden an mangelndem Raum: Zum Spazierengehen haben sie nichts als einen kleinen Gemüsegarten und einen eingezäunten Hof. Wie gewohnt sägt Nikolaus Holz, gräbt um, gießt Pflanzen, jätet Unkraut, harkt. Manchmal grüßen ihn Passanten, die ihn durch die Zwischenräume im Zaun erspähen, oder segnen ihn mit dem Zeichen des Kreuzes. Hier hat die Revolution das Herz des Volkes noch nicht gewandelt. Kaufleute schicken den Gefangenen Lebensmittel, die Nonnen aus dem örtlichen Kloster bringen ihnen Kuchen, die Bauern der Umgebung versorgen sie mit Eiern und Milchprodukten. Die Zarenkinder werden weiter von ihrem Vater, Gilliard und Gibbs unterrichtet. Um die Zeit totzuschlagen, legt man Puzzles oder spielt Domino. Beim ersten Sonnenstrahl stürzen alle nach draußen. Die Tochter Doktor Botkins, der man erlaubt hat, zu ihrem Vater nach Tobolsk zu gehen, berichtet: »Von dem Fenster meines Zimmers aus konnte man Ihre Majestäten sehen und den Raum, der ihnen für Spaziergänge zur Verfügung stand. An jenem Morgen gingen trotz des Regens Ihre Hoheiten um elf Uhr nach draußen, und ich sah sie seit Zarskoje Selo zum erstenmal. Seine Majestät trug einen Soldatenmantel und eine Militärmütze und ging festen Schrittes von einem Zaun zum anderen. Die Großfürstinnen Olga Nikolajewna und Tatjana Nikolajewna trugen graue Capes und wattierte blaue und rote Hüte. Sie gingen an der Seite ihres Vaters, Anastasia Nikolajewna und Maria Nikolajewna saßen auf dem inneren Zaun, der den Gemüsegarten von den Vorratskammern trennte, und unterhielten sich mit den Wachsoldaten.«[10]

Die Gottesdienste finden zunächst im Haus statt, in einem großen Raum der ersten Etage. Der Zar ist überrascht, daß ihm nicht gestattet wird, zur Kirche zu gehen. »Glauben Sie denn, daß ich fliehen will?« fragt er seine Wärter. Am 8. September schließlich, am Fest Mariä Geburt, darf die ganze Familie zur Messe in die Stadt gehen. Zahlreiche Wachtposten säumen den Weg. »Eine idiotische Umgebung«, schreibt der Zar in sein Tagebuch. Dennoch gelingt es ihm mit Hilfe des örtlichen Priesters und einiger Diener, eine geheime Verbindung zur Außenwelt herzustellen. Alexandra schreibt heimlich ihrer Freundin Anna Wyrubowa, daß ihr Glaube an Gott und ihre Liebe zu Rußland trotz der harten ihr auferlegten Prüfungen nicht erschüttert seien. »Wie alt ich werde! Aber ich fühle mich als Mutter dieses Landes und leide für Rußland wie für mein Kind, trotz aller Schrecknisse und Sünden. Du weißt, daß man die Liebe meinem Herzen nicht entreißen kann, ebensowenig wie Rußland, trotz seiner tiefen Undankbarweit gegenüber dem Zaren.« Sie zeigt sich überrascht über die Absonderlichkeit russischen Wesens und schließt: »In Wirklichkeit sind es große Kinder mit einer dunklen Seele... Was geschieht, ist schrecklich, wie getötet, gelogen, gestohlen wird, wie Menschen ins Gefängnis geworfen werden. Aber man muß alles ertragen, um rein zu werden und neu geboren.«[11] Anna Wyrubowa möchte ihr ein weiteres Paket schicken, sie bittet sie jedoch, davon abzusehen. Stolz behauptet sie, daß ihr an nichts fehle.

Worunter der Zar am meisten leidet, ist der Mangel an Nachrichten. Um sich über die politische und militärische Situation des Landes zu informieren, hat er nichts als ein schäbiges Lokalblatt zu seiner Verfügung, das auf Packpapier gedruckt wird. Mit Hilfe der wenigen in diesem Blatt veröffentlichten Telegramme verfolgt er angstvoll den Niedergang seines Vaterlandes. In Petrograd gilt Kerenski inzwischen als Konterrevolutionär und wird von den nach der Macht strebenden Bolschewiken in Bedrängnis gebracht. An der Front ist die Offensive endgültig aufgehalten, und der Vorstoß der Deutschen wird mächtiger. Nikolaus faßt jedoch wieder Mut, als er erfährt, daß General Kornilow, der Oberbefehlshaber der russischen Truppen, Kerenski angeboten hat, auf die Hauptstadt zu marschieren, um die Umtriebe der Bolschewiken zu beenden. Um so tiefer ist seine Enttäuschung, als die provisorische Regierung auf diese letzte Chance zur Rettung verzichtet. Das Ergebnis dieses verfehlten Putschversuchs läßt nicht lange auf sich warten. Durch ihre Uneinigkeit haben Kornilow und Kerenski Lenins Chancen vergrößert. Am 7. Oktober 1917 ist er aus Finnland zurückgekehrt und predigt den sofortigen Aufstand. Bei dieser Aufgabe hilft ihm Leo Bronstein, genannt Trotzki, der einige Monate zuvor aus New York gekommen ist und dessen Organisationstalent Wunder wirkt.

Nach dem, was Nikolaus erfahren hat, ist Lenin ein kalter und unbeugsamer Doktrinär gefährlichster Sorte. Ohne Gewissensbisse, ohne Mitleid und Reue soll er sein, bereit, Rußland mit Leichen zu bedecken, um den Sieg seiner fixen Idee zu erringen. Unter seinem Einfluß werden die Sowjets, die bereits von den Bolschewiken kontrolliert werden, zunehmend fordernder, immer bedrohlicher. Kerenski ist überlastet und sieht sich in die Enge getrieben. Banden wütender Deserteure ziehen durchs ganze Land. Die Muschiks zünden die Herrenhäuser an. Wieder werden die Transportwege abgeschnitten, die Armee hungert, in den Städten fehlt es an Brot, und subversive Flugblätter überfluten Rußland. In der Nacht vom 23. auf den 24. Oktober 1917 ruft Kerenski in Petrograd einige ihm ergebene

Truppen zusammen, verbietet die bolschewistischen Zeitungen, läßt das revolutionäre Soldatenkomitee verfolgen. Die Bolschewiken reagieren prompt. Tausende roter Garden, Matrosen und Soldaten beginnen mit der Belagerung der Stadt, sie besetzen Bahnhöfe, Post- und Telegrafenämter, Druckereien. Nur das Winterpalais, der Sitz der Regierung, hält sich noch. Vergeblich versucht Kerenski, mit den Truppen General Krasnows die Hauptstadt zurückzuerobern. Die Kosaken lassen ihn im Stich, und er flieht in einem amerikanischen Wagen. Sogleich verstärken die Aufständischen ihren Angriff auf das Winterpalais, das junge Offiziere und ein Frauenbataillon verteidigen, dessen Gründung der Spott der Bevölkerung geworden ist. Eine bolschewistische Flotille ist die Newa heraufgekommen. Der Kreuzer »Aurora« richtet seine Kanonen auf das Winterpalais und gibt eine erste Salve ab. In der Nacht werden die Beschießungen immer stärker. Bald ist das riesige Gebäude von den Roten eingenommen. Die Minister, die dort geblieben sind, werden verhaftet und ins Gefängnis geworfen. Jetzt stehen alle Türen offen: Die prachtvolle Residenz der Zaren wird Schauplatz von Erniedrigung und Plünderung. Die Frauen des Sonderbataillons werden in die Kaserne des Regiments Pawlowski gebracht, wo man sie quält und vergewaltigt. In den folgenden Wochen toben blutige Kämpfe auf den Moskauer Straßen, wo die Bolschewiken den erbitterten Widerstand junger Offiziersanwärter, der Kadetten, zu brechen versuchen. Zwei Wochen dauert der ungleiche Kampf. Schließlich haben die Roten ganz Moskau besetzt. Die Provinzstädte schließen sich der Bewegung an. Lenin ist der Herr Rußlands. Ein Dekret folgt auf das andere: Sofortige Abschaffung des Grundbesitzes ohne Entschädigung, Schaffung eines Rats der Volkskommissare, deren Vorsitzender Lenin ist und dem nur Bolschewiken angehören, Leitung der Industrieunternehmen durch die Arbeiter, Errichtung von Volkstribunalen, Verstaatlichung der Banken, Anerkennung der Nationalitäten, die zu einer Sowjetunion zusammengefaßt werden, Bildung einer politischen Polizei, der *Tscheka*... Die Verhaftungen häufen sich. »Nie war die Peter-Pauls-Festung so vollgestopft«, schreibt Sinaida Hippius. Man steckt wild durcheinander der Verschwörung verdächtige

Monarchisten hinein, ehrbare, unbescholtene Bürger, die sich nichts vorzuwerfen haben außer, daß sie Vermögen besitzen, Menschewiken, welche die falsche Seite gewählt haben, Diener, die ihren Herren allzu treu waren, Händler die mit dem Elend des Volkes spekuliert haben. Die Linksintellektuellen, die zuerst begeistert waren, treffen sich und wenden sich von der Bewegung ab. Sie haben das revolutionäre Feuer mit entfacht, jetzt wissen sie nicht mehr, wie sie sich davor schützen sollen. Selbst Gorki ist ernüchtert. Als Sinaida Hippius ihn bittet, zugunsten einiger Mitglieder der provisorischen Regierung, die in der Festung inhaftiert sind, zu intervenieren, antwortet er keuchend: »Ich bin... körperlich... nicht in der Lage, mit diesen... Verbrechern... Lenin und Trotzki zu sprechen.« Am 7. November veröffentlicht er einen Artikel in »Das neue Leben«, in dem es heißt: »Lenin und Trotzki und ihre Genossen sind schon vom Gift der Macht angesteckt. Dies beweist ihr schändliches Vorgehen gegen die Redefreiheit und die Rechte des einzelnen, für deren Sieg die Demokratie so lange gekämpft hat.«

Nikolaus erfährt erst am 15. November 1917 vom Fall Petrograds und Moskaus. Fast zur gleichen Zeit unterrichtet man ihn, daß Waffenstillstandsgespräche zwischen russischen und deutschen Bevollmächtigten begonnen haben. Als unverbesserlicher Patriot fühlt er sich durch die Abtrünnigkeit seines Volkes und seiner Armee besudelt. Hat er sich umsonst geopfert? Lenin und Trotzki sind in seinen Augen ein teuflisches Gespann, das Rußland in Ruin und Ehrlosigkeit stürzt. »Ich empfinde Abscheu, wenn ich in der Zeitung lese, was vor zwei Wochen in Petrograd und Moskau geschehen ist«, schreibt er am 17. November. »Das ist viel schlimmer und ehrloser als die Ereignisse in der Zeit davor.« Am 18. November notiert er: »Wir haben die unglaubliche Nachricht erhalten, daß drei Parlamentäre unserer 5. Armee bei Dwinsk zu den Deutschen gegangen sind und dort die ersten Waffenstillstandsvereinbarungen unterzeichnet haben. Ich habe nicht mit einem solchen Alptraum gerechnet. Wie konnten sich die Kanaillen von Bolschewiken nur erkühnen, ihren innigsten Wunsch zu verwirklichen, nämlich dem Feind den Frieden anzubieten, ohne das Volk zu befragen, und das zu einem Zeitpunkt, an dem der Feind einen großen Teil unseres Landes besetzt hält?« Am nächsten Tag ist sein Ton sanfter, die Routine hält wieder Einzug: »Es hat stärker gefroren, und das Wetter ist klar... Tagsüber habe ich Holz gesägt.«

Die Zarin bewundert die seelische Kraft ihres Mannes. »Er ist ganz einfach wunderbar«, schreibt sie Anna Wyrubowa. »Soviel Sanftheit und Milde, dabei leidet er andauernd für das Vaterland!« Und weiter: »Alle irdischen Dinge gehen uns nacheinander verloren... Häuser und Güter sind zerstört, die Freunde verschwunden... Wir leben von einem Tag auf den anderen. Aber Gott ist in allen Dingen, und die Natur ändert sich niemals. Um mich herum sehe ich Kirchen... Hügel – die wunderbare Welt! Wolow[12] schiebt mich im Rollstuhl bis zur Kirche auf der anderen Straßenseite... Manche Leute verneigen sich vor uns und segnen uns, andere wagen es nicht. Ich fühle mich alt, oh! So alt! Aber ich bin immer noch die Mutter von unserem Rußland... und ich liebe es trotz all seiner Sünden und aller Schrecken... Möge Gott Mitleid mit Rußland haben! Gott rette unser Rußland!« Einige Tage später vertraut sie Anna Wyrubowa an: »Ich stricke Strümpfe für den Kleinen (Alexei). Er hat mich um ein Paar gebeten, seine sind ganz durchlöchert... Die Hosen seines Vaters sind von Flicken übersät, die Wäsche der Mädchen ist ganz zerfetzt.«

Im Dezember fällt das Thermometer auf minus 38 Grad. Die Kälte dringt durch die Mauern. In den Zimmern friert man, obwohl in den Kaminen Feuer brennen. Die Zarin sitzt im Rollstuhl, eingewickelt in Wolltücher, Frostbeulen auf den Händen. Sie kann kaum die Stricknadeln bewegen. Für Alexei ist der sibirische Winter ein Freudenfest. Nie war dieser zarte und unstete Dreizehnjährige so schelmisch und ausgelassen. Er geht mit seinem Vater in dem kleinen tiefverschneiten Garten spazieren und führt mit seinen Schwestern Theaterstücke auf. Der Zar spielt sogar die Rolle des Smirnow im »Bären« von Tschechow.

Bei all seiner scheinbaren Sorglosigkeit fürchtet Nikolaus, daß der Aufstieg der Bolschewiken zur Macht schlimme Folgen für das Schicksal der Gefangenen haben könnte. Und tatsächlich erreicht die revolutionäre Doktrin auch das Gardekommando von Tobolsk. Bislang waren die Soldaten aus Zarskoje Selo gegenüber der Zarenfamilie recht freundlich. Nikolaus und seine Töchter befragten sie oft nach ihrer Vergangenheit, ihrem Heimatdorf nach den Kämpfen, an denen sie teilgenommen hatten. Manchmal gingen sie sogar heimlich zum Gardekorps und spielten mit ihren Bewachern Dame. Jetzt haben dieselben Männer ein Komitee gebildet und gehen auf Distanz zum »Volksfeind«. Kommissar Pankratow, der den freundlichen Oberst Kobylinksi ersetzt hatte, wird ebenfalls abgelöst.

Jetzt haben die Soldaten keinen Herrn mehr und gehen nach Gutdünken mit der Situation um. Um die Angelegenheiten der Gemeinschaft zu regeln, schlägt Nikolaus im Spaß die Bildung eines Sowjet vor, der aus Tatistschew, Dolgoruki und Gilliard besteht. Der kaiserliche Sowjet hat einen ganzen Nachmittag lang getagt und beschlossen, aus Ersparnisgründen zehn Diener zu entlassen. Vorher hat das Tobolsker Soldatenkomitee mit 100 gegen 85 Stimmen beschlossen, dem Beispiel der Front zu folgen und den Offizieren die Schulterstücke abzunehmen. Die Maßnahme wurde auch auf den früheren Zaren angewandt. General Tatistschew und Fürst Dolgoruki bitten ihn zu gehorchen, um Zornausbrüche der Bewacher zu vermeiden. »Man spürt, daß der Zar aufgebracht ist«, schreibt Gilliard. »Dann wechselt er einen Blick und einige Worte mit der Zarin: Er bezähmt sich und fügt sich, dem Wohl der Seinen zuliebe.« Wenn der kleine Alexei in die Kirche geht, versteckt er seine Epauletten unter dem kaukasischen *baschlyk*[13], der seine Schultern bedeckt. Wie sein Vater schreibt auch er Tagebuch, und seine Eintragungen sind fast ebenso banal wie die aus der Feder des Zaren. Manchmal könnte man glauben, man läse eine Beschreibung des Tagesablaufs Nikolaus II. in Tobolsk. »Der ganze Tag war wie gestern«, schreibt der Junge am 19. März 1918. Mein Husten ist besser geworden. In der Sonne ist es zwölf Grad und im Schatten fünf. Nachmittags habe ich mit Kolja und Tolja gespielt.«[14] Am nächsten Tag heißt es: »Alles ist in Ordnung. Der Schnee schmilzt. In der Sonne sind es jetzt 13 Grad und zehn im Schatten. Nachmittags habe ich mit Kolja Schneeballwerfen gespielt, und wir sind überall herumgeklettert.« Fünf Tage später: »Nachmittags haben Kolja und ich im Garten gespielt. Wir haben mit dem Bogen auf eine Zielscheibe geschossen. Das war sehr interessant.«

Bald verbietet das Soldatenkomitee den seltenen Ausgang an orthodoxen Festtagen. Wie zur Strafe läßt es den Eisberg zerhacken, den die Zarenfamilie zu ihrer Zerstreuung errichtet hatte. Die Wachen sind irritiert, weil sie von aller Welt abgeschnitten sind und ihren Sold nicht regelmäßig erhalten. Die Revolutionsregierung hat immer noch keinen Repräsentanten in diesem Teil Sibiriens. Deshalb träumt man in der Umgebung des Zaren von einer möglichen Flucht. Es heißt, ein gewisser Solowjow, der Rasputins Tochter Maria geheiratet hat, halte sich in Tjumen auf und sei bereit, zur Tat zu schreiten. Auch verfüge er über beträchtliche Geldsummen. Dieser Mann hat das Vertrauen Anna Wyrubowas gewonnen. Es ist jedoch beinahe sicher, daß es sich um einen Doppelagenten, einen Denunzianten und Gauner handelt. Im übrigen weigert sich die Zarin, russisches Territorium zu verlassen. »Wenn wir ins Ausland gehen müßten, würden wir die letzte Verbindung zur Vergangenheit abschneiden«, sagt sie. Seit dem 1. Februar 1918 hat man den Julianischen Kalender der Orthodoxen, der dreizehn Tage im Rückstand ist, durch den in Europa üblichen Gregorianischen Kalender ersetzt. Im März wird plötzlich die Nachricht bekannt, der Vertrag von Brest-Litowsk zwischen Rußland und Deutschland stehe vor der Unterzeichnung. »Es ist eine solche Schande für Rußland und kommt einem Selbstmord gleich!« ruft Nikolaus aus. »Ich hätte nie gedacht, daß Kaiser Wilhelm und die deutsche Regierung sich dazu hergeben, den Elenden die Hand zu reichen, die ihr Land verraten haben.« Eine weitere wichtige Neuigkeit: Da Petrograd wegen seiner Lage durch konterrevolutionäre Angriffe gefährdet war, hat man Moskau zur russischen Hauptstadt erklärt. Die bolschewikische Regierung ist sogleich dorthin umgezogen.

Einen Monat später trifft zum großen Erstaunen der Garnison in Tobolsk Jakowlew, ein neuer Kommissar mit Sondervollmachten, aus Moskau ein. Er ist etwa dreißig, groß, kräftig, hat pechschwarzes Haar und höfliche Umgangsformen. Wenn er mit Nikolaus spricht, nennt er ihn »Sire« oder »Majestät«. Aber seine Entschlossenheit ist unerschütterlich. Er hat die Aufgabe, die Zarenfamilie an einen geheimgehaltenen Ort zu bringen, wo sie unter strenger Bewachung des Regionalkomitees steht, das zu Beginn des Jahres 1918 gegründet wurde. »Wir haben alle Angst«, schreibt Gilliard. »Wir haben das Gefühl, von aller Welt vergessen worden zu sein, sind jetzt ganz auf uns selbst gestellt und auf die Gnade dieses Mannes angewiesen. Ist es möglich, daß niemand den kleinsten Versuch unternimmt, die Familie zu retten? Wo sind nur alle die, welche dem Zaren die Treue hielten?«

Da der kleine Alexei krank ist, kann von einer Reise oder der Trennung von seiner Mutter keine Rede sein. Nikolaus weigert sich, allein zu fahren. »Ich gehe nirgendwohin«, sagt er. Sie wollen, daß ich den Vertrag von Brest-Litowsk unterzeichne. Eher lasse ich mir die Hand abhacken!« Auch Alexandra Fjodorowna protestiert: »Ich kann den Zaren nicht allein abreisen lassen. Man will ihn von seiner Familie trennen... Man will ihn veranlassen, Böses zu tun, indem man ihm Angst um das Leben der Seinen macht... Mein Gott, welche schreckliche Folter! Zum erstenmal in meinem Leben weiß ich nicht, was ich tun soll. Sonst habe ich mich immer inspiriert gefühlt, wenn ich eine Entscheidung treffen mußte, aber jetzt verspüre ich gar nichts!« Jakowlew bleibt bei seiner Forderung: »Wenn Sie mir nicht freiwillig folgen, werde ich gezwungen sein, Gewalt anzuwenden oder mein Amt niederzulegen. In diesem Fall würde das Komitee vermutlich an meiner Stelle einen Mann herschicken, der nicht meine Skrupel besitzt.«

Schließlich einigt man sich auf einen Kompromiß: Alexandra Fjodorowna gibt auf und beschließt, ihrem Mann gemeinsam mit ihrer Tochter Maria zu folgen. Die anderen Großfürstinnen und der Zarewitsch sollen nachkommen, sobald der Knabe wieder gesund ist. Gilliard, der Zeuge dieses Familiendramas wird, schreibt: »Um halb elf Uhr abends gehen wir nach oben, um Tee zu trinken. Die Zarin sitzt auf dem Diwan, zwei Töchter an ihrer Seite. Sie haben so sehr geweint, daß ihr Gesicht ganz geschwollen ist. Wir alle versuchen, unser Leid zu verbergen, und bemühen uns ruhig zu bleiben. Wir haben das Gefühl, wenn einer von uns schwach wird, werden alle anderen mitgerissen werden. Zar und Zarin sind ernst und gefaßt. Man spürt, daß sie

zu allen Opfern bereit sind, daß sie auch ihr Leben hingeben
würden, wenn Gott in seinem unerforschlichen Willen dies
zum Wohl des Landes verlangt. Nie haben sie uns mehr Güte
und Fürsorge erwiesen. Ihre große Gelassenheit, ihr wunderbarer Glaube gehen auf uns über.«

Am frühen Morgen des nächsten Tages besteigen Nikolaus,
Alexandra Fjodorowna und Maria einige *tarantass*, Bauernkar-
ren ohne Federung und Sitze. Zwei Bauern bedecken die Bo-
denbretter mit Stroh, das sie aus dem Schweinestall geholt haben. Die Pferde traben durch den weichen Schnee. Mühevoll
erreicht der Wagenzug, den Reiter begleiten, ratternd und rum-
pelnd den Bahnhof von Tjumen. Hier besteigen die Gefangenen einen Sonderzug, der sie, so heißt es, nach Jekaterinburg
bringen soll. Diese Stadt ist ganz in der Hand der Bolschewiken.
Die Vorsitzenden des Ortskomitees gelten als Extremisten, denen daran liegt, den früheren Zaren und seine Familie in der
Hand zu haben, wertvolle Geiseln im Fall einer Bedrohung
durch konterrevolutionäre Kräfte. Als Nikolaus erfährt, wohin
er gebracht werden soll, begreift er, daß die Falle, in der er und
seine Familie stecken, weiter zuschnappt.

Am 30. April 1918 erreicht der Zug den Bahnhof von Jekaterinburg. Nikolaus, Alexandra Fjodorowna und Großfürstin Maria verlassen den Waggon. Der Zar trägt ein Cape aus Militär-
stoff und eine Offiziersmütze. Seine Frau und seine Tochter
sind in dunkle Mäntel gehüllt. Alle drei sind ruhig, ernst und
ein wenig angespannt. Kaum haben sie eine Kutsche bestiegen,
da sind sie von einer feindlichen Menge umringt. Man ruft der
Eskorte zu. »Zeig uns die Romanows!« Es wird deutlich, daß sie
die Menschen hier weniger mögen als die Einwohner von Tobolsk. Sie werden sogleich zu einem »Haus der besonderen
Verwendung« gefahren, das im Stadtzentrum liegt und von roten Garden bewacht wird. Es ist das »Haus Ipatjew«, benannt
nach seinem ehemaligen Besitzer. Der massige weiße Bau liegt
auf einem Hügel, besitzt zwei Etagen mit hellen, geräumigen
Zimmern und genügend Möbel. Es ist umgeben von einem kleinen, ungepflegten Garten. Bald wird das Ganze durch einen
doppelten, mit Wachhäuschen bestückten Holzzaun umgeben.
Ein Mitglied des Präsidiums des Ural-Sowjets erwartet die Ge-

fangenen an der Tür und sagt spöttisch zum Zaren: »Bürger Romanow, Sie dürfen eintreten!« Dann befehlen ihnen die roten Garden, zwecks einer ersten Durchsuchung ihr Gepäck zu öffnen. Der Zar gehorcht, aber Alexandra Fjodorowna ist empört. Daraufhin wagt es auch der Zar, die Stimme zu erheben: »Bisher wurden wir immer korrekt behandelt, und die Männer, mit denen wir zu tun hatten, waren Gentlemen. Hier ist es scheinbar…« Der Chef des Geschwaders antwortet ihm brüsk, daß er nicht mehr in Zarskoje Selo sei und man ihn bei der nächsten Beleidigung von seiner Familie trennen und zu Zwangsarbeit verurteilen werde. Alexandra Fjodorowna ist entsetzt und fügt sich.

Einige Wochen später wird den drei Gefangenen große Freude zuteil. Aus Tobolsk treffen der Zarewitsch und seine drei Schwestern Olga, Tatjana und Anastasia ein. Die Familie ist in ihrer neuen Behausung wieder vereint. Von den Leuten ihres Gefolges aber dürfen nur wenige bleiben. Gilliard muß zu seinem großen Kummer als erster fort. Ende Mai 1918 leben im Haus Ipatjew außer den kaiserlichen Gästen nur noch Doktor Botkin, der Koch Charitonow, der Diener Trupp, das Zimmermädchen Demidowa und der Küchenjunge Sjednew. Die übrigen werden entweder nach Tjumen zurückgeschickt oder im Gefängnis des Ortes inhaftiert.

Die Wachmannschaft, die das Haus Ipatjew innen und außen beobachtet, besteht aus »zuverlässigen Leuten«, die unter den Arbeitern der örtlichen Fabriken ausgewählt wurden. Ihr Kommandant Awdejew, ein gewalttätiger und beschränkter Alkoholiker, redet den Zaren nur mit »Blutsauger« an. Er wohnt mit seinem Adjutanten und zehn Genossen auf derselben Etage wie die Gefangenen, die mit ihnen in ständiger, widerwärtiger Gemeinschaft leben müssen. Der fanatische Sonderkommissar Jurowski, ein Krankenpfleger, der mit ihrer Überwachung betraut ist, erweist sich als noch brutaler und dümmer als die anderen. Als Awdejew in der Handtasche der Zarin herumstöbern will, versucht Nikolaus ihn daran zu hindern. Er achtet jedoch nicht auf ihn und sagt: »Ich bitte Sie nicht zu vergessen, daß Sie juristisch verfolgt werden und sich in Haft befinden.« An allen Türen stehen rote Garden, spotten über die Großfürstinnen, wenn diese auf die Toilette gehen, nehmen an ihren Mahlzeiten teil und nehmen sich manchmal mit den Händen von den Tellern ihrer Tischgenossen.[15] Auf ihren seltenen Spaziergängen müssen die Untersuchungsgefangenen im Garten im Kreis gehen, unter den spöttischen Blicken der Aufseher. Da Alexei, der immer noch krank ist, nicht laufen kann, trägt sein Vater ihn auf dem Arm. Alexandra Fjodorowna sitzt auf der Türschwelle, um frische Luft zu atmen. Auf diese Weise erfahren die Mitglieder der Zarenfamilie, nachdem sie zuerst in Zarskoje Selo unter Hausarrest standen und in Tobolsk einigermaßen bequem untergebracht waren, in Jekaterinburg das bittere Los politischer Gefangener.

Mit der Zeit aber erkennen die Wächter, die gegenüber dieser Sippe »blutrünstiger Tyrannen« äußerst skeptisch waren, daß Zar und Zarin nicht gefährlich sind. Er ist gerade 50 Jahre alt geworden und sie 48. Beide sind abgemagert, erschöpft, verwirrt. Man hat den Eindruck, daß sie noch nicht begriffen haben, was ihnen widerfährt. Der kastanienbraune Bart des Zaren ist von weißen Haaren durchsetzt. Er trägt ein khakifarbenes Soldatenhemd, an der Taille mit einem Offiziersgürtel zusammengehalten, und alte, schiefgetretene Stiefel. Seine Bescheidenheit und Höflichkeit überraschen die Wärter. Einer von ihnen, ein junger Vorarbeiter, berichtet darüber: »Ich wußte wohl, daß Nikolaus aus demselben Holz geschnitzt war wie wir, aber sein Blick, seine Manieren und seine Haltung waren nicht wie die gewöhnlicher Sterblicher. Manchmal setzte er sich in die Sonne, mit gesenktem Blick, und dann sah man, daß er eine angeborene Kraft hatte. Ich dachte mir oft, daß er in tiefster Seele alle diese Bauern, diese groben Rüpel, die seine Bewacher waren, verachten mußte. Aber Nikolaus Alexandrowitsch war voller Selbstbeherrschung. Er fand für jeden ein passendes, freundliches Wort. Seine Stimme war sanft und klar, seine Manieren höchst anständig. Seine Augen waren blau und sein Blick angenehm. Wenn einer unserer Tölpel in betrunkenem Zustand gemein zu ihm war und ihm eine Grobheit an den Kopf warf, reagierte er immer höflich und geduldig. Seine Kleider waren vielfach gestopft und verschlissen. Der Kammerdiener des Zaren sagte, daß er auch vor der Revolution gerne lange dieselben Kleider und Schuhe trug.«

Alexandra Fjodorowna hingegen mögen die Wärter nicht. »Sie war herablassend, voller Hochmut und hätte nie ein Wort mit uns gewechselt«, sagen sie später. »Sie war nicht wie eine russische Zarin, eher wie eine deutsche Generalin, wie man es oft bei Lehrerinnen findet... Sie war sehr mager und aß nichts. Wir kochten ihr Makkaroni und weißen Brei. Sie strickte Wolljacken, bestickte Handtücher, stopfte die Kleider ihres Mannes und die Wäsche der Kinder...« An den Zarewitsch erinnern sich dieselben Zeugen als an einen schmächtigen, empfindlichen Knaben mit »einem bleichen durchsichtigen Gesicht«, der gerne Papierschiffe faltete und Münzen und Knöpfe sammelte. Seine Schwestern wirken gesund und fröhlich, »ihre Backen sind rot wie Äpfel«.[16]

Über die Großfürstinnen wundern sich die Bewacher des »Hauses Ipatjew« am meisten. An ihnen ist keine Spur von Arroganz oder sozialem Hochmut zu entdecken. Sie sind wie die Töchter von irgendwem zu jeder Arbeit bereit und freuen sich über den kleinsten Sympathieerweis. Sie sind immer korrekt gekleidet, aber sie machen ohne weiteres ihr Bett oder tragen Wassereimer. Olga, die älteste, ist 22, sanft, schüchtern, gelehrig und hat ein typisch russisches Gesicht. Sie liest alles, was ihr in die Finger kommt, und manchmal zieht sie sich in wohltuende Träumerein zurück. Tatjana ist 20, groß und schlank und von einer natürlichen Eleganz, die, wenn man sie innerhalb ihrer Familie sieht, an die Grazie einer Tänzerin erinnert. Sie ist schöner, aber auch energischer als Olga. In der Gruppe der Zarenkinder fällt sie meistens die Entscheidungen. Ihre Schwestern und der Bruder nennen sie aus Spaß »Gouvernante«. Die dritte Tochter, die achtzehnjährige Maria ist rundlich, kokett und hat so große, helle Augen, daß sie in der Familie ›Marias Untertassen‹ genannt werden. Sie malt gerne Aquarelle und wünscht sich sehnlichst für später eine Familie und viele Kinder. Anastasia, die jüngste, ist erst sechzehn, aber ihr Charakter ist schon sehr ausgeprägt. Sie ist recht jungenhaft und muß sehr an sich halten, um nicht auf die Bäume zu klettern. Sie spielt gerne Streiche und macht Stimmen und Verhalten der Leute in ihrer Umgebung perfekt nach. Die vier Schwestern bilden eine zärtliche Gemeinschaft, und manchmal unterschreiben sie ihre

Briefe mit dem Anfangsbuchstaben ihrer vier Vornamen: »O.T.M.A.«. Die Gefangenschaft, die sie mit ruhigem Mut ertragen, hat sie einander noch nähergebracht. Sie teilen sich Kleider, Schmuckstücke, Bücher. Besitzgier, Rivalität und Neid sind ihnen fremd. Ihre ganze Liebe gilt ihrem Bruder Alexei, der dreizehn ist. Er ist ebenso ihr Kind wie das ihrer Mutter. Wenn er krank ist, sind sie traurig, wenn er lächelt, jubeln sie vor Freude. Wenn er gesund ist, wandelt sich das ganze »Haus Ipatjew«. Es fehlt nicht viel, und sie würden die Pracht des Winterpalais, die feierlichen Empfänge, die bestickten, schmuckbestückten Kleider vergessen und sich über das einfache Glück freuen, daß sie alle vereint sind in diesem häßlichen, alten Gebäude tief in Sibirien.

Inmitten dieser jugendlichen Lebhaftigkeit glaubt die Zarin, die einzige zu sein, die ein schlimmes Ende der Leiden von Jekaterinburg voraussieht. Zahlreiche Vorahnungen quälen sie, und sie glaubt, daß die Gefangenschaft der Zarenfamilie nur mit dem Tod enden könne. Sie schreibt: »Der Engel naht...«

Während sie immer mehr den Mut verliert, bilden sich überall konterrevolutionäre Vereinigungen. General Kornilow ist den Bolschewiken entkommen und hat gemeinsam mit General Alexeiew ein »Heer der Freiwilligen« gegründet. Fähige Heerführer schließen sich ihnen an, Denikin, Miller, Kutjepow, Denissow, Krasnow... Die Männer, die ihrem Befehl unterstehen, sind alle von tragischem Heroismus beseelt. Man nennt sie bereits die »Weißen«, und die »Roten« haben sich unter Trotzki gegen sie neu organisiert. Dieser wurde zum Volkskommissar im Krieg und Vorsitzenden des Militärrats gewählt. Die Kämpfe werden gnadenlos sein. Im November 1917 haben sich die Freiwilligendivisionen unter General Denikin im Süden erhoben und marschieren in Richtung Wolga und Ural. In Sibirien läuft eine tschechoslowakische Legion, die aus 40 000 früheren Kriegsgefangenen besteht und von russischen Offizieren geführt wird, auf die Seite der Weißen über, verjagt die Bolschewiken, schneidet die Eisenbahnverbindung nach Wladiwostok ab und marschiert auf Jekaterinburg zu.

Nikolaus erfährt nur gerüchtweise davon, aus Artikeln der Lokalzeitungen oder Gesprächsfetzen der Wächter. Er sieht darin aber nichts als einen ungeordneten Haufen wohlmeinender Leute, die ihm und den Seinen nicht werden helfen können. Was ihn in Erstaunen versetzt, ist, daß die Alliierten sich so wenig für sein Schicksal interessieren. Er hat immerhin seine besten Regimenter geopfert, um Paris zu retten, hat den Separatfrieden verweigert, als Rußland von den Vorstößen des Feindes erschüttert wurde, und jetzt verachten ihn die westlichen Regierungen, haben ihn einfach vergessen. In Europa geht das Leben weiter, als hätte es nie einen Zaren in Petrograd gegeben. Irgend etwas scheint sich allerdings jenseits der Grenzen zu bewegen. Offenbar haben sich die Alliierten nach langem Zögern entschlossen, pro Land 5000 Soldaten nach Rußland zu schicken, um die tschechischen konterrevolutionären Verbände zu verstärken. Haben die Franzosen und Engländer verspätete Gewissensbisse? Kann man hoffen, daß eines Tages die Bolschewiken besiegt, die roten Fahnen heruntergezogen und der Zar befreit wird? Nikolaus läßt sich nicht von der Aussicht auf ein solches Wunder blenden. Aber er achtet mit scheuer Hoffnung auf die kleinsten Anzeichen einer Veränderung. Ein paar heimliche Monarchisten von außerhalb haben in Jekaterinburg Pläne für eine Flucht vorbereitet, die jedoch sogleich vereitelt werden. Vielleicht wurden sie nur aufgeschoben? Geduld, Geduld... Nikolaus schreibt in sein Tagebuch: »Wir haben die ganze Nacht über gewartet... Wir blieben die ganze Zeit angezogen. Wir hatten nämlich in den letzten Tagen zwei Briefe erhalten, in denen es hieß, wir sollten uns darauf vorbereiten, von treuen Freunden befreit zu werden. Aber die Tage vergehen, und nichts geschieht. Das fieberhafte Warten und die Ungewißheit sind äußerst qualvoll.«

Das Vorrücken der weißen Truppen beginnt die Stadtoberen zu beunruhigen. Ein gewisser Golostschekin, Mitglied des Regionalkomitees, wird nach Moskau geschickt, um die Meinung Swerdlows, des Präsidenten des zentralen Exekutivkomitees, einzuholen. Dieser zeigt großes Interesse am Schicksal der Familie Romanow. Im Juni ist der jüngere Bruder des Zaren Michael Alexandrowitsch, den man nach Perm deportiert hat, wegen angeblichen Fluchtversuchs umgebracht worden. Ist dies nicht die beste Lösung, das Zarenpack loszuwerden?[17] Es ist auf jeden Fall zu spät, Nikolaus nach Moskau zu bringen und dort zu verurteilen, wie es mehrere Mitglieder des zentralen Exekutivkomitees fordern. Die Tschechen haben Jekaterinburg schon eingekreist. Wenn sie nun die Stadt überfielen und den gestürzten Zaren befreiten? Welch eine Niederlage für die Revolution! Welcher Triumph für die Monarchisten! Es gilt keine Zeit zu verlieren. Golostschekin fährt mit den Instruktionen Lenins und Swerdlows nach Sibirien zurück.

In Jekaterinburg wird Awdejew, der als zu freundlich geltende Kommandant des »Hauses zur besonderen Verwendung«, durch Jurowski ersetzt. Dieser bereitet minutiös das Massaker vor, ohne die Wachen außerhalb einzuweihen. Das Hinrichtungskommando besteht fast ausschließlich aus Letten oder österreichisch-ungarischen Gefangenen. Nachdem er das Gebäude genauestens inspiziert hat, befindet Jurowski, daß das Kellergeschoß der am besten geeignete Ort für die »Liquidierung« der Verurteilten sei. Er kümmert sich auch um den Ort, an den die Leichen verbracht werden sollen, und läßt sich genügend Schwefelsäure bringen, um sie gänzlich zu zerstören. Dieser blutrünstige Mann arbeitet peinlich genau und vernachlässigt kein Detail. Er möchte, daß man in Moskau stolz auf ihn ist.

Der 16. Juli ist ein öder und grauer Tag wie jeder andere. Abends nimmt die Zarenfamilie ein leichtes Essen zu sich. Danach schreibt Alexandra Fjodorowna in ihr Tagebuch: »Baby hat sich ein wenig erkältet. Tatjana las mir aus der Bibel vor. Heute hat sie den Propheten Amos gelesen. Jeden Morgen kommt der Kommandant in unser Zimmer. Er hat mir ein paar Eier für Baby gebracht. Um acht haben wir zu Abend gegessen, und ich habe mit Nikolaus Bézigue gespielt.«

Kurz nach Mitternacht stürmt Jurowski in die Zimmer, weckt die Zarenfamilie und die Diener und befiehlt ihnen, sich anzuziehen und nach unten zu gehen. Es drohe ein Aufstand, man rechne mit Schießereien auf den Straßen, und es sei zu gefährlich, hierzubleiben. Schlaftrunken machen sich Nikolaus, Alexandra Fjodorowna, ihr Sohn, ihre vier Töchter, Doktor Botkin und drei Diener eilig fertig. Jurowski und seine Männer führen sie nach unten in ein leeres und schmutziges Zimmer, das an eine Abstellkammer grenzt. Öllampen erhellen den unheimli-

chen Schauplatz. Der Zar trägt den Zarewitsch Alexei, dessen
Bein bandagiert ist. Großfürstin Anastasia preßt Jimmy, den
kleinen Spaniel ihrer Schwester Tatjana, gegen ihre Brust. Das
Zimmermädchen Anna Demidowa hält zwei Kopfkissen unter
dem Arm. In einem befindet sich unter den Federn versteckt
ein Kästchen mit einigen Schmuckstücken der Zarin. Als alle
Gefangenen versammelt sind, erklärt Jurowski ihnen, sie müßten warten, bis die Automobile da seien. Auf Bitten des Zaren
bringt man drei Stühle. Er setzt sich in die Mitte, den Sohn zu
seiner Rechten, seine Frau zur Linken. Die anderen bleiben an
die Wand gelehnt stehen. Im Nebenzimmer hört man Geräu-
sche: Die Mörder versammeln sich. Draußen hört man Wagen-
motoren brummen. Es ist Viertel nach drei Uhr morgens. Die elf
Henker treten ein, die Waffen in der Hand. Jurowski zieht ruhig einen Zettel aus der Tasche und verliest den Urteilsspruch:
»Nikolaus Alexandrowitsch, Ihre Freunde haben versucht, Sie
zu retten, aber es ist ihnen nicht gelungen. Wir sind verpflichtet, Sie zu erschießen. Ihr Leben ist zu Ende.« Die Zarin und
eine der Töchter bekreuzigen sich. Der Zar, der nicht alles verstanden hat, stammelt: »Was?« Im selben Augenblick zückt Jurowski seien Nagan-Revolver und schießt aus nächster Nähe
auf Nikolaus und den kleinen Alexei. Beide gleiten von ihren
Stühlen herab und brechen zusammen. Die anderen Henker
schießen ebenfalls, jeder hat sein Ziel vorher ausgesucht. Ein
Gemetzel hebt an mit Geschrei, Pulvergeruch, spritzendem
Blut. Herren und Diener erleiden dasselbe Schicksal. Nach der
Schießerei atmet Alexei noch. Jurowski tötet ihn mit zwei Re-
volverschüssen. Anna Demidowa versucht, sich mit einem
Kopfkissen zu schützen, und wird von Bajonettstößen durch-
bohrt. In weniger als zehn Minuten ist die Angelegenheit gere-
gelt.

Gleich darauf werden die Leichen auf einen Wagen geladen
und aus der Stadt gefahren. 24 Werst entfernt mitten im Wald
bei einer verlassenen Mine, einem Ort, der »Die Vier Brüder«
heißt, hält der Wagen. Die Toten werden abgeladen, die Kleider
heruntergerissen und zerfetzt. Einige Schmuckstücke, die in die
Futter eingenäht waren, kommen zum Vorschein. Trunken vor
Wut schneiden die Mörder ihre Opfer in Stücke, schlagen ih-

nen die Gesichter mit Gewehrkolben ein und übergießen alles mit Schwefelsäure. Dann werfen sie den Brei auf einen Scheiterhaufen, der mit Benzin entzündet wird. Was von dem Holocaust übrigbleibt, wird in den Minenschacht geworfen.

Eine Woche später finden die Weißen, die siegreich nach Jekaterinburg einziehen, diese Reste aus Schlamm und Asche. Ein Beamter, der mit der Untersuchung beauftragt ist, identifiziert die Leichen anhand von kleinen Gegenständen, die man an Ort und Stelle gefunden hat, und sammelt Zeugenaussagen.[18]

Sobald die Spuren der Ermordungen verwischt sind, schickt Jurowski ein chiffriertes Telegramm in den Kreml. »Sagt Swerdlow, daß die ganze Familie dasselbe Schicksal erlitten hat wie ihr Oberhaupt.«

*

Am 18. Juli 1918 tagt der Rat der Volkskommissare, und der Gesundheitskommissar trägt seinen Genossen einen Gesetzentwurf vor. Da bittet Swerdlow um das Wort und erklärt in kaltem Ton: »Genossen, nach den Neuigkeiten, die uns aus Jekaterinburg erreichten, wurde Nikolaus gemäß dem Beschluß des regionalen Sowjets hingerichtet. Die Tschechoslowaken näherten sich der Stadt. Nikolaus wollte fliehen. Der Vorsitzende des Zentralkomitees hat beschlossen, diese Maßnahme zu billigen.« Keiner der Anwesenden protestiert. Ein paar Augenblicke später erhebt Lenin die Stimme und schlägt ruhig vor, zur Tagesordnung überzugehen. »Und jetzt, Genossen«, so sagt er, »fahren wir fort und lesen Artikel für Artikel unser neues Projekt vor.« Die Sache ist abgeschlossen: Der Tod Nikolaus II. wird nicht als historisches Ereignis gewürdigt.

48 Stunden lang hält das Präsidium die Nachricht geheim. Als Trotzki, der von einer Reise zurückkehrt, fragt, was aus dem Zaren geworden ist, antwortet ihm Swerdlow, daß Nikolaus II. auf den Rat Lenins hin mit seiner Familie erschossen wurde. »Iljitsch (Lenin) war der Meinung, daß wir den Weißen kein lebendes Banner überlassen sollten«, sagt er. »Vor allem in der schwierigen Lage, in der wir uns befanden.«[19] Trotzki fügt aus

seiner Sicht hinzu: »Diese Maßnahme war nicht nur opportun, sondern auch notwendig. Die Härte dieser standrechtlichen Handlung bewies der Welt, daß wir entschlossen waren, den Kampf fortzusetzen, unerbittlich und, ohne daß uns irgendwelche Hindernisse aufgehalten hätten. Die Hinrichtung des Zaren brachte uns den Vorteil, nicht nur den Feind zu erschrecken, ihm Grauen einzuflößen und ihn zu entmutigen, sondern auch unsere eigenen Anhänger zu treffen, ihnen klarzumachen, das es kein Zurück geben konnte und es für uns keine andere Alternative gab als den völligen Sieg oder den völligen Ruin... Das hatte Lenin sehr wohl verstanden.«

Erst am 20. Juli erhält die Presse die Genehmigung, das Ereignis zu verbreiten. Sie ist jedoch verpflichtet, dies in lakonischer Weise zu tun. Einige Zeitungsverkäufer rufen in den Straßen: »Tod des Zaren!« Die Iswestija berichtet von der Hinrichtung und behauptet, Alexandra Fjodorowna und ihre Töchter seien an einen sicheren Ort gebracht worden. Offenbar scheut sich Lenin, seinem Ruf zu schaden, indem er öffentlich zugibt, daß er auch für die Ermordung der Frau, der Kinder, des Arztes und der Diener »Nikolaus des Blutrünstigen« verantwortlich ist.

Als in den westlichen Ländern Einzelheiten des Massakers bekannt werden, rufen sie Empörung und Mitleid hervor. In Rußland, in den Wirren des Bürgerkriegs, sind die Meinungen geteilt. Die Monarchisten und Liberalen sind entsetzt, das Volk flüchtet sich in spröde Gleichgültigkeit. Graf Kokowzow, der am Tag der Veröffentlichung der Nachricht in der Straßenbahn fährt, erkennt auf manchen Gesichtern eine Art gehässigen Triumphs: »Die Leute lasen die Mitteilung laut vor, lachten dabei spöttisch und gaben schonungslose Kommentare ab«, schreibt er. »Um mich herum hörte ich junge Leute schreckliche Dinge sagen wie: ›Vorbei, Nikolaus, der Tanz ist zu Ende! Versuch doch mal, noch zu regieren, Bruder Romanow!‹ Die Älteren wandten sich ab oder schwiegen.«

Es scheint, daß das empörte Volk sich an Nikolaus II. für alle Kaiser, die Rußland vor ihm beherrscht haben, rächen will. Er ist das Sühneopfer und mußte für Jahrhunderte autokratischen Zwangs und sozialer Ungleichheit büßen. Sein persönliches

Scheitern und sein furchtbares Ende stehen in keinem Verhältnis zueinander. Seit seiner Thronbesteigung waren die Ereignisse mächtiger als er. Ein mittelmäßiger Charakter, der es mit einem weltweiten Umsturz zu tun hatte.

Es ist wahrscheinlich, daß seine Regierung ohne den Krieg von 1914 und ohne die Revolution, die durch die militärischen Niederlagen begünstigt, wenn nicht gar entschieden wurde, sich zu einer friedlichen konstitutionellen Monarchie hin entwickelt hätte, und daß Rußland, das in wirtschaftlicher Blüte stand, zu einem der reichsten und mächtigsten Länder der Erde geworden wäre. Deshalb hat dieser blasse Herrscher mit dem tragischen Ende trotz seiner Fehler den Titel des Märtyrer-Zaren verdient, den ihm seine letzten Getreuen zuerkannten.

NACHWORT

Das Gemetzel von Jekaterinburg hat zu zahlreichen Nachforschungen, Deutungen, und widersprüchlichen Theorien geführt. Lange galt das gewissenhaft geschriebene Werk des
Richters Nikolaus Sokolow, »Gerichtliche Untersuchung über
die Ermordung der russischen Zarenfamilie in Europa« als
unangreifbare Wahrheit. Dann tauchte in Deutschland eine
junge Frau mit Namen Anna Tschaikowski auf, die behauptete,
Anastasia zu sein, die jüngste Zarentochter, durch glückliche
Umstände dem Massaker entronnen. In den Kreisen russischer
Emigranten erregte die Sache großes Aufsehen. War es ein
schlechter Bluff oder eine erstaunliche Enthüllung? Die Ansichten waren geteilt. Manche Leute, die am Hof gewesen waren, stellten eine frappierende Ähnlichkeit der Dame mit der
Großfürstin fest, andere weigerten sich, die Echtheit dieser angeblichen Überlebenden anzuerkennen. Sie sprach nämlich weder Russisch, noch Französisch, noch Englisch, sondern nur
Deutsch, eine Sprache, die zu sprechen die wirkliche Anastasia
immer abgelehnt hatte. Ihre Anhänger verteidigten dies mit
dem seelischen Schock, den sie in der Nacht vom 16. auf den 17.
Juli 1918 erlitten hätte. Nach einem Selbstmordversuch hatte
die Unbekannte ein elendes Leben in einer Heilanstalt in Dall-
dorf verbracht. Als sie dann in einer Illustrierten ein Foto der
Zarenfamilie sah, behauptete sie, die jüngste Tochter des Zaren
zu sein, die von dem Polen Tschaikowski, der zu den Mördern
gehörte, gerettet worden sei, als er festgestellt habe, daß sie
noch atmete. Nach dieser befremdlichen Geschichte wurde
Anna Tschaikowski zum Star verschiedener Begegnungen mit
den Verwandten der Großfürstin. Später heiratete sie einen
Herrn Anderson, mit dem sie in den USA lebte. Hier setzte sie
ihren genealogischen Kampf intensiv fort. Bei verschiedenen
Gegenüberstellungen jedoch erkannten sie weder ihre beiden

Tanten, noch der Erzieher Pierre Gilliard, der immerhin dreizehn Jahre eng mit der Familie zusammengelebt hatte, noch ihre Gouvernante, noch der Kammerdiener oder die Ehrenjungfrau ihrer Mutter. Ihre Großmutter, die Zarenwitwe Maria Fjodorowna, sowie siebzehn Großfürsten und Fürsten des russischen Adels unterschrieben eine Erklärung, die sich gegen die Echtheit aussprach. Für sie war die Dame nur eine arme Lügnerin, die sich und ihre Umgebung in einer Art Größenwahn aufrieb. Sie verlor mehrere Prozesse, in denen sie ihre Herkunft nachzuweisen versuchte. Ihre letzte Klage wurde am 15. Mai 1961 von einem Hamburger Gericht abgewiesen. Sie starb am 12. Februar 1984.

Es gab noch andere Anastasias, die aus allen Winkeln der Erde kamen, falsche Zarewitschs Alexei, falsche Großfürstinnen und sogar einen falschen Zaren, der 1920 in London und auch im Vatikan gesehen wurde, wo er angeblich im Schutz des Papstes lebte.

Schließlich bemühten sich einige Historiker-Detektive, deren wichtigste und seriöseste die britischen Journalisten Anthony Summers und Tom Mangold waren, zu beweisen, daß in der Nacht vom 16. auf den 17. Juli nur der Zar und sein Sohn erschossen worden und die anderen Familienmitglieder mit der Zarin von ihren Wächtern von Jekaterinburg nach Perm gebracht worden seien. Dies sei von den Bolschewiken bewerkstelligt worden, damit sie gegenüber den Deutschen Tauschgeld hatten.

In den folgenden Jahren hat sich nie einer dieser angeblichen Überlebenden in der Öffentlichkeit gezeigt. Sie hatten sich die Münder zugestopft und irgendwo tief verkrochen. Man kann sich nur schwer vorstellen, daß sich über so wichtige Persönlichkeiten ein solches Schweigen legt. Deshalb erscheint die These von der gänzlichen Vernichtung der Zarenfamilie, die damals schon Nikolaus Sokolow vertrat, heute am einleuchtendsten. Hätten die Bolschewiken im Juli 1918 bereits das ganze Land beherrscht, könnte man sich vorstellen, daß sie aus politischen Erwägungen beschlossen hätten, nur einige der Gäste von »Haus Ipatjew« umzubringen und die anderen als Geiseln für ihre Verhandlungen mit den westlichen Ländern zu behalten. Dies war aber nicht der Fall, da die Truppen der Weißen damals kurz vor der Eroberung Jekaterinburgs standen. Angesichts dieser ständig wachsenden Bedrohung konnte Regionalkommissar Golostschekin, der Lenin und Swerdlow im Rücken hatte, keine »Detailarbeit« leisten. Das Wasser stand ihm bis zum Hals, und er hatte gar keine Zeit, unter den Gefangenen auszuwählen, wer nun erschossen und wer gerettet und an einen sicheren Ort gebracht werden sollte, zumal die Gefahr bestand, daß die Verschonten unterwegs dem Feind in die Hände gefallen wären. In der Eile haben die Bolschewiken mit Sicherheit die schnellste und sicherste Lösung gesucht: die gesamte Zarenfamilie zu »liquidieren«, um den Konterrevolutionären keine Chance zu lassen, eine frühere Zarin zu finden. Die Vernichtung geschah ohne Zweifel schnell und schonte niemanden. So verlangten es Logik und Wachsamkeit.

Die anderen Fragen, welche dieses schreckliche Ende aufwirft, sind nur nebensächlich. Ob die Mörder die Leichen ihrer Opfer in den Schacht der Mine »Vier Brüder« geworfen haben und sie, als es ihnen nicht gelang, sie mit Schwefelsäure aufzulösen, woanders vergraben haben, ändert nicht viel am Schicksal der Romanows. Ebenso marginal ist die Debatte um den angeblichen Schatz Nikolaus II., der im Ausland versteckt sein sollte. Kürzlich hat man herausgefunden, daß es sich dabei um 250 000 Mark handelte, die auf einer Berliner Bank lagerten und auch von der Familie der Prinzen von Hessen, aus der die Zarin stammte, beansprucht wurden. Dies sind nur Kleinigkeiten angesichts einer großen Katastrophe.

Für die Entschlossenheit der Bolschewiken, bei der Ausrottung aller Mitglieder der Zarenfamilie methodisch vorzugehen, sprechen die kurz aufeinanderfolgenden Morde an Großfürst Michael, dem jüngeren Bruder des Zaren, der sechs Tage vor dem Gemetzel von Jekaterinburg umkam, an Großfürstin Elisabeth, der Schwester der Zarin, an Großfürst Sergei Michailowitsch, den drei Söhnen Großfürst Konstantins und einem Sohn Großfürst Pauls, Fürst Wladimir Paley. Im darauffolgenden Jahr, 1919, wurden Großfürst Paul, der Onkel des Zaren, und Großfürst Nikolaus Michailowitsch ebenfalls umgebracht.

Durch glükliche Umstände konnten die Zarenwitwe Maria

Fjodorowna und ihre beiden Töchter, die Großfürstinnen Xenia und Olga auf britischen Schiffen aus Rußland fliehen. Andere Angehörige der Zarenfamilie flohen nach England, Frankreich, Kanada, die USA... Für sie und Hunderttausende in aller Welt verstreute Russen begann das schwere Los von Entwurzelung, Demütigung und Heimweh. In den Herzen aller Exilierten starb das Heilige Rußland am Tag des Todes Nikolaus' II. und seiner Familie.

Das »Haus Ipatjew« in Jekaterinburg, dem heutigen Swerdlowsk, ist verschwunden. 1977 erhielt Boris Jelzin, damals erster Sekretär der kommunistischen Partei in Swerdlowsk, aus Mokau die Weisung, das Gebäude abzureißen, das an so düstere Geschehnisse erinnerte und viele Neugierige mit verdächtigen Absichten anzog. Sogleich wurden eilig Baumaschinen dorthin transportiert. Tag und Nacht wurde gearbeitet. Am nächsten Morgen war das letzte Gefängnis des Zaren und seiner Familie dem Erdboden gleichgemacht. Der Boden wurde mit Asphalt bedeckt. Später zeigte sich Moskau versöhnlicher und gestattete die Errichtung eines weißen orthodoxen Kreuzes am Ort des Massakers. Unbekannte schmücken es regelmäßig mit Blumen.

ANMERKUNGEN

Nicky

1 Außer Nikolaus brachte Großfürstin Maria Fjodorowna fünf Kinder zur Welt: Alexander (in der Wiege gestorben, 1869–1870), Georg (1871–1899), Xenia (1875–1960), Michael (1878–1918), Olga (1882–1960).
2 Vgl. Henri Troyat, Zar Alexander II.
3 Gustave Lanson.
4 Gustave Lanson, Impressions et souvenirs, in: Annales politiques et littéraires, 1. September 1901. Vgl. Constantin de Grunwald, Le Tsar Nicolas II.
5 Fürst Peter Alexandrowitsch Oldenburg.
6 Maria und Alfred, Herzog und Herzogin von Sachsen-Coburg-Gotha.
7 Xenia Alexandrowna, Großfürstin und Schwester von Nikolaus.
8 Großfürst Alexander Michailowitsch, der später Großfürstin Xenia heiratet.
9 Erzähler und Autor humoristischer Geschichten.
10 Großfürst Sergei Michailowitsch.
11 Später Direktor im Außenministerium.
12 Fürst und Fürstin Obolenski.
13 Nach dem Gregorianischen Kalender am 28. März 1891. Der in Rußland gebräuchliche Julianische Kalender war im 19. Jahrhundert gegenüber dem Gregorianischen zwölf Tage im Rückstand. Im 20. Jahrhundert vergrößerte sich der Abstand auf dreizehn Tage.
14 Weitere Einzelheiten in: Henri Troyat, Zar Alexander I.

Jugendlieben

1 Wörtlich »keine Seele«, entspricht in der Bedeutung »mein Liebling«.
2 Suworin war Herausgeber und Eigentümer der großen russischen Tageszeitungen »Nowoje wremja« (Die neue Zeit).
3 Frau des Generals Bogdanowitsch, eines begeisterten Monarchisten, die in ihrem Salon alle hohen Würdenträger des Reiches empfing.
4 General Bobrikow, Gouverneur von Finnland.
5 Bruder Zar Alexanders II., also Nikolaus' Großonkel.
6 Graf Wladimir Nikolajewitsch Lamsdorf, Außenminister.
7 Graf Sergei Juljewitsch Witte, Finanzminister.

8 Tante Ella: Elisabeth Fjodorowna, Schwester von Alix; Erni: Großherzog Ernst von Hessen-Darmstadt, Bruder von Alix.

9 Nach der russischen Revolution ging Mathilda Kschessinska nach Paris, eröffnete dort eine Ballettschule und wurde bald berühmt. Sie starb 1971 im Alter von neunundneunzig Jahren.

10 Nach einem Bericht an Fürstin Katharina Radziwill: Nicolas II., le dernier tsar.

11 »Großmama«.

12 Diese Schlösser gehörten zu den Lieblingsresidenzen Königin Viktorias.

13 »Gott segne Sie, mein Engel!« – »Für immer, für immer!«

14 Im Original auf englisch.

15 Fürstin Katharina Radziwill, Nicolas II.

16 Im Original auf englisch.

17 Pater Johannes von Kronstadt, der wegen seiner Frömmigkeit berühmt war.

18 Tagebuch vom 24. Oktober 1894.

19 Anna Wyrubowa, Souvenirs de ma vie.

20 Tagebuch vom 24. November 1894.

21 Im Original auf englisch.

22 Tagebuch vom 19. und 22. November 1894.

Erste Schritte in Rußland und Frankreich

1 Großfürst Alexander Michailowitsch war seit kurzem durch seine Heirat mit Großfürstin Xenia, der Schwester des Zaren, Nikolaus' Schwager geworden.

2 Nach einem Bericht der Fürstin Katharina Radziwill in: Nicolas II, le dernier tsar.

3 Nach dem Gregorianischen Kalender am 15. Februar.

4 Großfürstin Elisabeth, die Schwägerin von Nikolaus.

5 Tagebuch der Generalin Bogdanowitsch.

6 Tagebuch der Generalin Bogdanowitsch, Eintrag vom 22. Mai 1896.

7 Tagebuch von Suworin, Eintrag vom 19. Mai 1896.

8 Der Marqius von Montebello war französischer Botschafter in Sankt Petersburg.

9 Suworin, Tagebuch.

10 a. a. O.

11 Iswolski, Mémoires.

12 Fürstin Radziwill, a.a.O.

13 Maurice Bompard, Mon ambassade en Russie.

14 »Zar und Zarin in Frankreich.« Artikel von Albert Sorel.

15 »Zar und Zarin in Frankreich.« Artikel von Georges d' Esparbès.

16 Ernest Renaud, »Souvenirs de police. Le tsar Nicolas II a Paris« in: Le Mercure de France, 1. August 1924.

17 Maurice Bompard, Mon ambassade en Russie.
18 B. Maklakow, Macht und Gesellschaft (in russischer Sprache).
19 Ein Werst beträgt 1067 Meter.
20 Die Nagaika ist eine Lederpeitsche.
21 Er stirbt an den Folgen des Attentats.
22 Kriegsminister, später Kommandant der Mandschurei-Truppen.

Das Kaiserpaar

1 Vgl. Constantin de Grunwald, La Tsar Nicolas II.
2 Graf Witte, Mémoires.
3 Baron von Schön, Mémories.
4 Graf Witte, Mémoires.
5 Mathilda Kschessinska, Souvenirs.
6 Berichte der Fürstin Radziwill, Nicolas II., le dernier tsar.
7 General A. Mossolow, Am Zarenhof.
8 Russisches Wort für die Intellektuellen.
9 Brief des Zaren an Mestscherski. In: Constantin de Grunwald, Le Tsar Nicolas II.
10 Anna Wyrubowa, Souvernirs de ma vie.
11 Gräfin Kleinmichel, Souvenirs d'un monde englouti (Erinnerungen an eine versunkene Welt).
12 Generalin Bogdanowitsch, Journal.
13 Der Außenminister.
14 Generalin Bogdanowitsch, Journal.
15 Vgl. Constantin de Grunwald, Le Tsar Nicolas II.
16 Der Bruder der Zarin hatte Viktoria-Melitta von England geheiratet.
17 Notiz vom 13. März 1900.
18 Der Bruder Alexanders III. hat Gräfin Maria von Mecklenburg geheiratet, die mit dem Namen Maria Pawlowna konvertierte.
19 Traditioneller Kopfputz der Russinnen, eine Art Diadem in Halbmondform.
20 23 Kilometer von Petersburg entfernt gelegener Ort.
21 General Alexander Spiridowitsch, Les Denières Années de la cour à Tsarskoïe selo.
22 Sohn des Grafen Benckendorff, der unter Nikolaus I. das Gendarmeriekorps gegründet hatte.
23 Schtschi: Kohlsuppe. Borschtsch: Rote-Beete-Suppe, Kascha: Buchweizengrieß; Kwaß: vergorenes Getränk.
24 Die Herren Obmanow bedeutet soviel wie: »Die Herren Betrüger«.
25 A. Suworin, Tagebuch.

Liberale und Revolutionäre

1 Eine Deßjatine beträgt 1,09 Hektar.
2 Politische Geheimpolizei.
3 Dies Exkommunizierung wird am 22. Februrar 1901 wegen der Angriffe auf die orthodoxe Kirche in Tolstois Roman »Auferstehung« ausgesprochen.
4 Äußerung Iwan Turgenjews in seinem letzten Brief an Tolstoi.
5 Nach einem Bericht von Witte.
6 Maurice Bompard, Mon ambassade en Russie.

Der russische-japanische Krieg

1 Brief vom 10. Juli 1895.
2 Aufzeichungen vom 18. September und 24. Oktober 1895.
3 Dieser Angriff ohne Kriegserklärung ist vergleichbar mit dem Angriff der Japaner auf die Flotte der Vereinigten Staaten in Pearl Harbour.
4 Hesse war damals Schloßkommandant.
5 Alexei Suworin, Journal intime.
6 Großfürstin Maria von Rußland, Education d'une princesse.
7 Alexei Suworin, a. a. O., Aufzeichnungen vom 21. und 27. August und 17. September 1904.
8 Tenor am Kaiserlichen Theater, der ebenso berühmt war wie der Baß Schaljapin.
9 Vgl. Constantin de Grunwald, Le Tsar Nicolas II.
10 Politiker und Gegner Swjatopolk-Mirskis.

Der Rote Sonntag

1 Die Katastrophe während der Krönungsfeiern. Vgl. dort.
2 Maurice Paléologue, Un grand tournant de la politique mondiale, 1904–1906.
3 Großfürst Michael Michailowitsch, Sohn Michael Nikolajewitschs.
4 Großfürstin Elisabeth Fjodorowna, Ehefrau Großfürst Sergeis und Schwester der Zarin.
5 Hofminister.
6 Mossolow, A la cour de l'empereur.
7 Maurice Bompard, Mon ambassade en Russie.
8 Witte, Mémoires.
9 Großfürst Alexei Alexandrowitsch, General und Admiral.
10 Großfürstin Olga Alexandrowna.
11 Finanzminister.
12 Nach dem Gregorianischen Kalender am 5. September 1905.

13 Nach dem Gregorianischen Kalender am 24. Juli 1905.
14 »Sowjet« bedeutet wörtlich »Rat«.
15 Justizminister.
16 Es handelt sich um zwei Schiffe: Die »Wachsam« und die »Kundschafter«.
17 Generalgouverneur von Moskau.

Die erste Duma

1 Brief vom 15. Dezember 1905.
2 Brief vom 29. Dezember 1905.
3 »Kleines Glas«.
4 General Alexander Spiridowitsch, Les Dernières Années de la cour.
5 General Mossolow, A la cour de l'empereur.
6 Mitglied des Reichsrats.
7 Nach dem Gregorianischen Kalender am 18. April.
8 Nach dem Gregorianischen Kalender am 10. Mai 1906.
9 Iswolski, Mémoires.
10 Finanzminister.
11 Kokowzow, Mémoires.
12 Maurice Bompard, Mon ambassade en Russie.

Zarismus und Parlamentarismus

1 Maurice Bompard, Mon ambassade en Russie.
2 Constanin de Grunwald, Le Tsar Nicolas II.
3 Maurice Bompard, a. a. O.
4 Finanzminister.
5 Kokowzow, De mon passé.
6 Eintrag vom 30. Mai 1907.
7 Brief vom 16. August 1906.
8 Brief vom 30. August 1906.
9 Brief vom 11. Oktober 1906.
10 Rotes Archiv, Bd. IV–V.
11 Brief vom 2. November 1906.
12 Sie werden Oktobristen genannt, weil ihre Politik auf das Oktobermanifest vom 17. Okober 1905 zurückgeht.

Ein Gottesmann mit Namen Gregor

1 »Nicky, es ist Zeit zu gehen«, vgl. Gräfin Kleinmichel, Souvenirs.
2 General Alexander Spiridowitsch, Les Dernières Années de la cour.

3 Anastasia heiratet später den Großfürsten Nikolaus Nikolajewitsch.
4 Alexander Spiridowitsch, Les Derniéres Années de la cour. – Die Martinisten sind Schüler Louis-Claude de Saint-Martins, eines *Erleuchteten* und Theosophen.
5 Pierre Gilliard, Le Tragique Destin de Nicolas II et de sa famille.
6 a. a. O.
7 a. a. O.
8 Zitiert von Andrei Amalrik in »Rasputin«.
9 Maria, Warwara, Dimitri.
10 Zitiert von Andrei Amalrik in »Rasputin«.
11 Alexander Spiridowitsch, a. a. O.
12 Sieg Peters des Großen über Schweden im Jahr 1709.
13 P. Kurlow, La Chute de la Russie impériale.
14 Von Alexander Spiridowitsch wiedergegebenes Gespräch, a. a. O.
15 Alexander Spiridowitsch, a. a. O.
16 Diese Texte wurden später als Band unter dem Titel »Mes pensées et réflexions« herausgegeben.
17 Generalin Bodganowitsch, Journal. Einträge vom 18. und 22. Februar 1912.

Die Bedrohung wächst

1 Ein Rubel entspricht 2,16 Mark.
2 Ein Pud entspricht 16,38 Kilogramm.
3 Russischer Romancier und Dramaturg (1817–1875). Nicht zu verwechseln mit Leo Tolstoi und dem sowjetischen Dichter und Romancier Alexei Tolstoi (1883–1945).
4 Constantin de Grunwald, Le Tsar Nicolas II.
5 Constantin de Grunwald. a. a. O.
6 Heute Tallin, Hauptstadt Estlands.
7 General Alexander Spiridowitsch, Les Derniéres Années de la cour.
8 Dumaabgeordneter und Mitglied der »Union des russischen Volkes«.
9 Eintrag vom 15. März 1909.
10 Eintrag vom 29. März 1909.
11 Maurice Paléologue, La Russie des tsars pendant la Grande Guerre.
12 Nach dem Gregorianischen Kalender am 23. Juni.
13 Maurice Paléologue, a. a. O., Bd. I.
14 Nach dem Gregorianischen Kalender am 23. Juli.
15 Nach dem Gregorianischen Kalender am 28. Juli.
16 Anna Wyrubowa, Souvenirs de ma vie.
17 Nach dem Gregorianischen Kalender am 30. Juli.
18 Nach dem Gregorianischen Kalender am 31. Juli.
19 Sinaida Hippius, Das blaue Buch.

Nikolaus im Hauptquartier, Rasputin hinter den Linien

1 Nach dem Gregorianischen Kalender am 1. August.
2 General Alexander Spiridowitsch, Les Derniéres Années de la cour.
3 Maurice Paléologue, La Russie des tsars pendant la Grande Guerre.
4 Maurice Paléologue, a. a. O.
5 Großfürstin Olga, die älteste Tochter des Kaiserpaars.
6 Pierre Gilliard, Le Tragique Destin de Nicolas II.
7 Vorher war Anastasia Ehefrau des Herzogs von Leuchtenberg.
8 Der Magier Philippe von Lyon und Gregor Rasputin.
9 So nennt die Zarin Rasputin in ihren Briefen.
10 Constantin de Grunwald, Le Tsar Nicolas II.
11 Maurice Paléologue, a. a. O.
12 Constantin de Grunwald, a. a. O.
13 Brief vom 24. August 1915.
14 Nicht zu verwechseln mit Admiral Eugen Alexejew, der eine Zeitlang die russischen Streitkräfte gegen Japan befehligte.
15 General A. Brussilow, Erinnerungen (auf russisch erschienen).
16 Der ganz Kleine.
17 Aussage General Dubenskis vor der außerordentlichen Untersuchungskommission der provisorischen Regierung, vgl. Constantin de Grunwald, a. a. O.
18 Kommandant an der Ukraine-Front.
19 Das Gerücht über ein fehlgeschlagenes Attentat auf Rasputin war in der Stadt bekanntgeworden.
20 Maria Rasputin, Rasputin, mein Vater.
21 Maria Rasputin, a. a. O.
22 a. a. O.
23 In Wahrheit ist er der Großneffe eines österreichischen Offiziers, des Bewachers Napoleons auf Sankt Helena.
24 Brief vom 12. November 1916.
25 Fürstin Katharina Radziwill, Nicolas II, le dernier tsar.
26 Großfürst Dimitri Pawlowitsch.
27 Diminutiv von Gregor mit negativem Beiklang.
28 Fürst Jussupow, La Fin de Rasputine.

Das Ende einer Herrschaft

1 So nennt sie die Zarin.
2 Hofmarschall.
3 General Janin, Au Grand Quartier général russe.
4 Fürstin Paley, Souvenirs de Russie. Die Fürstin Paley war die morganatische Ehefrau Großfürst Paul Alexandrowitschs.
5 Constantin de Grunwald, Le tsar Nicolas II.

6 Maurice Paléologue, La Russie des tsars, und George Buchanan, My Mission in Russia.
7 Genauer: *tscherkesska,* von den Tscherkessen getragene Tunika.
8 Charles de Chambrun, Lettres à Marie.
9 Maurice Paléologue, a. a. O.
10 Tagebuch General Dubenskis. Constantin de Grunwald, a. a. O.
11 Michel de Saint-Pierre, Le Drame des Romanov.
12 Charles de Chambrun, a. a. O.
13 Schulgin, Die Tage (in russischer Sprache); zit. von Marc Ferro, La Revolution de 1917.
14 Polizisten.
15 Charles de Chambrun, a. a. O.
16 Tatjana Botkin, Au temps des tsars.
17 Offizieller Historiograph des kaiserlichen Generalhauptquartiers.
18 Mit diesem Spitznamen benennt die Zarenfamilie Anna Wyrubowa.
19 Der Zarewitsch Alexei.
20 Diminutiv von Michail.

Der Engel naht

1 Großfürst Michail Alexandrowitsch.
2 Fürstin Paley, Souvenirs de Russie.
3 Kerenski, La Vérité sur la massacre des Romanov.
4 Maurice Paléologue, Alexandra Fedorovna, impératrice de Russie.
5 Nach dem Gregorianischen Kalender am 1. April.
6 Zit. von Alexander Kerenski in: La Vérité sur le massacre des Romanov; vgl. auch Michel de Saint-Pierre, Le Drame des Romanov.
7 Nach dem Gregorianischen Kalender am 21. März.
8 Kerenski, a. a. O.
9 Nicht zu verwechseln mit dem Matrosen Derewenko, der nicht mehr im Dienst des Zarewitsch stand.
10 Tatjana Botkin-Melnik, Erinnerungen an die Zarenfamilie und ihr Leben vor und nach der Revolution (Originaltitel russisch).
11 Briefe der Zarin, zit. im Anhang von Anna Wyrubowa, Souvenirs de ma vie.
12 Kammerdiener der Zarenfamilie.
13 Eine Art Kapuze.
14 Kolja ist der Sohn von Doktor Derewenko, Tolja der Sohn der Reinemachfrau.
15 Nicolaus Sokolow, Enquête judiciaire sur l'assassinat de la famille impériale russe.
16 V. Speranski, La Maison à destination spéciale.
17 Andere Fürsten aus der Familie erleben dasselbe Ende in abgelegenen Orten des Ural oder in der Peter-Paul-Festung in Petrograd.

18 Einzelheiten über das Massaker an der Zarenfamilie wurden von den Teilnehmern selbst während ihrer Verhöre durch Richter Sokolow erzählt. Zu den verschiedenen Versionen des Endes der Romanows und dem unwahrscheinlichen Überleben Anastasias siehe den Anhang am Ende des Buches.

19 Trotzki, Tagebuch aus dem Exil, 1935.

REGISTER